Ils arrivent !

PAUL CARELL

ILS ARRIVENT !

Le Débarquement

vécu du côté allemand

Traduit de l'allemand par R. M.

TEXTO
Le goût de l'histoire

PRÉFACE
à une nouvelle édition revue et augmentée

Le 6 juin 1944, les forces d'invasion anglaises et américaines débarquaient sur les côtes françaises de Normandie : l'orage éclatait au-dessus de l'Europe. Dans la conscience des Allemands, ce sont les amères batailles de Russie qui ont déterminé l'issue de la guerre. Cependant, c'est à l'ouest que le verdict est tombé, en 1944. Le succès des opérations alliées sur les côtes de Normandie, la percée du mur de l'Atlantique allemand — considéré comme imprenable — ont prouvé la supériorité stratégique, structurelle et matérielle des Anglo-Américains. Ils possédaient surtout une meilleure aviation et le monopole de l'espace aérien au-dessus du champ de bataille, ce qui a assuré la réussite de la campagne et a infléchi le cours de la guerre.

Dès 1943, l'effet décisif d'un éventuel débarquement des Alliés en France a été clairement reconnu par Hitler lui-même, qui notait dans sa 51e directive : « Le danger reste présent à l'Est, mais une menace plus grande, celle du débarquement anglo-saxon, se profile à l'Ouest. Si l'ennemi réussit à percer massivement notre défense, les conséquences à court terme sont imprévisibles. »

Et le général Jodl, chef de l'état-major de la Wehrmacht, indiquait le 5 mai 1944, un mois avant l'opération : « Aujourd'hui nous sommes confrontés à la perspective... du débarquement massif des forces occidentales et, ainsi, à des batailles décisives pour l'issue de la guerre et pour notre avenir. »

Il est donc non seulement important de retracer le cours de la guerre, mais aussi de rappeler les événements de cette époque, le

I

débarquement allié et les opérations qui l'ont suivi dans le cadre de la lutte pour le contrôle du territoire français, pour une meilleure compréhension de l'Histoire. Pour ce faire, un auteur allemand ne doit jamais oublier qu'il est chargé de la pénible tâche de retracer une campagne qui a débouché sur une catastrophe. La tentation est grande d'enjoliver les batailles perdues ou de débattre de questions de culpabilité. Ces deux réactions nous écarteraient du véritable sens de l'Histoire.

Dans son introduction à la « Deutsche Geschichte im Neunzehnten Jahrhundert » (histoire allemande au XIXᵉ siècle), Heinrich von Treitschke, maître de l'historiographie allemande, a indiqué à l'occasion de la 5ᵉ édition de 1894, il y a donc cent ans : « Le chroniqueur de l'histoire allemande ne remplit qu'à moitié son devoir quand il se contente de présenter les corrélations entre les événements et d'exprimer son opinion avec franchise ; il doit lui-même éprouver un sentiment qu'il est chargé de transmettre à ses lecteurs. Ce sentiment, perdu par tant de nos compatriotes au fil des querelles et des crises, c'est le sentiment nationaliste. »

Par ces mots, Treitschke, qui succédait à Leopold von Ranke à la chaire d'histoire de l'Université de Berlin, soulignait le principe fondamental selon lequel l'historien ne doit ni juger ni enseigner, mais simplement montrer « ce qui s'est passé », en plaçant l'accent sur l'amour de la patrie ouvertement déclaré.

L'auteur de *Sie kommen* se réclame de Ranke, c'est-à-dire de la description documentaire de « ce qui s'est passé » — sans toutefois nier s'inspirer également des sentiments de Treitschke.

Dans cet esprit, l'auteur raconte ce qui est véritablement arrivé, et pourquoi, en s'appuyant sur divers témoignages et documents. Et il le fait dans un esprit de synthèse, à l'intention d'un vaste public de lecteurs. Cela a été rendu possible grâce au concours de plusieurs centaines de collaborateurs — du simple paysan au chef militaire — qui ont tenu un rôle précis dans ce drame impitoyable. Leurs témoignages, leurs notes et leurs travaux historiographiques, ainsi que des plans de batailles, des citations exactes de directives et des plans de situation, préservés en dépit des circonstances dramatiques, ont constitué la matière de ce livre.

De nouveaux éléments, issus des documents alliés secrets et désormais ouverts à la consultation, dans des études polémologiques, des mémoires et des enquêtes critiques, ont contribué à donner une signification nouvelle au débarquement allié et aux batailles qui l'ont suivi. Ces documents, ces faits et ces points de vue critiques sont intégrés à cette nouvelle édition. Le travail de recherche a surtout porté sur les révélations récentes des Alliés, concernant les habiles mesures de désinformation mises en œuvre par des agents, des contacts, ou diffusées par le biais de messages radio et de subtiles opérations de désinformation, afin de dissimuler la date et le lieu du débarquement, et de lancer le gouvernement allemand sur de fausses pistes. L'idée de l'existence, en Angleterre, d'une armée fantôme des services secrets alliés qui laissait présager un second débarquement, fut suggérée comme une réalité stratégique dans les rapports généraux de l'état-major allemand sur la situation de l'ennemi. Plusieurs semaines après l'opération sur les côtes normandes, le haut commandement allemand et les chefs des forces d'occupation en France se laissèrent encore abuser. Les Alliés firent même intervenir avec succès un de leurs prisonniers, un général allemand très décoré qui participa à la supercherie.

De même, sur la scène de la diplomatie et dans la propagande, l'âpre lutte que se livraient Staline et les Alliés occidentaux à propos de la constitution d'un deuxième front visant à soulager l'Armée rouge est une leçon dramatique pour l'histoire de l'après-guerre. En effet, depuis 1942, Molotov réclamait catégoriquement la création de ce deuxième front, destiné à alléger la pression sur la ligne de défense russe. Mais les Alliés craignaient un échec et de lourdes pertes ; ils repoussaient sans cesse la date de sa mise en place.

Des projets aventureux furent forgés, des dates avancées puis annulées, de sanglantes tentatives de débarquement déclenchées, notamment à Dieppe. On sait depuis peu que certains généraux américains proposèrent même d'annuler la demande de capitulation sans conditions, pour obtenir la libération de la France sans sacrifier trop de vies humaines. Roosevelt et Churchill maintinrent cependant l'exigence de la capitulation sans conditions et déclenchèrent la plus grande opération militaire terrestre de l'histoire de la guerre.

Pendant deux ans, des troupes allemandes de choc étaient restées bloquées en France suite à des opérations de diversion des Alliés, destinées à brouiller la date du débarquement. Ces effectifs ont manqué lors de batailles décisives sur le front Est à l'été 1942, et en

1943, lors de l'affrontement avec l'Armée rouge. Le 6 juin 1944, quand la puissante flotte alliée a débarqué par surprise sur le littoral normand, elle était certes attendue par 58 divisions allemandes rassemblant près de deux millions d'hommes sur les 2 600 km de côtes. Mais seules sept divisions tenaient le point de débarquement. Et beaucoup de commandants en chef ne se trouvaient pas au poste de combat, parce qu'ils avaient été retenus par un exercice à Rennes. Le maréchal Rommel, commandant en chef du groupe d'armées rassemblé sur ce front, fêtait un anniversaire à Herrlingen. Par ailleurs, l'état-major du haut commandement allemand de la Wehrmacht et des forces d'occupation en France se demandait s'il s'agissait vraiment de l'invasion redoutée. Car Hitler et les chefs d'état-major en France étaient persuadés que les principales opérations de débarquement se dérouleraient aux environs de Calais.

Pourtant, malgré les ordres contradictoires qui furent donnés du côté allemand, malgré l'énorme supériorité de l'aviation alliée dans la zone du débarquement, malgré l'effet de surprise en ce qui concerne la date et le lieu du débarquement, la stratégie du haut commandement allié n'aboutit pas. Le projet de raid-éclair victorieux se transforma en une bataille de 80 jours qui entraîna de lourdes pertes pour tous les belligérants. Car les troupes du front allemand luttèrent, toujours résolues et tactiquement supérieures, alors qu'elles vivaient leur cinquième année de guerre et qu'elles se trouvaient souvent dans une situation désespérée. Des chefs téméraires déjouèrent le plan des Alliés à l'aide de leurs régiments, de leurs unités de combat et à l'intérieur de leurs camps de retranchement. Les régiments blindés réussirent à pousser des assauts jusqu'à la côte. Des chasseurs parachutistes tinrent leurs positions en terrain ennemi pendant des jours et mirent en grande difficulté l'adversaire tactiquement moins armé.

L'opération qu'Eisenhower et Montgomery voulaient réaliser en l'espace de quelques jours échoua devant la résistance des troupes allemandes du front. Le déroulement de la campagne démontre qu'en dépit de leur supériorité matérielle et technique, les Alliés durent avancer pied à pied, mètre par mètre, sous des déluges de bombes et des tirs répétés de l'artillerie marine. Devant cet assaut sans précédent, les unités allemandes et les renforts envoyés avec parcimonie et après trop d'hésitations furent broyés, décimés.

Finalement, une armée entière fut cernée après la percée alliée près d'Avranches.

Les batailles du débarquement furent une passe d'armes des soldats allemands du front contre l'écrasante stratégie technique, matérielle et structurelle des États-Unis, mise en œuvre avec une myriade de moyens.

Avec cette nouvelle édition *Ils arrivent!* montre, pour une importante catégorie de lecteurs, le nouvel état de la recherche sur l'histoire de la guerre, fidèle à une devise : raconter ce qui s'est passé, et dire pourquoi.

PAUL CARELL

AVANT-PROPOS

C'est une grâce d'Etat que pouvoir se faire chroniqueur d'une victoire. Relater en revanche une campagne qui s'achève par une désastreuse catastrophe militaire est bien la pire des besognes. Grande est alors la tentation de ne faire qu'effleurer les batailles perdues et de se répandre en invectives contre les responsables.

Ce n'est pas ici l'intention de l'auteur. Il tient à rapporter les choses telles qu'elles furent en réalité ; à serrer au plus près la vérité historique ; à ne pas s'éloigner des souvenirs vécus ni des documents authentiques. Il vise à tout embrasser, pour un très large ensemble de lecteurs, tous également intéressés à la question.

La chose ne lui a été rendue possible que grâce au concours spontané de plusieurs centaines de collaborateurs bénévoles, allant du simple soldat au commandant d'armée ; de tous ceux qui, à quelque endroit du vaste drame, ont tenu leur place et joué leur rôle. A eux tous vont ses remerciements pour leurs précieux rapports, pour leurs souvenirs de guerre ou leurs études historiques aimablement communiqués, pour tant de croquis de champs de bataille sauvegardés au milieu des pires vicissitudes, tant d'ordres originaux soigneusement conservés. Même au profit de l'histoire militaire officielle, mainte clarté a jailli de ce faisceau de renseignements. Mainte question, âprement controversée, s'est trouvée soudain éclaircie.

La diversité des opinions et des jugements ne s'est pourtant pas fait faute de jouer entre tant de participants. Mais que ce soit chez l'auteur, chez ses collaborateurs ou ses conseillers, chez tous un sentiment unanime a prévalu : ne jamais s'écarter de la recherche du comment et du pourquoi des choses.

P.C.

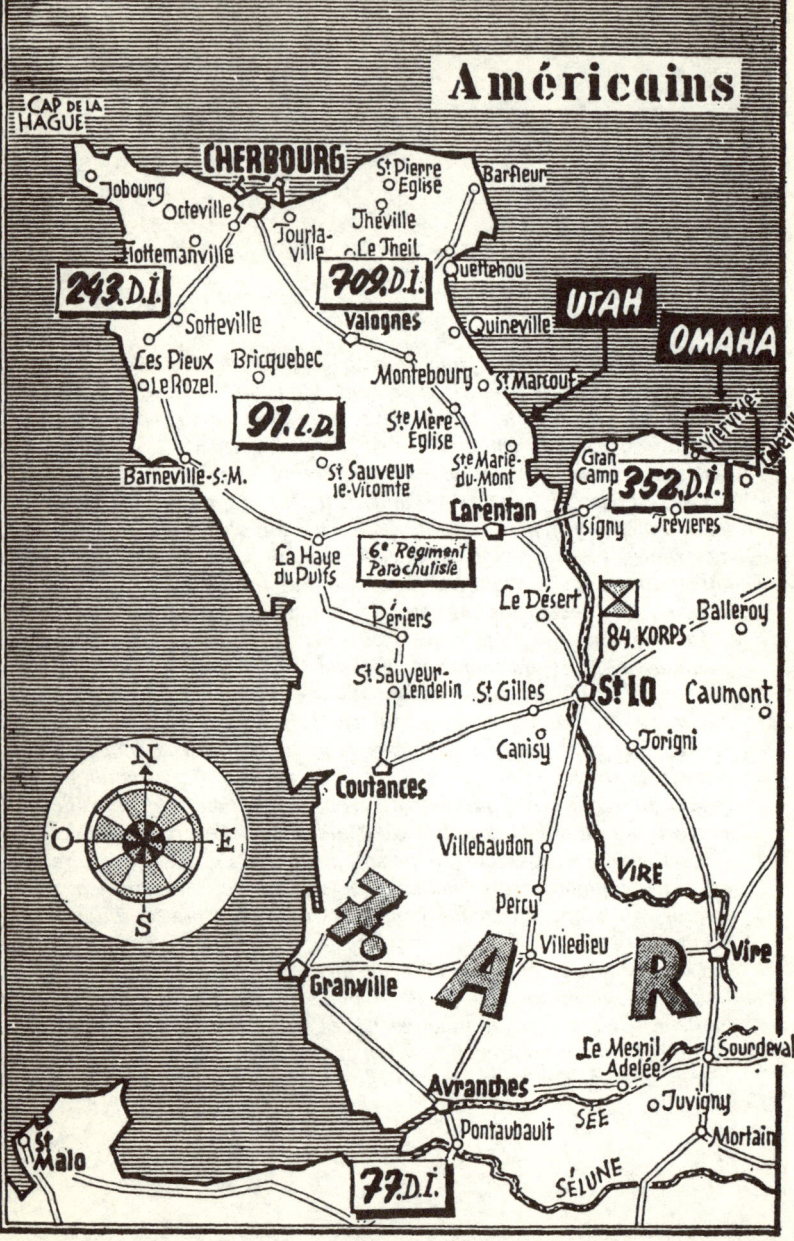

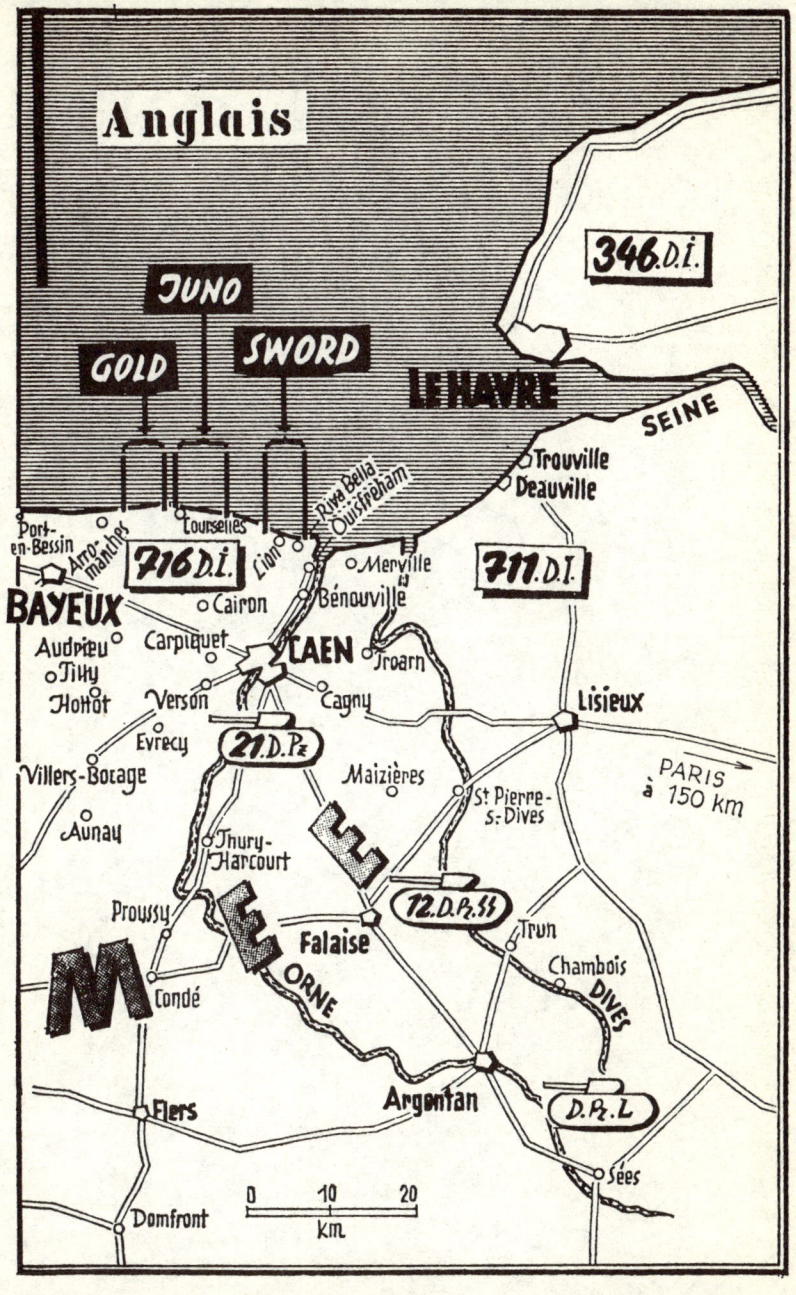

CHAPITRE PREMIER

ATTENTE ET ANXIÉTÉ

Le mauvais temps

Nous sommes le samedi 3 juin 1944, vers la fin de l'après-midi. Sur l'herbe rase de la falaise, le maître pointeur Günter Witte est allongé, scrutant le ciel de ses jumelles. Le soleil s'est caché. Il fait chaud néanmoins, comme il sied au début de juin, sur cette côte du Cotentin. Mais de sombres nuages s'amoncellent ; mauvais signe, il semble bien que les beaux jours soient déjà passés.

On entend sur la grève, en contrebas, se briser le ressac. Des coups de marteau ponctuent sa sourde rumeur. Dans un repli de la côte rocheuse, un détachement du 1262ᵉ Régiment d'artillerie côtière est en train d'installer sous abri, en batterie, en avant du village de Rozel, une pièce de 75 française capturée. La voix du lieutenant Wollschlager s'élève de la plage :

— Hé, Witte, bonne chasse là-haut ?

— Non, mon lieutenant, pas de veine, aujourd'hui, répond le maître pointeur. Mais, au même instant, le voilà qui rejette soudain ses jumelles et saisit le fusil de chasse français à deux coups qui gît à son côté. Un instant, on voit son canon se déplacer lentement de droite à gauche. Pan ! Pan ! une petite boule ébouriffée choit du ciel. Witte a jeté son arme et s'est rué.

— L'as-tu ? crient les autres en le voyant, au bout d'une minute, revenir vers eux en courant. Radieux, le maître pointeur agite le cadavre saignant d'un pigeon voyageur.

— Est-il lesté au moins ? demande l'officier.

— Et comment, mon lieutenant ! Regardez plutôt !

Witte lui tend le minuscule tube métallique qu'il vient d'arracher au plumage. Celui-ci recèle une très mince feuille de papier pelure sur laquelle on discerne une série de chiffres et de lettres. Un informe dessin, esquissant une silhouette de renard, clôt leur série.

— Tiens, la dernière fois, c'était un corbeau, ou une pie, ou quelque chose du même genre, remarque Witte, qui commence à acquérir de l'expérience.

— Allez! vite, portez ça au château, ordonne le lieutenant, et, enfourchant sa bicyclette de réquisition, voilà notre maître pointeur qui pédale sur la route des Pieux à Cherbourg, se hâtant vers le petit château de Sotteville où est installé le P.C. du régiment. Il y porte le courrier destiné à l'Angleterre, le courrier des agents secrets qui dévoile aussi bien les emplacements de batteries récemment construits par les Allemands que les numéros des unités stationnées dans les villages. Bref, tout ce à quoi, de l'autre côté du détroit, les services secrets s'intéressent.

C'était devenu, dans les derniers temps, un vrai sport, tout au long de la côte de France, que d'abattre ainsi les messagers ailés de l'ennemi. On n'en descendait à vrai dire qu'assez peu. Innombrables étaient ceux qui atteignaient indemnes les colombiers de la côte sud de l'Angleterre. Parmi ceux qui manquèrent à l'appel, il en fut un qui coûta la vie à pas mal de soldats américains, comme on le verra.

Le lundi 5 juin dans la matinée, le major Friedrich Hayn, officier de service à l'état-major du 84e Corps d'Armée, à Saint-Lô, enregistrait donc le rapport de la 709e Division qui signalait le pigeon voyageur abattu. Il mit en même temps de côté le petit tube d'aluminium et le message chiffré, se proposant de les faire voir à son général, le général Marcks, avant de les expédier par le courrier du lendemain, c'est-à-dire du 6, au bureau central de l'Abwehr[1] à Paris. Il ne se doutait pas qu'il aurait, ce lendemain-là, pas mal d'autres chats à fouetter!...

Ayant jeté par la grande baie un regard distrait sur les tours de la majestueuse cathédrale, le major examina le ciel qui semblait

---

1. Service allemand de contre-espionnage.

annoncer le mauvais temps. Puis il se remit à sa besogne coutumière : cartes de situation, comptes rendus d'attaques aériennes, renseignements sur l'ennemi, du papier, toujours du papier !

Tout comme le major Hayn au quartier général du 84e Corps d'Armée, partout, ce matin-là, dans les châteaux autour de Paris, en Bretagne et en Normandie, en Belgique et dans le Pas-de-Calais, en Hollande et dans le sud de la France, partout donc, en ce matin du 5 juin 1944, les officiers d'état-major s'affairaient de même, dépouillant rapports et informations sur les attaques aériennes de l'ennemi, sur les effets des bombardements de la nuit, sur les observations des détachements de surveillance côtière et sur l'avancement des travaux de fortification. Mais c'était à la météo qu'allaient les préoccupations. Tout dépendrait, en effet, du temps qu'il allait faire.

Car c'était le temps qui répondrait à la question : « Vont-ils venir ? Ne vont-ils pas venir ? » Cette question qui les hantait tous, les états-majors comme les généraux des cinquante-huit Divisions stationnées en attente à l'ouest du Rhin. C'était là l'interrogation qui dominait tout : Quand viendront-ils ? »

Lorsqu'un général posait à son état-major la question : « Messieurs, une attaque adverse vous paraît-elle possible aujourd'hui ? », c'était aussitôt sur la carte météorologique que convergeaient les regards de ses officiers. Car, pour que l'ennemi vînt, il fallait nécessairement que ce fût par mer. Or, cela impliquait un certain nombre de conditions préalables. Par des vents au-dessus de quatre mètres-seconde par exemple, ou par une visibilité au-dessous de trois milles marins, aucune manœuvre de débarquement n'était même convenable. Et s'il pleuvait, si le plafond était bas, alors pas de protection aérienne, cette protection dont aucune escadre de débarquement ne peut faire fi. Même assurés de celle-ci, ils ne viendraient pas non plus en plein jour, mais sûrement à l'aube pour pouvoir approcher la côte sous le couvert de l'obscurité. Ce qui signifiait qu'il fallait que la marée s'inversât au petit jour. Quelle que fût la tactique qu'adopterait le général Eisenhower, ce serait forcément avec le début du flux ou du reflux qu'il aborderait. Mais, de son choix, personne ne savait rien. Dans l'ensemble, les états-majors allemands inclinaient à penser qu'il utiliserait le flux, à marée montante. Une erreur entre beaucoup d'autres.

Bref, comment se présentait la situation météorologique sur la côte normande, le 5 juin 1944 ? Elle était rassurante ; très rassurante même. Les vents avaient une vitesse moyenne de cinq à six mètres ; la houle des creux de quatre à cinq. Le ciel était couvert. De nombreuses ondées un peu partout. Dans tous les états-majors, de Paris à Brest, on comptait bien passer une nuit paisible en compagnie d'une bonne bouteille de chablis. Et pourquoi pas de deux !...

Prosit. « A votre santé »[1] comme disent les Français.

Les veilleurs dans les observations d'artillerie, les guetteurs dans les points d'appui ou les nids de résistance, tout au long de la côte de France, n'avaient pas, eux, de chablis à portée de la main. Plutôt quelque petit verre de « calvados », cet alcool de pommes à l'arôme si agréable. Ils épiaient la nuit sombre qui avait gagné l'océan.

Dans les immenses abris bétonnés à l'embouchure de la Seine, d'autres hommes sont étendus sur leurs couchettes. Il fait moite et chaud, l'air est lourd et vicié dans ces modernes cavernes de troglodytes. Insomniaques, les soldats échangent leurs propos comme tous les soldats du monde. Ils traduisent la résignation et le mal du pays. Certains fredonnent le refrain en vogue, le *Lily Marlene* de la Normandie : *Süsse kleine Schaffnerin (La petite receveuse)*

A cent vingt kilomètres de là, sur la côte orientale de la presqu'île du Cotentin, se situe le nid de résistance W n° 5. Il est occupé par une section de la 3e Compagnie du 919e Régiment d'infanterie. Le lieutenant Arthur Janhke qui la commande fait sa ronde. Il s'arrête près du guetteur préposé à la jumelle d'observation.

— Quoi de neuf ?

— Rien, mon lieutenant.

Jahnke prend la place de l'homme à l'oculaire. Au-delà du rivage, son regard glisse sur la surface de l'onde. La nuit est opaque. Des nuages voilent le visage de la pleine lune. Par moments, sa face ronde apparaît dans quelque échancrure des

---

1. En français dans le texte.

nuées. Elle inonde alors de sa lueur blafarde le paysage typique coupé de haies, de pommiers, de vergers, qui confine à la côte ; elle fait miroiter un instant les creux des valleuses inondées. Et puis, tout retourne à l'obscurité.

— Ils ne viendront sûrement pas, par ce temps-là, murmure la sentinelle au lieutenant qui opine silencieusement en secouant sa pipe contre une solive de l'abri. Non, ils ne viendront pas. Et l'officier regagne, rassuré, sa chambre souterraine.

Ils ne viendraient pas par ce temps-là. C'était aussi l'avis des météorologues.

Le contre-amiral Hennecke, qui commandait en chef le secteur Normandie-Marine avait, le 5 juin, de son P.C. de Cherbourg, interrogé lui-même le chef de sa station météo du cap de La Hague. L'amiral se défiait, car cette première semaine de juin lui paraissait réunir toutes les conditions requises pour une opération de débarquement de grand style. En outre son orienteur lui avait signalé, la nuit précédente, sur les écrans de radar, une activité anormale. « Pourrait bien signifier une concentration de navires », avait murmuré le lieutenant Wesemann ; et puis le repérage avait été troublé, manifestement par brouillage. Quoi qu'il en soit, Wesemann demeurait visiblement soucieux.

Mais l'amiral avait reçu de ses « pronostiqueurs » (baptisés par les états-majors « les rainettes du baromètre ») la réponse suivante : « La mer est démontée ; la visibilité est mauvaise ; la vitesse des vents de cinq à six mètres-seconde, la pluie va devenir plus abondante ; sans doute n'aurons-nous même pas, la nuit prochaine, les habituelles incursions aériennes. »

Les prévisions étaient si défavorables qu'un convoi, qui devait partir pour Brest, demeura sur rade. C'était tout dire.

— Oui, mais demain ? Comment sera le temps demain ? demanda encore l'amiral.

— On ne peut s'attendre, au cours des jours à venir, à aucune amélioration, même passagère. Telle fut la réponse catégorique des météorologues.

L'amiral se frotta les mains. « Cela signifie, calcula-t-il, qu'avant que toutes les conditions propices à un débarquement se trouvent à nouveau réunies — marée, lunaison et situation météorologique probable sur la côte nord de la France —, il nous faut maintenant attendre la deuxième quinzaine de juin. Bonne affaire ! »

Au Mans, quartier général de la 7e Armée, même son de cloche. Le colonel général Dollmann commandant l'armée avait demandé à son chef d'état-major :

— Alors, se passera-t-il quelque chose aujourd'hui ?

Le major général Pemsel avait déjà pris la précaution de se renseigner auprès de l'état-major de la Marine à Paris. Il put donc faire part à son chef de l'opinion si rassurante des météorologues. Cependant il ajouta sceptique :

— Si tant est qu'on puisse leur faire confiance, à ces rainettes de baromètre.

Il l'avait grommelé entre ses dents. Peut-être ne fut-il pas entendu. C'était tellement plus commode de se fier à eux et de s'en remettre à leur jugement. Car, tout comme le marin, le terrien supputait déjà, lui aussi, le gain de temps qui allait en résulter pour lui. S'ils ne venaient pas, c'était des semaines qu'on allait encore gagner et qu'on mettrait à profit pour améliorer les défenses accessoires, pour bâtir de nouveaux abris bétonnés, pour renforcer l'artillerie côtière. On n'en aurait jamais assez pour fortifier ces neuf cents kilomètres de côte qui constituaient une porte béante ouverte sur l'Europe.

— Je maintiens pour demain matin la réunion prévue à Rennes, avec l'exercice sur la carte qui doit s'y dérouler, dit le général Dollmann à son officier d'ordonnance. Prenez les dispositions en conséquence. Que chaque commandant de division amène avec lui deux de ses chefs de corps. J'attendrai ces messieurs à Rennes à dix heures.

Le chef d'état-major de la 7e Armée était un vieux routier prudent et méfiant. Malgré les pronostics rassurants des météorologues, il lui déplaisait de sentir que, pendant quarante-huit heures, tout le dispositif de la 7e Armée allait ainsi se trouver démuni d'une grande partie de l'ossature de son commandement. Il envoya donc aux commandants de division un message circulaire leur recommandant de ne se mettre en route pour Rennes de préférence qu'au petit matin. Car si, contre toute attente, une tentative de débarquement se produisait, ce ne pourrait être qu'à l'aube. On aurait encore le temps d'en être averti avant le lever du jour. Mais le conseil donné ne pouvait être d'un effet très utile. S'ils l'avaient suivi, avec les routes abîmées par les bombardements, la plupart des divisionnaires seraient arrivés à Rennes bien après l'heure du rendez-vous. Depuis son P.C. de Valognes, le général von Schlieben par exemple, commandant la 709ᵉ Division avait cent quatre-vingt-dix kilomètres à parcourir pour gagner Rennes. Le général Falley, commandant la 91ᵉ Division de parachutistes, depuis Château-Haut, n'en avait pas beaucoup moins. Aussi von Schlieben, avec l'accord du 84ᵉ Corps, se mit-il en route le 5 dès l'après-midi. Tandis que le général-major Falley, lui, s'embarquait à la nuit tombée.

— Avec ce temps de cochon, on ne risque rien, dit-il à son chef du 3ᵉ Bureau en prenant congé de lui.

Jusqu'au feld-maréchal Erwin Rommel, commandant du Groupe d'Armées B, et commandant supérieur de tout le front de la côte nord de la France, qui s'était laissé séduire par le mauvais temps. Voulant unir l'utile à l'agréable il avait quitté, dans la matinée du 5, son quartier général installé à La Roche-Guyon dans le château séculaire des ducs de la Rochefoucauld, pour un bref voyage en Allemagne. Son intention était de passer par Herrlingen afin d'y voir sa femme, dont l'anniversaire tombait précisément le 6 juin, et puis de gagner de là Berchtesgaden pour une visite à Hitler. A cette visite il attachait une importance particulière. Son but était d'obtenir un renforcement du front de mer. Rommel projetait d'arracher au Führer le transfert en Normandie de deux nouvelles Divisions cuirassées et d'une brigade de « faiseurs de nuées » (brouillards artificiels). On note sur ses carnets cette phrase : *Le problème essentiel était d'arriver à convaincre le Führer au cours d'un entretien personnel...*

Rommel en effet était soucieux pour ce front de mer. Si on ne lui accordait pas de renforts pour l'occupation de la côte et pour les réserves de contre-attaque, il y avait peu de chances qu'il fût en mesure de rejeter à la mer un ennemi qui aurait pris pied sur le continent. Il lui eût fallu, en plus grande nombre, des troupes de meilleure qualité, et surtout plus aguerries. Comment voulait-on que des divisions composées en majeure partie de réservistes âgés, que des bataillons formés d'anciens prisonniers de guerre rapatriés en Russie, ou de malades récupérés souffrant des oreilles ou de l'estomac, que les garnisons enfin des batteries de côte, bien trop âgées dans l'ensemble, puissent tenir devant une tentative de débarquement de grand style appuyé par l'artillerie des navires de guerre, par des bombardements aériens et par des avions d'assaut volant bas?

L'âge moyen des hommes de la 709ᵉ Division par exemple était de trente-six ans. Dans les divisions d'attaque qui se préparaient en Angleterre à bondir, les G.I. américains ne dépassaient pas vingt-cinq ans. Dans les batteries de marine réparties sur le front d'invasion, l'âge moyen des servants atteignait même quarante-cinq ans. Il y avait, au service des pièces, jusqu'à des hommes de cinquante-six ans et même au-delà. Ces chiffres se passent de commentaires. Mais leurs inconvénients se trouvaient-ils du moins compensés par la solidité du mur de l'Atlantique, ce bouclier de béton, d'acier, de mines et de canons? Ne voyait-on pas s'ériger, massives et trapues, les silhouettes des « Bunkers »[1] armés eux aussi de puissants canons de marine? Tout le rivage, de Brest à Ostende, n'était-il pas littéralement truffé de pièges insidieux et de défenses mortelles?

Non, malheureusement, tel n'était pas le cas. Le mur de l'Atlantique n'existait en réalité, au début de l'été 1944, que dans le Pas-de-Calais.

Il ne se composait du reste que d'une série de points d'appui très espacés et partiellement inachevés. De toutes les batteries côtières, il n'en était que très peu qui fussent suffisamment cuirassées, et dotées d'un armement approprié. La plupart étaient armées de matériels de prise, et, en raison de leur calibre et du défaut d'organes spécialisés dans la conduite du tir, elles étaient en général inaptes à prendre sous leur feu des navires en mouvement.

Enfin c'était surtout l'aviation qui causait à Rommel des soucis. Son expérience de la guerre d'Afrique et des combats en Italie autour des têtes de pont de Salerne et d'Anzio lui avait appris ce que représentait la supériorité aérienne de l'ennemi. Depuis El-Alamein, il savait comment les chasseurs bombardiers (baptisés Jabos par les Allemands) étaient capables de clouer au sol des divisions cuirassées tout entières. Ni le feld-maréchal général von

_____

1. Blockhaus.

Rundstedt, le commandant en chef du front ouest, ni le général des troupes cuirassées Geyr von Schweppenburg qui commandait en chef l'arme blindée et avait son siège permanent à Paris, n'avaient pu accumuler les mêmes expériences en la matière.

Rommel, lui, les avait vécues ; et son plan de défense en était résulté, sitôt après qu'en novembre 1943 il eut pris le commandement du Groupe d'Armées B et endossé la responsabilité de toute la côte nord de la France.

Sa pensée profonde était simple : le rivage doit constituer la zone de bataille essentielle. Il faut que la lutte avec les forces d'invasion qui auraient réussi à prendre pied soit entamée dès la côte, au voisinage immédiat des têtes de pont, afin de s'épargner de longues et coûteuses marches d'approche.

« C'est quand l'ennemi accoste, disait Rommel, qu'il se trouve dans le moment pour lui le plus critique. Les hommes sont hésitants, peut-être même encore sous l'influence du mal de mer. Le terrain leur est inconnu. L'appui des armes lourdes leur fait défaut en quantité suffisante. C'est à ce moment-là qu'il faut que je les batte. »

D'où cette condition : il est indispensable que toutes les armes et tous les combattants disponibles soient mis en jeu dès cet instant précis. Il faut que l'ennemi soit assailli dès ses premiers pas sur la terre ferme, et même, si possible, alors qu'il est encore en mer. Au lieu d'un dispositif défensif largement articulé en profondeur, Rommel préconisait donc un étalement linéaire des moyens de défense tout au long de la côte. Les armes lourdes, l'artillerie, les réserves tactiques, tous les moyens de feu devaient, selon lui, pouvoir être utilisés à pleine mesure dans la bataille sur la côte même. Il allait si loin dans cette théorie qu'il demandait que les divisions cuirassées fussent stationnées tout à fait en avant afin qu'elles puissent être engagées dès le début de l'action pour la possession de la côte.

Ainsi en allait-il de sa conception de la défense active. Pour la défense passive, sa prédilection allait aux obstacles disposés en nombre sur le rivage même. C'était une vieille idée qu'il avait rapportée d'Afrique. Devant El-Alamein il avait bâti ce qu'on avait appelé « les jardins d'enfer », de larges zones interdites semées d'embûches diaboliques : des mines échelonnées en profondeur sur trois étages, des obus piégés dont l'allumage automatique était en

19

connexion avec de simples fils de fer, des pieux en apparence inoffensifs reliés à de volumineuses charges d'explosifs habilement dissimulées à leur voisinage. Il fallait que la côte française — avec plus d'ingéniosité encore et à une échelle gigantesque — fût partout protégée de la même façon contre une flotte de débarquement.

Ce fut lui qui inventa, pour en semer la laisse de mer recouverte par le flux à marée haute, ces chevalets garnis de dents de scie sur lesquels les péniches de débarquement ne manqueraient pas de s'éventrer. Ce fut encore lui qui fit venir de Tchécoslovaquie, par centaines de mille, les fameux « hérissons tchèques », ces tétraèdres munis de pointes d'acier, dont on parsema toutes les grèves.

Il inventa les plus ingénieux enchevêtrements de mines, qu'on baptisa les « casse-noisettes » ; elles devaient exploser en série au simple frôlement d'un piquet par un bateau plat.

Dans l'arrière-pays, il fit couvrir les prairies, les clairières, les champs, d'une floraison de pilotis à la hauteur d'un arbre moyen, afin de rendre ces terrains impropres à tout atterrissage. Les soldats baptisèrent ces pittoresques alignements : « asperges de Rommel ».

Il était inlassable dans ses inventions. Et pour vaincre la résistance de vieux chefs de corps que ces innovations déconcertaient, il prescrivit certain jour :

J'interdis tout exercice de défilé, et j'exige qu'il n'y ait pas une minute qui ne soit consacrée aux défenses accessoires de la côte. Car ce sera sur la côte que se jouera le sort de l'invasion, et cela dans les premières vingt-quatre heures.

Le feld-maréchal von Rundstedt et le général baron Geyr von Schweppenburg étaient d'un avis diamétralement opposé. Ils souhaitaient mener la bataille décisive loin de la côte. Aussi préféraient-ils maintenir les réserves stratégiques sur toute la profondeur du territoire français, afin de pouvoir saisir — conformément à la conception classique — l'adversaire une fois engagé sur le continent dans de vastes opérations « en tenaille » aboutissant à sa complète destruction. « Ne pas le laisser prendre pied », telle était la thèse de Rommel. « Le laisser venir », c'était la devise de Rundstedt et de Geyr.

En présence de ces opinions divergentes, Hitler avait tranché par une décision qui, tout en rejetant le plan du général Geyr, ne donnait cependant pas entière satisfaction aux desiderata de

Rommel. Les Divisions cuirassées n'étaient pas mises à sa disposition. Sans doute n'étaient-elles pas stationnées aussi loin en arrière que Rundsted et Geyr l'eussent souhaité, mais elles n'avaient pas non plus été rapprochées de la côte au point où Rommel l'aurait jugé nécessaire. Lorsqu'il se mit en route pour Herrlingen le matin du 5 juin, ces idées lui trottaient dans la tête, et il venait d'arrêter avec le chef de son bureau des opérations un plan d'action pour amener Hitler à modifier sa conception stratégique. Il s'agissait avant tout de le convaincre de renforcer en divisions le théâtre d'opérations du nord de la France, au besoin par des prélèvements sur la Norvège, le sud de la France et même les îles anglo-normandes.

Rommel savait qu'une stratégie qui se résumait par cette phrase, « Le rivage est la ligne principale de défense », ne pourrait être menée à bien, s'il fallait qu'une seule division, comme par exemple la 709e Division du général von Schliben, défendît à elle seule un secteur de soixante-cinq kilomètres. Quand il existait entre les nids de résistance des espaces morts de trois à cinq kilomètres, on ne pouvait songer à empêcher l'ennemi de prendre pied dans les interstices, et moins encore à le rejeter à la mer. Un axiome bien connu des états-majors disait qu'une division qui couvrait sur la carte la largeur d'un poing fermé, soit un secteur d'environ dix kilomètres, était largement pourvue. Rommel le connaissait, bien entendu. Aussi ne voyait-il qu'une solution : ouvrir ici ou là des lacunes dans le front européen pour renforcer le sien. Car le vieux principe du grand Frédéric est demeuré vrai de nos jours : *Wer alles defendieren will, defendieret gar nichts !* (Qui veut tout défendre ne défend rien du tout !)

Voilà tout ce que Rommel voulait exposer à Hitler le 6 juin. Mais il était déjà trop tard. Déjà le destin était en marche, et nul ne s'en doutait. Au moins pour le moment.

Des vers de Verlaine

Sur l'autre rivage de la Manche, une véritable armée d'officiers de sûreté veillait à ce que ne fût pas éventée la date du « Decision-Day », du jour décisif, bref du jour D. Tandis qu'une foule d'agents de l'Abwehr allemande s'efforçait bien entendu à en percer à tout prix le mystère.

Et le fait est qu'ils y parvinrent !

Avant même que s'envolent d'Angleterre les premiers bombardiers destinés à attaquer la côte de Normandie, le Haut-Commandement allemand sut que l'invasion commençait. Il en avait, au pied de la lettre, la nouvelle sur sa table. Mais le curieux est qu'elle ne lui servit à rien.

Ce n'est là ni une légende ni une histoire inventée. On peut, dans le compte rendu officiel américain du débarquement, lire le récit de ce sensationnel épisode ; les preuves s'en trouvent dans le journal de marche de la 15ᵉ Armée allemande. Par un des moyens habituels de l'espionnage, la trahison, le grand secret avait été percé à jour ; les agents de l'Abwehr avaient réussi à s'immiscer subrepticement dans son réseau ténu. Pas un officier d'état-major allemand, pas un commandant de point d'appui, pas un troupier même n'aurait donc dû, le 6 juin, être surpris par l'invasion. Et ce fut pourtant ce qui advint. Voici le détail de cette incroyable et surprenante aventure :

Le Haut-Commandement allié avait réussi à établir en France une vaste organisation de renseignements et de sabotage. Des chefs éprouvés en dirigeaient sur place les principales sections. Parmi celles-ci, il en était une qui fonctionnait impeccablement et qu'on désignait du terme d' « alliance des animaux » parce que ses membres n'étaient connus les uns des autres que sous des pseudonymes empruntés à toute la faune de la création. L' « alliance » envoyait ses renseignements soit par radio, soit par pigeons voyageurs. En dehors de l'espionnage, le sabotage était également organisé sur une grande échelle ; il s'étendait sur toute la France et comportait des milliers de membres encadrés par des chefs de districts ou de commandos. Leur mission était de mener sans cesse, contre les travaux défensifs allemands, des entreprises de destruction ; mais surtout de se tenir prêts à agir en masse au moment décisif de l'invasion. On ignore en général qu'il suffit de dix grammes de sucre, soit trois morceaux, opportunément jetés dans l'eau d'une bétonnière, pour enlever à cent kilos de béton tout leur pouvoir de prise, car, quand le calcium qui en constitue la base, au lieu de se combiner avec de l'acide carbonique le fait avec du sucre, il en résulte un composé infiniment moins stable. Qu'un membre d'une organisation française de résistance, employé au service du travail, réussît donc à se faire attribuer un poste au voisinage de la bétonnière, et il lui devenait facile, au moyen de quantités de sucre relativement faibles introduites soit dans le mélange à sec, soit dans l'eau d'alimentation, d'obtenir des effets désastreux sur certaines parties essentielles d'un ouvrage fortifié (embrasure de bouche à feu ou plafond d'un bunker). L'impact d'un obus sur celles-ci suffisait alors à les faire s'effriter comme du grès. Mais ceci n'était qu'un aspect de ces sombres machinations. L'organisation S.O.E. dont le siège était à Londres et qui constituait l'état-major des organes de sabotage avait dressé pour le jour X un plan dit « plan Vert ». D'après celui-ci, quelques heures avant le début de l'invasion, cinq cent soixante et onze gares ou aiguillages français devaient exploser simultanément et trente routes principales être rendues impraticables. Un autre plan, dit « plan Tortue » visait à interrompre toutes les télécommunications et à faire sauter un certain nombre de carrefours importants, de ponts et de viaducs.

Il va de soi que l'essentiel était de coordonner ces actions dans le temps. Mais on ne pouvait livrer à un nombre important de chefs de districts, répartis sur tout le territoire français, le suprême secret du jour J. D'autant plus que celui-ci était toujours susceptible d'être décalé en dernière minute — ce qui advint effectivement.

On s'arrêta donc à l'idée de transmettre les ordres d'exécution par la voie des ondes. Les chefs des organisations de sabotage reçurent avis de se mettre soigneusement à l'écoute de la B.B.C. les 1er, 2, 15 et 16 de chaque mois. Les premiers vers du poème de Verlaine sur l'automne constituèrent le code utilisé. Leur apparition au milieu d'autres messages devait signifier que le jour de l'invasion était proche. A partir de ce moment, l'écoute devait être permanente. Les trois derniers vers signifieraient que le débarquement allait s'opérer dans les quarante-huit heures, et que les chefs des divers commandos devaient opérer les destructions prévues au plan Vert et au plan Tortue en fonction des messages, chiffrés selon leurs codes particuliers, qu'ils recevraient chacun pour son compte.

C'était habilement conçu, adroitement machiné, mais l'Abwehr éventa la chose. Trop de gens étaient dans le secret, et l'un d'eux était au service des Allemands. Ce fut lui qui livra à l'amiral Canaris la clef de ce poème, qui compte depuis lors à coup sûr parmi les plus fameux de toute l'histoire littéraire :

> *Les sanglots longs*
> *des violons*
> *de l'automne*
> *Blessent mon cœur*
> *d'une langueur*
> *monotone.*

Et de ce jour, les stations d'écoute de l'amiral furent à l'affût, guettant le poème.

Parmi elles se signalèrent en particulier celles qui relevaient du service des renseignements de la 15ᵉ Armée, dont le chef, le général Salmuth, avait son quartier général à Tourcoing. Celles-ci ne se laissèrent pas égarer par les innombrables émissions camouflées qui visaient à noyer le poisson. Elles connaissaient le texte exact et n'attendaient que lui. Leur attente ne fut pas trompée.

Le journal de marche de la 15ᵉ Armée, stationnée entre Seine et Meuse, comporte en effet à la date du 5 juin cinq mentions particulières. La première signale que le service d'écoute de l'armée a eu l'occasion d'entendre à trois reprises les 1ᵉʳ, 2 et 3 juin, les trois premiers vers de Verlaine : *Les sanglots longs des violons de l'automne.* La seconde inscription mentionne, à la date du 5 juin, 21 h 15, l'audition des derniers vers : *Blessent mon cœur d'une langueur monotone.*

Les troisième, quatrième et cinquième inscriptions, datées respectivement du 5 juin à 21 h 20, 22 h et 22 h 15, portent la trace de la surexcitation croissante de leur scripteur. Elles disent que la nouvelle sensationnelle, le grand secret désormais percé à jour ont été divulgués sur-le-champ au chef de la 15ᵉ Armée, au commandement supérieur du front ouest, aux divers commandements généraux, à la 16ᵉ Division antiaérienne, aux commandements supérieurs en Belgique et en France, de même qu'au Groupe d'Armées B et au commandement supérieur de la Wehrmacht à Rastenburg. Ainsi donc, à 22 h 15 au plus tard, le 5 juin, le G.Q.G., le maréchal von Rundstedt, l'état-major de la marine à Paris, et le Groupe d'Armées de Rommel savaient que l'invasion était imminente.

Aucun coup de canon n'avait encore été tiré. Les bombardiers alliés commençaient à peine à s'envoler de leurs terrains. Les convois qui amenaient vers les aires d'envol les troupes aéroportées étaient encore en train de rouler. Aussi bien les pilotes que les parachutistes se croyaient toujours couverts par le secret. Et déjà celui-ci avait transpiré.

Pas besoin de se faire du souci. Il n'en résulta rien ! Si incroyable que cela puisse paraître, le Haut-Commandement allemand, par une étrange aberration, fit littéralement cadeau à l'ennemi de sa première victoire. Sans doute le général Salmuth mit-il sur-le-champ en état d'alerte renforcée sa 15ᵉ Armée... que les événements à venir ne concernaient d'ailleurs pas. Mais, en dehors de cela, il ne se produisit rien. Rien, nulle part ! Le Groupe d'Armées B n'alerta pas sa 7ᵉ Armée, et la laissa devenir quelques heures plus tard la proie inattendue de la plus grande attaque de l'Histoire. Le 84ᵉ Corps, dont les divisions côtières constituèrent l'objectif des premiers débarquements tant aériens que maritimes, fut, par ceux-ci, complètement surpris. Ni le commandant de la marine, l'amiral Hennecke, et ses puissantes batteries fixes, ni les stations de radar ne furent averties de ce qui se tramait. Rommel ne fut pas rappelé, sans débrider, d'Herrlingen. Pendant quatorze heures décisives, son groupe d'armées allait demeurer privé de commandement, de direction, d'initiative. Le chef d'état-major, le général Speidel, se trouvait livré à ses seules ressources.

On peut accorder au général Jodl, au quartier général du Führer, cette circonstance atténuante qu'il dut penser que le maréchal von Rundstedt s'était chargé d'alerter lui-même ses troupes. Mais il est de fait que celui-ci n'en fit rien. Il n'en fit rien parce qu'il ne crut pas à la véracité de l'information. Le récit américain officiel du déroulement de l'invasion cite ce mot d'un membre de son état-major : *Le général Eisenhower ne va tout de même pas charger la B.B.C. d'annoncer le débarquement. Allons donc !*

On ne voulut pas croire à ce roman. Des vers de Verlaine ! quelle plaisanterie !

Mais ce qui semble plus étrange c'est que l'état-major du Groupe d'Armées B, lui aussi, ait partagé ce dédain pour cette prétendue invention. Qu'il n'ait pas pris à tout le moins la précaution d'alerter de lui-même son Corps d'Armée et ses Divisions, il y a là une lacune psychologique dont nous ne sommes pas arrivés à démêler la véritable raison.

Toujours est-il que le succès de l'Abwehr avait été remporté en vain et qu'il demeura infructueux. La nuit du 5 au 6 juin fut partout consacrée au simple travail routinier, elle se déroula dans l'insouciance, et même par endroits, comme on le verra, dans une certaine euphorie...

De fortes escadres de bombardiers approchent

A Cherbourg, comme chaque nuit, les radios et les officiers de garde veillaient dans le vaste abri souterrain du commandement de la marine. De temps à autre y apparaissait le lieutenant Gunnar Blume, officier d'ordonnance de l'amiral Hennecke. La villa de celui-ci se dressait juste au-dessus de l'abri et l'officier n'avait qu'à descendre le petit escalier intérieur pour s'enquérir de la part de son « patron » : « Qu'y a-t-il de neuf ? »

Mais il n'y avait rien de neuf à Cherbourg ce soir-là, et Blume remontait chaque fois rassuré. Là-haut, dans la grande pièce d'où l'on pouvait, de jour, par une large baie, embrasser tout l'horizon maritime, l'amiral était assis avec les officiers de son état-major. Tous les stores étaient soigneusement baissés ; plusieurs tables dressées. L'amiral recevait. Après une soirée musicale offerte au bénéfice de la troupe par un excellent orchestre de chambre en tournée, l'amiral avait invité les artistes et ses officiers à souper chez lui. Deux jeunes femmes faisaient parties de l'assistance : l'inamovible AFAT de marine, Mlle Ursula Braütigam, qui secondait le lieutenant Blume dans la tenue du journal de marche, et la femme du lieutenant-capitaine Wist qui faisait partie de la tournée en qualité de pianiste.

Mme Wist ayant aperçu le grand piano à queue qui garnissait un angle de la pièce, l'essaya, plaqua quelques accords, et soudain retentirent, comme un écho des temps passés, les merveilleux accents des *Papillons* de Schumann. Il semblait que le temps ait suspendu son vol.

Mais il n'en faisait rien. Une ordonnance se glissa dans la pièce : on demandait le lieutenant Blume au téléphone. Aussitôt de retour, il murmura quelques mots à l'oreille de l'amiral. On signalait de très violentes attaques aériennes contre toutes les villes et les routes de la côte. De nouvelles et très fortes escadres de bombardement paraissaient se diriger vers le littoral du Calvados.

Hennecke fit un geste de la main. La guerre avertissait qu'elle ne tolérait pas les *Papillons* de Schumann. Il regarda sa montre, elle indiquait 23 h 30. « De très fortes escadres de bombardement »... en seconde vague. Le fait lui paraissait singulier.

Bien sûr, les bombardiers ennemis allaient leur chemin là où ils voulaient et comme ils l'entendaient. Qui le leur eût interdit ? Aujourd'hui même, Hennecke avait appris de Paris que le 2e Groupe de la 26e Escadre de chasse, commandé par le fameux « mathématicien de l'espace », le commodore Priller, venait d'être transféré dans le Midi de la France pour une période de rafraîchissement. Les premier et troisième groupes étaient respectivement en route pour Reims et pour Metz. La 2e Escadre de chasse ne disposait donc plus, pour assurer la couverture contre la chasse ennemie, que de l'escadrille Richthoffen. Mais le maréchal von Rundstedt avait constamment rassuré ses généraux : « Au plus tard le troisième jour après le début de l'invasion, leur répétait-il, vous pourrez compter sur l'assistance d'un millier d'avions de chasse. » Rundstedt lui-même s'appuyait sur la promesse formelle que lui en avait fait Hitler : « Au plus tard le troisième jour après le jour X, je mettrai le front envahi en mesure de briser la supériorité aérienne des Anglo-Saxons. »

C'est de la sorte que le 5 juin, si l'on se réfère au journal de bord du maréchal de l'air Sperrle, celui-ci disposait sur le papier d'une flotte aérienne forte de quatre cent quatre-vingt-seize appareils. Mais en réalité, trois cent dix-neuf seulement étaient aptes à prendre l'air : quatre-vingt-huit bombardiers, cent soixante-douze chasseurs et cinquante-neuf avions d'exploration.

« Je ne peux pas immobiliser mes escadres en France dans l'attente de l'invasion, avait dit Goering. J'en ai besoin pour la défense du Reich. » Et il avait engagé la totalité de ses unités de chasse dans la protection contre les attaques des bombardiers adverses. Le 2e Corps aérien n'avait donc plus en France un seul appareil disponible. Ceux qui devaient lui revenir d'Allemagne sitôt l'attaque ennemie déclenchée réoccuperaient dans la zone de bataille leurs anciens terrains.

C'était à tout cela que pensait l'amiral Hennecke, qui ne prenait plus guère d'intérêt à l'audition musicale. Au bout d'un instant, il descendit lui-même dans l'abri. Celui-ci était encore partiellement inachevé. Cependant il avait été conçu de façon grandiose. On y avait même aménagé dans l'aile droite une ambulance souterraine. Dans les alvéoles de gauche se trouvaient les cartes de situation et les postes de commande. Des liaisons téléphoniques directes reliaient ce modèle des P.C. aux diverses batteries de la côte. Une ligne directe le mettait même en relation avec le quartier général du Führer en Prusse orientale.

L'officier de service remit à l'amiral les comptes rendus des postes d'observation échelonnés entre l'embouchure de la Seine et les îles anglo-normandes :

— Intense bruit de moteurs d'escadres de bombardiers en vol.

— Entrée en jeu sur un large front de très nombreux avions légers de reconnaissance et d'exploration.

— Jet de bombes lumineuses de repérage en arrière du front.

Jusqu'à la petite station d'observation du phare de Quettehou qui signalait l'apparition d'avions éclaireurs et d'appareils de transport.

— Ça prend toutes les allures d'un jour de grande bataille, grommela Hennecke, dont un sentiment de malaise venait de s'emparer.

— Blume, veuillez monter là-haut dire aux autres d'arrêter la petite fête. Vous m'excuserez auprès de Mme Wist mais j'ai assez l'impression que nous allons devoir entendre aujourd'hui une autre musique que la sienne.

La réception était terminée ; les hôtes prirent congé.

Et la nuit du 5 au 6 s'acheva dans une impression mitigée de trouble somnolence, à mi-chemin entre une totale inconscience et un doute anxieux pesant sur les consciences.

Il n'y avait pas que le maréchal Rommel qui se proposât de fêter le 6 juin un anniversaire. Dans leur cantonnement de Vibraye, deux officiers du 902e Régiment de chars d'assaut fêtaient également le leur en commun ; car l'un était né le 5 et l'autre le 6 juin. Leur unité appartenait à la Division cuirassée d'instruction du lieutenant-général Fritz Bayerlein stationnée en réserve de grand-quartier dans la région de Nogent-le-Rotrou, entre Le Mans et Tours.

Quel meilleur prétexte de se livrer à une petite orgie que ce double anniversaire simultané. A nous le bourgogne ! La fête battait son plein.

La Division Bayerlein était une unité d'élite. C'était la seule division blindée de la Wehrmacht qui fût cuirassée à cent pour cent. Elle comptait deux cent soixante chars et huit cents véhicules blindés à chenilles. Ses sous-officiers étaient triés sur le volet et remarquablement instruits. L'âge moyen des hommes était de vingt et un ans et demi.

— Avec cette division-là, avait déclaré le colonel général Guderian, inspecteur de l'armée blindée, après la critique d'un exercice sur la carte, en s'adressant à Bayerlein, avec cette division-là, vous rejetterez les Anglo-Américains à la mer.

Et il avait insisté : « A la mer » en concluant :

— Car votre objectif ne sera pas la côte mais la mer.

Echauffés par le bourgogne de leur anniversaire, nos deux écervelés du 902ᵉ branchèrent la radio sur l'émetteur Calais qui émettait la propagande britannique à l'usage des soldats allemands du front de l'Ouest. La musique qu'on y donnait entre les nouvelles était en général excellente. Mais le lieutenant Bohmbach tourna vainement les boutons. Calais semblait n'avoir, ce soir-là, aucun goût pour la bonne musique. On se rabattit sur la B.B.C. Mais là non plus, pas la moindre musique. Des voix sévères, empreintes de gravité, y émettaient, dans un langage convenu, vraisemblablement des consignes pour les mouvements de résistance. Des formules incompréhensibles dans le style fleuri : « Jean aime Marie », « n'ayez pas peur des couleurs », « les dés sont tombés », « la betterave est pelée ». Suivaient des conseils à la population française : comment se comporter sous les bombardements. Abandonner dès que possible les villes, particulièrement celles où se trouvaient des états-majors importants, pour chercher asile à ciel ouvert. « Réfugiez-vous à la campagne », hurlait la radio sans se lasser.

Pendant un instant, l'ambiance de la petite festivité fut suspendue à un fil. Ces voix impressionnantes mettaient les auditeurs mal à leur aise.

— Ah ! çà, est-ce qu'il y aurait tout de même quelque chose dans l'air ?

Mais quand, à un appel téléphonique au P.C. du régiment et même à un camarade de l'E.-M. de la division, on eut obtenu pour réponse : « Mais non, rien de nouveau », on laissa tomber ces Français incompréhensibles et l'on se reprit de plus belle à faire sauter les bouchons de champagne.

Il y avait encore un autre personnage qui fêtait, le 6 juin, son anniversaire : le brigadier radio télégraphiste Klaus Lück, du 22ᵉ Régiment de chars d'assaut. Son régiment appartenait à la 21ᵉ Division blindée récemment reconstituée, vieille troupe d'élite africaine dont les débris étaient demeurés en Tunisie. En Normandie, cette grande unité cuirassée était celle qui stationnait le plus près de la côte. En revanche, elle n'était pas des mieux loties quant au matériel. Ses conducteurs maudissaient les modèles français sur lesquels ils étaient dans l'obligation de s'entraîner, et dans lesquels les techniciens n'avaient pas encore réussi à leur installer les habituels dispositifs radio. Les servants des matériels d'artillerie eux aussi devaient provisoirement se contenter de s'exercer sur de modestes pièces russes. On ne voyait arriver que lentement de l'arrière les remarquables Panzer IV, du calibre de 7,5, avec leurs tubes longs ou raccourcis.

La situation des régiments de grenadiers était à peu près aussi lamentable. Leur parc automobile était des plus réduits. En revanche, ils possédaient les fameux Panzerfaust. Les grenadiers pouvaient ainsi à nouveau faire honneur au nom dont ils tiraient leur origine : grenadiers ! lanceurs de grenades. « Mais nos meilleures armes, ce sont encore nos vieux caporaux, nos sergents et nos adjudants », avait coutume de dire, sur le mode plaisant, le lieutenant Höller, vieil Africain de la 21ᵉ Division qui commandait maintenant la section lourde de la 8ᵉ Compagnie du 192ᵉ Régiment de grenadiers, stationnée entre Caen et la côte sur la rive gauche de l'Orne.

Beaucoup, comme lui anciens de l'Afrikakorps, qui avaient réussi à la dernière minute à échapper à la captivité en Tunisie, se retrouvaient dans les rangs de la 21ᵉ D.B. On y rencontrait aussi des combattants de Russie, et d'anciens briscards de Crète. Toute une poignée de rudes durs à cuire, de vétérans éprouvés. Leur commandant de Division, le major général Feuchtinger, s'était d'abord installé à Rennes, puis à Saint-Pierre-sur-Dives. Au goût des vieux routiers des chars, c'était là un P.C. un peu éloigné de la ligne de bataille, puisque la lutte devait obligatoirement se dérouler dans la zone côtière.

C'était à Falaise par contre que se trouvait l'état-major du 22ᵉ Régiment de chars, colonel von Oppeln-Bronikowski. Quant aux autres corps de troupe, ils s'étalaient assez largement sur la ligne Le Mans-Tours. Les compagnies étaient réparties en une série de nids champêtres idéalement dissimulés dans les prairies et les vergers fleuris. Les unes y menaient une vie de rêve, sachant organiser elles-mêmes leurs loisirs. D'autres s'y seraient crues à la caserne et vitupéraient le zèle intempestif de certains commandants d'unités. Tel était le cas par exemple de la 4e Compagnie, stationnée à Epaney, à trente kilomètres au sud de Caen, et soumise à la férule du capitaine Hoffmann. Celui-ci avait prescrit pour la nuit un strict service de patrouilles renforcé.

Le sergent Heilig en revanche, qui avait combattu en Afrique dans les rangs du légendaire 361e, et qui, déserteur de la Légion étrangère, avait conquis ses galons de sous-officier, professait, à la 1re Compagnie, une tout autre conception du service en campagne. Son principe était : « Quand ça bagarre, il s'agit de mourir ; mais le reste du temps, faut vivre. » Aussi, dans la nuit du 5 au 6, s'était-il rendu en catimini avec son copain, le caporal Briten, de Verson à Caen à bicyclette. C'était une bordée qui devait drôlement tourner !...

Le brigadier-radio Lück fit vers 22 h 30 sa dernière tournée de contrôle au standard téléphonique du régiment. Lui aussi posa aux standardistes la rituelle question : « Quoi de neuf ? » et lui aussi reçut cette réponse rassurante : « Rien de particulier, brigadier, on ne signale que quelques passages de bombardiers au-dessus de la côte. » Lück leur souhaita le bonsoir et gagna sa chambre sous les combles du vieux château. Son calvados l'y attendait, qu'il avait l'habitude d'ingurgiter sur le coup de minuit. Il se proposait d'y adjoindre, ce soir-là, la lecture de la lettre qu'il avait reçue de sa femme pour sa fête. Quand les douze coups de minuit eurent retenti à l'horloge de l'église de Falaise, il s'allongea dans son lit, avala deux ou trois gorgées de son « calva » et entama sa lecture : « Mon cher Klaus... »

La nuit s'étendait sur la Normandie. Une nuit sans étoiles. A Saint-Lô, le major Hayn sortit un instant de l'abri bétonné du 84e Corps d'Armée et fit quelques pas dans le petit jardin par lequel on y accédait. Pendant des heures, avec son secrétaire cartographe, il venait d'établir les cartes de situation que son général devait emporter le lendemain à Rennes au Kriegspiel de la 7e Armée. Le

31

thème de l'exercice des chefs de corps s'intitulait « débarquement aérien ». C'était le général des parachutistes Meindl qui devait le diriger.

Curieuse ironie du sort : un exercice de débarquement aérien... A l'heure où il est prévu qu'il se déroulera, la réalité aura de loin dépassé la fiction, et, à leurs postes de combat, les principaux chefs de corps feront dangereusement défaut.

Les regards du major Hayn glissèrent sur la surface de la Vire dont la vallée, profondément encaissée, s'étendait à ses pieds. En ce moment précis, le chef du 2e Bureau du 84e Corps se sentait bien loin de là. Sa pensée se reportait à Anklam, la petite ville du Mecklembourg dans laquelle il était principal du collège. Soudain un bombardier quadrimoteur dont la silhouette vrombissante venait de se profiler brusquement au-dessus de la rivière l'arracha à sa rêverie. On vit jaillir les balles traçantes des mitrailleuses lourdes du poste de D.C.A. installé en face sur les toits du lycée. Et tandis que l'avion survolait le petit séminaire d'Agneaux, sur la rive opposée, l'une d'elles l'atteignit de plein fouet. Une gerbe de flammes et déjà il s'abattait en tournoyant. Comme pour sonner son glas, la cloche de la cathédrale égrena les douze coups de minuit.

Le major Hayn revint sur ses pas et rentra dans l'abri. Son chef d'état-major, le lieutenant-colonel von Kriegern, et son collègue du 1er Bureau, le major Hasso-Viebig, l'y attendaient car, ici aussi, il y avait encore un anniversaire à souhaiter. Encore un ! Le général commandant le 84e C.A., le général Marcks, était né le 6 juin 1891, il atteignait donc ses cinquante-trois ans. La cérémonie fut brève. Marcks, un brillant officier de la vieille école, un peu tenu en suspicion par le commandement suprême en raison de ses relations personnelles avec le général von Schleicher, mais qu'on avait néanmoins maintenu en service en raison de ses remarquables aptitudes militaires, Marcks était ennemi de tout cérémonial. La simplicité toute spartiate de ses repas était légendaire. Le taux officiel des rations y était respecté. Aussi, autant une invitation à la popote du général von Schlieben commandant la 709e Division et réputé fin gourmet était-elle la bienvenue, autant on se disputait peu celle de la table du 84e Corps d'Armée.

Ponctuellement, à l'heure sonnée par la cathédrale, on vit apparaître les différents officiers qui exprimèrent leurs vœux. Puis on but, debout, un verre de chablis. Après quoi le général, de sa démarche claudicante, gagna la table des cartes. Il portait un appareil de prothèse car il avait perdu une jambe en Russie.

Marcks était personnellement convoqué à l'exercice sur la carte de la 7e Armée à Rennes. Il entendait y arriver bien préparé. « S'il vous plaît, Hayn, les cartes », dit-il à son chef du 2e Bureau et celui-ci étala sur la grande table les différents croquis de situation : situation de l'ennemi, situation aérienne ; carte spéciale de nos propres positions de batteries ; réseau de mines et terrains inondés.

Le général réfléchissait à la singulière activité déployée par l'aviation ennemie de reconnaissance au cours de la journée de la veille. Depuis 22 heures, lui parvenaient sans cesse de nouveaux comptes rendus d'incursions aériennes anglo-américaines. Malgré le mauvais temps !... Que signifiait cela ? A cette question, il eût été facile de répondre si l'on s'était trouvé dans le grand secret. Or, ce grand secret, la solution en gisait depuis longtemps, ouvertement, sur les tables de Saint-Germain et de La Roche-Guyon. Mais le commandant du 84e Corps d'Armée n'en devait jamais rien savoir !

Et tandis qu'à Saint-Lô le général Marcks s'interroge sur les incursions des bombardiers ; qu'à Cherbourg, l'amiral Hennecke se penche sur les comptes rendus d'observation ; qu'à l'ouest de Sainte-Mère-Eglise, dans le nid de résistance no 5, le lieutenant Jahnke rêve aux étoiles sur le seuil de son petit bunker ; qu'à Falaise, le brigadier-radio Lück sirote dans son lit son calvados ; qu'à Vibraye, les officiers de la Division cuirassée d'instruction, un peu éméchés, s'exaspèrent du silence de la B.B.C. ; et que, dans les abris bétonnés des embouchures de la Seine, de l'Orne et de la Vire, le célèbre refrain de *La Petite Receveuse* couvre le bourdonnement des escadres nocturnes, voilà que dans l'avion de pointe de la 82e Division américaine aéroportée, un feu vert vient de s'allumer. Le major général James Gavin a jeté un regard sur la profondeur ; il a sauté ; son parachute s'est ouvert d'une brusque secousse. Le général ne voit rien dans l'obscurité. Mais il sait qu'en cet instant précis, à la minute même, des milliers de parachutes comme le sien viennent de s'ouvrir. Près de lui, derrière lui, autour de lui, juste au-dessus de la presqu'île du Cotentin. Et, dans le même temps, de la même manière exactement, à quatre-vingts kilomètres de là, à l'est de l'Orne, les Britanniques eux aussi sont en train de sauter, les planeurs lourdement chargés se rapprochent du sol en sifflant. Tombant du ciel nocturne, une armée entière fait à cet instant irruption dans la guerre.

Cette fois, ils arrivent !

Alerte ! des parachutistes atterrissent

Le lieutenant-colonel Hoffmann venait juste de regarder sa montre. Elle marquait minuit quarante. Le 6 juin était donc vieux de trois quarts d'heure à peine. Depuis une heure, l'activité aérienne allait croissant, c'était un grondement ininterrompu au-dessus du secteur défensif du 3e Bataillon du 919e Régiment de grenadiers à l'est de Montebourg.

Une nouvelle vague approchait. Le grondement se fit plus fort.

Hoffmann avança de quelques pas sur le seuil de son abri.

Et soudain, il s'effara. Dans la nuit, six gigantesques oiseaux paraissaient venir droit sur lui. Il les discernait très exactement, car la lune venait de se démasquer. « Mais ils sautent, ma parole ! »

Un instant lui effleura l'esprit qu'un appareil était en difficulté au-dessus de sa tête et que son équipage l'abandonnait ; mais soudain, il comprit : c'était une attaque par parachutistes. Les grandes demi-sphères blanches descendaient droit sur son abri. « Alerte ! Paras ennemis ! » Jamais encore l'état-major du 3e Bataillon n'avait enfilé ses culottes avec une telle vélocité.

— Alerte ! Alerte !

On entendit détoner les carabines des veilleurs. Ils prenaient pour cibles les blanches ombrelles entrevues. Mais la lune s'était à nouveau cachée. L'obscurité enveloppait ces ennemis qui tombaient du ciel. Hoffmann s'empara d'un fusil. A ce moment retentit dans la nuit la première rafale d'un pistolet-mitrailleur américain. La bataille de Normandie venait de commencer.

A quatre-vingts kilomètres de là, sur les rives de l'Orne, ça crépitait aussi. La sentinelle allemande de garde au pont de Bénouville sur le canal de Caen à la mer, qui faisait les cent pas, fut bien surprise lorsque, à cinquante mètres à peine de sa guérite blindée, elle vit soudain surgir un mystérieux avion, survenu sans le moindre bruit et qui atterrit sur le ventre dans un fracas de bois brisé. Et puis le silence se fit.

L'homme arrache sa carabine de l'épaule, l'arme, et guette, retenant son souffle. Rien ne bouge. « Un bombardier abattu », pense notre homme. Depuis une heure qu'il les entend passer au-dessus de sa tête venant de l'océan. Sur Caen, le tonnerre des explosions ne cesse de faire rage. De la région de Troarn, la D.C.A. tire sans discontinuer.

« Ceux-là sont foutus », pense en son for intérieur le territorial Wilhelm Fürtner. Mais une lueur éblouissante a jailli devant ses yeux. Il n'eut même plus le temps d'entendre la détonation de la grenade au phosphore.

Ses camarades dans l'abri, à la culée du pont, se sont dressés en sursaut. Sautant sur la mitrailleuse, ils lâchent une rafale à tout hasard. Ils ne voyaient rien. Mais ils entendaient des cris dans la nuit : « Able-Able ». Ils ne savaient pas que c'était le signe de ralliement de la section A d'un groupe de combat de la 6e Division britannique aéroportée, dont le planeur, à l'atterrissage, venait de s'écraser sous leur nez. Le caporal-chef de poste voulut se saisir du téléphone, alerter son chef de section sur l'autre rive. Il n'en eut pas le temps. Deux grenades à main volèrent par l'embrasure. Liquidés !...

La chose avait été rondement menée. Il faut dire que les hommes du major John Howard connaissaient leur affaire. Ils s'étaient longuement entraînés. On leur avait construit en Angleterre un modèle du pont auquel ne manquait aucun détail. Et ceux-ci étaient exactement connus, tant par les vues aériennes que par les renseignements d'agents. Pendant des semaines, tout au long du printemps, ils avaient répété, montre en main, leur attaque.

Et tout avait « collé ». Y compris la surprise. En un clin d'œil, ils cisaillent le réseau à l'entrée du pont. Plus besoin d'opérer en silence. Les grenades ont dû donner l'alerte à la garnison. Poussant leur cri de ralliement, les Tommies se ruent sur l'autre rive.

Ils entendent les craquements des autres planeurs qui atterrissent.

Ils entendent aussi le cri de ralliement de la section B qui, à son tour, se rassemble : « Baker-Baker ».

Bientôt aussi celui de la section C « Charly-Charly ».

La mitrailleuse allemande qui enfile le pont a ouvert le feu. Les premiers Tommies tombent. Mais leur gros se précipite à l'arme blanche. La lutte ne dure que quelques secondes. Le passage du pont de Bénouville est au main des Anglais. Seul le caporal Weber a réussi à s'enfuir. Il se rue à travers le village jusqu'au bureau du commandant d'armes. « Des paras britanniques sont maîtres du pont du canal. » Ce qu'il ne sait pas encore, c'est que le pont suivant qui franchit l'Orne à Ranville est également tombé aux mains des paras de la 5e Brigade aéroportée britannique.

A Cairon, au 2e Bataillon du 192e Régiment de grenadiers blindés, le téléphone de campagne retentit : « Contre-attaquez immédiatement parachutistes anglais dans la tête de pont de Bénouville. »

Sur la Dives, au point où la route de Varaville à Grangues franchit la rivière, il y avait aussi une sentinelle allemande préposée à la garde du pont qui faisait les cent pas et scrutait la nuit. C'est un fantassin celui-là et il appartient à un faible poste de garde détaché par le 2e Bataillon du 744e R.I. Mais, sur ce damné pont, les gars ne sont pas à prendre avec des pincettes. Voilà trois semaines environ, le 2e Bataillon n'avait-il pas, sans aucun préavis, monté un exercice de nuit et prétendu attaquer le passage. Le poste de garde ne savait pas que les coups de feu qui avaient soudain claqué dans la nuit étaient tirés à blanc. Il avait riposté avec sa mitrailleuse. Résultat : plusieurs blessés, deux tués, et un tas d'assommantes enquêtes à la clef. Tout cela, la sentinelle se le remémore dans la nuit du 5 au 6 juin, quand elle voit soudain surgir du fourré trois hommes aux visages noircis. « Bandes d'idiots... » Mais le poignard du parachutiste a coupé court son interjection. Cinq minutes plus tard, le pont saute.

Il en va de même à Robehomme sur la Dives. Et à Troarn, où la route nationale de Caen à Rouen et au Havre, franchit la rivière, le pont, un des plus importants, est entièrement détruit par les unités de pionniers du groupe de combat du major britannique Rose-vaere.

Il était exactement une heure onze du matin quand, au P.C. du 84e C.A. à Saint-Lô, sur le bureau du général, le téléphone retentit.

Marcks et ses officiers étaient encore penchés sur les cartes. Le général prit l'écouteur, écouta un instant et fit signe à son chef d'état-major de prendre l'autre. C'était le 3e Bureau de la 716e Division qui était au bout du fil. La voix de l'officier résonnait hachée : « Des parachutistes ennemis ont atterri à l'est de l'embouchure de l'Orne. Région Bréville, Rouville et lisière nord de la forêt de Bavent. L'action principale semble dirigée contre les ponts de la Dives et les passages de l'Orne. Les actions de contre-attaque sont en cours. » La nouvelle avait surgi comme l'éclair. Etait-ce l'invasion ? Ou bien n'était-ce qu'un appui donné aux mouvements français de résistance ? C'était toute la question. Mais, après un instant de réflexion, le major Hayn secoua la tête : « La zone d'atterrissage est trop proche de nos positions de défense. C'est une attaque à laquelle des résistants ne se hasarderaient pas. » Il en conclut : « Donc, c'est l'invasion. » Le général Marcks fit un geste d'acquiescement. « Voyons venir. »

Ils en étaient là de leurs réflexions lorsque le commandant par intérim de la 709e Division, le colonel Hamann, appela à son tour : « Parachutistes ennemis au sud de Saint-Germain-de-Varreville et près de Sainte-Marie-du-Mont. Un deuxième groupe à l'ouest de la route de Carentan à Valognes de part et d'autre du Merderot, et aux abords de Sainte-Mère-Eglise. L'état-major du 3e Bataillon du 919e Régiment signale qu'il a fait des prisonniers appartenant à la 101e Division américaine aéroportée.

Il était une heure quarante-cinq. Cinq minutes plus tard, à Paris, dans un grand immeuble en bordure du bois de Boulogne, les téléphones retentissent. Le capitaine de vaisseau Wegener, chef du bureau des opérations de la marine, groupe ouest, convoque ses officiers dans son bureau.

— Cette fois, leur dit-il paisiblement, je crois bien que c'est l'invasion.

L'amiral Hoffmann, chef d'état-major, n'a pas pris le temps de s'habiller. En hâte, il a enfilé un peignoir de bain et se précipite dans la salle de situation. Les renseignements des stations radar sur lesquelles le lieutenant de vaisseau von Willisen exerce son autorité sont unanimes : « Dents de scie très nombreuses sur les tubes de Braun. »

Au début, les techniciens ont cru à un dérangement tant les dents de scie étaient nombreuses. Il ne pouvait pas y avoir un tel nombre de bateaux en mouvement à la fois. Mais le doute n'est plus possible : une flotte innombrable est en marche.

— Ce ne peut être que l'escadre de débarquement, conclut Hoffmann. Allez ! avertissez le commandement supérieur du front ouest et le grand quartier général du Führer : cette fois, l'invasion est en cours.

Cependant, à Paris comme à Rastenburg, on reste sceptique. « Par un pareil temps ? Vous êtes sûr que vos techniciens ne se trompent pas ? » Le chef d'état-major du front ouest plaisante même : « Ce ne seraient pas des mouettes par hasard que vous auriez repérées ? » On ne veut pas y croire. Mais la marine est sûre d'elle. Elle alerte ses stations côtières, et les forces navales stationnées dans les ports : « La flotte d'invasion est en marche. »

A l'état-major du 84e Corps, personne n'en doutait plus. « Mettez la côte en état d'alerte », dit le général Marcks au major Viebig. Désormais, le mot d'ordre est donné et tout se déroulera suivant le scénario prévu et maintes fois éprouvé. Toute l'alerte fut transmise par le réseau de service, le téléphone civil se trouvant automatiquement débranché. Dans les divisions, les officiers d'état-major bondirent à leurs cartes de situation.

— Alerte ! ils arrivent !

Dans les états-majors de régiment, les veilleurs ensommeillés sursautent. « C'est l'alerte. »

Et de proche en proche, aux bataillons, aux compagnies, aux batteries, aux sections dans les points d'appui ou dans les nids de résistance de la côte, l'alarme se propage.

A Caen, les gendarmes de la prévôté parcourent les boîtes de nuit :

— Allez, ouste, déguerpissez, il y a alerte.

Le sergent Heilig et son copain, le caporal Britten, du 22e Régiment de chars d'assaut, avaient quitté la ville juste avant le bombardement. Eperdument, ils pédalaient sur les chemins de terre, le long des haies, pour gagner Verson au plus court. Ils arrivèrent « pile ». Leur compagnie se rassemblait sur la place de l'église.

A Epaney, la 4e Compagnie sortait ses chars de leurs abris camouflés. Quand le sergent Weinz (que le capitaine Hoffmann avait trouvé moyen d'envoyer avec cinq hommes en patrouille de nuit) revint au cantonnement, il trouva son char déjà engagé sur la route par ses servants. La rapidité de ces mesures avait une curieuse origine. Le capitaine von Gottberg qui commandait le premier détachement du 22ᵉ Régiment des chars, venait à peine de se coucher qu'il entendit le déclic du téléphone à son chevet. Surpris de ne pas entendre de sonnerie, il décrocha néanmoins et eut la surprise de suivre tout l'entretien de son colonel avec le commandant de la Division. Le général Feuchtinger avertissait le colonel von Oppeln-Bronikowski d'alerter son régiment.

Gottberg put ainsi mettre ses unités sur pied avant même d'en avoir reçu l'ordre. Le premier détachement était prêt à intervenir au premier signal.

Quant au second, il ne fut pas nécessaire de le réveiller. Le major Vierzig avec ses véhicules était en route pour un exercice qui devait avoir lieu à l'aube du 6 dans la région de Falaise. Mais avec des munitions à blanc naturellement. Averti par un motocycliste, Vierzig fit faire demi-tour à ses unités. Rapidement réapprovisionnés en munitions de campagne, elles attendirent elles aussi.

Ainsi tout le régiment de chars, à l'effectif de cent vingt chars, était entièrement prêt à entrer en action. Et cela à proximité immédiate de la zone d'atterrissage où les Tommies pendant ce temps s'emparaient l'un après l'autre, sans se gêner, des points d'appui, faisaient sauter les ponts en toute tranquillité, et s'installaient dans les diverses positions, tels les nœuds routiers en particulier, dont la possession tactique leur importait au premier chef.

« Lieutenant, montrez-moi donc vos mains. »

Dans son nid de résistance nº 5, sur la côte est du Cotentin, secteur de la 709ᵉ Division, le lieutenant Arthur Jahnke ne pouvait arriver à trouver le sommeil. Ce bourdonnement incessant des avions au-dessus de sa tête l'énervait. Il sortit de son abri et contempla le ciel. On entendait dans le lointain les détonations des bombes et le roulement ininterrompu de la D.C.A. Au-dessus de la couche de nuages, le vrombissement ne cessait pas non plus. Jahnke appela au téléphone le point d'appui voisin W^2 ; le lieutenant Ritter répondit instantanément. Lui non plus ne pouvait parvenir à fermer l'œil.

— J'ai le sentiment, dit-il, qu'il se passe quelque chose.

— En tout cas, vieux, rien qui nous concerne, répondit Jahnke.

— Le Ciel vous entende !

— Je viendrai demain, conclut Jahnke, boire un cognac chez vous, preuve que j'aurai eu raison.

Et il se frottait les mains à cette perspective. Le malheureux ne se doutait pas que la dune cerclée d'un réseau de barbelés dans laquelle, avec une section de la 3e Compagnie du 919e Régiment de grenadiers, il tenait garnison, allait acquérir dans quelques heures la triste célébrité historique d'être le premier point de la côte où les Américains, luttant pour la conquête de l'Europe, mettraient le pied sur le sol de France. Jahnke jeta encore un regard vers la mer : « Marée descendante, murmura-t-il, et ce n'est pas à marée basse qu'ils viendront. » Le tuyau était sûr. Il le tenait de Rommel lui-même.

Lorsque, le 11 mai précédent, le feld-maréchal avait inspecté à l'improviste ce secteur défensif, il était de fort méchante humeur. Il avait trouvé le front de la division insuffisamment fortifié. Pas assez de chevaux de frise, ni de pilotis enfouis sur le front de mer. Trop peu de hérissons tchèques répandus sur le sable. Et les « asperges » de Rommel réparties en quantités dérisoires sur les prés et les champs en arrière de la position. Aussi fit-il grise mine aussi bien au divisionnaire, le général von Schlieben, qu'au chef de corps, le lieutenant-colonel Keil, et même au commandant de compagnie, le lieutenant Matz. Lui d'ordinaire si jovialement convaincant, si ardent à entreprendre les uns et les autres pour les rallier à sa conviction et les encourager à se fortifier mieux encore, il s'était montré morose et bougon.

Contre son habitude, il n'avait même pas distribué de cigarettes. Pourtant Jahnke, qui avait gagné en Russie sa croix de chevalier, et que seule une blessure mal guérie obligeait à servir dans cette unité de réserve sur le paisible front de l'Ouest, ne se laissa pas intimider. Il rendit compte paisiblement au maréchal de ses travaux de fortification ; signala que chaque forte marée ramenait au rivage les hérissons et une partie des mines ensablées.

— Quant aux réseaux de barbelés, conclut-il, nous en posons autant que nous recevons de fils de fer. Et il désignait du geste ceux qu'il avait tendus en s'appuyant sur son expérience de Russie.

Mais le feld-maréchal ne décolérait décidément pas.

— Montrez-moi donc vos mains, lieutenant, dit-il soudain.

Le lieutenant Jahnke, vingt-trois ans, le regarda, étonné. C'était un ordre. Il ôta ses épais gants de cuir et tendit ses deux mains. Elles étaient toutes saignantes encore et couvertes d'égratignures, car le lieutenant avait appris en Russie à mettre la main à la pâte avec ses hommes. En France, au contraire, la longue période d'inaction n'avait pas précisément incité les cadres à agir de même.

Rommel cependant se voyait ainsi ôter son dernier prétexte à exploser. Ayant opiné de la tête :

— C'est bien, lieutenant, dit-il simplement, le sang qui coule des mains des officiers pour fortifier les positions a autant de prix que celui qu'ils versent dans le combat.

« Le sang qui coule des mains des officiers. » Le jeune lieutenant, fraîchement décoré d'une haute distinction, et revenu depuis peu du front de l'Est, s'était borné à enregistrer la phrase en acquiesçant d'un « *Jawohl* » respectueux. Mais en son for intérieur, il pensait à tous ceux qu'il avait vus autour de lui, vieux officiers de réserve pour la plupart, dont l'expérience datait de la Première Guerre mondiale et qui en étaient restés, en matière de fortifications, aux procédés de 1917. Le sang ne leur coulait pas des mains, à ceux-là, et Jahnke plus d'une fois s'était irrité de leur apparente nonchalance. Il ne s'irritait pas que de cela, à dire vrai.

N'avait-il pas constaté avec stupeur, peu après avoir pris son commandement, que les pêcheurs français étaient autorisés, pour se rendre sur la grève, à emprunter la route asphaltée qui traversait son point d'appui ! Jahnke l'avait aussitôt interdit. Et le vieux commandant d'armes, dans le village voisin, avait hoché la tête : « Ce nouveau venu prend décidément les choses un peu trop au sérieux. Il faut pourtant bien qu'ils aillent à la pêche, ces braves gens. » Là-dessus, Jahnke, certaine nuit, ne s'avisa-t-il pas d'essayer soudain ses canons. Tout le régiment réveillé en sursaut en demeura pantois. « Cet Ivan, disait-on, cet Ivan est devenu complètement fou. Il ne peut même pas attendre que la danse commence. »

Mais lui, sans s'en faire, avait continué à appliquer à la lettre les consignes de son maréchal. Pourtant, quand on voyait ce qu'un tapis de bombes bien placé faisait d'une position établie à grand-peine ! tranchées, boyaux, réseaux, tout y passait. On pouvait le constater à la première batterie du 1261ᵉ Régiment d'artillerie côtière du lieutenant Erben, à Saint-Martin-de-Varreville, dont il n'était pas resté pierre sur pierre. Et les quatre canons avaient été littéralement atomisés avec la position.

— Ça peut tout de même devenir sérieux quand ils mettent dans le mille, ces bougres-là, avait dit au lieutenant Jahnke, Hein, son adjudant de section.

Depuis lors, ils éprouvèrent, à parler franc, quelque appréhension de ces bombardements aériens dont le nombre et l'intensité allaient sans cesse croissant.

En réalité, les troupiers ne croyaient pas que les choses pussent mal tourner. Quand ils contemplaient du sommet de la falaise leur point d'appui, il leur paraissait tellement solide et formidablement armé, avec son imposante tourelle de 8,8, ses canons de flanquement de 5 cm, ses pièces antichars de 7,5, ses nids de mitrailleuses, ses lance-flammes et ses petits « goliaths »[1] aux aguets. Jusqu'au vieil obusier de campagne de 16, datant de la guerre précédente, qui leur semblait agressif sous son blindage.

« Ils ne vont tout de même pas s'attaquer à une telle citadelle en se mettant devant la bouche des canons », se disaient-ils entre eux. Jahnke pensait de même ce soir-là. Il descendit dans son abri, s'allongea sur sa couchette, alluma une cigarette. Il revoyait dans sa mémoire les conditions précaires du front russe. Quand on pense qu'ici, en France, il a jusqu'à une douche à sa disposition, même si ce n'est qu'une pomme d'arrosoir ingénieusement fixée au plafond de son abri.

Téléphone ! Jahnke décroche, et se dresse sur son séant. Le bataillon vient de lancer le mot d'ordre du branle-bas de combat. Et la voix ajoute :

— Parachutistes ennemis viennent de sauter. Vraisemblablement derrière votre secteur.

— Alerte ! Tout le monde aux postes de combat. Sentinelles

---

1. Engins chenillés télécommandés et bourrés d'explosifs.

doubles aux issues. Envoyez la patrouille d'exploration voir ce qui se passe.

— Ça doit sûrement être un coup en liaison avec la résistance, déclare l'adjudant Hein. Il n'a encore jamais vu un résistant en chair et en os. Mais il a tellement entendu parler de l'armée secrète !

Jahnke partage son sentiment. Et il a un bon argument pour affirmer que ce ne peut être encore la grande invasion : « S'ils viennent, ce sera à marée haute », lui avait dit Rommel lui-même lors de son inspection. Et c'était bien évident. Car, à marée haute, les chalands plats de débarquement pouvaient pousser jusqu'au pied des dunes, au contact immédiat du réseau barbelé. A marée basse, en revanche, il faudrait, à chaque assaillant, parcourir huit cents mètres d'un terrain plat comme la main. Huit cents mètres ! avec en face de soi des mitrailleuses, des pièces antichars et des lance-grenades, allons donc !

Non, c'était avec le flot qu'ils viendraient, et pour l'heure on était en plein jusant. Donc, ce n'était pas l'invasion qu'amorçaient les paras. Ça ne « collait » pas.

Ainsi pensait Jahnke et il attendit sans fièvre.

Une demi-heure plus tard, on entendait crépiter à l'arrière, dans la zone des prairies inondées, les carabines et les fusils-mitrailleurs de la patrouille d'exploration. Celle-ci s'était heurtée à deux douzaines de paras américains qui essayaient de se sortir du marais, où les malheureux étaient enlisés jusqu'au ventre. A peine les gerbes ont-elles fouetté l'eau autour d'eux et blessé deux d'entre eux que les autres lèvent les bras. Le chef de patrouille rentre au point d'appui avec dix-neuf prisonniers. « Mains sur la tête ; face au mur » et le caporal aligne ses captifs le long de la baraque. Puis on les « filtre », c'est-à-dire qu'on vide leurs poches. Les deux blessés, que leurs camarades ont ramenés, sont installés au poste de secours, dans l'abri bétonné.

Jahnke appelle aussitôt le P.C. du Bataillon au téléphone : « Dix-neuf prisonniers du 2ᵉ Bataillon du 506ᵉ Régiment de parachutistes américains. » Il s'apprête à ajouter : « 101ᵉ Division aéroportée », mais... crac... la ligne est coupée.

Le câble souterrain que, récemment, des travailleurs français, opérant sous la direction de pionniers allemands, ont posé, vient d'être sectionné. W 5 n'a plus désormais de liaison qu'à droite et à gauche avec les deux points d'appui voisins.

Le sergent-infirmier Hoffmann est en train de panser un des deux blessés, un Noir grièvement atteint. Le pauvre diable doit atrocement souffrir car il a reçu une balle dans le menton. Hoffmann le réconforte :

— C'est pas grave, tu t'en tireras.

Mais le Noir roule des yeux pleins d'effroi. Hoffmann qui s'est retourné vers la boîte à pansements croise son regard avec celui du lieutenant américain qui n'est, lui, que légèrement blessé. Celui-ci sourit ironiquement et, dans un assez bon allemand, lui dit :

— Vous êtes sanitaire et vous portez un pistolet! c'est défendu!

Hoffmann, comme Jahnke, est un ancien du front russe. Là-bas, contre les Soviets, chaque infirmier était armé, car il savait s'assurer ainsi meilleure protection que par son seul brassard à croix rouge.

Hoffmann a aussitôt compris que l'autre a raison. Néanmoins, il grommelle :

— Est-ce défendu aussi que je vous panse... malgré mon pistolet ?

Jahnke vient d'entrer, il a entendu les derniers mots.

— Qu'est-ce qui se passe, Hoffmann ?

— C'est ce gars-là qui rouspète parce que j'ai un flingue.

Jahnke à son tour croise son regard avec celui de son collègue d'en face.

— Vous avez raison, conclut-il. Et à son sous-officier : Allez, Hoffmann, ôtez votre tromblon, mon vieux.

Celui-ci s'exécute :

— Espérons que les bombardiers aussi sauront que je suis sanitaire, grimace-t-il drôlement.

Hélas, les bombardiers n'en tinrent pas compte, car le sergent-infirmier Hoffmann devait être tué peu après.

Jahnke a fait évacuer un bunker par ses hommes. On y entasse les prisonniers, barricade la porte, et place une sentinelle à l'entrée.

Vers deux heures quarante-cinq, le sergent-infirmier Hoffmann vient trouver son lieutenant :

— Les deux blessés, lui signale-t-il, sont étrangement nerveux. Ils demandent sans cesse l'heure qu'il est, et si on ne va pas bientôt les transporter. De son côté, la sentinelle devant la porte du bunker rend compte que les prisonniers s'agitent à l'intérieur et qu'en particulier les deux officiers insistent à chaque instant pour être transférés à l'arrière.

— Pourquoi, diable, sont-ils si pressés ? se demande Jahnke.

— Probable qu'ils ne se plaisent pas avec nous, mon lieutenant, ricane la sentinelle, ou alors il y a quelque chose là-dessous.

Un régiment saute dans le marais

Avant même qu'il fît jour, il était devenu évident pour l'état-major du 84e Corps que les débarquements aériens n'étaient pas une opération de petite envergure. Ni un raid de commandos ; ni un bluff.

Les renseignements indiquaient que, sur les deux flancs du secteur du Corps d'Armée, des Divisions entières avaient atterri. A droite de l'Orne et de la Dives, dans la zone des 716e et 711e Divisions, on avait identifié la 6e Division aéroportée britannique ; à gauche, dans le secteur de la 709e Division, les 82e et 101e Divisions américaines « airborn » à quatre régiments.

On voyait, à mesure, les commandos s'efforcer de s'emparer des ponts importants, ou des chaussées traversant la zone inondée de l'arrière, afin de couper la côte de ses ravitaillements et interdire l'entrée en action des réserves tactiques. En plusieurs points, ils y étaient parvenus. Cette fois, ça devenait sérieux. Il s'agissait manifestement d'une opération stratégique hardie de couverture des flancs d'un débarquement entre les embouchures de l'Orne et de la Vire.

Et ces conclusions étaient exactes. Le jour X venait de commencer. La plus grande opération amphibie que l'histoire militaire ait jamais enregistrée, débutait par une entreprise aérienne à la fois téméraire et aventureuse mais aussi terriblement meurtrière.

9210 avions — non compris les bombardiers et les avions de reconnaissance — se sont envolés d'Angleterre dans la nuit du 5 au 6 juin 1944. Pendant deux heures et demie sans interruption, l'invisible flotte aérienne survola la région de Londres.

Tout le front de la côte française, dans le même temps, bouillonnait littéralement sous les bombardements. Sur Caen se déchaînait un véritable enfer. Les ponts, les routes et tous les

45

terrains d'aviation à l'arrière, en France, étaient soumis à des bombardements incessants.

En groupes serrés, les planeurs chargés de matériel suivaient, en remorque, innombrables. Tout avait été minutieusement calculé, prévu, préparé. Beaucoup de choses allèrent bien, mais tout ne se passa pourtant pas sans encombre.

Les Américains mirent en jeu deux divisions aéroportées, soit dix-sept mille hommes de troupes d'élite avec leur artillerie de campagne et leurs engins antichars, qui atterrirent dans la presqu'île du Cotentin à l'arrière des positions de défense côtière des Allemands. Elles avaient reçu pour mission de constituer un vaste point d'appui derrière le dos de la 709ᵉ Division allemande, de tenir solidement les passages traversant la zone artificiellement inondée et d'isoler des têtes de pont américaines la 91ᵉ Division aéroportée allemande[1]. En dehors de cela, elles devaient, bien entendu, détruire tout le réseau des transmissions, empêcher les ravitaillements et verrouiller toutes les voies d'accès à la côte. Mais cette gigantesque manœuvre aérienne se déroula sous une fâcheuse étoile.

L'ennuagement à la fois épais et bas gêna le vol des avions éclaireurs. Et il en résulta une tragédie. Les aires d'atterrissage prévues se trouvaient au voisinage des ponts et des digues bordant la vallée inondée du ruisseau du Merderet le long de la route de Sainte-Mère-Eglise à Pont-l'Abbé. Une très faible erreur — un saut survenu une minute trop tôt ou trop tard — et les hommes aboutissaient dans l'eau et dans le marais. Or c'est précisément ce qui advint. Le 507ᵉ Régiment tout entier sauta en plein milieu du terrain inondé. L'herbe y poussait du bourbier si drue et si haute que, vu de l'avion, on pouvait se croire au-dessus d'une riante prairie. Mais ceux qui y descendirent en parachute aboutirent avec leurs soixante-dix kilos de chargement en pleine eau. Rares furent ceux qui réussirent à se sortir du marécage. Tout le matériel lourd du régiment fut perdu. Des blessés moururent noyés. Des planeurs tout entiers disparurent avec leur équipage et leur matériel, envasés.

Jusqu'au général James Gavin, le jeune divisionnaire de trente-

---

1. Stationnée dans la région de Briquebec-Saint-Sauveur-le-Vicomte.

six ans, commandant la 82ᵉ Airborn, qui sauta à faux ! Tant qu'il avait été au-dessus de la Manche, il avait pu voir à quelques encablures les avions de tête de son armada. Il savait ses sept mille hommes sur ses talons. Mais au-dessus des îles anglo-normandes, ils avaient été pris à partie par la D.C.A., et puis, entre eux et le sol, une couche épaisse de nuages avait surgi. Une vraie soupe au lait.

Au dernier moment, l'avion de Gavin survola une échancrure. Le général vit au-dessous de lui miroiter une étendue d'eau. Il respira, soulagé : la Douve. Et aussitôt il donna par feu vert le signal du saut. Mais, de même que le général et son pilote, presque toute l'escadre aérienne s'était trompée. Et c'est ainsi que le 507ᵉ Régiment s'abattit prématurément juste sur les inondations du Merderet.

Ils pataugèrent dans ses fondrières. Beaucoup se noyèrent dans ses fossés profonds. Les autres errèrent le long de ses rives cherchant vainement le pont qu'ils devaient occuper. Pourtant une opération réussit : la prise de Sainte-Mère-Eglise qui tomba fortuitement aux mains des hommes de Gavin. Car un détachement du train de la Flak qui occupait la localité, voyant choir du ciel, en plein cœur, de celle-ci, quelques hommes égarés du 505ᵉ Régiment de parachutistes leur abandonna presque sans combat ce nœud routier pourtant extrêmement important qui commandait, sur la nationale 13, la route de Cherbourg à Paris par Carentan. Cette défaillance d'un lieutenant de la Flak, dont nous préférons taire le nom, devait coûter cher. Ce fut elle qui permit le succès initial du débarquement aérien des Américains.

Car il n'en alla guère mieux pour la 101ᵉ Division du général Taylor que pour la 82ᵉ. Elle perdit à l'atterrissage trente pour cent de son actif et soixante-dix pour cent de son matériel. Les « asperges de Rommel » furent pour bien des planeurs un désastre. Ils allèrent s'écraser dans les jardins ou les vergers, culbutant dans les haies ou les chemins creux. Par petits groupes, les unités dispersées s'efforcèrent de rallier leurs lieux de rassemblement ou de gagner la côte. Elles eurent des accrochages avec des patrouilles allemandes, attaquèrent certains cantonnements ou quartiers généraux. Firent même des prisonniers... ou le devinrent.

Les grenouilles de Marcouf

La batterie lourde de marine de Marcouf constituait, sur la côte orientale de la presqu'île de Cherbourg, le centre de gravité de la défense côtière allemande. C'était une des pièces maîtresses du mur de l'Atlantique. Armée de quatre canons longs de 210, elle disposait en outre, sur le papier, de six pièces de 7,5 de D.C.A. et d'un canon de 150. Malheureusement, le 6 juin, cette imposante forteresse était encore inachevée. Néanmoins les quatre cents artilleurs de marine de sa garnison et leurs canons représentaient déjà, contre toute attaque venant de la mer, une protection qui n'était pas négligeable.

Le 19 avril on avait procédé à la mise à feu de la première pièce installée. Le tonnerre de l'explosion s'était répercuté au loin. Les fondations avaient tenu. Mais, de ce jour, la batterie était entrée dans la guerre. Chaque soir, au coucher du soleil, arrivaient d'Angleterre les bombardiers qui harcelaient la position. Dans les entonnoirs fraîchement creusés de la veille, les suivants déposaient méthodiquement leurs œufs. Mais les quatre cents « Marcouviens », venus de tous les azimuts, âgés en moyenne de plus de trente-huit ans, acquirent peu à peu un réconfortant esprit de corps. Malgré les harcèlements adverses, ils édifièrent leur position. Eux aussi accumulèrent les défenses accessoires, se construisirent des abris, et allèrent jusqu'à semer de l'herbe sur les mines enterrées à l'entour. Ils travaillèrent d'arrache-pied sur cette côte ensoleillée où la brise de mer maintenait une température égale, tandis que les vagues accourues de l'horizon déferlaient à leurs pieds.

— Hardi ! Hardi ! les gars, répétait le chef d'équipe sans se lasser. Mais il ne leur arrivait jamais assez de béton, ni de canons ni de munitions. Pas de plaques d'acier pour protéger les embrasures ou les fentes de visée des postes de commande de tir. Pas de tourelles cuirassées ni d'organes modernes de télémétrage et de conduite du feu. Presque chaque soir en dressant le bilan de la journée, le caporal Hermann Nissen, long comme un jour sans pain, concluait :

— Bah ! ils attendront bien pour venir que nous ayons fini.

Il ne se doutait pas que ceux d'en face, là-bas dans leur île, n'attendaient que le moment où la lune et la marée seraient propices.

Et ce moment-là était venu. Le 5 juin, le soleil se coucha sans que retentît presque simultanément comme d'habitude le signal d'alerte aérienne. C'était bien la première fois depuis des semaines.

La garnison, le cœur à l'aise, se replia sur ses cantonnements de la petite ville de Marcouf et du village de Crisbecq. On avait ainsi organisé les choses depuis le 19 avril, car les bunkers de la position de batterie ne permettaient d'abriter que les servants des deux canons de marine installés et ceux des pièces de D.C.A. Parmi ceux-ci, le canonnier Karl Sellow s'est confortablement niché dans un angle mort, car il a l'expérience. De sa main droite il masque le fourneau de sa pipe et aspire une lente bouffée.

Voluptueusement il rejette la fumée dans l'air nocturne. Il est vingt-trois heures. Dans une heure arrivera la relève. Mais que signifie ce bourdonnement étrange qui vient de l'ouest ? Ah ! ça, les « frères » vont-ils attaquer ce soir d'une autre direction ? Pas de chance ! la nuit avait si bien commencé.

« Alerte aérienne ! », il n'y a plus de doute. Le bourdonnement s'est fait ouragan et ce fut bien la plus terrible nuit que Marcouf ait jamais connue. Plus de cent avions l'attaquèrent. Et les journaux de marche des unités alliées mentionnent que 600 tonnes de bombes furent déversées sur la seule batterie. 600 tonnes !

L'agression a duré trente-cinq minutes. Les six pièces de D.C.A. sont hors d'usage. Le terrain bouleversé. Peu après minuit, un coureur arrive du petit château de Saint-Marcouf au P.C. du lieutenant Ohmsen, essoufflé, pâle, défait, tremblant :

— Mon lieutenant, il y a des coups au but sur le château ; les abris sont démolis, les ruines flambent, nous avons des tués et des blessés.

Ohmsen est consterné : cette malchance en sus !

— Lieutenant Grieg, dit-il à l'officier de batterie, prenez tous les hommes disponibles. Faites-les munir de pelles et de pioches, et hâtez-vous, nous avons eu assez de pertes comme cela.

Le lieutenant Grieg rassembla son monde en vitesse. Pelles et pioches sur l'épaule, ils s'ébranlèrent dans la nuit ; mais ils n'allèrent pas loin. Dans la batterie, on essayait de remettre en état tant bien que mal deux pièces de D.C.A. Voilà que les hommes de Grieg y refluent en hâte.

— Ah çà! qu'est-ce qui se passe?

Grieg s'est précipité sur Ohmsen.

— Mon lieutenant, on nous a tiré dessus. Sans doute des parachutistes.

Des parachutistes! Ohmsen est sceptique.

— Bon, il faut tirer ça au clair. Patrouille de combat. Lieutenant Grieg, prenez le commandement. Effectif deux sous-officiers, vingt hommes. Armement : pistolets mitrailleurs et grenades. Il n'est plus question de pelles ni de pioches.

A Marcouf aussi, le 6 juin a commencé.

Les hommes s'avancent prudemment dans la nuit. On entend çà et là coasser des grenouilles dans le marais. On en perçoit deux dans le lointain et soudain une troisième toute proche du caporal Albert Müller. « C'est curieux, pense à part soi le lieutenant Grieg, je n'en ai jamais tant entendu que ce soir. »

La patrouille se déploie et au même instant s'élève à l'aile droite une voix qui crie « halte-là! ». Puis un remue-ménage. Grieg se précipite :

— Qu'y a-t-il?

— Un Américain, lui répond une voix étouffée. L'homme est allongé sur le sol. Ce sont Hermann et Müller qui l'ont attrapé. Avec une petite crécelle, il coassait comme une grenouille, ce doit être leur signal de reconnaissance. Quand il a entendu parler allemand, il a voulu s'enfuir, mais Müller lui a asséné un coup de crosse sur son casque et il est tombé comme une masse. Et maintenant, agenouillé près de lui, il vient de s'emparer de la petite crécelle métallique. Il appuie : « Qrrack » fait l'instrument. Müller appuie de nouveau : « Qrrack ». Mais là-bas une autre a répondu. La ruse naît d'elle-même. Appuyant sur leur appeau, ils s'approchent des grenouilles qui répondent, et pêchent ainsi un à un les Américains dans le marais jusqu'à ce que le silence se fasse.

Vers une heure et demie, la patrouille est de retour sans avoir perdu un homme. Chacun ramène sa grenouille : vingt prisonniers en tout. Vraiment une belle pêche. Le lieutenant Grieg, très fier de sa capture, se tord de rire en en faisant le récit à son chef. On enferme les Américains dans un bunker vide.

Ils appartenaient à cinq unités de transport du 502e Régiment U.S. de parachutistes; et parmi eux se trouvait un commandant d'unité avec son état-major. Une centaine d'autres, qui avaient

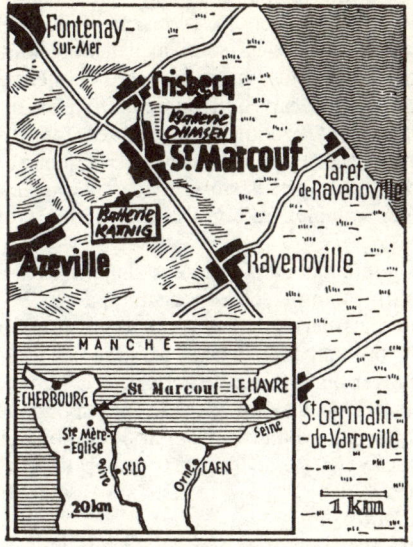

Azeville et Marcouf se situèrent au centre des premiers combats livrés dans la presqu'île du Cotentin.

réussi à sortir du marais et à gagner Marcouf ou qui y avaient atterri directement, devaient actuellement se rassembler pour donner l'assaut à la batterie.

L'interrogatoire des prisonniers fit ressortir qu'ils avaient mission de s'emparer de la position de batterie 1/1261 du lieutenant Erben, près de Saint-Martin-de-Varreville, à sept kilomètres à l'ouest du point d'appui W 5. Fut-ce par erreur ou par commodité qu'ils préférèrent s'en prendre à Marcouf ? L'histoire ne le dit pas. Toujours est-il que l'adjudant-major du 2e Bataillon du 919e R.I., à la tête d'une patrouille de huit hommes hâtivement mise sur pied, suffit à lui seul à les refouler de la localité et à les rejeter dans le marais inconfortable.

Ohmsen et ses officiers ouvrirent de grands yeux quand ils virent ce que portaient sur eux leurs prisonniers. De petits émetteurs radio du format d'une lampe de poche ; des boussoles contenues dans un bouton de blouson. Le Nouveau Testament en micro-impression. Et des cartes, dessinées sur des mouchoirs soyeux, sur lesquelles même les prairies tout récemment plantées d'asperges de Rommel étaient signalées. Bien mieux, Ohmsen n'avait pas pu déterminer exactement les coordonnées de ses nids de mitrailleuses. Mais les Américains, eux, les avaient exactement mesurées sur leurs photos aériennes et reportées sur leurs cartes imprimées sur soie.

Ohmsen et ses hommes eurent ainsi un avant-goût de ce qui les attendait.

Pendant ce temps-là, dans le point d'appui voisin d'Azeville, distant de quatre kilomètres et occupé par la 9e Batterie du 945e Régiment d'artillerie de côte (quatre canons de 12,2), les choses allaient rondement leur train aussi.

Le lieutenant Kattnig, officier de batterie et commandant du point d'appui, était activement plongé dans sa correspondance, lorsque le guetteur lança le signal d'alerte. Il jaillit de son bunker et s'arrête, médusé : sous ses yeux, des avions de transport déversent des nuées de parachutistes.

— Feu à volonté.

Kattnig se rue à son poste de commandement. Un homme dégaine son revolver et met le pied sur la corde du parachute. L'homme, un peu interloqué de l'aventure, lève les mains, c'est un officier américain.

Il se refuse à donner aucun renseignement et reste muet comme une carpe. On l'enferme dans un abri. Mais la fusillade a commencé aux abords du réseau de barbelés.

La liaison avec la Division est coupée. Le lieutenant Kattnig envoie son compte rendu par l'intermédiaire de Marcouf.

Surgit sur ces entrefaites le lieutenant Hansjörg Habel, de la batterie voisine, avec une poignée d'hommes. La batterie occupait une position de campagne en plein champ et les paras ont atterri droit sur les tentes de son bivouac. Les « Amis » ont tout sauvagement massacré. Ce que rapportent les survivants donne un peu de frisson aux hommes d'Azeville.

— Ici, en tout cas, ils n'entreront pas !

Tel fut le mot d'ordre que le capitaine Schürger se chargea de répandre dans le point d'appui et de faire comprendre à tout le monde.

Merville — une coûteuse erreur

Les Britanniques aussi eurent leur Marcouf. Il s'appelle Merville. Lorsqu'au début de décembre 43 le lieutenant-colonel Terence Otway fut convoqué par son commandant de Division, il n'avait jamais encore entendu prononcer le nom de cette localité. Mais bientôt, il fut aussi familiarisé avec le « patelin » que s'il y avait passé toute sa vie.

A Merville, à l'est de l'Orne, à environ deux kilomètres et demi de la côte, il y avait une batterie du 1716e Régiment d'artillerie, à l'effectif de cent trente hommes. Sur la foi de renseignements d'agents, le 2e Bureau allié était arrivé à la conviction que cette batterie devait être armée de canons de 150. Elle constituait donc un élément très dangereux pour le débarquement de la 3e Division britannique projeté dans la région de Lion-Ouistreham. « Il faut que la batterie soit neutralisée avant le débarquement. » Tel fut l'ordre donné. On mit donc en branle tout un coûteux appareil pour la réduire au silence avant même que la 3e Division approchât de la côte. Ce fut le lieutenant-colonel Otway, avec le 9e Bataillon de parachutistes de la 6e Division aéroportée, qui fut chargé de l'opération. Celle-ci constitua à elle seule une véritable bataille en soi. Dépensière, meurtrière, elle fut en réalité parfaitement inutile ; on la cite néanmoins assez souvent dans l'histoire militaire, encore que les plus récentes publications anglaises et américaines se taisent volontiers à son sujet. Il ne nous en a paru que plus intéressant d'en étudier de près le détail.

Le plan général était le suivant : Otway, avec son bataillon renforcé à l'effectif de sept cent cinquante hommes, devait sauter peu avant une heure du matin entre Merville et Gonneville, gagner des lieux de rassemblement prévus, puis donner l'assaut au point d'appui selon un horaire soigneusement minuté. Toute l'affaire avait d'ailleurs été montée, point par point, un peu à la façon d'un combat de Sioux et de trappeurs. Le clou devait en être l'atterrissage d'un commando de soixante hommes largués par planeur en plein milieu de la batterie, juste au moment de l'assaut.

Les reconnaissances aériennes avaient révélé que le point d'appui était entouré d'un réseau barbelé large de cinq mètres et haut d'un mètre cinquante. Un champ de mines de dix mètres de largeur le précédait. Puis venait un second réseau de barbelés. Et enfin, pour couronner le tout, un nouveau champ de mines emmêlées de fils de fer, d'une centaine de mètres de profondeur, assurait la sécurité éloignée de l'ensemble. Du côté de la mer, il n'y avait pas, semblait-il, de protection antichars.

Le point d'appui comprenait un certain nombre de guérites blindées individuelles. Face à la mer, les sentinelles étaient doublées. Des quatre casemates d'artillerie, seule la plus à l'est, la n° 4, était organisée en vue du combat rapproché. Un certain nombre d'armes automatiques assuraient la sécurité de la batterie. Un canon automatique de 20 mm hissé sur le toit d'un abri passif, en plein centre de la batterie, était destiné aussi bien à la lutte à terre qu'à sa protection antiaérienne.

D'après le plan allié, la position devait absolument être neutralisée avant toute opération de débarquement. Le lieutenant-colonel Otway fut averti que, si à cinq heures un quart elle n'était pas tombée entre ses mains, la flotte en entamerait le bombardement. C'était dire tout le prix qu'en haut lieu on attachait à Merville.

La situation de la batterie, en plein champ, à proximité d'un carrefour rendait assez difficile son camouflage. Son imposant fossé antichars la révélait visiblement à l'exploration aérienne adverse. Celle-ci put suivre, grâce à des éclairements variés, la progression des travaux. Lorsque, à la fin de mars, les photos aériennes révélèrent que deux des casemates étaient achevées et les deux autres en construction, commença un systématique et dispendieux bombardement. Il n'est pas sans intérêt de connaître exactement les résultats qu'il obtint : sur un total d'environ mille points d'impact, il n'y en eut que cinquante qui se situèrent à l'intérieur de la batterie. Et sur ces cinquante projectiles, il n'y eut que deux coups au but, c'est-à-dire atteignant directement les casemates. Mais aucun des deux ne réussit à les perforer. Qu'on juge par là de ce qu'obtiennent les tapis de bombes quand les objectifs sont couverts par une suffisante épaisseur de béton.

Le lieutenant-colonel Otway avait vingt-neuf ans ; son bataillon, avec ses trente-cinq officiers et ses six cents hommes, était considéré comme une des plus brillantes unités d'élite. On l'avait renforcée d'une compagnie de rudes parachutistes canadiens triés sur le volet et ardents au combat. Au total donc sept cent cinquante hommes.

Pendant plus de deux mois, les hommes d'Otway répétèrent inlassablement leur attaque, Ils s'étaient construit un terrain d'exercice modèle, sur lequel rien ne faisait défaut, pas même les vaches, et où les bulldozers avaient soigneusement tracé tous les chemins de terre. Ils s'étaient exercés d'abord de jour, puis ensuite de nuit, jusqu'à ce que le scénario compliqué fût connu de chacun sur le bout du doigt. Chacun savait le chemin qu'il prendrait, le rôle qu'il aurait à jouer : aussi bien les patrouilles de reconnaissance que les détecteurs de mines qui devaient tracer la voie au milieu des embûches ; que la compagnie de pionniers qui jalonnerait le chemin au cœur des défenses accessoires ; enfin que le petit corps franc chargé sur trois planeurs, qui atterrirait dans la batterie juste à l'instant de l'assaut et bondirait sur les quatre pièces pour les enclouer. Il y avait encore deux petits détachements camouflés dont les sous-officiers parlaient impeccablement l'allemand et qui devaient jeter le trouble dans la garnison par des ordres contradictoires.

Quant à l'équipement, il était presque aussi fabuleux que le projet. Toutes les découvertes les plus récentes, tous les moyens de la technique la plus moderne avaient été mis en jeu : lance-flammes, pièces antichars, jeeps radio, des échelles d'assaut, des charges allongées, des pétards explosifs d'un modèle particulier, des microphones, des haut-parleurs, et jusqu'à une voiture d'ambulance, tout devait être déversé du haut des airs.

Pour obtenir sur la garnison allemande un effet de rémanence, et détruire avant l'assaut une partie des défenses accessoires, en particulier faire exploser les champs de mines, on décida que cent neuf bombardiers lourds Lancaster seraient engagés entre minuit trente et minuit quarante contre la batterie. Celle-ci devait recevoir 382 tonnes de bombes, dont certaines d'un calibre dépassant 2 tonnes d'explosif.

L'atterrissage devait s'effectuer sous la couverture de ce bombardement. Puis, tandis que le bataillon se rassemblerait, le détachement dit de « cisailleurs », en liaison avec les détecteurs de mines, devait prendre les devants, frayer trois passages à travers le champ de mines et les jalonner. Le chef du détachement de reconnaissance devait, à mesure, renseigner par radio le commandant du bataillon. Le signal de l'assaut serait ensuite donné à la trompette. Comme marque distinctive, tous les participants à l'opération portaient sur la poitrine une tête de mort phosphorescente avec deux tibias croisés.

C'était pour l'entrée en jeu du corps franc, ultérieurement largué du ciel, que l'horaire avait été le plus soigneusement minuté : à trois heures vingt-quatre exactement, à deux mille mètres d'altitude au-dessus de la batterie, les avions remorqueurs devaient lâcher leurs planeurs et annoncer la chose par un signal lumineux. De trois heures vingt-cinq à trois heures trente, sur le signal du « réveil » sonné par un clairon, un lance-grenades mis en action devait arroser la batterie de grenades lumineuses pour faciliter l'atterrissage. A trois heures vingt-huit, sur la sonnerie du « rassemblement », chacun devait cesser le feu à l'exception du lance-grenades lumineuses et du détachement de diversion attirant sur lui l'attention.

A trois heures trente, sur la sonnerie « repos », le lance-grenades arrête son tir. Le premier planeur atterrit. Aussitôt les charges allongées disposées sous le réseau explosent, et tout le monde se lance à l'assaut.

Voilà comment était réglé le scénario, et voici comme il en alla en réalité :

Ce fut peu avant minuit que les éléments de reconnaissance et d'éclairage quittèrent l'Angleterre. Ils ne tardèrent pas à discerner le tonnerre des explosions des Lancaster. Mais un premier point fit défaut. Le bombardement aérien avait mis à côté de la plaque, et, au lieu de la batterie, ce fut le village de Gonneville qu'il réduisit en cendres. Le groupe de reconnaissance qui sauta le premier fut pris sous le tir des derniers bombardiers et échappa de justesse à la destruction.

Le lieutenant-colonel Otway et le gros du bataillon, qui suivaient, étaient loin de se douter de ce premier mécompte. Après tout le mal qu'on s'était donné pour tout si bien organiser, il ne leur semblait pas possible que quoi que ce soit pût aller de travers. Mais ils s'aperçurent soudain qu'ils avaient oublié quelque chose d'essentiel : c'était que les Allemands seraient peut-être en mesure de leur tirer dessus. Et ceux-ci ne s'en firent pas faute. Avec une pièce de D.C.A. de 8,8 pour commencer. Plusieurs pilotes, pour échapper à leur feu, durent amorcer des manœuvres acrobatiques. Dans les carlingues, les paras, lourdement chargés, basculèrent les uns sur les autres. Le spectacle, dans certains avions de transport, fut indescriptible et presque désopilant. Ce ne fut pas sans peine que les hommes ensuite parvinrent à s'extraire des appareils. Les uns sautèrent beaucoup trop loin à l'est. D'autres pilotes ratèrent l'aire d'atterrissage. Le planeur qui portait le matériel lourd de l'expédition avait rompu son amarre au-dessus de la Manche et culbuté. Ce ne fut donc que très dispersés que les parachutistes arrivèrent à terre. Certains, à cinquante kilomètres du point fixé ! Très rares furent ceux qui atterrirent dans la zone prévue.

Le lieutenant-colonel Otway, lui, était arrivé au sol à l'endroit voulu, mais il y attendit vainement son bataillon. Au bout d'une heure et demie, quelque cent cinquante hommes se trouvèrent rassemblés. Cent cinquante sur sept cent cinquante ! Six cents manquaient à l'appel. Otway résolut néanmoins de passer à l'attaque, ce qui témoigne en faveur de son courage et de son esprit de discipline. Naturellement, il fallut modifier tout le plan d'action. Les circonstances dictaient les improvisations. Sur les hommes disponibles, on préleva deux groupes de quinze pour percer les brèches dans le réseau. Quatre groupes d'assaut, de douze hommes chacun, furent désignés pour attaquer l'objectif.

Ils s'étaient rassemblés dans un fossé à la lisière d'un champ de blé, à cinq cents mètres à peine du point d'appui convoité.

Il était environ trois heures trente. Au P.C. de la batterie, on avait depuis longtemps reçu l'avis d'alerte du commandement de l'artillerie de la Division. Le commandant du point d'appui et l'officier de batterie avaient fait doubler les postes de guetteurs. Ceux-ci ne tardèrent pas à déceler des mouvements suspects et à donner l'alarme. Les mitrailleuses de la batterie commencèrent à balayer le terrain du glacis.

C'est à ce moment précis que les planeurs qui portaient le corps franc se préparèrent à faire irruption. Les avions remorqueurs lancèrent le signal lumineux annonçant qu'ils avaient largué les câbles. Et dans un vol silencieux les frêles appareils glissèrent vers la batterie. L'un passa au-dessus de celle-ci à trente mètres de hauteur. Une pièce de D.C.A. de 2 cm installée sur le toit d'un abri lui lâcha au passage une rafale. On vit les balles traçantes l'atteindre en plein fuselage. De la fumée jaillit ; et le grand oiseau, amorçant un large virage, alla s'abattre sur le ventre à quelque distance de là. Le second était en vue. Mais comme Otway n'avait pas de lance-grenades pour lui signaler, comme convenu, par grenades lumineuses l'emplacement de la batterie, le pilote prit, dans l'obscurité, les ruines encore rougeoyantes du village de Gonneville pour le lieu d'atterrissage et alla déposer son commando à sept kilomètres du théâtre de l'action! Quant au troisième, pas de trace. Ayant eu des ennuis, il avait dû faire un atterrissage forcé dès le départ, sur la mauvaise rive de la Manche.

Plus question de coup de main. Otway décida de donner à lui seul l'assaut. Les charges allongées détonèrent et les petits groupes d'assaut s'élancèrent tout en vidant leurs chargeurs.

A Merville comme ailleurs, la longue et vaine attente, les alertes répétées, avaient un peu émoussé la méfiance des défenseurs. L'entrée principale de la batterie n'était que sommairement barricadée. Un petit groupe de Tommies réussit assez rapidement à s'y insinuer.

Par une coïncidence extraordinaire, s'y présenta presque en même temps qu'eux le sous-officier Windgasser avec un groupe d'éclaireurs d'une batterie de D.C.A. de 2 cm, de la réserve d'armée. Celle-ci était en route cette nuit-là, de Franceville sur Caen. Etant tombée en plein dans la zone des atterrissages britanniques, son chef avait décidé de chercher refuge dans la batterie de Merville, et détaché en pointe, pour éclairer sa marche, son sous-officier avec cinq hommes. Stupéfaits de se voir accueillis sur le seuil, dans la nuit, par des Britanniques, Windgasser et sa petite troupe ne purent que lever les mains. Ils furent aussitôt enfermés dans un abri où s'affairait déjà, auprès de Tommies blessés, le sergent-infirmier Kurt Richter.

De leur cachot, ils purent ainsi suivre les péripéties de la lutte que livraient, à l'intérieur de la batterie, leurs camarades allemands à l'équipage du planeur abattu qui, au grand complet, venait de rallier son gros à la rescousse.

Dans les casemates, les artilleurs, aux prises avec les assaillants, se défendaient vaillamment au corps à corps. Malheureusement, dans deux d'entre elles, les portes blindées qui y donnaient accès par-derrière étaient demeurées ouvertes. Les Tommies n'eurent qu'à y lancer leurs charges d'explosifs.

Au bout de trente minutes, tout était réglé. Otway et ses hommes étaient vainqueurs. Vingt-deux Allemands, tous blessés, furent emmenés prisonniers. Le reste de la garnison, une centaine d'homme environ, jonchait le sol, tués au cours du combat. Sur les cent cinquante hommes d'Otway, soixante-six gisaient morts sur le carreau. La victoire avait été chèrement achetée.

Et c'est à ce moment qu'on s'aperçut qu'elle était, de surcroît, parfaitement inutile. Car la batterie de Merville ne comportait pas de canons de 150 ! Elle n'était armée que de pièces de 75. Elle n'aurait donc constitué aucun danger réel pour le débarquement anglais. Elle était parfaitement inapte à prendre sous son feu des objectifs en mer. On ne pouvait pas non plus observer, depuis l'emplacement de batterie, le secteur côtier où le débarquement était prévu. Tout au plus aurait-elle donc pu prendre sous son tir indirect, à la portée de sept kilomètres, la partie orientale extrême de celui-ci. C'était une erreur, une monumentale erreur initiale qui avait dicté tout le plan d'opération contre Merville. Ainsi toute l'entreprise, si coûteuse et si meurtrière, ne constituait-elle, elle-même, qu'une vaste erreur. Il en va souvent ainsi à la guerre.

Du côté de la terre, les canons, tels qu'ils étaient braqués, ne pouvaient pas tirer ; ou il eût fallu les sortir de leurs alvéoles.

En réalité toute l'installation n'avait été conçue que comme un moyen de défense contre une attaque de blindés débouchant de la côte. La méprise était d'envergure !

Il devait s'en produire encore une autre. Sitôt en possession de la batterie, le lieutenant-colonel Otway lança le signal lumineux convenu disant qu'elle était entre ses mains. Cependant aucun avion de reconnaissance ne lui répondit que son signal avait été perçu et compris. Aussi, ne voulant pas exposer ses hommes survivants au tir éventuel des canons de la flotte, se retira-t-il avec eux du point d'appui conquis et mis hors d'usage. Ce fut un groupe de combat du 736e Régiment de grenadiers qui s'en empara peu après.

Par la suite, il s'avéra que les Tommies, dans leur hâte, n'avaient qu'imparfaitement procédé à la mise hors de services des pièces. Certaines purent être remises sommairement en état.

Le lendemain 7 juin, les grenadiers durent défendre le point d'appui reconquis contre un commando britannique qui avait reçu mission de nettoyer la région. Ils opposèrent une résistance opiniâtre mais durent céder sous le nombre.

Puis une contre-attaque allemande appuyée par l'artillerie d'assaut s'en rendit maîtresse une nouvelle fois. Jusqu'au début de juillet il changea ainsi de mains à plusieurs reprises. Il fut âprement disputé, coûta beaucoup de vies humaines. Tant il est vrai qu'à la guerre, une sanglante erreur en entraîne souvent des dizaines d'autres à sa suite.

W 5 commande : « *feu à volonté* »

Le jour se lève. Les haies du Cotentin, les vergers du Calvados surgissent peu à peu de la pénombre. Mais il faut se méfier de chacune de ces haies, de chacun de ces vergers, des champs de blé eux-mêmes.

Presque tous recèlent des parachutistes ennemis tapis comme lièvres au gîte. Dans les secteurs de Sainte-Mère-Eglise, ou de Ranville à l'est de l'Orne, dans lesquels ont sauté les « paras » alliés, les bataillons de réserve allemands se sont couverts dans leurs cantonnements par des dispositifs de patrouilles ; des postes de garde veillent aux issues des localités soigneusement barricadées.

— Plus vite, marchez plus vite, lance le major général Falley à son chauffeur, vous voyez bien que le jour se lève.

— Nous allons être tout de suite arrivés, mon général, le rassure le major Bartuzat assis à son côté. Tous deux sont en train de rouler à plein gaz sur la route de Coutances à Etienville par Périers. Il tarde au général de regagner son poste de commandement.

Il y avait six heures environ que le général Falley et son officier du 2e Bureau s'étaient mis en route du Q.G. de la 91e Division aéroportée, à Picauville, pour arriver à temps au Kriegspiel de Rennes. Mais les vols ininterrompus des bombardiers ennemis ont mis le général en éveil. Cet ancien professeur à l'Ecole de guerre, tacticien expérimenté, n'augure rien de bon de tous ces passages qui, au-dessus de sa tête, se dirigent vers l'intérieur. Il voit aussi les avions éclaireurs qui les précèdent jalonner de signaux lumineux leurs objectifs lointains.

— Ecoutez, Bartuzat, avait-il dit à son chef du 2e Bureau, en tendant l'oreille au bourdonnement qui couvrait le bruit du moteur de la voiture, ça n'est tout de même pas une attaque ordinaire.

Falley ne savait pas que la 8e Flotte aérienne de Leigh-Mallory avec trois Divisions stratégiques de bombardiers à grand rayon d'action, comprenant au total 1 083 B 17 et B 24, appuyée par

1 347 chasseurs, et chargée de 3 000 tonnes de bombes était en route pour frayer la voie à l'invasion. Il ne le savait pas et ne pouvait pas s'en douter, mais il sentait intuitivement qu'il se passait quelque chose d'anormal. Ce qu'il savait en revanche pertinemment c'est qu'en face de cette avalanche, l'Allemagne disposait en tout de 320 appareils.

Et son cœur se serrait à la pensée des quelques douzaines de chasseurs allemands sacrifiés d'avance.

Soudain il décida de revenir sur ses pas et ordonna à son chauffeur de faire demi-tour.

Parcourant en sens inverse les routes de l'Ille-et-Vilaine et de la Manche, la puissante Mercedes se hâte à vive allure vers le nord, vers le P.C. de Château-Haut, situé au voisinage du village de Picauville. En avant d'eux, ses passagers perçoivent par moments des rumeurs de bataille et un grondement ininterrompu. A leur droite, en direction de Caen-Bayeux-Carentan, il semble que de violents bombardements soient en cours. L'horizon paraît comme embrasé par la lueur des explosions.

La voiture vient de quitter la grand-route pour s'engager sur le chemin de traverse qui mène au château. Mais ne sont-ce pas des tirs de mitrailleuses ? On entend crépiter des rafales de pistolets mitrailleurs. Le général a dégainé le sien et saute de la voiture.

— Attention, lui hurle Bartuzat. Trop tard !

— Haut les mains, leur a crié un homme qui braque sur eux sa mitraillette. Le général tire sur lui deux coups de son revolver, le manque, mais la rafale les fauche, lui et son officier d'état-major. La bataille de France, à l'aube du 6 juin, a vu tomber le premier général allemand.

Le commandant de la 91e Division aéroportée est mort avant d'avoir pu donner un seul ordre à ses troupes.

Lui aussi, le lieutenant Hanke, dans son nid de résistance W 5, écoutait intrigué la rumeur incessante des bombardiers. Son poste de combat n'était pas un abri bétonné mais un simple trou dans le sable, étayé par des madriers et couvert de mottes de gazon, juste au voisinage du mur antichars. De là, il voyait miroiter la mer à ses pieds. L'adjudant Hein déboucha du boyau :

— Mon lieutenant, lui dit-il, j'ai une drôle d'impression. Si on mettait tous les hommes aux postes de combat?

— Hé pourquoi! lui répond Jahnke, de toute façon, avant que les « Amerloques » ne nous attaquent, il faudra toujours qu'ils commencent par nous bombarder avec de l'artillerie. Alors laissons

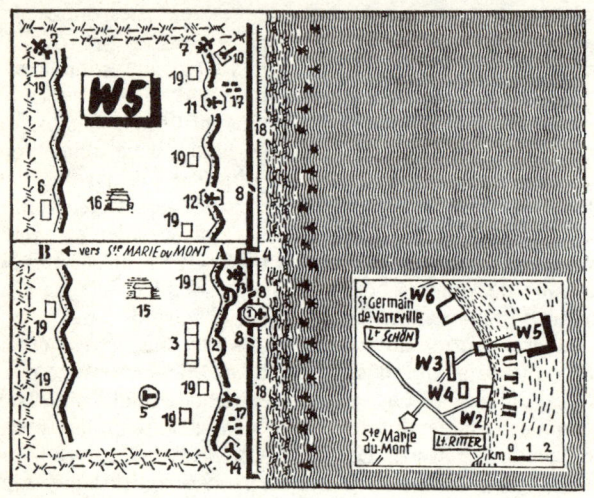

Ainsi apparaissait le point d'appui W 5 : 400 m de long, 300 m de profondeur. La baisse de mer à marée basse avait une étendue de 800 m. A marée haute, le flot atteignait le pied du réseau. Les défenses accessoires immergées étaient des hérissons tchèques et des chevalets à déclic. A — position face à la mer. B — position face à la terre. 1 — mitrailleuse de prise sous coupole cuirassée. 2 — poste de commandement avec binoculaire. 3 — baraque en pierre, dissimulée sous des filets de camouflage avec logement de l'officier, centrale téléphonique, réfectoire et salle de douches. 4 — barricade en bloc de béton. 5 — lance-grenades de 8 cm sous abri bétonné. 6 — grand bunker avec infirmerie. 7 — mitrailleuse lourde. 8 — dépôt de lance-flammes. 9 — poste de commande de lance-flammes. 10 — pièce antichar de 5 cm. 11 — pièce de campagne de 7,5. 12 — pièce antichar de 7,5. 13 — pièce antiaérienne de 8,8. 14 — pièce antichar de 5 cm. 15 — cuisine. 16 — abri antiaérien. 17 — Les « Goliaths ». 18 — mur antichar. 19 — abris fortifiés. La position arrière, face à la terre, et les flancs de l'ouvrage étaient protégés par un réseau de barbelés et des champs de mines.

les gars en sûreté aussi longtemps que possible. Donnez-leur en revanche double ration, ajoute-t-il. Ça met du cœur au ventre ; et il y a de quoi bouffer dans le point d'appui ; au moins pour une semaine.

A ce moment arrivait de la haute mer, à moyenne altitude, alignée comme à la parade, dans une formation irréprochable, une nouvelle vague de bombardiers bi-moteurs.

« Ceux-là vont passer au nord », pensa Jahnke en son for intérieur. Mais soudain, stupeur, la vague a opéré sur sa gauche, une brusque conversion et, longeant la côte en ligne de file, se dirige maintenant droit sur le point d'appui.

Tapi dans son trou, Jahnke, le cœur un peu battant, observe au-dessus de lui les grands oiseaux à la jumelle.

Et il voit s'ouvrir les trappes des soutes à projectiles comme mues par une main infernale. Il voit une à une dégringoler les bombes à ailettes amorçant bizarrement au-dessus de lui leur chute cabriolante.

Il entend leur sifflement.

Il a enfoui sa tête dans le sable et rentré le cou dans les épaules. Un enfer d'éclairs, de tonnerre, de fumée et de puanteur. « C'est tombé de ce côté-ci de la route », enregistre Jahnke machinalement. Mais déjà survient le deuxième appareil. Nouveau tonnerre d'explosions. « Cette fois c'était de l'autre côté. » Cependant le troisième bombardier à son tour lâche sa charge de bombes et pour le coup, c'est droit sur la tête de Jahnke, dont le sang se fige, que fuse le sifflement. Un poing gigantesque l'a saisi et l'écrase contre la muraille, les mottes de gazon lui dégringolent sur la tête, il se sent enfoui sous une avalanche de sable. S'en extirpe non sans peine. Son épaule le brûle douloureusement, son bras gauche est engourdi. Et déjà le suivant arrive. Jahnke a jailli sur le sable de la dune et s'est instinctivement terré dans le cratère d'un projectile. A demi conscient, il se rend pourtant compte de sa très faible profondeur, et en conclut : « Ah ! bon, c'est avec des bombes antipersonnelles qu'ils nous tirent dessus, les salauds », des projectiles à fusée instantanée dont la gerbe d'éclatement très rasante est particulièrement efficace contre le personnel à découvert. « Hop ! sortons de ce cratère insuffisant », se dit notre lieutenant en bondissant jusqu'à la chicane qui borde la route asphaltée et qui jouxte le mur antichars, formant avec lui un angle protecteur. Dans

63

le sable, accumulé par le vent à son pied, Jahnke s'est hâtivement creusé un trou où il se blottit. Au fracas des bombes se mêle maintenant un curieux feu d'artifice crépitant :

« Zut ! nos soutes à munitions qui sautent », se dit Jahnke en un éclair. Et puis soudain c'est le silence. Jahnke s'ébroue au sortir de sa sablière et parcourt son point d'appui encore envahi de poussière et de fumée.

Tout ce qu'ils ont mis des mois à créer patiemment est bouleversé comme le serait un jeu d'enfants après le passage d'un ouragan. La pièce antichars de 7,5 n'est plus qu'un amas de ferraille. Le canon de 8,8 aussi a été atteint. Deux bunkers à munitions ont explosé ; tous les trous de tirailleurs sont nivelés.

Heureusement, les pertes en hommes sont légères parce que l'attaque a surpris les servants dans leurs abris. Et ces derniers ont résisté, même aux coups de plein fouet.

Le secrétaire du caporal d'ordinaire arrive en courant. C'est un vieil homme originaire de la Ruhr.

— Tout est Ka... Kaputt, mon lieutenant, mon entrepôt brûle, la cambuse est renversée, s'écrie-t-il d'une voix blanche, et il conclut en bégayant : Tout est Ka... Kaputt, il n'y a plus qu'à qu'à... capituler.

Jahnke n'a que vingt-trois ans. Mais la campagne de Russie l'a aguerri ; elle en a fait un chef dans toute l'acception du terme. Il sent venir la panique, la pire ennemie du soldat. La panique qui, bien souvent, a fait plus que les armes ennemies pour amener des garnisons entières à se rendre. Il l'a appris en Russie.

— Mon vieux, dit-il au vieil homme qui pourrait presque être son père, je crois, ma parole, que vous êtes un peu tombé sur la tête. Si, en Ukraine, pour si peu de chose on s'était mis à capituler, ah ! bien ! pauvre de nous, les Russes seraient ici depuis longtemps. Allez, ouste, tout le monde au travail, ajoute-t-il à voix haute en frappant dans ses mains. C'est comme ça, les gars, répète-t-il avec un sourire à ses poilus apeurés, titubants.

Pour presque tous c'est leur première expérience de la guerre, leur baptême du feu. Ils ont senti pour la première fois passer le souffle de la mort, ces vieux réservistes qu'on a rassemblés dans les Divisions de défense des côtes aux numéros élevés, les 709e, 711e, 716e. Ils sont encore pâles d'émotion et la peur se lit dans leurs regards. Mais ils commencent néanmoins à essayer de réparer les dégâts.

Jahnke appelle au téléphone son voisin de droite le lieutenant Ritter de W 2 :

— Dites donc, vieux, lui dit celui-ci, j'ai l'impression que ça vient de drôlement barder chez vous !

— Et chez vous ? demande Jahnke.

— Oh ! répond Ritter, des poussières. Non, c'était nettement à vous qu'ils en avaient, les bougres.

Hé ! oui, c'était bien à W 5 qu'ils en voulaient.

Le signal d'alerte interrompt leur conversation :

— Attention ! avions ! tout le monde à l'abri.

Une nouvelle vague arrive de la mer, rasant les flots cette fois.

— Mais ils ne sont même pas à deux mètres de haut, constate Jahnke, surpris.

A hauteur de la côte, ils se redressent, infléchissent leur vol, et soudain un sifflement infernal : les fusées !

Ceux-là n'attaquent que les deux tourelles d'angle dans lesquelles sont installées les deux pièces antichars de 5 cm. Les fusées s'abattent sur les bunkers, éclatent contre les embrasures et les fentes de visée. Le bunker de gauche saute le premier : les étincelles, en pénétrant par une meurtrière, ont dû faire exploser son stock de munitions. Celui de droite est environné de fumée. Quand l'attaque est passée, il ne reste plus de l'un et de l'autre que des ruines et de la ferraille. Le matériel est détruit, le personnel tué ou grièvement blessé.

Cela se passait à quatre heures du matin. Des cris d'appel retentissent dans la nuit qui blêmit, ils réclament les infirmiers. Le sergent Hoffmann, avec son brancard, se hâte à travers la dune.

Tel est l'aspect qu'a revêtu la bataille de matériel de la Seconde Guerre mondiale. Telle fut la forme que prit la participation aérienne à la lutte d'artillerie à terre. Au total, le 6 juin, l'aviation alliée a accompli 10 743 sorties et déversé 11 912 tonnes de bombes. En quelques heures, les organisations défensives allemandes virent se déverser sur elles un tonnage d'explosifs équivalant à celui que reçut dans tout le cours de l'année 1943 la ville la plus bombardée du Reich : Hambourg. Les Hambourgeois qui ont vécu les nuits sinistres de Hammerbrook, de Hamm ou des faubourgs de Rothenburg, avec leurs quarante mille victimes dans les caves et les abris, et qui sont revenus de ces coulisses de la mort, peuvent seuls se faire une idée de ce que les troupiers allemands, dans leurs nids de mitrailleuses, leurs tranchées ou leurs abris, ont pu « déguster » le matin du 6 juin sur la côte normande.

Les bombes devaient frayer la voie à l'invasion. Aussi fut-il fait un large usage de ces fusées instantanées qui, comme nous l'avons déjà dit, obtenaient des effets de rasance considérables et ne provoquaient que de faibles cratères. La chose avait son importance afin que les troupes, débarquées avec leurs engins lourds, ne fussent pas entravées dans leur progression par des terrains semés d'entonnoirs lunaires. Dans les villes et les bourgs de l'arrière-pays, là où l'état-major allié soupçonnait la présence de réserves ou d'états-majors allemands, il employa le même procédé. Son but était à la fois d'élever les pertes, et, en soufflant les maisons, de rendre la circulation impraticable. C'est ce qui se produisit à Saint-Lô, à Périers, et surtout à Caen, la vieille cité réputée, qui ne fut bientôt plus qu'un monceau de décombres. Aucun convoi allemand n'y put passer pour gagner la côte. Le major Hayn, au cours d'une mission de reconnaissance, a assisté à l'agonie de la ville. Le faubourg de Vaucelles, avec les ponts sur l'Orne et le canal latéral, était devenu un véritable chaos embrasé. Les fantassins allemands ne pouvaient plus s'y insinuer qu'au péril de leur vie, au milieu des incendies qui faisaient rage et des poutres enflammées qui s'abattaient de toutes parts. Seules émergeaient de ce paysage de désolation les tours des deux célèbres abbayes de Saint-Étienne et de la Sainte-Trinité fondées au XIᵉ siècle par Guillaume le Conquérant. La tombe de celui-ci se trouve dans l'église abbatiale. Une simple dalle évoque le souvenir de cet homme qui, en 1066, avec ses célèbres drakkars normands, envahit l'Angleterre. L'invasion en ce temps-là se faisait en sens inverse. Guillaume, alors encore simple duc de Normandie, surnommé « le Bâtard », transportait sur ses 619 voiliers environ 60 000 hommes de troupe avec lesquels il atteignit la côte anglaise. C'étaient des Normands, des Bretons, des Flamands, et même quelques contingents allemands. Ce fut à Hastings, le 14 octobre 1066, qu'il défit l'armée anglaise au cours de la célèbre bataille qui dura de l'aube jusqu'à la nuit tombée et qui coûta la vie au roi Harold et à ses frères. Guillaume fut fait roi d'Angleterre et reçut le titre de « Conquérant ».

Et huit cent soixante-dix-huit années plus tard, c'étaient les Anglais à leur tour avec leurs alliés américains qui revenaient, environnés de tonnerre et d'éclairs, jusque sur sa tombe. Ce furent leurs bombes qui abattirent les murailles et les tours de Saint-Etienne. La ville de Guillaume s'effondra en ruine sous leurs coups : tardive revanche de la bataille d'Hastings.

En 1944, il ne fallut pas moins de 6 000 bateaux de transport et de débarquement pour faire passer l'armée d'invasion sur le continent. Le déploiement américain qui leur prépara les voies résumait toute la supériorité matérielle des Etats-Unis. Il fallait que les premiers détachements qui mettraient pied sur l'Ancien Continent pussent le faire à peu près impunément, et établir les premières têtes de pont dans une relative quiétude. Pour cela, il ne fallait pas que restât pierre sur pierre de la défense allemande, il ne fallait pas qu'un seul abri, qu'un seul canon, demeurassent indemnes après le régime auquel on les aurait soumis. Il fallait que les réseaux fussent, à la lettre, atomisés, et que pas un homme des Divisions de Rommel ne sortît vivant de l'enfer qu'on leur avait préparé. Les soldats alliés qui accosteraient ne devaient plus rencontrer nulle part aucune résistance organisée.

« Safety first »[1] — sécurité avant tout — c'est-à-dire sécurité pour les Tommies et les G.I's, tel était le principe fondamental d'Eisenhower. Sa tactique était une tactique de riche, qui, disposant du superflu, et accumulant contre l'ennemi un fabuleux matériel de destruction, sauvegarde ainsi au maximum l'existence de ses propres hommes. « Safety first » ce fut, traduit par l'écrasante supériorité du matériel mis en œuvre, le signe sous lequel se déroula tout entière la bataille de Normandie.

Quand la fumée de l'offensive de bombardement se fut un peu dissipée et que l'enfer parut un moment s'apaiser, ils apparurent.

Devant les cinq points choisis de la côte se présenta une

---

1. En anglais dans le texte.

escadrille de 6 vaisseaux de ligne, 23 croiseurs, 122 destroyers, 360 torpilleurs et quelques centaines de frégates, de chaloupes et d'escorteurs. Sous la protection de cette armada, la plus considérable de toute l'histoire navale, s'avançait le plus important rassemblement de vaisseaux de toutes sortes qu'un œil humain ait jamais pu contempler : 6 480 navires de transport, péniches de débarquement, chalands et bateaux spéciaux étaient là rassemblés. Ce que si souvent on avait, au cours des séances d'instruction, présenté en images aux défenseurs de la côte, se trouvait maintenant en original sous leurs yeux : les chalands d'assaut, les navires de D.C.A., les navires chargés d'artillerie et les péniches de débarquement de l'infanterie, tout y était !

Et tandis que toute cette flotte s'affairait à ses préparatifs, les canons des navires de guerre, tirant par-dessus elle, se mirent à tonner. Un déluge d'acier, une cloche infranchissable, coiffait tout le secteur côtier, interdisant son abord aux renforts et aux ravitaillements.

Etait-il après cela possible qu'en quelque point de la côte, entre la Vire et l'Orne, il y eût encore une main allemande susceptible d'appuyer sur la gâchette d'une mitrailleuse, de tirer un coup de canon, ou de lancer une grenade ? Et pourtant, de ce paysage de mort, une ultime résistance a surgi comme on va le voir.

Il est quatre heures un quart.

« Navire ennemi en vue ! » Fendant l'eau de son étrave, un destroyer américain paraît foncer droit sur la côte.

L'adjudant Heim surgit en courant :

— Mon lieutenant, est-ce que je peux tirer dessus avec le canon de campagne de 16 ? crie-t-il à Jahnke qui acquiesce.

Une sèche détonation.

Trop court.

Bang !

Encore trop court.

Mais le destroyer a viré de bord. Il présente maintenant le flanc, et de ce flanc une triple bordée a jailli. La première salve est trop longue et se perd dans la dune. La seconde tombe dans l'eau. Mais la troisième est au but. Le canon de 16 vole en éclats, tous ses servants sont tués.

Il ne reste plus que la pièce de Flak de 8,8 légèrement touchée, autour de laquelle le personnel s'affaire fébrilement. Cependant, comme s'il voulait tout embrasser d'un coup d'œil, un avion d'observation d'artillerie est venu survoler le point d'appui à la verticale. Il a fait demi-tour et a disparu.

Mais ce qu'il amorçait par son repérage c'était le bombardement des pièces lourdes de marine, et cette fois la vraie danse commence. L'un après l'autre, avec une régularité d'horloge, les lourds projectiles d'acier viennent atterrir dans le point d'appui. C'est un enfer indescriptible ; les tranchées sont nivelées, le réseau anéanti, les bunkers basculent dans le sable mou de la dune, le central téléphonique s'effondre, le poste de lance-flammes est volatilisé.

Sous cet ouragan de feu, les nerfs de certains hommes ne peuvent plus tenir.

On les voit se boucher les oreilles.

Hurler de frayeur. Pleurer. Jurer.

D'autres gisent prostrés, inertes sur le sable.

On ne peut plus relever les guetteurs.

Et soudain une voix retentit : « Les bateaux ! »

Le cri a fait l'effet d'une décharge électrique et galvanisé cette poignée d'hommes. Les bateaux ! L'œil rivé à la binoculaire, Jahnke scrute l'horizon marin ; et ce qu'il voit le stupéfie. Eh bien ! oui, elle arrive, la flotte de débarquement. Grands et petits bateaux, de toutes tailles, de tous formats, avec tous ces ballons captifs fixés à leurs superstructures ; le doute n'est plus possible, ce sont bien eux qui arrivent, malgré le mauvais temps, malgré la marée basse. Et les hérissons tchèques, et les chevalets à dents de scie, et les pilots et les pieux avec leurs charges tout armées, tous les ingénieux pièges sous-marins qu'on avait inventés, tout ça est à sec sur huit cent mètres de plage.

« Le calcul de Rommel était faux », songe Jahnke. Ils arrivent avec le jusant, il va leur falloir parcourir huit cents mètres sur ce glacis, nu comme la main.

Mais à quoi bon un champ de tir quand on n'a plus une arme en état de tirer ! Jahnke en aurait pleuré de rage.

— Il faut déclencher un tir de barrage.

Une estafette à bicyclette va aller prévenir le lieutenant Schön de la 13e Compagnie, qui dispose d'une batterie de 12,2 cm du 1261e Régiment d'artillerie, et qui, à Saint-Martin-de-Varreville, n'est qu'à trois kilomètres en arrière de W 5. Au signal d'une double fusée verte, il devra faire feu de toutes ses pièces, en tir continu.

Et voilà que, de la flotte, se détachent nettement les chalands de débarquement. Jahnke les voit distinctement à la jumelle s'approcher de la côte.

Avec son pistolet éclairant, il lance le double feu vert. Ils attendent. Rien n'arrive !

Ils ne devaient jamais le savoir, mais l'estafette n'était pas parvenue à destination. Plus rapide que sa bicyclette, un Jabo[1] l'avait prise en chasse et boulée comme un lapin dans le fossé de la route.

Il est maintenant cinq heures vingt.

Les larges bateaux plats sur lesquels sont montées des batteries de fusées, et qui croisent devant la côte, prennent à leur tour le point d'appui pour cible. D'autres chaloupes rapides, sur lesquelles sont montées des pièces d'artillerie, lui décochent leurs salves au passage.

Et sous cette projection, les premiers chalands s'échouent. Des hommes en jaillissent qui se débarrassent de leurs ceintures de sauvetage. Ce sont manifestement des pionniers, car on distingue à la jumelle qu'ils s'affairent autour des obstacles qu'ils veulent sans doute désarmer avant que la marée ne remonte.

Jahnke calcule mentalement : ils sont à peu près à cinq cents mètres. Si l'on s'en tient aux expériences du front russe, il faut les laisser s'approcher, car à partir de cent mètres un agresseur n'a plus aucune chance de s'en tirer. Mais leur nombre augmente sans cesse. On ne peut plus attendre pour déclencher le tir.

— Feu à volonté ! a crié le lieutenant à droite et à gauche, et le commandement se répercute tout au long de ce qui subsiste de la tranchée.

Sous la coupole du vieux char Renault de prise, que l'on a enterré au centre de la position, le caporal Friedrich est assis derrière sa mitrailleuse. Il est myope comme une taupe et porte des verres comme des loupes grossissantes, mais l'infaillibilité de son coup d'œil est proverbiale. Il a sa façon à lui de tirer ; ses rafales sont courtes, mais les gars d'en face n'ont pas eu le temps de voir le

---

1. Abréviation de Jagd-bomber (chasseur-bombardier).

sable gicler devant leurs pieds que déjà la prochaine gerbe les atteint à mi-corps. Les pionniers américains en font l'expérience, que la mitrailleuse lourde de l'aile gauche contraint simultanément à tenter de se terrer dans le sable. Le premier groupe de la deuxième vague, qui vient de sauter du navire, est tout entier fauché aux abords de celui-ci.

Les lance-grenades de 8 cm à leur tour entrent en action. Là-bas plus rien ne bouge.

Mais quels sont ces monstres informes qui viennent de surgir et qui paraissent ramper, à demi immergés? Des chars amphibies! Une énorme poche d'air en caoutchouc leur donne un aspect presque fantomatique. Les voilà maintenant qui accostent et prennent pied sur le sable uni. On les voit s'approcher à faible allure dans ce terrain mou où leurs chenilles dérapent et patinent. Va-t-on réussir à tourner contre eux la pièce de Flak 8,8? Oui, son tube a enfin basculé. « Feu! » La détonation caractéristique de cette pièce d'artillerie unique, qui fut vraiment la reine de la dernière guerre, comble d'aise les tirailleurs. Le char de pointe ne reçoit pas le coup de plein fouet, sur son blindage l'obus a ricoché, mais il n'en est pas moins immobilisé.

Va-t-on faire coup double? Tous les regards sont tendus vers le deuxième char qui, par chance, est arrêté.

Hélas, le tube reste muet; déjà endommagée par le bombardement, la pièce n'a pas résisté à son propre tir, qui lui a donné le coup de grâce.

La deuxième vague de chars a rejoint la première. Tous tirent en marchant sur les objectifs qu'ils ont repérés. La mitrailleuse de droite est atteinte. Un lance-grenades à son tour est mis hors d'usage. Seul le caporal Friedrich, sous la vieille coupole de son vieux Renault, continue à tirer avec sa mitrailleuse et empêche l'infanterie américaine, contenue à la ligne d'eau, de démarrer derrière ses blindés.

Pourtant, ils ne devaient pas tarder à l'avoir, lui aussi. Un obus de plein fouet atteint la coupole qui résonne comme si on fendait d'un coup de marteau une cloche d'église. Des éclats enrayent la mitrailleuse et blessent le caporal à la jambe. Il devait cependant être un des rares qui s'en tireraient vivants.

— Sommes-nous donc abandonnés de Dieu et des hommes? venait de dire Jahnke dans un moment de découragement au

71

dernier agent de liaison qui lui reste et qui, allongé à son côté, attend ses ordres. Où sont nos avions ? que fait notre artillerie ?

Il ne sait pas, le malheureux, que l'observateur qui, du clocher de Sainte-Marie-du-Mont, devait diriger le tir de la batterie d'appui, en avait été depuis beau temps délogé par un Jabo et que la batterie elle-même avait été anéantie par un tapis de bombes !...

Plus qu'une ressource contre les chars américains, qui continuent d'avancer avec circonspection : les « goliaths ».

On sait ce qu'étaient ces engins chenillés miniatures, télécommandés, et qui recelaient dans leur ventre quatre-vingt-onze kilos de dynamite qu'on pouvait faire détoner à distance. Trop petits pour donner prise à l'artillerie, ils étaient à peine visibles en terrain varié, quand ils s'avançaient comme des tortues, de leur démarche hésitante. Malheureusement, leur mécanisme était très délicat.

Jahnke donne l'ordre de les mettre en route, mais les nains piétinent et restent en plan, échoués, sur la grève. Le bombardement a détraqué les relais fragiles et ils n'obéissent plus aux boîtes de commande.

On verra que l'un d'eux devait pourtant provoquer peu après une horrible boucherie.

Cependant, rendus prudents par les pertes qu'ils ont essuyées, les Américains ont repris contre le point d'appui leur préparation d'artillerie méthodique. Mètre par mètre, l'artillerie de marine pilonne à nouveau le terrain. Collés au sol, les hommes n'attendent plus que le coup de grâce. Ce sont des minutes que même le guerrier le plus endurci ne peut plus jamais oublier de sa vie. Abandonné de tous, chacun se sent à ces moments-là, seul face à la guerre qu'il ne peut s'empêcher de maudire. Mais cela, ne le savent que ceux qui, le visage collé dans la crotte, ont senti planer sur eux les cavaliers de l'Apocalypse, et lutté corps à corps avec la mort qui ne leur laisse pas même le temps d'une prière.

Le sort se joue à Sainte-Mère-Eglise

Pour quiconque contemple de haut un tel spectacle d'enfer, que ce soit du point de vue historique ou dans la réalité des faits, seul lui apparaît de prime abord un panorama d'ensemble dans lequel parfois se dessinent déjà les linéaments de la victoire ou de la défaite.

Tel était bien, en ce matin du 6 juin 1944, sur le coup de neuf heures, le cas du lieutenant-colonel Friedrich von der Heydte, commandant le 6ᵉ Régiment de chasseurs parachutistes, qui contemplait le panorama. Alerté par le bruit de la bataille qui lui parvenait jusqu'à Carentan, il avait quitté de bonne heure son poste de commandement et gagné la petite ville de Saint-Côme-du-Mont située à une quinzaine de kilomètres en arrière du point d'appui W 5. Là, il avait escaladé le rocher, et du haut de celui-ci, il embrassait, comme nous venons de le dire, tout le panorama. A peine eut-il porté ses jumelles à ses yeux qu'il crut à une hallucination. L'innombrable flotte de débarquement des Alliés, avec ses centaines de ballons de protection, était là tout entière sous ses regards, ancrée devant le secteur « Utah ». Il pouvait dénombrer un à un les vaisseaux de ligne, les croiseurs, les destroyers. Il voyait s'allumer à leurs flancs les lueurs des coups de départ. Il voyait aussi l'incessant va-et-vient des bateaux entre les grandes unités de transport et la côte. Une comparaison lui vint à l'esprit : « Ça grouille comme sur le lac de Wannsee [1] par un beau jour d'été ».

Seule une petite fraction de la côte, comme si elle eût été masquée par un épais rideau, échappait à ses regards. Un nuage dense de poussière et de fumée la recouvrait. On en voyait jaillir par moments des geysers de sable. Mais rien n'y était reconnaissable, rien ne s'y pouvait discerner à l'œil nu. Or, c'était sous ce voile opaque que se poursuivait l'invasion américaine. Il eût fallu au lieutenant-colonel la longue-vue enchantée de Sindbad le marin, pour y découvrir le lieutenant Jahnke tapi dans son trou, le caporal Friedrich blotti sous sa coupole, l'adjudant Heim affairé auprès du dernier lance-grenades, et tous ces braves gens de la 3ᵉ Compagnie du 919ᵉ Régiment d'infanterie sur lesquels, dans ce minuscule point d'appui des dunes de W 5, s'abattait ce jour-là toute la fureur concentrée d'une innombrable flotte et d'une immense armée. En ce point infime, l'Histoire, flanquée de la Mort et de la Désolation, frappait à cet instant précis à la porte du Destin et ouvrait un nouveau chapitre de son grand livre : celui de la défaite de l'Allemagne et de la victoire de l'Amérique.

---

1. N. du T. : Lac très fréquenté de la banlieue de Berlin. Nous dirions « comme sur le lac du bois de Boulogne ».

Bien sûr, du haut de son clocher de Saint-Côme-du-Mont, ce matin-là, le lieutenant-colonel von der Heydte, ne pouvait le pressentir encore aussi exactement. Mais son intuition lui disait que là où il apercevait cet épais rideau de fumée, là était le point dangereux, celui où l'immense flotte qui s'étendait à perte de vue avait décidé de concentrer son effort.

Il fit porter l'ordre aux éléments de son P.C. de le rejoindre à Saint-Côme-du-Mont et mit de sa propre initiative son régiment en mouvement.

Celui-ci était établi sur la ligne générale Lessay-Mont Castre-Carentan, barrant, dans sa partie la plus étroite, le pied de la presqu'île du Cotentin. Il avait pour mission de verrouiller celle-ci en direction du sud. Son secteur avait tout près de vingt kilomètres de développement sur quinze de profondeur. C'était un gros morceau pour un seul régiment.

Peu après minuit, le groupement le plus avancé vers le nord-est avait décelé des descentes de parachutistes évalués à une compagnie environ dans le triangle Saint-Côme-du-Mont-Baupte-Carentan. Aussitôt, le bataillon intéressé avait lancé sur le secteur ainsi délimité ses groupes de combat et ses patrouilles de choc. Ayant capté les messages en clair des Américains qui réclamaient d'urgence un ravitaillement en armes lourdes et en munitions, il sut que la situation de ceux-ci était précaire et se mit en quête de les retrouver. Avant même que l'aube ait commencé à poindre, les paras allemands ramenaient leurs premiers prisonniers. Von der Heydte se rendit lui-même à Carentan pour les interroger. Il était intéressant de découvrir au plus vite quelles pouvaient être les intentions ultérieures de l'ennemi.

Arrivé à Carentan vers six heures, il apprit que les prisonniers faits appartenaient au 501e Régiment donc à la 101e Division, et sa certitude fut acquise que l'entrée en jeu de cette unité d'élite ne pouvait constituer un événement isolé. C'étaient de solides gaillards. Ils avaient inscrit sur leurs combinaisons des devises telles que « A se revoir, à Paris ! », certains s'étaient fait peindre dans le dos des « Pin-up » grandeur nature. La plupart répondirent aux interrogatoires avec une certaine assurance. Leurs poches contenaient le plus invraisemblable bric-à-brac qui plongea les troupiers allemands dans la stupéfaction. Naturellement du chocolat en quantité, des bonbons aux fruits, des cigarettes « goût américain », des fortifiants, des tablettes d'eau distillée, de café, de thé, des sucreries vitaminées, du bouillon séché et du papier hygiénique. Souvent aussi d'alléchantes photos parisiennes.

Tous ces hommes avaient été dressés en prévision de leur éventuelle capture. Ils donnaient sans se faire prier les renseignements auxquels les oblige le droit de la guerre ; nom, âge, grade, unité. Mais un point c'était tout. Naturellement, certains se montraient plus bavards, anxieux ou vantards, malicieux ou bons garçons, mais jamais on ne put leur tirer aucune indication tactique. Quoi qu'il en fût, les renseignements recueillis permettaient déjà de se faire une idée.

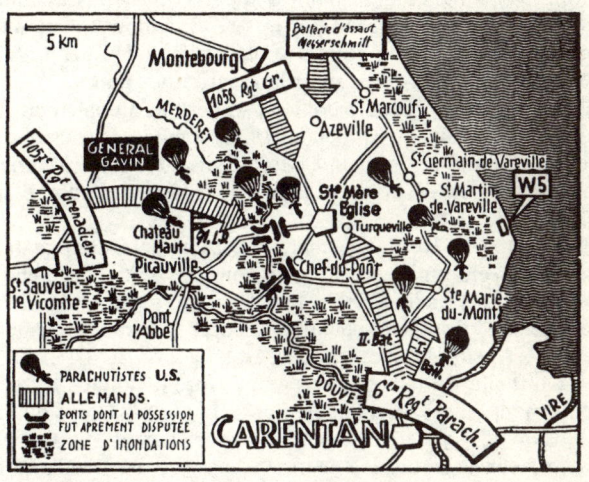

Les premières contre-attaques allemandes contre la tête de pont d'UTAH entrent en action.

Von der Heydte rendit compte au 84e Corps, mais ne put réussir à joindre au bout du fil la 709e Division.

— Cette fois, c'est bien l'invasion, avait dit Heydte au major Viebig du 1er Bureau du 84e Corps.

Cette fois, c'est bien l'invasion, téléphona le général Marcks à la 7e Armée.

Mais dans les hauts états-majors, on hochait la tête avec

scepticisme. On ne voulait toujours pas y croire. On s'était une fois pour toutes mis dans le crâne que la Manche serait franchie par l'ennemi dans sa partie la plus étroite, dans le détroit du Pas-de-Calais, on ne voulait pas en démordre.

L'articulation du régiment se faisait en détachements de combat de la force d'un bataillon chacun avec six pièces antichars de 75 et une batterie de Flak de 88. Ils eurent, au cours de leur progression, à riposter à de fréquentes attaques aériennes, et leur marche d'approche leur prit plus d'une bonne heure. Aussi furent-ils engagés dans l'ordre dans lequel ils arrivèrent dans les parages de Saint-Côme-du-Mont, le 1er Bataillon en direction de Sainte-Marie-du-Mont-la-Madeleine et le point d'appui W 5, le 2e Bataillon en direction de Turqueville tenu par le 795e Bataillon de volontaires géorgiens, qui y avait son point d'appui particulier. Le 3e Bataillon fut gardé en réserve pour assurer la sécurité des flancs.

L'engagement des deux bataillons se déroula initialement dans de bonnes conditions mais, peu après, ils tombèrent sous des feux convergents partant de Sainte-Mère-Eglise et Sainte-Marie-du-Mont. Arriveraient-ils encore à temps pour sauver le point d'appui W 5 ?

Entre-temps le 1058e Régiment de grenadiers et le bataillon d'assaut Messerschmitt, venant du nord, avaient également été engagés en direction de Sainte-Mère-Eglise. Quant au régiment de grenadiers 1057 il fut axé, venant de l'ouest, contre les troupes qui avaient atterri sur les rives du Merderet.

Il est difficile de déterminer par qui furent donnés les ordres d'engagement de ces trois unités. Fut-ce par le 84e Corps ou par la 91e Division aéroportée à laquelle ils appartenaient, ou par la 709e dans le secteur de laquelle ils se trouvaient ? Quoi qu'il en soit, elles ne furent mises en action que très tardivement, sans aucun appui d'artillerie, sans protection antiaérienne ni antichars d'aucun genre. Une faute impardonnable. Celle-ci souligne le fait que les deux Divisions allemandes intéressées par les débarquements aériens américains étaient, en cette heure décisive, décapitées : Falley venait de tomber, et Schlieben n'était pas encore de retour du damné Kriegspiel de Rennes.

Accueillies par les tirs des lance-grenades et des armes automatiques des parachutistes américains, qui s'étaient retranchés derrière les haies et dans les vergers de ce terrain très coupé, les unités allemandes privées d'appui furent vite arrêtées dans leur progression. La lutte stagna. Quand Schlieben, vers midi, eut réussi à regagner son poste de commandement, et qu'on lui rendit compte des mesures prises en son absence, il perçut aussitôt la lourde erreur commise. Saisissant la gravité de la situation, il résolut d'y remédier sur-le-champ en engageant deux détachements d'artillerie lourde soutenus par des chasseurs cuirassés.

Mais ceux-ci arriveraient-ils encore à sauver le point d'appui W 5 ?

Le pauvre Jahnke y attendait toujours vainement la venue de quelque secours. Des trous de tirailleurs ensablés, et des tranchées bouleversées de sa dune, ne partent plus, le 6 juin, vers midi, que, de temps à autre, quelques rares coups de feu sporadiques. Coups de fusil dénués de sens contre les blindés américains qui maintenant ont atteint le pied même du mur antichars. Ils sont là tout contre, épiant toute trace de vie, et tirant à l'intérieur du point d'appui comme à l'exercice. Et l'infanterie américaine elle aussi a progressé jusqu'au pied du mur. Mais elle hésite encore à sauter pour le franchir.

Un groupe de quinze à vingt hommes s'est arrêté à proximité d'un des minuscules « goliaths », échoué sur le sable. Ils s'amusent de ce jouet d'enfant qui excite leur curiosité. L'un d'eux a l'idée de lui lancer, pour voir, une grenade ovoïde. Raté. Un autre lance à son tour, raté encore. Les camarades rigolent. Alors l'homme rampe jusqu'au joujou char, soulève le capot avant et, glissant à l'intérieur sa grenade qu'il amorce, fait un bond en arrière en riant de sa bonne farce. Hélas ! ils ignoraient, les malheureux, la déflagration qu'ils allaient provoquer. Près de cent kilos de cheddite ! Quelques secondes plus tard, leur groupe entier n'est plus, poumons arrachés, thorax crevés, qu'un amas de chairs pantelantes éparses sur le sable.

Les chars ont cru à une réaction de l'adversaire, ils se ruent à l'assaut par les brèches du mur, faisant feu de toutes leurs pièces.

— Cette fois c'est bien la fin, murmure l'infortuné Jahnke, et c'est la dernière pensée qui lui traverse l'esprit. Il lui a semblé que, lentement, une main a tiré sur lui un sombre rideau noir qui l'étouffe. Il n'a pas entendu le coup de départ, perçu seulement la lueur sur le bord de son trou, senti un choc dans les reins, et éprouvé comme une oppressante avalanche cette cascade de sable qui soudain l'accable. Combien de temps est-il resté enfoui sous ce sable ? Il ne sait pas. Il n'est revenu à lui qu'en sentant quelqu'un le tirer par la jambe. Un sauveteur ? Il s'arc-boute contre la terre qui l'environne, essaye de se mouvoir. On le tire toujours par un pied. Une lampée d'air, il revoit la lumière, crache le sable dont sa bouche est pleine. Et la première chose qu'il aperçoit... c'est le casque d'acier d'un Américain.

Le cerveau du lieutenant Jahnke réagit comme une mécanique de précision. L'instinct qu'y a imprimé la campagne de Russie commande son réflexe ; tout, plutôt que la captivité. Dans une lueur, il a entrevu, gisant à terre, un pistolet-mitrailleur. Il essaye de bondir, mais quelqu'un l'a saisi à bras-le-corps, qui lui dit d'une voix paisible en le remettant sur ses pieds : « *Take it easy, German* »[1]. Et le lieutenant Jahnke qui n'a que vingt-trois ans, qui a eu la note 3 en anglais à son bachot, ne peut s'empêcher d'éclater de rire. « Tiens-toi tranquille », lui a dit l'Américain ? Evidemment ils en ont de bonnes et il n'y a qu'eux pour pouvoir s'offrir ce luxe ! Tout en secouant la terre qui souille son uniforme, il obtempère machinalement aux ordres que, de sa voix débonnaire, l'autre continue à lui donner ; il croise les mains au-dessus de sa tête tandis qu'on fouille ses poches. Allez : « *Go on !* » (en avant).

Sur la grève, il retrouve le reste de sa garnison. Une misérable petite poignée de survivants éclopés qu'on a là rassemblés sous la surveillance d'une sentinelle. Il veut se rapprocher de ses hommes. Mais un sergent américain des « marines », le fameux corps de fusiliers de débarquement, baptisé dans l'armée US les « nuques en cuir », lui barre le chemin. Il l'a pris par le bras et l'emmène à cinquante mètres de là. Les officiers à part, c'est la consigne. En même temps le sergent a eu, pour la croix du mérite qui pend au cou du tout jeune lieutenant, un bref regard admiratif. Le ruban en est déchiré ; elle n'adhère plus à la veste, mais tient encore par la chaînette par laquelle, comme la plupart des officiers, Jahnke l'attachait sous le col de sa chemise.

Sorti du cauchemar, il croit encore rêver. Sur des bateaux

---

1. « Tiens-toi tranquille, hé l'Allemand ».

spéciaux, il voit accoster au rivage de gigantesques bulldozers. Des chars défilent devant lui qui sont munis à l'avant d'un étrange bâti allongé auquel pendent, au bout de chaînes, des boules d'acier. En frappant le sol comme d'autant de fléaux, elles fraient ainsi à l'engin un chemin sûr à travers les champs de mines. D'autres chars portent d'immenses tambours sur lesquels sont enroulés des nattes de sisal grossièrement tressées. Que le terrain devienne trop meuble sous ses chenilles et le monstre étend devant lui son propre tapis qui se déroule à mesure. Exactement comme le baron de Münchhausen[1], pense Jahnke, qui se sortait tout seul de la fondrière, où son cheval l'avait déversé, en se tirant lui-même par les cheveux.

Presque apocalyptiques, dans un cliquetis d'acier, ces géants aux formes diverses continuent à défiler sous les yeux de Jahnke médusé. Franchissant les brèches que viennent d'élargir et de niveler au plastic, dans le mur antichars, les pionniers américains, ils gagnent la chaussée macadamisée et se ruent vers cet arrière où le lieutenant Schön dans W 3, avec la 13e Compagnie, était chargé de les contenir. Las ! pas plus de Schön que de la réserve de la 3e Compagnie aux ordres du lieutenant Matz qui garnissait le point d'appui W 4, il ne reste rien. Fauchés, au moment de la contre-attaque, par le tir de barrage de la marine américaine, ils ont tous disparu dans la tourmente.

Jahnke s'est adossé à un pan de mur demeuré debout. Ah ! s'il avait seulement une cigarette. Mais une voix le fait sursauter qui l'interpelle en bon allemand.

— Hé, l'officier, venez donc un peu par ici.

C'est un interprète américain qui l'emmène derrière un char et entreprend de procéder à son interrogatoire sur le mode classique : « De combien d'armes lourdes disposiez-vous ? quel était l'effectif de votre garnison ? » Le stylo s'apprête à remplir les rubriques du questionnaire.

Jahnke se borne à secouer la tête. Alors un captain qui a suivi la scène sort de sa poche un mouchoir de soie et le lui met sous le nez.

— Regardez ce que vous aviez dans W 5, dit-il dans un allemand un peu hésitant. Et de fait, de la pièce de 88 à la vieille coupole

---

1. N. du T. : Pendant allemand du Baron de Crac.

Renault, tout y est mentionné sans qu'un seul détail fasse défaut. Au-dessus du croquis, en lettres capitales on peut lire : UTAH.

— Utah, c'est un Etat de chez vous, dit Jahnke au captain dans sa langue. Vous êtes de là-bas ?

— *No ! no !* L'autre est pris d'un gros rire, et Jahnke comprend que c'est le nom conventionnel de la tête de pont. Il aura été sans doute le premier Allemand a en avoir la révélation.

Se retournant vers l'interprète il pointe sur le mouchoir :

— Qu'est-ce que vous voudriez que je vous dise de plus !

— Bref, vous ne voulez rien dire, conclut l'autre, devenu un peu arrogant.

— Rien de plus que ce que m'ont dit cette nuit vos officiers que j'avais capturés, et je pense que vous devez le comprendre et l'admettre.

Jahnke a depuis longtemps repéré ses deux ex-prisonniers qui en étaient sortis indemnes et qui, de loin, lui faisaient de petits signes de reconnaissance et des sourires. Mais la sentinelle ne les a pas laissés approcher. Il les a vus parlementer avec le sergent ; celui-ci s'est contenté de hausser les épaules : il connaît le règlement. Et devant un sergent de marines, un « nuque de cuir » qui sait sa consigne, même deux officiers de parachutistes américains capitulent humblement.

Peu importe : Jahnke, devant ces deux témoins oculaires, pourra, le cas échéant, invoquer les lois de la guerre qu'il a lui-même respectées. Aussi quand l'interprète réitère sa question sur un ton plus en plus comminatoire, se borne-t-il à lui répondre sèchement : « *No* », en croisant les bras.

— *Go to hell* (allez au diable), jure l'autre, furieux, et il fait signe au sergent qui, le guidant par le coude, le ramène à l'abri du mur antichars. Bien lui en a pris, car au même moment, une violente détonation retentit et les voilà à plat ventre tous deux côte à côte. Des éclats ont jailli. C'est l'artillerie allemande à présent qui bombarde le rivage ! Le tir émane de la 10ᵉ Batterie du 1261ᵉ Régiment d'artillerie de côte. Une batterie c'est bien peu. Que n'eût-on pu obtenir d'un tir de concentration ! Mais, ici aussi, la couverture s'est révélée insuffisante, et les ordres contradictoires ont fait le reste. C'était le commandant de la marine qui avait dans ses attributions les objectifs en mer, l'armée les objectifs terrestres seulement. Délimitation abusive qui entraîna une série de quiproquos désastreux.

De son poste d'observation sur la colline de Ginster, le colonel Triepel commandant le 1261ᵉ R.A. avait pu observer à la binoculaire les débarquements sur la plage de W 5. Ce fut lui qui donna à sa 10ᵉ Batterie l'ordre d'ouvrir le feu avec ses pièces du calibre de 17 cm, sur la tête de pont. Les trajectoires des projectiles passaient juste au-dessus de l'observatoire. « Nous étions, note le colonel Triepel dans son rapport, à une distance de dix-sept à dix-huit kilomètres de l'objectif. Mais nous pûmes cependant constater l'agitation qu'y provoquait l'arrivée de chacun de nos obus. » Cette « agitation » se concevait de reste !...

Les Américains stupéfaits s'étaient jetés sous leurs chars ou blottis dans les trous de sable. Ils criaient des ordres et semblaient absolument abasourdis qu'on pût déjà leur tirer dessus. Un obus après l'autre arrive en sifflant au milieu de leur train de combat. Avec désespoir, Jahnke voit certains de ses hommes atteints. De nouveau des morts et des blessés ! Lui-même est touché. Un éclat d'obus le frappe au côté. Il sent le sang tiède couler sur son flanc. Et un frisson le saisit : éventration ! Il sait que, dans ce cas-là, s'il n'est pas opéré dans les six heures, il ne lui aura servi à rien d'échapper aux bombes et aux obus des Américains. Un de chez lui aura fait le reste !

Fébrilement, Jahnke tâtonne sous sa veste. Fait une profonde inspiration. Puis une autre. Ça fait mal, mais le péritoine semble indemne. Ce doit être une blessure en séton. Soulagé, il déboutonne son uniforme et applique sur la plaie son paquet de pansement. L'Américain, qui a rampé jusqu'à lui, l'aide à le fixer par-dessus son propre attirail sanitaire. Puis il recule de quelques mètres, allume une cigarette et la jette au lieutenant. Celui-ci repêche d'une main dans le sable la Chesterfield brasillante, et en tire délicatement une première bouffée. Ah ! s'il n'était déjà allongé sur le dos, celle-là l'aurait terrassé !... Une voluptueuse somnolence l'engourdit. La voix de son gardien : « *Hey ! German* » le rappelle à la réalité.

Le sergent a bondi de son trou et s'est figé au garde-à-vous. Jahnke se redresse péniblement et voit le général. Ce devait être probablement le général Thomas Roosevelt junior.

Un officier d'ordonnance attire l'attention de celui-ci sur le prisonnier. Il tourne la tête. Jahnke porte la main machinalement à sa coiffure. A défaut de couvre-chef, il a touché sa tempe de deux doigts réunis. Le général lève la main, mais se ravise et ne rend pas le salut. On l'entend donner un ordre, à la suite duquel un officier se précipite vers la centrale de transmissions qui vient d'être dressée sur la dune. Une demi-heure plus tard, Jahnke connaîtra l'ordre qu'a donné le général : « Qu'on embarque ces Allemands ». Deux bateaux viennent les chercher.

Chacun sait qu'un fantassin a horreur de mouiller ses bottes. Fidèle à cette tradition, Jahnke entreprend de se déchausser quand son gardien lui fait signe d'embarquer sur celui qui lui est destiné.

— *P.O.W. camp. War finished,* lui dit l'homme grimaçant un sourire. « Guerre finie. Prisonnier », traduit en lui-même Jahnke qui patauge. Proches de lui, il voit ses hommes, de l'eau jusqu'à mi-jambe, embarquer sur une chaloupe voisine. Il sera seul dans la sienne. Décidément, le protocole chez les Anglo-Saxons ne perd jamais ses droits !...

Assez loin en mer, ils accostent à un destroyer. Jahnke escalade l'échelle de coupée, souliers et chaussettes toujours à la main. Il veut les remettre afin de ne pas apparaître comme un naufragé devant les officiers de marine. Mais un soutier lui décoche dans les fesses un coup de pied qui l'envoie bouler. Sous le choc, sa blessure s'est rouverte et saigne. De la passerelle, un officier invective le malotru. Les autres matelots, qui l'instant d'avant riaient, aident avec confusion l'officier allemand à se remettre sur ses jambes, et ce sera nu-pieds, tenant toujours ses chaussures à la main, que Jahnke, qui saigne abondamment, fera très digne, son entrée, devant les officiers du chasseur de sous-marins qui l'attendaient réunis dans leur carré. L'un d'eux s'avance à sa rencontre et il est manifeste que la croix du jeune officier les impressionne. D'un geste aimable, il est invité à prendre place à leur table. Après ces vingt-quatre heures mouvementées qui ont vu s'achever sa carrière militaire, le lieutenant Jahnke sirote la plus odorante, savoure la plus parfumée des tasses de vrai café noir qu'il ait jamais bue de sa vie.

A toute vapeur, le destroyer fonce vers le nord. Dans le lointain s'estompent déjà la place d'Utah et ce qui fut un moment le nid de résistance W 5.

Tandis que Jahnke vogue ainsi vers son nouveau destin, une question le hante qui lui trotte dans la cervelle inlassablement : comment la chose a-t-elle été possible ? Pourquoi étions-nous si fermement convaincus que, par un pareil temps, l'invasion ne pourrait pas démarrer ? Et pourtant ils sont venus, les bougres ! Il a beau faire, il ne se l'explique pas. Il ne savait pas — et personne alors du côté allemand ne le savait non plus — à quel tragique débat avait donné lieu, au grand quartier allié, la fixation de la date du 6 juin. Et à quel point tout n'avait tenu qu'à un fil ; peut-être le succès lui-même de l'opération. Voici les faits :

Initialement les Alliés avaient envisagé pour le débarquement le début de mai 44. Mais quand Eisenhower et Montgomery prirent leurs commandements, tous deux s'aperçurent que le secteur choisi était bien trop étroit et les effectifs prévus beaucoup trop faibles. Eisenhower en particulier réclama un tonnage de navires très supérieur. Il fallut aller en chercher jusqu'aux confins du monde. Mais finalement, c'était encore insuffisant. Il en résulta que la date fut retardée d'un mois afin qu'on pût disposer d'un mois supplémentaire de production, notamment, en péniches de débarquement. Ce décalage fut décidé malgré les véhémentes protestations de Churchill qui, ayant promis à Staline le débarquement pour le début de mai, redoutait des complications diplomatiques.

Quant au jour exact de l'opération, ainsi reportée au mois de juin, il fallut le fixer en fonction de la marée. La question qui se posait était : accosterait-on par haute ou par basse mer ?

Les innombrables photographies prises par les avions d'exploration et de reconnaissance avaient nettement montré aux états-majors alliés, depuis le printemps 44, que l'Allemagne renforçait sur la côte française ses positions de batterie et accumulait sur les rivages les défenses accessoires. Ce que voulait Rommel était clair : si la flotte de débarquement accostait par haute mer, ou avec la marée montante, c'est-à-dire au moment où les obstacles, sous l'eau, sont invisibles, les innombrables bateaux de tous types couraient le danger de se heurter à ces pièges sous-marins, de s'empaler, de sauter sur leurs mines, bref le risque d'une catastrophe collective était possible. Eisenhower et Montgomery décidèrent donc d'un commun accord qu'on attaquerait à marée basse. On faciliterait à l'infanterie, par l'appui des chars, la conquête des plages. En outre, on décida de faire précéder le débarquement d'une intense préparation d'artillerie. Sitôt que les premières troupes auraient pris pied sur la côte, on procéderait à l'enlèvement des obstacles afin qu'avec la marée montante l'arrivée des renforts puisse se poursuivre sans risques.

En ce qui concernait l'heure même du début de l'opération, elle était soumise aux astreintes suivantes : il fallait que la flotte appareillât et fît son approche sous le couvert de l'obscurité, mais elle avait besoin par ailleurs d'une heure de jour pour son bombardement préliminaire et ses préparatifs d'accostage.

En revanche, les troupes aéroportées qui devaient, les premières, mettre la main sur les positions clés de l'arrière-pays, réclamaient le clair de lune. En se basant sur ces diverses considérations, on décida que le jour propice, réunissant toutes les conditions requises, serait le 5 juin.

Là-dessus, les services secrets britannique et américain s'ingénièrent à déjouer par tous les moyens, et à berner par les trucs les plus ingénieux, les spécialistes allemands de la recherche du renseignement. Il s'agissait avant tout de les orienter sur une fausse piste.

On rassembla toute une armée de fantômes avec de fausses baraques et mêmes de faux navires, et jusqu'après le débarquement, celle-ci massée dans le comté de Kent, continua à donner l'impression que d'importantes forces étaient encore tenues en réserve pour une éventuelle intervention sur un autre théâtre d'opérations. Il est de fait que cette armée fantôme fut bel et bien découverte, repérée et signalée par l'aviation allemande, et qu'elle aboutit à jeter le doute dans l'esprit du Haut-Commandement allemand qui se demanda longtemps si la manœuvre de Normandie n'était pas seulement une feinte destinée à donner le change et à masquer une opération de plus grand style qui se déroulerait dans les parages de Calais.

Tout était donc ainsi soigneusement monté et machiné jusque dans le moindre détail. Le matériel technique dont disposaient les Alliés était incomparable. Tout le gigantesque effort de guerre de l'industrie américaine travaillant à plein rendement, sans la moindre entrave, était à leur service. Il n'y eut, jusqu'au 5 juin, qu'une seule chose qui n'allait pas « sur des roulettes » : ce fut le temps.

Mais là il semblait vraiment que le bon Dieu fût pour les Germains. Pendant tout le mois de mai il avait fait un temps superbe. Le capitaine Stagg, le chef météorologique du G.Q.G. allié, pronostiqua au début, pour le commencement de juin, un temps comparable. Le soir du 3 juin Eisenhower télégraphiait encore au chef d'état-major général, le général Marshall : « Nous avons toutes chances que les conditions soient favorables. » Et puis survint la perturbation. La commission météorologique annonça pour les 5, 6 et 7 juin, des vents violents, de la pluie, un plafond bas et une visibilité défectueuse. Et c'étaient les trois seuls jours où l'heure de la marée fût propice !...

Le 3 juin à vingt et une heures trente, les navires de charge venant des ports les plus éloignés étaient déjà en route pour le lieu de rassemblement. Sur les transports, dans les grands havres de la côte sud de l'Angleterre, des dizaines de milliers d'hommes étaient embarqués. Qu'allait-on faire ? Fallait-il laisser aller les choses ou décaler de vingt-quatre heures le jour J ? Le temps obligeait à se poser la question. Et celle-ci n'avait pas qu'un aspect purement militaire. Staline réclamait sur tous les tons l'invasion et soupçonnait les Alliés de ne l'avoir différée que pour laisser la Russie s'épuiser seule pour longtemps.

Le 4 juin à quatre heures trente du matin, Eisenhower n'avait pu se résigner encore à prendre la décision de remettre l'opération. Celle-ci baptisée « Overlord » était littéralement en suspens. Un conseil de guerre fut tenu. Les pronostics restaient inchangés, aucune amélioration prévisible. Monty était pour qu'on démarrât quand même. L'amiral Ramsay, qui commandait la flotte, doutait que ses petites unités, par ce gros temps, fussent à même de franchir la Manche sans péril. Et le maréchal de l'air Leigh-Mallory déclara que, par un temps pareil, il était douteux que l'aviation pût se montrer à la hauteur de sa tâche. Il ne restait plus que deux heures devant soi pour mettre en route le gros de la flotte, ensuite le moment serait passé, et il faudrait renoncer au 5 juin.

Finalement Eisenhower donna l'ordre de décaler toute l'action de vingt-quatre heures. Les navires qui étaient déjà en route furent rappelés. Les escadres qui, cap au sud, franchissaient la mer d'Irlande firent demi-tour et remontèrent vers le nord. Une flottille de dragueurs de mines n'était plus qu'à trente-cinq milles marins de la côte normande quand elle fut touchée par le contre-ordre. Un convoi de navires de débarquement ne le reçut même pas et il eût connu sans doute une tragique odyssée, car les destroyers lancés à ses trousses ne le retrouvaient pas, si, finalement, des avions, au voisinage de la côte normande, n'avaient réussi de justesse à l'arrêter encore à temps.

Oui mais, et maintenant ? Le décalage n'avait pas résolu le problème ; en le différant il ne l'avait rendu que plus aigu. Ce fut le dimanche 4 juin dans la soirée, à vingt heures trente (heure allemande), que la décision fut définitivement arrêtée. Contrairement à la légende, Eisenhower ne la prit pas après un pathétique débat de conscience, mû par pur héroïsme. En réalité elle se fonda sur le jugement des météorologues. Grâce à l'extension considérable de leurs sondages sur l'Atlantique nord ils avaient découvert, au milieu des perturbations accourant de l'ouest, une petite accalmie qui pouvait apporter pour le lundi et le mardi, donc le 5 ou le 6, une légère amélioration passagère. Eisenhower ordonna aussitôt : « Heure H mardi à six heures (heure anglaise). » Et voilà comment l'invasion vint tandis que tous les postes de commandement allemands, ce lundi-là, dormaient sur leurs deux oreilles, assurés que par un pareil temps il était impossible qu'elle vînt.

Tandis que le destroyer américain, avec le lieutenant Jahnke à son bord, se rapproche de la côte anglaise, là-bas, sur la côte du Cotentin un coureur vient de surgir devant le commandant du 6ᵉ Régiment de parachutistes, le lieutenant-colonel von der Heydte. Il apporte la nouvelle que le 1ᵉʳ Bataillon s'est emparé de Sainte-Marie-du-Mont. Il n'est donc plus qu'à six kilomètres de la côte ; à six kilomètres du point d'appui W 5 par la route macadamisée. Il suffirait maintenant que le 2ᵉ Bataillon, qui a atteint Turqueville, converge sur sa droite par la chaussée qui franchit la zone inondée, et la tête de pont des Américains, « Utah-beach », serait verrouillée. On était à deux doigts du succès !

Malheureusement le 2ᵉ Bataillon ne put effectuer ce mouvement de conversion. Il fut pris sur son flanc gauche sous des feux partant de Sainte-Mère-Eglise. On se souvient que les parachutistes du 57ᵉ Régiment étaient installés et organisés après qu'un convoi de D.C.A. leur eut abandonné trop précipitamment la petite ville qui devint par la suite la plaque tournante de toute la bataille.

Obligé d'assurer la protection de son flanc gauche, le capitaine Mager, au lieu de s'infléchir vers la côte, se porta à l'attaque de la localité. Mais son bataillon ne réussit pas à franchir le terrain dénudé qui s'étendait au sud de celle-ci. La nuit survint. Le bataillon Mager se vit obligé de se retrancher. Quant au 1er Bataillon, sans protection sur son flanc gauche, il ne put dépasser Sainte-Marie-du-Mont.

Ce fut donc bien cette maudite petite bourgade de Sainte-Mère-Eglise qui empêcha ce jour-là le 6e Régiment allemand de parachutistes de s'engager à fond en direction de la côte. Ce fut également sur elle qu'achoppèrent les attaques convergentes des bataillons d'intervention des 91e et 709e Divisions.

« Demain matin nous nous en emparerons », disaient les parachutistes de Heydte. « Demain matin j'en ferai mon affaire », déclara le colonel Beigang commandant le 1058e Régiment de grenadiers au général von Schlieben, quand celui-ci eut mis à sa disposition deux détachements d'artillerie lourde motorisée aux ordres du lieutenant Seidel.

« Demain matin nous sauterons dessus », affirma enfin le major Messerschmitt commandant le bataillon d'assaut en réserve d'armée de la 7e Armée, dès qu'il eut appris, à Azeville, que le capitaine Hümmerich, avec ses chasseurs cuirassés, était en route pour le rejoindre.

Oui... demain matin ! Voire, eût dit Panurge.

CHAPITRE II

HITLER CROIT A UNE FAUSSE ATTAQUE

L'assaut des torpilleurs

A vingt-cinq kilomètres à l'est de la tête de pont américaine d'Utah, dans laquelle le 7e Corps d'Armée U.S. dut lutter pied à pied pour conquérir chaque mètre de terrain, se trouvait la zone d'atterrissage du 5e Corps U.S. Elle s'étendait entre les deux petits ports côtiers de Vierville et de Colleville. On lui avait donné le nom conventionnel d' « Omaha », d'après une ville du Nebraska.

Peu avant deux heures du matin, le navire amiral *Ancon,* amiral Hall, ayant à son bord l'état-major des forces de débarquement, atteignit son poste d'ancrage. Les navires de transport, à l'entour, le dépassèrent tandis qu'il jetait l'ancre. Les destroyers environnaient la flotte comme autant de chiens de berger autour d'un troupeau. Les ballons de protection furent hissés. Une innombrable armada se trouvait désormais immobile, bercée au gré des flots de la Manche. « Se préparer à débarquer » fut l'ordre que reçurent simultanément par signalisation à bras l'infanterie, les pionniers et les détachements spéciaux.

Sur les ponts des navires, les hommes trébuchent, scrutant le ciel avec inquiétude : « Les avions allemands vont-ils venir ? » se demande chacun un peu anxieux. Cet objectif qui se balançait sur les vagues eût été pour eux inespéré. Les pilotes allemands eussent pu y déposer leurs bombes comme avec la main. Il n'y avait qu'à laisser tomber, tous les coups portaient.

Mais la Luftwaffe ne vint point, parce qu'elle ne pouvait pas venir. Il n'y avait, à l'Ouest, pratiquement pas d'aviation allemande. L'aviation d'Eisenhower a possédé, le jour de l'invasion, non pas seulement la maîtrise, mais bien le monopole de l'air. Le jour D, les forces anglo-américaines avaient, en Angleterre, 3 467 bombardiers lourds, 1 645 bombardiers moyens ou légers et avions torpilleurs, 5 409 chasseurs et 2 316 avions de transport. Ces unités ont effectué le 6 juin 14 674 sorties. 14 674 ! et les pertes n'ont été que de 113 appareils. La plupart imputables à la D.C.A. allemande.

De quoi disposait-on en regard du côté allemand ? D'un nombre d'appareils absolument dérisoire ! Tous les avertissements du général Junck, commandant le 2e Corps aérien, dans les semaines qui précédèrent l'invasion étaient demeurés vains. Il demandait simplement qu'on mît à sa disposition deux escadres de chasse pour protéger les centres de communications et de ravitaillement les plus importants. La direction de l'arme aérienne ne put rien lui donner. Elle avait besoin de tous ses appareils pour protéger contre l'offensive alliée, entamée depuis le milieu de mai, les ouvrages hydrauliques, tels que ceux de Pölitz près de Stettin, ou de Leuna près de Halle, afin d'éviter que la production d'essence ne baissât encore.

Voilà pourquoi la flotte de débarquement d'Eisenhower pouvait se laisser bercer en toute quiétude au gré de la houle. Pourquoi les chars amphibies pouvaient gagner la côte à leur aise ; et les fantassins s'embarquer sans la moindre appréhension sur les péniches amarrées au long des navires de transport.

Pas une bombe, pas un canon de bord, pas un tir de mitrailleuse ne vint troubler cette paisible séance de canotage qui prenait des allures pacifiques de régate nautique.

Le feld-maréchal Sperrle avait en tout et pour tout le 6 juin 319 appareils en état de vol, dont une centaine de chasseurs. Douze — on entend bien — douze attaques de chasseurs bombardiers furent tentées contre les têtes de pont alliées. Sur ces 12 appareils, 10 se trouvèrent engagés sur-le-champ dans des combats aériens, et durent se délester prématurément de leurs bombes.

Ce fut là une des raisons qui se révélèrent décisives, dès l'aube du 6 juin, et déterminantes pour le déroulement ultérieur des combats : les faibles forces aériennes allemandes ne furent pas en mesure de percer le vaste réseau de protection tendu par Eisenhower au-dessus de son opération de débarquement. Le rapport des forces était de 1 à 50. La Luftwaffe se trouvait à bout de souffle. Le moyen de combat par excellence de la Seconde Guerre mondiale fit ainsi totalement défaut au Haut-Commandement allemand. L'aviation allemande s'était épuisée à de trop multiples tâches. A l'Est et au Sud elle était impliquée dans les durs combats défensifs que menaient les différentes armées ; au-dessus du Reich elle était tenue à établir des zones de protection dont elle constituait le centre de gravité, et où elle livrait des batailles meurtrières, de nuit contre les vagues incessantes des bombardiers de la R.A.F., et de jour contre les chasseurs et les bombardiers des 15e et 8e Flottes aériennes US basées en Italie et en Angleterre. En réalité les Alliés avaient conquis tout l'espace aérien, et ce fut de l'air et par l'air que se décida le sort de l'invasion.

Que les chasseurs allemands, prenant désespérément leur vol à de nombreuses reprises chaque jour, aient néanmoins réussi à abattre en combat aérien nombre de leurs adversaires, témoigne de la hardiesse et de l'esprit de sacrifice des rares pilotes du front ouest ; mais ceci ne change rien au fait que, pour la bataille de Normandie, deux éléments essentiels firent défaut à la défense allemande : une aviation et une marine.

Sur le plan nord, une opération allemande, une petite, toute petite opération, a montré ce qui aurait pu se produire, et à quel point, malgré toute sa supériorité, l'entreprise d'Eisenhower était néanmoins vulnérable à la mer.

Ce fut vers une heure cinquante du matin que, de Paris, le Commandement de la marine alerta ses stations côtières. L'ordre d'alerte atteignit, au Havre, le capitaine de corvette Heinrich Hoffmann, commandant la 5e Flottille de torpilleurs. Puis peu après que l'approche des forces ennemies eut été signalée, arriva l'ordre : « Partez en reconnaissance. » A trois heures trente, Hoffmann démarrait avec trois unités, le *T 28,* le *Jaguar,* et la *Mouette.* Tels des marsouins, ces « hussards de la mer » foncèrent droit à travers les vagues et les embruns de la Manche. A quatre heures trente ils pénétraient dans une bande de brouillards artificiels, et, l'ayant franchie, se trouvèrent en vue de la flotte d'invasion d'Eisenhower. Celle-ci s'était environnée de brouillard pour se protéger contre l'artillerie côtière.

Hoffmann et les deux autres commandants d'unité se sentirent frappés de stupeur. A perte de vue leur apparaissait une flotte innombrable. Sur le *Jaguar,* le quartier-maître mécanicien Heinrich Frömke eut cette exclamation : « Mais bon Dieu ! ça ne s'est jamais vu, tant de bateaux d'un coup. » Ce gigantesque troupeau de navires était surveillé par six vaisseaux de ligne, deux douzaines au moins de destroyers s'affairaient à son entour. Comme s'il se fût trouvé à un exercice, le capitaine de corvette fonça néanmoins à l'attaque.

Les premiers, le *Warspite* et le *Ramillies* l'aperçurent et ouvrirent le feu sur lui.

La flottille allemande continua cependant d'approcher en zigzag, et, virant de bord, lança ses torpilles. Dix-huit dangereuses anguilles jaillirent à la fois de ses tubes. Sur les vaisseaux anglais les vigies les virent s'approcher. Elles furent évitées par d'adroites manœuvres d'esquive. Seul un destroyer norvégien ne put leur échapper. Atteint en plein centre de sa ligne de flottaison il vola littéralement en éclats. Mais déjà Hoffmann et sa flottille avaient disparu dans le brouillard.

A Cherbourg étaient stationnées les 5ᵉ et 9ᵉ Flottilles de vedettes rapides. Avec leurs trois moteurs Diesel Daimler-Benz de 200 chevaux chacun, ces hardis petits navires pouvaient atteindre une vitesse de quatre-vingts kilomètres à l'heure. Ils étaient armés de deux tubes lance-torpilles, et de canons et de mitrailleuses de D.C.A. Mais ils ne purent rien contre les forteresses flottantes qui maintenaient une garde vigilante autour de la flotte de débarquement. Les deux flottilles réussirent pourtant, par la suite, à forcer le passage et à rallier Le Havre, mais elles furent pratiquement anéanties par des attaques aériennes spécialement dirigées contre elles. Le lieutenant-capitaine Johannsen, commandant la 5ᵉ Flottille, tomba au cours de l'une d'elles. Il venait, une heure auparavant, de recevoir la croix de chevalier « pour le mérite ».

Le brigadier Hein Severloh, brave paysan des environs de Metzingen près de Celle, était doué par la nature d'une excellente vue. Installé dans une petite tranchée du nid de résistance nº 62, sur les dunes de Colleville, il cherche présentement, avec les jumelles de son commandant de batterie, à scruter l'horizon embrumé qui s'étend devant lui. Le jour commence à peine à se lever sur l'océan.

— Hein, que vois-tu ? lui demande paisiblement le capitaine

Krone, assis à l'entrée du petit abri où il a installé le poste d'observation de sa batterie.

— Ma foi, mon capitaine, rien de plus que tout à l'heure. Le grand cachalot n'a toujours pas bougé. Mais il arrive sans cesse plus de petits bateaux. Ah ! voilà à présent que les nôtres, de Port-en-Bessin, lancent des signaux lumineux, 2 rouges, 2 verts. Sans doute veulent-ils voir si on va leur répondre. Ils devraient pourtant se douter que ceux d'en face n'ont pas le même secteur postal.

A mesure que Hein, calmement, de sa bonne voix de campagnard, dévide son monologue, le capitaine Krone en retransmet les détails à son officier de tir le lieutenant Frerking assis au téléphone. Celui-ci attend le moment où il pourra, à ses quatre pièces de 105, assigner des objectifs justiciables de leur tir. La position de batterie est assez loin à l'arrière, aux environs de Houtteville.

— Ils en mettent un temps, s'impatiente l'autre officier, le lieutenant Grasz, plus nerveux puisque fantassin.

Le capitaine Krone rit dans sa barbe :

— Encore un peu de patience, mon jeune ami, ça va revenir, rassurez-vous.

Depuis une heure trente du matin il attend avec ses hommes, à l'observatoire, le moment d'ouvrir le feu. Tout s'est passé dans les règles : d'abord ça été la voix du major Plukas leur commandant de groupe qui, vers minuit, les a arrachés aux douceurs du délicieux cantonnement qu'ils occupaient à Houtteville chez M. Fernand Legrand. De là ils ont gagné sans se presser leurs postes de combat, et maintenant ils attendent dans ce petit point d'appui d'infanterie où ils ont installé leur observatoire, et qu'occupe, avec 19 hommes exactement, l'adjudant Pieh du 726e Régiment de grenadiers. Ils attendent tout en regardant avec intérêt ce qui se passe autour d'eux.

— Attention, bombardiers au-dessus de nous, crie le capitaine Krone, et tous tendent l'oreille au vrombissement qui, à la verticale, se perçoit au-dessus des nuages. Il semble, de fait, que l'air vibre juste au-dessus d'eux. Et soudain se déchaîne le tonnerre des explosions. Chacun rentre machinalement le cou dans les épaules. Heureusement il n'est tombé que deux bombes à l'intérieur du nid de résistance. Tout le reste a été pour l'arrière. Les hommes s'entre-regardent et se sourient mutuellement, délivrés de l'angoisse.

Frerking appelle au téléphone la position de batterie. C'est l'adjudant-chef Meyer qui lui répond, Ernst-Ludwig Meyer ainsi qu'il se désigne lui-même pour se distinguer des innombrables autres Meyer.

— Alors quoi de neuf chez vous ?

— Pas un seul coup au but dans toute la batterie, mon lieutenant, clame l'autre radieux au bout du fil.

Frerking lance un rapide regard à Grasz :

— Aucune égratignure aux pièces ! Toute la sauce est passée à côté, comme ici ! Eh bien ! mon vieux, nous sommes vernis !

— Décidément, ce n'est pas à nous qu'ils en veulent, murmure Grasz qui semble à son tour soulagé. S'il avait pu se douter à quel péril, ils venaient d'échapper !

Car c'était bien à eux qu'on en voulait, bien eux qu'on visait certes ! Mais le dieu Hasard s'était interposé pour leur sauvegarde. Ils lui devaient pour l'heure une fière chandelle. 329 bombardiers B 24 avaient reçu mission de bouleverser de fond en comble, sur 6 kilomètres de front, le secteur dit d' « Omaha », d'y anéantir les nids de résistance de l'infanterie, et d'y neutraliser les batteries d'artillerie avec au total 13 000 bombes des plus gros calibres.

Seulement, comme le plafond était bas, il avait fallu déclencher leur tir à l'aveugle d'après les calculs. Ceux-ci étaient basés sur la durée de vol et minutées à la seconde près. Pourtant, au dernier moment, il semble que l'état-major de la 8e Flotte aérienne ait perdu le contrôle de ses nerfs. Redoutant que le tir n'atteigne les premières lignes de l'infanterie déjà débarquée, il ordonna un décalage de quelques secondes. Quelques secondes et cela suffit à faire tomber 13 000 bombes juste à côté de l'objectif. Elles devaient coûter cher au général Eisenhower, ces quelques secondes-là. Il lui fallut les racheter du sang de nombre de ses soldats !

L'alerte passée, Hein Severloh et le capitaine Krone avaient allumé une cigarette.

— Eh bien ! et le déjeuner, ça vient ? cria la voix du lieutenant Frerking.

Severloh sortit une boule de pain de sa musette, en tailla de longues tartines qu'il se mit à beurrer consciencieusement. Il régnait vraiment une paix idyllique. Le rideau de brume sur la mer s'était levé. Frerking sortit de l'abri en quête de son petit déjeuner. Machinalement il porta ses jumelles à ses yeux, et soudain on le vit s'accoter à la muraille, répétant d'une voix blême : « Bonté divine, mais ils sont là ! ils sont là ! » Et ce qu'il découvrait en cet instant précis, tous les officiers et tous les hommes de la côte d' « Omaha » voyaient comme lui. Un même cri simultanément jaillit de toutes les poitrines, cri à la fois de stupeur et de frayeur : « La flotte ! elle est là ! »

Frerking semblait littéralement médusé : « Mais ce n'est pas possible, ce n'est pas possible », répétait-il. Soudain, il tendit les jumelles au brigadier-observateur et bondit dans l'abri. Et Severloh à son tour vit ce qui avait motivé l'ébahissement de son officier. Il vit les navires grands et petits avec leurs tourelles, leurs superstructures, leurs cheminées, leurs antennes et leurs ballons de protection se balançant grotesquement. Il vit toute une ville mystérieuse surgir lentement de la grisaille matinale, une ville irréelle, fantomatique, et l'on entendit sa bonne voix traînarde de paysan qui enchaînait :

— Ah ! le grand cachalot se rapproche de la côte. A notre gauche, à hauteur de Vierville, il y a des péniches de débarquement qui atteignent déjà le rivage.

Mais à ce moment un vacarme indescriptible couvrit sa voix. Un concert de sifflements, de miaulement, de hurlements, de rugissements. C'était le tir d'encagement de l'artillerie de marine qui venait de commencer, et qui, de sa voûte d'acier, couvrait les troupes de débarquement.

Les premiers coups tombèrent juste à l'arrière du nid de résistance. Ils semblaient viser le chantier de construction d'un bunker inachevé. « Tant mieux, vas-y donc ! », grommela notre impavide Severloh entre ses dents.

L'adjudant Pieh, le chef de section qui commandait la petite garnison, arriva en courant. Il saignait au cou abondamment.

— Ce n'est rien, des éclats, dit-il en tamponnant de son mouchoir sa blessure. Ça va, chez vous ?

— Ma foi, jusqu'ici à peu près, dit Severloh avec un bon sourire placide. Mais Pieh venait d'apercevoir le grand transport de troupes ancré juste devant leur point d'appui :

— Sapristi, les voilà qui se mettent à l'eau ! hurla-t-il et il se rua à son poste de combat.

Severloh annonça, imperturbable, à l'observatoire :

— Des troupes de débarquement quittent le bord du grand transport.

Le capitaine Krone vint s'assurer lui-même de la chose :

— Ah ! çà, ils sont complètement fous ? Ils ne vont tout de même pas se mettre à la nage, juste au bout de nos tubes !

Et cependant, si ! on les voyait s'engager sur environ deux cents mètres dans la mer agitée, s'agripper aux ceinturons les uns des autres, patauger avec de l'eau jusqu'aux épaules, tandis que, sur la rive, pas un coup de fusil n'éclatait.

Sitôt après le bombardement, tant aérien que naval, les deux colonels commandant les Régiments de grenadiers 916 et 726, les colonels Goth et Korfes, tenant les secteurs de la 352ᵉ Division entre l'embouchure de la Vire et Port-en-Bessin, avaient en effet rappelé à leurs unités, par le réseau téléphonique demeuré intact, la stricte consigne : « Pas un coup de feu avant que l'ennemi ait atteint le rivage ». Tous les hommes, rivés à leurs canons ou à leurs mitrailleuses attendaient l'ordre de tir. Tout au long du rivage d' « Omaha », la 352ᵉ Division d'infanterie tout entière retenait son souffle, attentive.

Severloh attend comme les autres. Son rôle d'observateur terminé, il a pris place au trépied d'une mitrailleuse de l'abri où le lieutenant Frerking continue à dicter au téléphone d'une voix calme ses ordres de tir : distance 4 850, charge allongée… fusée instantanée, et il conclut :

— Attendez l'ordre de mise à feu.

Severloh a pointé sa mitrailleuse ; à sa gauche il aperçoit, parés comme lui, les servants des trois pièces de l'infanterie. Un peu plus loin il y a un lance-grenades ; en avant, les tirailleurs de l'infanterie, et puis c'est tout. Les « Amis », qui avancent, ont à présent de l'eau jusqu'aux genoux. C'est le moment. « Feu ! » crie la voix du lieutenant Frerking.

Hein Severloh, qui a 21 ans, n'est soldat ni par profession ni par passion. C'est un bon gros paysan sans plus. Il n'a jamais eu l'occasion d'accomplir une action d'éclat. Il est l'ordonnance du capitaine. Et ses capacités n'ont pas dépassé jusqu'ici la recherche du beurre, des œufs, du cidre et du calvados. Mais maintenant voilà que la guerre lui assigne un nouveau rôle et qu'il faut qu'il tire. Alors il tire. Il appuie le doigt sur la gâchette, et la pièce lâche sa rafale. La première gerbe est dans l'eau. La seconde atteint les Américains à mi-corps, elle ne les lâchera plus. A gauche, les mitrailleuses de l'infanterie tirent elles aussi comme des enragées.

On entend les coups de départ saccadés du lance-grenades. Au-dessus des têtes, on entend siffler les obus de la batterie d'Houtte-ville. Tout au long de la côte, le tir de barrage allemand adhère maintenant à la grève inexorablement.

Le bain de sang d'Omaha

La partie du rivage qui s'étendait devant le nid de résistance n° 62, portait, dans le plan américain de débarquement, le nom conventionnel de « Fox green » (renard vert). Deux compagnies d'assaut du 162ᵉ R.I.U.S. avaient reçu mission de s'en emparer. Elles avaient, de leurs chalands, sauté à l'eau avec l'absolue conviction qu'en face d'elles il ne restait plus un canon allemand indemne, plus une mitrailleuse intacte, plus un grenadier allemand à l'affût, l'œil rivé au guidon de sa carabine. Il leur fallut déchanter quand la mitrailleuse de Hein Severloh faucha, dans l'eau, leur première vague d'assaillants.

La marée était étale. La mer ne se retirait plus. Mais le flot ne remontait pas encore. Les morts gisaient à fleur d'eau, et derrière leurs corps les blessés cherchaient refuge contre les gerbes de balles. Ceux des hommes qui, malgré l'effroyable tir de barrage, avaient réussi à progresser jusqu'au sable sec, s'efforçaient en hâte de s'y enfouir pour s'assurer une illusoire protection ; d'autres, en rampant, avaient cherché abri derrière les wagonnets renversés d'un Decauville. C'est sur eux, que, de son observatoire, le lieutenant Frerking règle le tir de barrage de la batterie de 105 de Houtteville. A huit heures du matin pas un fantassin américain n'a encore réussi à atteindre le pied des dunes devant le nid de résistance WN 62. Et ce qui se passe ici se réédite, à l'ouest de Colleville, dans le secteur de Vierville. Là, les bataillons d'assaut du 116ᵉ Régiment d'infanterie, appuyés par des chars amphibies devaient, dans l'esprit des états-majors, s'emparer du rivage par surprise presque sans coup férir. Mais les blindés aquatiques ne se montrèrent pas de taille à affronter à cet endroit la mer démontée. Les bateaux qui les transportaient les mirent à l'eau prématurément et l'un après l'autre on les vit s'enfoncer. Deux seulement atteignirent le rivage, ce fut pour s'y faire aussitôt détruire par l'artillerie.

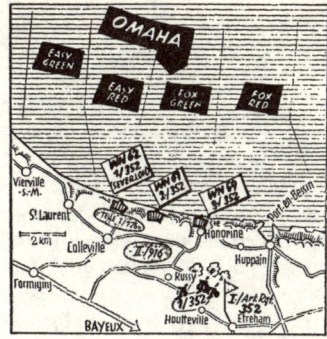

Les endroits de débarquement « Easy Red » et « Fox green » sont entrés sous le nom de « bloody Omaha » dans l'histoire américaine de la guerre.

De la sorte échoua le plan qui eût consisté à ouvrir aux fantassins, par les chars, l'accès du banc de galets, qui bordait le pied de la falaise. Pourtant, vaille que vaille, l'infanterie était lancée. Transis et blêmes, entassés sur les étroits chalands de débarquement, les fantassins U.S. continuaient d'être déversés nombreux sur le rivage. Au-dessus de leur tête ils entendaient siffler et gronder les obus des pièces de marine : mais, par une sorte de fatalité, le tir de celles-ci réglé trop long n'atteignait pas les positions avancées allemandes. Ce fut bien pis encore pour les navires sur lesquels étaient montées les batteries de fusées. Le feu de l'artillerie côtière allemande empêcha ces grandes prames, bien qu'elles fussent à très faible tirant d'eau, d'approcher la côte d'assez près. Elles lâchèrent leurs salves à une distance excessive. Au lieu de percuter sur les fortifications allemandes, leurs projectiles à fragmentation multiple vinrent éclater juste dans l'eau sur la plage même, tendant ainsi devant leur propre infanterie un tir de barrage meurtrier.

Sur ces entrefaites, soulevant à leur étrave un double panache d'écume, les grands navires de débarquement de la seconde vague foncèrent vers le rivage. Ils étaient six. Deux furent pris sous le feu de l'artillerie allemande et sombrèrent. Les quatre autres réussirent à s'échouer sur un banc de sable, ils abaissèrent leurs rampes ; les G.I.'s sautèrent dans l'eau qui leur montait aux épaules, et commencèrent à avancer ; mais, ici aussi, ils pataugèrent, pris sous le tir des mitrailleuses lourdes allemandes.

97

Qui, mieux que les fantassins américains qui vécurent cet enfer et en réchappèrent, pourrait nous en retracer les horreurs ? Dans le journal de marche du 1er Bataillon du 116e RI on peut lire :

L'ennemi avait attendu l'instant propice. Tous nos bateaux tombèrent à la fois sous les feux croisés de ses armes automatiques. Ceux des hommes qui, instinctivement, sautèrent à l'eau pour s'y soustraire coulèrent à pic. Il fut impossible de réussir à maintenir l'ordre. Chacun ne souhaitait plus que de parvenir au rivage, et ne voyait d'autre issue, pour échapper au tir, étroitement concentré sur les navires, que de se jeter à l'eau et de gagner la côte à la nage. Mais leur équipement était trop lourd. Quelques-uns réussirent pourtant à se maintenir à flot. Beaucoup furent blessés et se noyèrent. Rares furent ceux qui atteignirent la rive. La situation y étant également intenable, ils refluèrent vers la mer, et s'y allongèrent à plat ventre ne laissant passer que les têtes. Puis ils avancèrent en rampant à mesure que la marée monta. Les défenses accessoires de l'ennemi leur tinrent lieu de couvert et ce fut sous leur protection qu'ils parvinrent à gagner le sable sec.

Dans l'espace de dix minutes, la compagnie A se trouva décimée. Au bout de vingt minutes, elle n'était plus qu'une infime poignée d'individus obstinés à survivre et cherchant avant tout leur salut. Tous ses officiers et sous-officiers étaient tombés.

Il en alla de même aussi bien devant « Dog green » que dans « Easy red ». Toutes les unités qui succédèrent aux compagnies d'assaut connurent le même sort. Là aussi des navires de débarquement furent coulés avant d'accoster ; des chars amphibies touchés de plein fouet explosèrent. Quiconque parvenait à atteindre le rivage s'y creusait en hâte un trou protecteur, ou cherchait abri derrière les cadavres accumulés. Affolés, pris de panique, on entendait au milieu du crépitement des mitrailleuses et du fracas des explosions, les blessés réclamer les brancardiers. Mais les brancardiers étaient comme les autres, morts ou blessés, allongés sur le sable ou dans l'eau.

Même quand un char réussissait à atteindre le rivage en choisissant son chemin au milieu des pilotis minés de la plage, on le voyait bientôt immobilisé sur l'étroite bande de galets située entre la mer et la falaise. Car celle-ci était également minée et les pionniers ne pouvaient, sous le tir de la défense allemande, y ouvrir une voie aux blindés.

Ainsi les régiments d'assaut de la 1re Division U.S. et les brigades de pionniers qui les appuyaient s'agglutinèrent-ils sur une étroite bande de terrain qui n'avait guère plus de trente mètres de profondeur, et ne purent avancer d'un pas. La 352e Division du général Krais les empêcha par ses tirs bien ajustés d'accomplir le bond en avant qui eût entraîné la décision.

Pourtant le plan d'opérations continuait à jouer. Et ce plan exigeait que, vague après vague, le rivage d'Omaha fût submergé de fantassins américains, quelque ravage que fît dans leurs rangs la mort fauchant sa moisson.

Un groupe de combat des fameux « Rangers » chercha à s'emparer des positions allemandes sur le versant ouest du secteur d'Omaha. Avec des canons spéciaux porte-amarres, ils lancèrent des grappins, entraînant des câbles ou des échelles de corde, qui s'accrochèrent au sommet de la falaise. Ils avaient apporté aussi avec eux des échelles portatives empruntées aux pompiers de Londres. Et la lutte prit bientôt l'aspect d'un véritable assaut moyenâgeux, les défenseurs allemands rejetant les échelles, cisaillant les câbles, et déversant pêle-même sur les assaillants des quartiers de roches et des grenades explosives, tout en dirigeant contre eux le tir plongeant de leurs pistolets-mitrailleurs. Les survivants affirment que le spectacle fut indescriptible. On les croit sans peine.

Le secteur d'Omaha mesurait six kilomètres. Et au bout de quatre heures de lutte, dès le premier assaut, trois mille morts ou blessés jonchaient déjà cette étroite bande de sable et de galets qui s'étendait entre la mer et la côte. Un mort ou un blessé grave tous les deux mètres, sur six kilomètres de long. Qu'on juge du sacrifice en vies humaines vainement consenti. A huit heures trente (heure allemande), le compte rendu du 5e Corps américain résumait la situation de façon désabusée :

Nos unités d'assaut sont en train de fondre à vue d'œil. Nos pertes sont très élevées. Le tir de l'ennemi nous empêche de nous emparer du rivage. Les unités amenées à terre sont agglomérées sur une étroite bande de terrain. Les pionniers ne peuvent arriver à frayer des passages à travers les champs de mine et les défenses accessoires. Les chars et les véhicules blindés sont immobilisés. Nous avons identi-fié chez l'ennemi des éléments de la 716ᵉ DI, mais aussi de la 352ᵉ.

En bref, la conclusion du rapport pouvait se lire : Le mur de l'Atlantique tient bon.

Le général Omar Bradley, commandant la 1ʳᵉ Armée améri-caine de débarquement, lut ce compte rendu, la mort dans l'âme. Comment cela se pouvait-il ? Comment avait-on pu s'illusionner à ce point sur la capacité de résistance des Allemands ? Et pourquoi, dans le seul îlot qui ait cédé sous la pression, le 116ᵉ Régiment avait-il pu identifier des cadavres appartenant à la 352ᵉ Division ? N'avait-on pas toujours pensé que le secteur entre les embouchures de l'Orne et de la Vire n'était tenu que par une seule Division, la 716ᵉ ? Comment le service de renseignements allié, généralement si bien informé, avait-il pu se tromper à ce point ! En réalité un pigeon voyageur abattu était à l'origine de cette méprise grosse de conséquences.

En mai, le maréchal Rommel avait décidé que la 352ᵉ Division motorisée, jusque-là maintenue en réserve assez loin à l'arrière dans la région de Saint-Lô, serait introduite en secteur à la gauche de la 716ᵉ (général Richter) qui avait, depuis le début, tenu seul le large front entre Orne et Vire. Cependant, le général Richter dut laisser sur ses anciennes positions les 1ᵉʳ et 3ᵉ Bataillons de son régiment de grenadiers nᵒ 726. Ces deux unités se trouvant provisoirement incorporées, sous le commandement du colonel Korfes, à la 352ᵉ D.I. En revanche Rommel porta en arrière du front, en soutien, des bataillons appartenant au 916ᵉ Régiment de grenadiers, et renforça l'aile gauche de la Division par des éléments du 914ᵉ R.G. aux ordres du lieutenant-colonel Heyna. Ce méli-mélo induisit en erreur le principal agent de renseignements des Alliés chargé du secteur Colleville-Vierville, auquel le renforcement opéré échappa ainsi complètement. Ce ne fut qu'à la fin de mai que son erreur lui apparut quand il identifia, à l'est de l'embouchure de la Vire, des fractions d'une nouvelle unité, et un poste de commandement à Littry. En toute hâte il envoya par pigeon cet important renseignement, et le confirma même par un second. Mais, pour une fois, le général Hasard fut du côté des Allemands. Un troupier demeuré inconnu, de la 716ᵉ Division, abattit les deux volatiles coup sur coup. Pour un peu il aurait gagné à lui tout seul une bataille.

Mais tout cela le général Bradley, le 6 juin à neuf heures du matin, à bord du navire amiral *Augusta,* ne le savait naturellement pas. Tout ce qu'il savait c'était que, pour lui, sur la côte, les choses, à ce moment-là, allaient joliment mal. Pourtant, à l'instant précis où il allait peut-être se décider à arrêter la sanglante et inutile hécatombe, il suffit d'une demi-douzaine de fausses nouvelles ou de simples erreurs pour décider du sort de la meurtrière bataille d'Omaha.

Le hasard et l'erreur sont dans toutes les guerres, dit l'adage, les deux plus vaillants généraux. C'était vrai du temps des Perses, des Grecs et des Romains, de Wallenstein et de Gustave-Adolphe. Dans *Guerre et Paix,* Tolstoï a mis cette évidence en lumière à propos d'un des plus grands événements de l'histoire militaire. On va voir que, dans l'invasion aussi, le général Hasard ne manqua pas de jouer son rôle primordial.

Au grand quartier général du Führer, le 6 juin au matin, on restait convaincu que les combats de la côte normande n'étaient qu'une tentative de diversion, que l'attaque principale viserait Calais et que par conséquent il ne fallait pas « gaspiller » les réserves en les engageant contre un simulacre. Le commandant en chef du front ouest, le feld-maréchal-général von Rundstedt, inclinait à penser de même, bien que des commandants d'unité éprouvés, de même que les états-majors des Divisions engagées, et celui du 84ᵉ Corps d'Armée l'assurassent qu'il ne faisait pas de doute que le débarquement de Normandie fût le prélude de l'invasion.

Aussi les divisionnaires appelèrent-ils vainement à l'aide. Ils protestèrent, réclamèrent, supplièrent... en vain. « C'est une vraie honte », déclara le général Marcks, d'ordinaire si maître de lui, quand il se vit refuser la 21ᵉ Division cuirassée. Et pendant ce temps l'homme qui, avec son instinct devenu légendaire, avec son flair de renard du désert, eût, du premier coup d'œil, embrassé la situation et pu faire prévaloir son point de vue, cet homme n'était pas sur le front. Encore un de ces hasards imprévisibles. Une fausse interprétation du bulletin météorologique, et le seul chef de guerre qui aurait eu à la fois et l'audace, et le poids, et la compétence nécessaires pour, au besoin, passer outre aux décisions du G.Q.G., se trouvait écarté du théâtre du drame. Ce matin-là, à Herrlingen en Würtemberg, après être resté des mois sans quitter le front, il fêtait en famille l'anniversaire de son épouse, et après un repos de quelques heures, il se préparait à être reçu en audience par le Führer à Berchtesgaden. Ce fut douze heures trop tard pour pouvoir jouer encore, en un instant décisif, un rôle décisif, qu'il rejoignit son poste de commandement. Pour les premières heures de la grande bataille, le général Erreur avait ainsi mis en échec le maréchal Rommel. Ce fut encore lui ensuite qui, capricieux et fantasque, ouvrit à la 1re Armée U.S. la porte de la victoire. Car, pendant que sur la côte d'Omaha la crise, pour les assaillants, atteignait justement son paroxysme le général Bradley reçut, des observateurs de la marine, quelques comptes rendus assez imprécis mais de couleurs plus riantes. Puis survint un message radio pas trop noir émanant du commandant de la 1re D.I. U.S., le général Huebner qui remonta un peu l'état-major démoralisé de la 1re Armée. Enfin le colonel Talley chef d'état-major par intérim du 5e Corps télégraphia : *Les navires de débarquement tournent en rond devant la côte comme un troupeau de moutons affolés, et n'osent plus accoster. Tous les chars et véhicules que nous avons déjà débarqués ne pourront avancer tant que l'artillerie allemande demeurera intacte. Il faut absolument qu'elle soit contre-battue à tout prix ; sans quoi nous allons perdre la course.*

Le général Bradley en tira aussitôt la conclusion qui s'imposait. Il ordonna à la flotte de reprendre son tir de préparation sans tenir compte des éléments déjà débarqués. Ce fut la véritable décision capitale de l'heure. Pour le coup les nids de résistance et les positions d'artillerie allemande allaient se voir bombardés intensément par des projectiles de marine des calibres de 380, et de 406. Qu'on se rende compte des effets obtenus !

Dans le P.C. bétonné du 916e R.I. le colonel Goth était assis silencieux au milieu des officiers de son état-major. On entendait éclater les obus sur la coupole en béton comme si un cyclone se fût déchaîné à l'extérieur. Le colonel regarda l'heure à sa montre-bracelet lumineuse. Neuf heures vingt. Personne ne disait mot. A de brefs intervalles, des lueurs jaillissaient en éclairs par les meurtrières, faisant apparaître les choses dans un éclairage fantomatique. Puis tout retournait à une semi-pénombre. On eût été en peine de dire si le soleil brillait ou si des nuages obscurcissaient le ciel. Tant, au-dehors, tout le paysage baignait dans la poussière et dans une épaisse fumée nauséabonde déchirée seulement par les éclairs des explosions.

— Cette fois ils vont nous avoir, murmura Goth, puis il demanda si le téléphone fonctionnait encore avec l'E.M. de la Division. Le sous-officier chef des transmissions brancha une fiche et lui tendit l'écouteur. Le colonel Goth eut le général Krais au bout du fil :

— L'artillerie de marine bouleverse nos points d'appui. Les munitions commencent à nous faire défaut. Il faudrait d'urgence un ravitaillement, mon général.

Mais, en guise de réponse, le colonel n'entendit qu'un grésillement, la ligne venait d'être coupée.

A la position de batterie de la 1re Batterie du 352e R.A. le sous-officier Peesel, dans le même temps, donnait des ordres avec le calme olympien d'un chef de pièce sûr de lui et de son outil. Qu'elle tirait donc bien, la marine. Mais pour combien de temps encore ? Arriva du groupe l'ordre d'économiser les munitions. « Comme si on ne le savait pas ! » grommela Peele. « Sacrée bande d'idiots de nous avoir retiré nos obus ! » ajouta-t-il furieux. Quinze jours avant l'offensive alliée, tous les approvisionnements des batteries avaient en effet été réduits de moitié, et le surplus ramené à l'arrière... dans des dépôts moins exposés !

Maintenant les stocks commençaient à fondre. Le colonel Ocker, le chef du régiment, annonça à la 1re Batterie un camion de ravitaillement. « Il est en route », prit-il soin de spécifier. Oui, il était en route, mais sur son chemin, il rencontra un obus de 400, et tous deux ensemble volèrent en éclats. Volatilisé le camion, avec son chargement !

Aussi quand le lieutenant Frerking, de son observatoire, voulut passer au tir par salves contre une nouvelle vague de débarquement qui revenait à la charge, s'entendit-il répondre par l'officier de batterie :

— Ordre du commandant de groupe, mon lieutenant, tir par pièces exclusivement, pour économiser les munitions.

Arrêter de l'infanterie qui se lance à l'assaut avec un tir par pièces ! On touche ici du doigt une des lacunes fondamentales de la défense allemande : l'intervention massive de l'artillerie lui fit totalement défaut.

A midi, Hein Severloh, avec sa mitrailleuse, a tiré environ 12 000 cartouches depuis le matin. Sur la rive, s'alignent les morts. On discerne à l'œil nu, sur leurs casques, le 1 peint en blanc qui indique qu'ils appartiennent à la 1re Division. Mais le point d'appui commence à prendre un aspect pitoyable. L'artillerie de marine a mis les lance-grenades hors d'usage, nivelé les tranchées, décimé les fantassins. Et voilà que les « Amis » accostent maintenant avec des bateaux plats sur lesquels sont chargés des chars et des affûts chenillés de mitrailleuses. La première jeep armée d'une mitrailleuse lourde commence à rouler sur le rivage. Tourné vers la gauche où l'adjudant Pieh est allongé sur le sol, le lieutenant Grasz lui crie : « Aboule le V.B. » Et Pieh tend à son officier le court tromblon en acier qui, ajusté au canon de la carabine, permet de lancer les grenades à fusil. L'arme par excellence du fantassin. Grasz est rompu à son maniement. Il était sous-officier au début de la guerre et n'a pas oublié la théorie.

Un premier coup et la grenade éclate juste dans la jeep.

Un second coup et le premier char est immobilisé. Mais un autre vient de s'ébranler à son tour et déjà il pointe son canon en direction du bunker. Son obus éclate juste sur la fente de visée. Cette fois la lutte à terre a vraiment commencé dans le nid de résistance G 2. Lutte bien inégale et qui ne peut guère durer contre des chars. Un coup au but atteint à son tour la mitrailleuse de 42. Des éclats blessent Severloh au visage, et l'appareil de visée est faussé. Peu importe. De toute façon il ne lui reste que la munition destinée au tir de nuit. Sur les bandes, toutes les cinq balles il y a une traçante ; voilà qui suffit à viser. Mais pour le destroyer qui, en face, épie la côte, l'objectif se trouve ainsi tout désigné. Coup après coup ses obus arrivent maintenant dans la tranchée où Hein Severloh continue désespérément à tirer malgré tout.

Sur la rive désormais les chars américains défilent, gagnant à droite et à gauche. A l'ouest, les deux points d'appui voisins 61 et 59, englobant les positions des 2e et 3e Batteries, ont cessé le feu. Vers la gauche, le nid de résistance G 2 a ses vues bornées mais il semble que là aussi règne maintenant un silence impressionnant.

En réalité ce qu'ils ne savaient pas encore, c'était que les Américains y avaient largement pris pied en arrière d'eux.

Et tandis que le lieutenant Frerking lance à sa batterie un dernier message radio : « Tirez, bon Dieu, tirez! tous les coups seront au but, nous nous replions », là-bas, à la position de tir, les servants se croisent les bras, désolés. Toutes les munitions sont épuisées. Il reste à chacun des 1re et 2e pièces, à la disposition des sous-officiers Peesel et Alpen, un obus chacun. Peesel s'en servira le lendemain pour abattre un observateur américain juché dans un sapin, avant d'amener les avant-trains et de se replier avec sa pièce en bon ordre.

Dans la dune, Frerking a donné l'ordre de repli, par bonds. Mais bondir sous le feu conjugué des chars et des pièces de marine ce fut pour la plupart faire le saut dans l'au-delà. Ni Frerking, ni Grasz, ni Pieh n'en réchappèrent.

Seuls Hein Severloh et un opérateur-radio réussirent à s'en tirer. Ils s'infiltrèrent parmi les broussailles, se dissimulèrent dans les chemins creux, et aboutirent finalement au poste de commandement du 1er Bataillon du 726e, entre Colleville et la côte. Ils y furent pansés ; firent le récit de leur odyssée. Puis ils entendirent le commandant du bataillon déclarer : « Nous n'attendons que l'arrivée des chars pour contre-attaquer. Après quoi nous rejetterons les " Amis " à la mer. »

Des chars émergent de l'onde

Lorsque, pendant l'été de 1942, Rommel et son armée d'Afrique cuirassée atteignirent les hauteurs d'El-Alamein, et foncèrent en direction du Nil, il n'était plus personne qui donnât un sou vaillant de la puissance britannique au Caire. Les états-majors anglais se hâtaient de brûler leurs papiers. Les trains de fugitifs vers la Palestine et la Jordanie étaient pris d'assaut. Le commandant en chef britannique Auchinleck envisageait de replier son armée derrière le Nil et vers le sud. Rommel était sûr du succès. Sûr à tel point qu'au cours d'un bref séjour à Berlin, à une réunion avec des journalistes étrangers, il s'arrêta sur le seuil, la main sur la poignée de la porte, et leur dit en riant : « Voilà comment je tiens la porte d'Alexandrie. » Mais entre-temps s'était produit sur les bords du

Nil un événement d'une portée considérable : le hasard venait de faire apparaître Bernard Montgomery sur la scène de l'histoire militaire. Churchill à dire vrai ne voulait pas de lui ; il lui fut en quelque sorte imposé par une série de hasards providentiels — telle la mort subite du successeur désigné d'Auchinleck, le général Gort. Et ce Montgomery grimpé, contre toutes les règles du jeu, à la tête de l'armée d'Afrique britannique, était bien résolu à jeter à bas de son trône cet enfant chéri des dieux, ce chef de bande hasardeux qu'était Rommel à la tête de ses hardis contingents. Il avait pour cela une recette infaillible, contre laquelle aucun courage dédaigneux du danger, aucune science de l'improvisation, aucune ruse même ne pouvaient rien : c'étaient les batailles de matériel, avec quelques milliers de canons, quelques milliers d'avions et quelques centaines de milliers d'obus. Ce fut une telle muraille d'acier, faite de pièces antichars, d'obusiers, de bombardiers et de blindés, qui stoppa l'offensive allemande près d'Alam Haïfa et anéantit l'Afrikakorps à El-Alamein. La victoire britannique en Afrique fut la victoire de la supériorité matérielle.

Depuis que le maréchal Bernard Montgomery savait qu'en face de lui c'était Erwin Rommel qui commandait en chef le front qu'il avait mission d'envahir, il lui était clair qu'il lui faudrait user contre celui-ci des mêmes procédés qu'à El-Alamein : c'est-à-dire de la stratégie de l'anéantissement sous le poids du matériel. Sa thèse constante fut donc « qu'à l'avant-garde du débarquement il fallait mettre les chars et l'artillerie lourde ».

Et c'est parce que les navires qui transporteraient l'artillerie automotrice et les chars spéciaux destinés à agir contre les champs de mines enfouis dans le sable des dunes, et les réseaux de barbelés cerclant les points d'appui, eussent connu trop de risques du fait des obstacles sous-marins de Rommel que Montgomery bouleversa le plan initial d'Eisenhower d'attaquer à marée haute. Du même coup il trompa l'attente de Rommel, exactement comme il l'avait déjà fait à El-Alamein.

On se rappelle que les organisations défensives allemandes étaient toutes orientées contre une attaque à marée haute. Il n'était personne qui imaginât que l'adversaire pourrait se lancer à l'assaut avec un glacis entièrement nu de huit cents mètres à parcourir. Et c'est pourquoi toute la puissance de feu de la défense se trouvait concentrée sur le rivage même. Montgomery prit résolument sur lui le risque de pertes sévères sur ce glacier dénudé que constituait la laisse de mer, c'était la rançon obligée de sa conception tactique basée sur la puissance du matériel. L'expérience a prouvé qu'il avait eu raison. Sans l'appui de chars qu'il donna à sa première vague d'assaut, les sanglants mécomptes que connurent les Américains à « Utah » et à « Omaha » se seraient sans doute renouvelés chez les Britanniques. Pourtant tout n'alla pas non plus partout pour eux « sur des roulettes » comme on va voir.

La 2ᵉ Armée britannique du général Dempsey avait reçu mission de débarquer sur la côte ouest du Calvados entre Arromanches et Ouistreham, au nord de Caen. Son front d'attaque s'étendait sur environ trente kilomètres. Elle devait enfoncer la position allemande avec des colonnes de blindés, qui, une fois celle-ci franchie, donneraient, à l'est de l'Orne, la main aux éléments aéroportés débarqués dans la nuit. Elle devait s'emparer des deux villes de Caen et de Bayeux, et progresser, dès le premier jour, de trente-six kilomètres vers le sud. Le point le plus méridional prévu pour son avance était le petit village de Villers-Bocage dont nous aurons fréquemment l'occasion de voir reparaître le nom au cours de ce récit.

Quand le jour se leva, dissipant les fumées du bombardement nocturne sur les villes de l'intérieur, le débarquement de la 2ᵉ Armée anglaise était déjà en cours dans les trois secteurs portant les noms conventionnels de « Gold », de « Juno » et de « Sword ».

Quarante minutes avant le lever du soleil, l'artillerie de marine avait ouvert le feu. Avec le petit jour apparurent les avions de combat. Puis les chasseurs bombardiers. Puis les avions lance-torpilles. La voix sonore des grands vaisseaux de ligne dominait le concert. Enfin les Tommies à leur tour entrèrent dans la danse, dans le secteur « Gold » pour commencer. Mais les premiers qui apparurent ne furent ni des fantassins ni des pionniers nageant et pataugeant. Non ! à la pointe d'avant-garde se trouvait la 8ᵉ Brigade de chars britannique. Elle se heurta à la 716ᵉ D.I. du général Richter qui défendait trente-quatre kilomètres de côte française.

« Vas-y ! Feu ! » hurla en grinçant des dents le caporal-chef Behrendsen au mitrailleur assis à son côté. Leur abri était à demi effondré. Behrendsen lui-même était blessé. Le téléphone gisait enfoui sous le sable. Mais qu'eût-il servi d'avoir un téléphone ? Tous les câbles étaient coupés par le bombardement. Il n'y avait plus aucune liaison entre les divers éléments, compagnies, bataillons, ou régiments de la 716ᵉ Division.

Feu ! et la mitrailleuse lourde cracha ses gerbes de balles. On vit le sable se soulever. « Vise plus haut ! » La gerbe suivante atteignit un groupe de Tommies qui venaient de se déployer derrière les chars. On les vit un à un s'abattre comme des châteaux de cartes. On percevait leurs cris de douleur. Tous ceux qui n'étaient pas atteints s'étaient jetés à plat ventre. Puis ce fut au tour d'une pièce allemande de 75 d'ouvrir le feu. Son premier obus tomba dans l'eau, mais le second atteignit en plein un chaland de débarquement en passe d'accoster. On entendit une explosion, suivie du jaillissement de flammes et d'un nuage de fumée. Le bateau sembla virer de bord, il racla le fond, chavira. On vit des torches vivantes se rouler sur le sable.

Mais allez arrêter ces enragés blindés qu'on voyait surgir de l'onde comme des monstres amphibies, et qui s'avançaient avec un dandinement de tortue. Certains portaient à l'avant d'étranges bâtis garnis de chaînes et de boules d'acier. « Sacrés fumiers ! » grommela Behrendsen. Il était six heures trente. Le premier char anglais venait d'atteindre la terre ferme.

C'est ainsi que se passèrent les choses à la droite dans le secteur Sword. Il en alla à peu près de même au centre dans le secteur Juno, et tout à fait à la gauche dans le secteur Gold. Partout des coups de feu, tirés par des défenseurs isolés, parsemés dans le terrain lunaire, accueillirent les assaillants anglais.

Cependant si les points d'appui demeurés intacts se défendirent encore vaillamment, la 716ᵉ Division en tant que grande unité combattante n'existait pratiquement plus. Contrairement à la 352ᵉ, le bombardement aérien et le tir des pièces de marine l'avaient littéralement désagrégée. Les unités les plus éprouvées étaient le 736ᵉ Régiment de grenadiers, et le 111ᵉ Bataillon du 726ᵉ.

Le bombardement aérien avait fait exploser les champs de mines. Les obus de marine de gros calibre, de 380 et de 406, avaient réduit en poussière une partie des abris bétonnés eux-mêmes.

En deux endroits la ligne principale de résistance avait été percée. Les points d'appui occupés par le 441ᵉ Bataillon d'Orient ne tinrent pas parce que les supplétifs russes s'enfuirent à l'approche de l'ennemi et que seuls les officiers et sous-officiers allemands, aidés par quelques Baltes, s'y défendirent. Ainsi se vérifia le mot du général von Schlieben, qui, dans un de ses comptes rendus, avait signalé « qu'il lui paraissait douteux qu'on arrivât à faire se battre des Russes, en France, pour l'Allemagne, contre des Américains ».

Ce fut par ces brèches, où on ne leur opposa aucune résistance valable, que s'insinuèrent les 8ᵉ et 27ᵉ Brigades de chars, bientôt suivies par les hommes de la 3ᵉ Division canadienne et de la 3ᵉ Division britannique, submergeant le rivage, escaladant les dunes, et cherchant à pousser toujours plus avant à l'intérieur de la position allemande. Négligeant délibérément les nids de résistance encore occupés à leur droite et à leur gauche, les unités anglaises s'efforcèrent, conformément à la consigne qu'elles avaient reçue, d'arriver jusqu'aux grandes rocades de communication vers Bayeux et vers Caen. Il semblait que l'objectif fût sur le point d'être atteint.

Mais Montgomery avait, comme on dit en allemand, dressé la note sans tenir compte de l'hôtelier. Son rouleau compresseur était en mouvement, mais en de nombreux points les défenseurs réussirent à déclencher sur ses flancs de violentes et rapides contre-attaques qui anéantirent une partie de ses chars, et verrouillèrent à l'infanterie l'accès de ses objectifs.

Le major Iehmann avec le 2ᵉ Bataillon du 726ᵉ R.G. défendit avec opiniâtreté la hauteur de Sainte-Croix. Une attaque de chars canadienne submergea son P.C. Lui-même fut tué. Son adjudant-major, avec une poignée d'hommes, défendit le bunker jusqu'à la nuit. Puis ils se frayèrent un chemin à travers les rangs de l'ennemi à la faveur de l'obscurité.

Le 11ᵉ Bataillon du 736ᵉ R.G. défendit jusqu'au bout le village de Tailleville, cherchant à barrer le chemin à la percée de la 3ᵉ D.I.B. L'état-major du bataillon fut encerclé, réussit néanmoins une sortie. A quinze heures quarante-huit arriva son dernier compte rendu à l'E.M. de la Division. Il évoquait dans son laconisme tout un drame : « Lutte au corps à corps autour du poste de commandement. » Puis le silence se fit.

Près de Riva-Bella, situé à la charnière de l'attaque anglaise, le IIIᵉ Bataillon du 736ᵉ R.G. appuyé par la 10ᵉ Batterie du 1716ᵉ R.A. (Calibre 150) réussit à lancer une contre-attaque jusqu'à la côte. Il poussa jusqu'à Lion-sur-Mer, où la lutte fut, un moment, très chaude autour de l'église. Mais il se trouva cerné et dut, à grand prix, se frayer une voie de retour.

Le commandant de la Division, le général Richter, dans son abri bétonné, ignorait si ses points d'appui tenaient encore. Il n'en recevait plus de nouvelles. Pas même un coureur ne parvint jusqu'à son P.C.

Soudain la sonnerie du téléphone retentit. Le général prit l'écouteur. Et tous ceux qui se trouvaient dans l'abri entendirent distinctement, à l'autre bout du fil, la voix saccadée du colonel Krug commandant le 736e R.G. : « Mon général, disait-il, l'ennemi est installé sur mon blockhaus même et me somme de me rendre. Je n'ai plus les moyens de me défendre, et plus de liaison avec mes unités. Que dois-je faire ? »

Le général avala sa salive avec difficulté. En face de lui se tenaient silencieux le commandant de la 21e D.B., le général Feuchtinger, le commandant du 25e Régiment de chars S.S., Kurt Meyer, et le groupe des officiers d'ordonnance. Tous, ayant entendu la question, avaient les yeux rivés sur lui, attendant sa réponse. Faisant appel à tout son calme, presque un peu exagérément solennel, on l'entendit répondre : « Colonel, il ne m'appartient plus de vous donner d'ordre. Agissez selon votre conscience. » Il ajouta à voix basse « au revoir » et raccrocha.

La digue se rompt

A treize heures, au poste de commandement de Saint-Lô, le major Hayn mit sous les yeux de son général les rapports émanant des trois secteurs côtiers. Il s'agissait de rédiger le compte rendu pour le Groupe d'Armées. La gravité de la situation dans la région de Sainte-Mère-Eglise ne faisait plus aucun doute. Le général Marcks n'en laissa pas planer davantage sur le danger qu'offrait la mainmise des Anglais sur celle de Bayeux. Cependant en ce qui concernait le secteur central, celui d'Omaha, il laissa insérer cette phrase : « On peut considérer comme repoussée la tentative de débarquement dans la région de Vierville. »

C'était là faire preuve d'un singulier optimisme.

Deux heures plus tard en effet, on vit de petits groupes d'Américains surgir derrière la ligne principale de défense. Ils étaient complètement éreintés, et se laissèrent capturer sans opposer de grande résistance ; mais d'autres poussèrent leurs pointes plus avant jusqu'à des profondeurs de trois ou quatre kilomètres. Ils atteignirent des routes importantes aux abords desquelles ils se retranchèrent.

Que s'était-il passé ? La 352ᵉ Division tenait pourtant encore bon ! Comment ces Américains apparaissaient-ils sur ses arrières ?

En fait un certain nombre de réalités décisives avaient fait prendre à l'événement sa véritable tournure, et ces réalités montrent bien la raison profonde de la défaite allemande. Quel que fût le courage déployé par le soldat allemand, ses revers étaient inéluctables.

Entrait d'abord en ligne de compte la puissance de feu quasi inépuisable des armes lourdes américaines. Tous les efforts conjugués des unités de la 352ᵉ Division n'y pouvaient rien. Quel que fût le nombre de chars ou d'engins blindés qu'ils réussissaient à mettre hors de combat sur le rivage, toujours il en arrivait de nouveaux. Certes on ne pouvait accuser le commandement américain de se montrer en général peu soucieux de ménager des vies humaines. Bien au contraire ! Mais, une fois engagé, le général Bradley ne voulut plus en démordre. L'une après l'autre, il lança ses vagues d'assaut comme le prévoyait le plan d'opérations, et il ne se départit pas un instant de son attaque frontale contre la position allemande. Le réservoir dont il disposait était sans limites. Des milliers d'hommes attendaient sur les bateaux. Des milliers d'hommes qu'on pouvait engager contre un seul régiment. Somme toute la défense allemande sur la rive d'Omaha se trouva en permanence enserrée dans ce dilemme : un unique régiment se trouvait pris sous le feu concentré d'une armée, et chaque fois qu'un de ses blockhaus disparaissait bouleversé, il n'en surgissait point par enchantement un autre pour le remplacer, chaque fois qu'une mitrailleuse était mise hors d'usage aucune autre neuve ne se trouvait là pour prendre sa place.

Le temps et l'incommensurable puissance matérielle des Américains devaient fatalement, à la longue, avoir raison de la résistance allemande, à moins que ne surgisse enfin, menée avec des forces fraîches, la contre-attaque salvatrice qui rejetterait à la mer les Américains à bout de souffle.

Pendant un assez long temps, cela eût été possible à Omaha. Les adversaires débarqués voyaient la mort face à face. Ils piétinaient pendant des heures, exposés au tir de toutes les armes à feu, ils ne pouvaient ni avancer ni reculer ; ils désespérèrent d'abord, puis se résignèrent. Ce fut le moment le plus critique. Le moment de dépression bien connu où la contre-attaque acquiert son maximum de chances. Mais, du côté allemand, il ne put être saisi, et du côté américain, il fut surmonté : car soudain, dans le secteur « Easy red », un lieutenant américain se dressa qui dit à ses hommes :

— Allons-nous continuer à nous laisser canarder ici sans réagir ? Vous ne voudriez pourtant pas me voir attaquer tout seul ?

Et saisissant une charge allongée, il s'approcha du réseau. La charge, en explosant, y ouvrit une brèche.

— Hardi les gars ! en avant !

Les hommes s'élancèrent, escaladèrent la dune, sautant d'entonnoir en entonnoir. Ils attaquèrent à travers les nids de résistance allemands. Utilisant les angles morts, ils réussirent à se défiler d'un blockhaus qui faisait feu de toutes ses pièces dans toutes les directions. Rampant sur le ventre, ils parvinrent à dégager dans le champ de mines un chemin libre qu'ils empruntèrent en zigzaguant. On ne s'occupa pas de ceux qui tombaient, et la compagnie de pointe à elle seule y perdit quarante-sept hommes. On ne ramassa pas non plus les blessés. Il ne fallait à aucun prix s'écarter de l'itinéraire balisé. Et c'est ainsi que rampant, trébuchant, ces hommes de la 1re D.I. U.S. réussirent à échapper au piège sanglant d'Omaha. Ils ne furent guère plus de trois cents. Mais ces trois cents hommes avaient suffi à amorcer la marche en avant de la 1re Armée américaine tout entière.

Dans le cours de l'après-midi, s'infiltrant à travers une position qui manquait indéniablement de profondeur, d'autres groupes s'avancèrent assez profondément à l'intérieur des terres. Mais, isolés, ils furent pour la plupart refoulés ou capturés. Ils n'avaient avec eux ni blindés ni armes lourdes parce que les points d'appui allemands qui résistaient encore barraient aux chars l'accès des chemins praticables. Les fantassins de la 352e Division tenaient bon dans les creux des dunes. Les éléments américains qui avaient réussi à filtrer à travers eux ne constituaient qu'une force négligeable. Une contre-attaque allemande, si elle fut survenue en temps opportun, les eût balayés comme fétus de paille. Dans le secteur anglais de débarquement, à vrai dire, les choses semblaient prendre un tour plus sérieux. Et dans la tête de pont d'Utah des chars lourds avaient pris pied. Pourtant le dernier mot n'était pas encore dit, ni la dernière chance jouée. Les Allemands auraient encore pu gagner cette première manche.

C'est un principe classique de l'art de la guerre qui affirme que, quand l'assaillant a pris pied sur l'autre rive du fleuve, il se trouve dans le pire instant de faiblesse. Il n'est en effet pas encore articulé en vue de la défensive, et sa défense manque de profondeur. Cet instant de faiblesse est le moment idéal pour la contre-attaque.

Dans les modernes opérations amphibies, le rivage maritime représente ce que représentait autrefois l'autre rive du fleuve dans les opérations terrestres. C'est sur le rivage d'Omaha que cette vérité se fit jour avec le plus d'évidence. Mais dans les autres secteurs de débarquement aussi, quand les compagnies, déjà éprouvées par le mal de mer, eurent subi le choc du premier contact avec les réalités de la guerre, avec le spectacle des morts et des blessés ; quand elles eurent dépensé un effort énergétique démesuré pour leur premier assaut, elles se trouvèrent dans cet état de dépression corporelle et mentale qui inhibe les réflexes de défense. Cependant qu'advint-il de la contre-attaque allemande ?

Depuis le matin, de son P.C. de Saint-Lô, le général Marcks téléphonait sans arrêt avec la 7ᵉ Armée, le Groupe d'Armées, et même le général Jodl au grand quartier du Führer. « Il me faut, répétait-il inlassablement, toutes les grandes unités cuirassées disponibles pour contre-attaquer. » Il pensait en premier lieu à la 21ᵉ D.B., la fameuse unité africaine de Rommel récemment reconstituée. Parmi les grandes unités en réserve du G.Q.G. c'était elle qui stationnait le plus à proximité du front d'invasion. Assez proche d'elle, se situait la 12ᵉ D.B.-S.S. « jeunesse hitlérienne » aux ordres du Gruppenführer Witt. Et un peu plus en arrière, la Division blindée d'instruction du général Bayerlein, très richement dotée en matériel. Concentrée et engagée d'un seul bloc selon les principes de Guderian, cette force de frappe (comme on dit de nos jours) eût pu rejeter l'ennemi à la mer.

Mais on demeurait convaincu, à Berchtesgaden comme à Paris, que l'attaque sur la côte normande ne constituait pas encore la véritable invasion, et l'on répugnait toujours autant à engager les forces d'intervention. On se méfiait d'une feinte et l'on persévéra hélas longuement à s'en méfier à tort.

Et pourtant l'ordre de bataille adverse était riche en indications.

À l'état-major du 84e Corps, quand fut établi le compte rendu de la journée, le major Hayn déclara :

— Nous avons identifié avec certitude trois Divisions aéroportées, ce sont les trois quarts des forces parachutables basées en Angleterre. S'y ajoutent les troupes d'élite des 1re et 4e D.I. U.S. Il est peu vraisemblable que les gens d'en face aient engagé leurs meilleures formations dans une attaque de diversion. Et par là-dessus, ajouta-t-il en s'adressant au lieutenant Kretschmer du 3e Bureau, veuillez lire le rapport que nous envoie le major Wiegmann du secteur de Caen. Il en ressort que dès midi on avait identifié les 3e Division canadienne et 3e britannique. Maintenant on nous apprend que la 50e de Londres et la 7e blindée sont là aussi. Il ne manque plus que la 51e écossaise et la 7e blindée pour que nous ayons sur le dos toute l'armée Montgomery d'Afrique. Et vous voudriez que ce ne soit pas l'invasion !...

Le raisonnement parut juste aux officiers de l'état-major. Le sous-chef de la 7e Armée y souscrivit également, et jusqu'au lieutenant-colonel Meyer-Detring de l'état-major de von Rundstedt qui abonda dans le même sens. Mais l'assentiment se borna là. Le feld-maréchal en personne, et surtout le grand quartier et Hitler persistèrent à demeurer sceptiques.

En tout cas la 21e D.B. eût pu s'engager spontanément. Même placée en réserve de G.Q.G., la consigne pour elle était valable qui veut que tout ennemi ayant pénétré sur votre zone d'opérations doit en être rejeté sur-le-champ. La question ne se pose même pas.

C'est un problème qui a été jusqu'à ces derniers temps souvent controversé de savoir à quelle heure la 21e D.B., qui avait été mise dès minuit en état d'alerte par son chef, a reçu l'ordre de s'engager. Rien de curieux à cette ambiguïté, car le Haut-Commandement hitlérien régentait de derrière son tapis vert jusqu'aux éléments les plus proches du front de bataille. S'y ajoutait que l'articulation du Haut-Commandement était invraisemblable, pour ne pas dire catastrophique. Les attributions des divers échelons n'étaient pas sans équivoque. Il en résultat presque inévitablement que les ordres manquèrent de clarté. Enfin s'y ajouta l'existence entre le G.Q.G. et les exécutants, gardés à sa disposition, de nombreux rouages de commandement intercalés qui avaient aussi dans leur emploi leur mot à dire : tels le commandant du front de l'Ouest, le Groupe d'Armées B, le Commandement Ouest de l'armée blindée, et que sais-je !

Bref, s'il avait existé dans la région de Caen, un commandement des chars disposant de pouvoirs précis et étendus sur toutes les formations cuirassées, nul doute qu'à tout le moins la tête de pont d'Omaha eût été rapidement enfoncée. En tout cas, ayant son poste de commandement à proximité immédiate de la zone d'opérations, il eût pu, comme Rommel le fit maintes fois en Afrique dans des circonstances apparemment désespérées, agir de sa personne. Prendre la tête des formations rapidement rassemblées et foncer, foncer droit sur l'ennemi pour le battre là où on le rencontre. Ce principe éprouvé de la tactique de Rommel ne trouva pas son application en Normandie. Les Divisions blindées furent engagées au compte-gouttes. Garrottées par des autorités qui les régentaient de très loin, elles durent se battre selon des principes scolaires. L'homme qui eût pu les galvaniser, Rommel, se trouvait lui-même empêtré dans l'appareil bureaucratique d'un groupe d'armées qui ne correspondait pas à ses capacités naturelles. Sa vraie vocation c'était de mener les formations blindées en se plaçant à leur tête, de les découpler hardiment sus à l'adversaire avec la rapidité de l'éclair, sans s'embarrasser de principes stratégiques conservateurs. Cette hardiesse, cette vélocité, qui faisaient le fond de la tactique romméléenne de l'emploi des chars, eussent été ici plus que partout ailleurs de circonstance. C'était l'instant ou jamais de saisir l'ennemi à la gorge dans son moment de faiblesse, et de faire basculer son équilibre à la fois chancelant et précaire. Mais le maître fut empêché de se montrer à la hauteur des circonstances.

En cas d'attaque la 21e D.B., bien que relevant jusque-là du grand quartier, se trouvait subordonnée à la 716e D.I sur qui reposait la défense du secteur côtier. Situation peu enviable pour le général Feuchtinger obligé de servir ainsi deux maîtres à la fois. Et ce qui en résultat fut significatif, on va le voir.

Dès une heure vingt du matin dans la nuit du 5 au 6 juin, le général Richter — ainsi qu'il ressort de ses souvenirs — donna par téléphone au commandant de la 21e D.B. l'ordre d'attaquer sur-le-champ, avec les éléments qu'il avait à proximité, des détachements ennemis tombés du ciel.

A deux heures il compléta son ordre en prescrivant de nettoyer la rive est de l'Orne de tous les éléments ennemis qui s'y étaient implantés.

Cependant Feuchtinger se sentait lié par la consigne du G.Q.G. qui lui interdisait de s'engager sans son autorisation. Et cette autorisation ne vint pas. De précieuses heures furent ainsi perdues. Des heures pendant lesquelles les bataillons de la 716ᵉ Division s'épuisèrent sur la côte. Les Rhéno-Westphaliens du 736ᵉ Régiment de grenadiers, après avoir été décimés par le bombardement aérien, furent pris à partie par les canons d'assaut, les lance-flammes et les spécialistes anglo-canadiens du corps à corps. Quant au régiment d'artillerie divisionnaire, les pièces de marine en firent... « des allumettes », et le bataillon de pionniers n'eut pas un meilleur sort.

Et pendant ce temps-là la 21ᵉ D.B. attendait l'arme au pied sur ses positions de départ. Ce ne fut qu'à six heures trente du matin, après de longues palabres et tergiversations, que le général Feuchtinger décida de s'engager de sa propre initiative. Le commandant du 22ᵉ Régiment de chars, le colonel von Oppeln-Bronikowski put enfin mettre en route ses chars lourds. Les agents de liaison se répandirent dans les villages autour de Falaise et de Caen, où depuis des heures, sur les places du Marché, ou devant les parvis des églises, les compagnies attendaient sous leurs filets de camouflage avec les moteurs tournant au ralenti, l'instant de se mettre en route.

Au commandement, les hommes sautèrent sur les véhicules, les chefs de chars prirent place dans leurs tourelles.

« Distance 30 mètres », les blindés s'ébranlèrent.

La marche d'approche du 22ᵉ Régiment de chars

Pour qui lit aujourd'hui les ordres donnés par le commandant de la 716ᵉ D.I. le 6 juin, il apparaît clairement à quel point, pendant toutes les premières heures de la matinée, le danger principal parut à celui-ci constitué par les atterrissages des parachutistes anglais à l'arrière de ses lignes. Le général Richter considéra que son devoir primordial était d'anéantir, au moyen de ses propres réserves, et avec les contingents mis à sa disposition, ces dangereux « visiteurs du soir » à l'est de l'Orne.

Avoir ainsi réussi à distraire de la côte la majeure partie des réserves allemandes, fut sans doute la contribution la plus efficace qu'apporta, par son action de diversion, la 6e Division aéroportée britannique aux premières heures de la bataille du débarquement.

Peu après deux heures du matin, le général Richter commença par engager le 2e Bataillon du 192e R.G. en direction du pont de Bénouville. La mission du bataillon, appuyé par une compagnie de chasseurs de chars et une batterie lourde, était de reprendre le pont aux parachutistes anglais et de pénétrer par cette voie dans le terrain conquis par eux à l'est de la rivière.

L'attaque se déclencha rapidement ; le lieutenant-colonel Rauch avait ses grenadiers bien en main. Le 2e Bataillon aux ordres du major Zippe fut mis en route peu après deux heures du matin. La 8e Compagnie lourde du lieutenant Braats le rejoignit avec ses trois canons de 75 sur affût automoteur. La section de D.C.A. de 2 cm, sur véhicules blindés, et la section de lance-grenades, constituée avec du matériel français de prise, se mirent en route simultanément de Cairon en direction de Bénouville. L'agent de liaison Atteneder chargé d'alerter la section antichars de la 8e Compagnie battit à cette occasion, son propre record : « Une demi-minute de moins que la dernière fois, mon lieutenant », annonça-t-il triomphalement au lieutenant Höller, son chef de section, en se présentant à lui hors de souffle. Ça ne les empêcha tout de même pas d'arriver trop tard à la bataille.

Vers trois heures trente les éclaireurs de pointe se heurtèrent aux premiers Tommies qui, partis du pont, cherchaient à progresser en direction de l'ouest. On les refoula assez aisément dans la localité et les Allemands réussirent à s'assurer de la culée occidentale du pont. Mais, pour franchir celui-ci en contre-attaque, il eût fallu des blindés. Au lieu de pouvoir attaquer, les chasseurs, les grenadiers et les pionniers durent bientôt se retrancher à la sortie de la localité en lisière d'un taillis et en bordure du parc du château. Ils y furent vite réduits à la défensive contre les Tommies agressifs, bien résolus à ne pas se laisser voler leur conquête, et qui les harcelaient sans discontinuer. Les Anglais recevaient sans cesse, par planeurs, du renfort, ils avaient avec eux des pièces antichars et des canons d'infanterie. Il y eut même, à un moment, des chars légers britanniques, largués par parachutes, qui débouchèrent du pont. L'adjudant Guse réussit, avec sa pièce de 75, à en mettre un en flammes. Mais le second pénétra dans le village et y apporta à l'infanterie britannique l'appui de sa présence, l'assurant contre les retours offensifs des grenadiers allemands. Vers midi, ceux-ci n'avaient encore conquis pied à pied que la moitié de la localité.

— Ah ! avec vingt chars nous ne serions pas longs à enlever le morceau, soupirait l'adjudant-chef Tanner, en batterie derrière le parc avec sa section de lance-grenades. L'adjudant Guse acquiesça.

Oui, mais où demeuraient donc les chars allemands ?

Lorsque le général Feuchtinger, après de longues discussions avec le commandant de la 716ᵉ D.I. et le 84ᵉ Corps, se décida, sur leurs instances conjuguées, à mettre en route de sa propre initiative un de ses régiments de chars [1], épine dorsale obligée de toute action de ce nom, il faisait déjà grand jour. Et avant que les compagnies, largement étalées dans la nature, aient reçu chacune son ordre de marche, il se passa encore de longues heures. Car intervint la consigne de s'abstenir de toute émission de T.S.F. pour éviter le repérage. Tous les ordres durent à partir de ce moment être transmis par estafette. La mesure était théoriquement bonne en soi ; pratiquement elle se révéla désastreuse par sa lenteur.

A huit heures, le premier détachement, aux ordres du capitaine von Gottberg et fort de quatre-vingts chars, roule néanmoins à vive allure, sur les routes en direction du nord-est. Ils laissent sur leur gauche la ville de Caen en flammes qui disparaît dans un nuage d'épaisse fumée. La 4ᵉ Compagnie du capitaine Hoffmann découvre les premiers Tommies épars dans la nature. Le sous-officier Kortenhaus reçoit l'ordre suivant : « La compagnie fait partie du groupement de combat du lieutenant-colonel von Luck. Sa mission est, en liaison avec des fractions du 125ᵉ R.G.C. et du 716ᵉ Bataillon de pionniers, d'attaquer en venant du sud l'ennemi qui a été parachuté, et de le détruire ». L'ordre, on le voit, ne manquait ni de clarté ni de précision !...

Dans le même temps le 2ᵉ détachement aux ordres du major Vierzig, avec ses quarante Panzer IV, roule lui aussi vers le nord-est. Ainsi, pendant que, sur la côte, Montgomery, vague après vague, déverse ses troupes d'assaut, la réserve la plus puissante que l'armée allemande eût à sa disposition est lancée à la poursuite de

---

1. Le 22ᵉ stationné autour de Falaise et de Caen.

fantômes. On se rappelle que, dans la nuit du 5 au 6, le détachement Vierzig devait participer à un exercice de combat.

« Vers une heure du matin, relate le commandant du détachement qui est actuellement médecin-dentiste dans une grande ville d'Allemagne occidentale, je me trouvais avec mon unité dans la zone d'exercice prescrite, dix kilomètres à l'est de Falaise. En direction de Caen et de la côte, l'horizon était en flammes. Nous entendions le vrombissement incessant des escadrilles de bombardiers alliés. Mais cela ne nous étonnait pas. De telles incursions étaient à peu près constantes. Le soir du 5, par exception, nous n'avions pas été mis en état d'alerte, alors que presque quotidiennement nous l'étions entre une heure et trois heures du matin. Vers deux heures vingt, je fus rejoint par un motocycliste. Ordre du régiment : " Le détachement regagnera sur-le-champ ses cantonnements et s'y tiendra en alerte prêt à intervenir. " A partir de quatre heures du matin le détachement (munitions au complet) est paré, prêt à entrer en action au premier signal. Mais il ne se passe rien. Les téléphones ont été repliés. Nous attendons. Vers six heures un officier envoyé en liaison à l'état-major du régiment en revient avec la nouvelle que le débarquement britannique est en cours. Enfin vers neuf heures nous parvient l'ordre écrit de nous mettre en route sur-le-champ. Direction : le nord-est. Mission : *détruire l'ennemi parachuté à l'est de l'Orne.* Les compagnies sont averties par coureurs ; et la longue colonne se met en marche.

» En raison du risque d'attaque aérienne nous avions pris une distance de cent mètres entre les véhicules. Nous eûmes cette chance qu'aucun Jabo ne nous attaqua en cours de route. Nous nous approchâmes sans une seule perte de la zone d'atterrissage des Tommies ».

Les 75 des Panzer IV du 22e Régiment n'avaient pas encore tiré un seul coup de canon contre les parachutistes britanniques que leur arriva l'ordre : « Demi-tour ».

Que s'était-il passé ? Tout simplement que le 84e Corps avait, entre-temps, enfin obtenu du Haut-Commandement que la 21e D.B. fût mise à sa disposition. Et le général Marcks n'entendait nullement l'engager entre une poussière d'éléments parachutés. Il lui avait ordonné d'attaquer en direction de la côte, contre le centre de gravité de l'attaque ennemie, la zone d'accostage de Montgo-

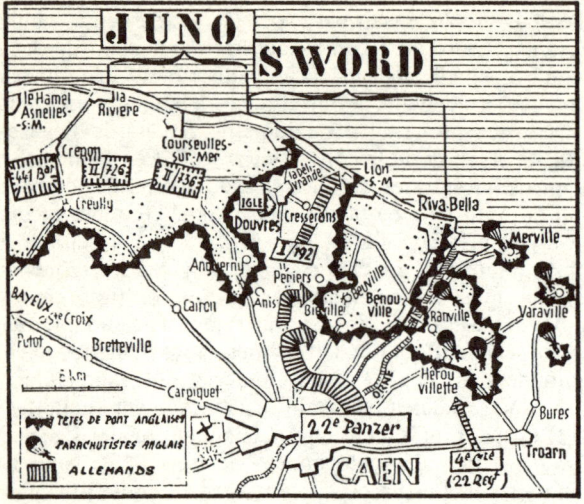

La dramatique situation du secteur britannique le 6 au soir : les Anglais et les Canadiens ont bien submergé la défense allemande dans les têtes de pont SWORD et JUNO, mais la jonction n'a pu être faite entre celles-ci, ni l'objectif de la journée, la ville de Caen, atteint. La 21ᵉ Division blindée allemande entre en action. Le 1ᵉʳ Bataillon du 192ᵉ Régiment de grenadiers pousse jusqu'à la côte. Un corridor est ouvert. Mais les chars n'ont pas suivi. Les deux détachements du 22ᵉ Régiment de chars, dans leur ignorance de la situation, se sont engagés, face au N.-E., près de Biéville et de Périers, où les éléments avancés anglo-canadiens, dotés d'armes antichars, les tiennent en respect.

mery. Seule la 4ᵉ Compagnie resterait engagée à l'est de l'Orne contre les parachutistes anglais.

Tout le reste fit donc demi-tour. Direction Caen. Interdiction renouvelée de se servir de la T.S.F. avant que le contact soit pris avec l'ennemi.

Ce qui se trouvait jusqu'alors en pointe d'avant-garde est maintenant à l'arrière-garde et réciproquement. Le commandant du détachement marche ainsi en queue de son unité. C'est la 5ᵉ Compagnie du capitaine Herr qui a pris la tête.

A toute allure, franchissant, les fossés et les chemins creux, le 2ᵉ détachement roule à travers les vergers fleuris. Direction Caen.

Le commandant du régiment, le colonel von Oppeln, avec son état-major, a rejoint le 1ᵉʳ détachement et le presse : « Plus vite ! plus vite ! » Les chars se fraient laborieusement un passage à travers la ville bombardée. Ils sont largement déployés en éventail en prévision des attaques de Jabos. La liaison est perdue avec le 2ᵉ détachement. Peu importe. Enfin la base de départ, fixée au nord de Caen, est atteinte. Nous sommes au début de l'après-midi. De l'après-midi du 6 juin ! La première contre-attaque blindée allemande contre la tête de pont britanique va enfin se déclencher. Huit heures après le débarquement, c'est-à-dire au minimum six heures trop tard.

A hauteur du petit village de Lebisey le major Vierzig aperçoit le 1ᵉʳ détachement déployé en ligne de bataille avec trois compagnies, prêt à l'assaut. Sans hésiter il déploie à son tour ses blindés à la gauche de celui-ci. Aucun coup n'a encore été tiré, donc l'interdiction de se servir de la T.S.F. subsiste. Vierzig se met, à pied, à la recherche du P.C. de Gottberg. L'ayant rejoint, ils gagnent ensemble une colline sur laquelle se trouve déjà installé le P.C. du régiment.

— Fichtre ! toutes les sommités, murmure Vierzig surpris, en y découvrant également le général Marcks avec son officier d'ordonnance.

Soucieux du développement de la situation, le commandant du Corps d'Armée avait quitté son poste de commandement de Saint-Lô pour se rapprocher du théâtre de la lutte. Quand il vit les deux détachements du 22ᵉ chars prêts à entrer en ligne, il s'approcha du colonel Bronikowski.

— Oppeln, mon ami, lui dit-il d'une voix brève, si vous ne réussissez pas à rejeter les Anglais à la mer, je crois bien que nous aurons perdu la guerre.

L'apostrophe laissa le colonel rêveur. Ainsi, de ses 98 chars dépendait le sort de la campagne ! de 98 véhicules.

— Bien, mon général, j'attaque, se borna-t-il à répondre en portant la main à la visière de sa casquette.

Le général Marcks cependant se rendit auprès du 1ᵉʳ Bataillon du 192ᵉ grenadiers et prit la tête du détachement de dépisteurs de chars. Sus à la côte, tel était le mot d'ordre. Marcks chaussait les bottes d'Erwin Rommel. Et la fortune, celle qui n'a qu'un cheveu, parut un instant s'attacher aux traces de ce chef énergique.

L'attaque s'enfonça « comme dans du beurre » entre les deux têtes de pont « Juno » et « Sword », qui n'avaient pas encore réussi à faire leur jonction. Marks par une chance inespérée avait porté son coup d'estoc juste entre la 3e Division canadienne et la 3e britannique, au point de suture des deux grandes unités. Des éléments du 1er Bataillon parvinrent sans trop de mal jusqu'à la côte. Luc-sur-Mer et Lion-sur-Mer étaient les noms des deux villages dont ils s'emparèrent sur le coup de vingt heures, le soir du 6 juin. « On les tient ! » s'écrièrent joyeusement les grenadiers en faisant leur jonction avec les points d'appui de la 716e D.I. qui résistaient encore. Avec eux ils s'installèrent dans les tranchées bouleversées, réoccupèrent les blockhaus à demi démolis. « Si nos chars nous rejoignent, pensaient-ils, les Tommies ne sont pas près de nous déloger d'ici. »

Oui ! si leurs chars les avaient rejoints !

Malheureusement les chars connurent une moindre chance. Les compagnies de Gottberg et de Vierzig tombèrent en plein sur les défenses avancées de la tête de pont « Sword ». Ce fut le char de pointe de l'état-major du régiment qui reçut le premier coup au but et sa tourelle vola en éclats. Les pièces antichars des Canadiens tiraient avec une précision d'enfer. C'est à ce moment qu'on s'aperçut qu'un handicap sévère grevait les Panzer IV avec leurs canons longs de 75. Quelque parfaits que fussent les tubes, les appareils de visée n'avaient été conçus que pour une portée limite de 2,5 km. Ce fut insuffisant contre la défense antichars des Britanniques, solidement installée entre Biéville et Périers sur des emplacements favorables. Les chars d'Oppeln avaient à franchir un glacis ascendant sur lequel seuls quelques fossés offraient des défilements. L'artillerie adverse et les pièces antichars couronnaient la crête et tiraient en tir plongeant. Un char après l'autre tombèrent sous leurs coups. Devant Biéville, en quelques minutes, cinq véhicules furent mis hors de combat. Il devint évident qu'on ne réussirait pas la percée.

Il suffit de jeter un coup d'œil sur la carte des positions au soir du 6 juin pour se rendre compte de tout ce que la situation avait de dramatique et de tragique : la route restait ouverte jusqu'à la côte, le 1er Bataillon du 192e grenadiers se l'était ouverte de vive force. Et maintenant il attendait. Il attendait ses chars.

A Bénouville, sur le bord de l'Orne, la 8e Compagnie du 2e Bataillon tenait encore à la fin de l'après-midi. Les autres éléments du bataillon avaient roqué en direction de Périers pour appuyer l'attaque des chars, mais la vaillante petite unité s'était retranchée avec ses armes lourdes dans la localité et tenait bon. Elle aussi attendait les chars.

A Douvres, à deux kilomètres cinq cents de la côte, existait un point d'appui de l'armée de l'air. Dans celui-ci, qui se trouve flanquer maintenant dangereusement la tête de pont Juno, deux cent trente aviateurs, renforcés par des fantassins qu'ils ont recueillis, se maintiennent farouchement Ils ont trois pièces anti-chars, trois canons de 5 cm, une douzaine de lance-flammes, vingt mitrailleuses, et un chef énergique : le lieutenant Igle. Ils ont repoussé tous les assauts. Ils sont une épine enfoncée dans le flanc des Anglais. Dix jours durant, Igle et ses hommes tiendront bon, espérant toujours la venue de la contre-attaque allemande.

Mais le 22e Régiment ne devait pas réussir à forcer, devant Périers et Bieville, le front des Anglo-Canadiens. Engagé à fond, il ne peut non plus être retiré, faute de fantassins pour combler le vide qu'eût créé son retrait. Il ne put chercher ailleurs le défaut de la cuirasse, et se vit bientôt contraint à la défensive. Le colonel Oppeln donna l'ordre d'enterrer les chars pour maintenir la position. Ce ne fut qu'ainsi que purent être repoussés les assauts furieux de la 27e Brigade anglaise.

Mais Montgomery avait discerné le péril. Il comprit que s'il n'éliminait pas ce coin enfoncé entre ses deux têtes de pont, les choses risquaient d'aller mal pour lui. Si cette fissure qu'avait ouverte l'attaque du 1er Bataillon du 192e R.G. venait à se transformer en pipe-line pour les ravitaillements allemands, à se garnir rapidement, de Caen jusqu'à la côte, d'artillerie et de blindés, c'en pouvait être fait de sa tentative de débarquement.

Aussi, en présence de ce danger, n'hésita-t-il pas un instant. Il engagea la totalité de sa flotte de planeurs lourds, et jeta régiment sur régiment dans le secteur d'attaque allemand.

On vit alors quelles conséquences incalculables avait eues

l'absence complète de l'aviation allemande. Privées d'éléments de reconnaissance comme de protection, à la fois aveuglées et paralysées, les colonnes allemandes s'engageant à tâtons étaient vouées à un sort inéluctable.

Par ailleurs, les forces de l'unique division blindée engagée étaient insuffisantes pour exploiter le succès initial du 192e grenadiers, aussi bien à Bénouville que sur la côte, et pour désorganiser de façon décisive la tête de pont anglaise. Privés de ravitaillement, bientôt à court de munitions, les grenadiers durent, peu après, se replier sous le tir conjugué de l'artillerie de marine et des bombardiers alliés.

Devant Bénouville, le caporal Wleck, fou de rage, pointa encore une fois sa pièce de 75. Un char de plus vola en éclats, encore un Tommy au tableau ! Mais il fallut se replier sur ordre. La position n'était plus tenable. La 8e Compagnie vint renforcer la ligne de défense du 22e chars.

Le moment allait-il enfin venir où le Haut-Commandement allemand se déciderait à se rendre compte qu'il fallait mettre en jeu des moyens plus puissants ? Et que, pour se rendre maître de la situation, il fallait concentrer au point névralgique toutes les forces cuirassées disponibles ? Ou bien était-on plus que jamais résolu en haut lieu à ne considérer l'orage qui se développait entre l'Orne et la Vire que comme une « semble-attaque » en attendant que la « vraie invasion » se produisît dans les parages de Calais ?

CHAPITRE III

LES OCCASIONS MANQUÉES

Le calvaire de la Panzer-lehr[1]

La Panzer-lehr du général Bayerlein qui stationnait à cent vingt kilomètres au sud-ouest de Paris était, comme les autres D.B., en réserve de grand quartier. Le rôle qu'on lui fit jouer, pendant ces vingt-quatre heures, qui furent décisives, est caractéristique.

Dès deux heures trente, dans la nuit du 5 au 6, le téléphone retentit au P.C. du Divisionnaire à Nogent-le-Rotrou. Le général Warlimont, de l'état-major de Jodl, lui transmet l'ordre suivant : « Mettez votre Division en alerte, prête à se déplacer en direction de Caen. Les ordres ultérieurs vous parviendront du Groupe d'Armées B. » Il est un fait significatif de l'ignorance dans laquelle se trouvait le Haut-Commandement allemand des intentions des Alliés. Peu d'heures avant de donner cet ordre, l'O.K.W.[2] avait décidé d'embarquer à destination du front russe les deux meilleurs éléments constitutifs de la Panzer-lehr : le détachement des « Panthères » et la compagnie des « Tigres royaux » dotés l'un et l'autre du matériel le plus récent. Bayerlein prit l'initiative de suspendre ce transfert. Les éléments non encore embarqués regagnèrent leurs cantonnements. Ceux dont les wagons roulaient déjà reçurent ordre de rebrousser chemin. Il n'en fallut pas moins cinq jours

---

1. Division cuirassée d'instruction.
2. Le commandement supérieur de la Wehrmacht.

pleins avant que les deux unités fussent entièrement regroupées et en état d'agir. Cinq jours qui coûtèrent cher.

Pendant que les éléments de sa Division se rassemblaient, Bayerlein gagna en automobile le Q.G. de la 7ᵉ Armée au Mans. Une désagréable surprise l'y attendait. Pendant toute la nuit l'O.K.W. avait laissé la Division stationner en attente, et voilà maintenant que le colonel-général Dollmann exigeait que la grande unité se mît en route dès dix-sept heures, avant la tombée de la nuit. Bayerlein s'en défend. Tacticien expérimenté, ancien chef d'état-major de Rommel pendant la campagne d'Afrique, il a pu, au cours de son trajet pour gagner le Q.G. de l'armée, se rendre compte où gît le danger. C'est dans l'air, dans ce ciel d'été qui fourmille littéralement de chasseurs-bombardiers, les redoutables Jabos. Bayerlein propose d'attendre le crépuscule pour se mettre en mouvement. Dollmann s'y refuse. Il expose à Bayerlein qu'il faut absolument que sa Division s'engage le 7 dès l'aube au sud de Caen. C'est en vain que Bayerlein s'efforce de réfuter le calcul du commandant de l'armée. Ah ! si on l'avait mis en route la nuit précédente à deux heures du matin, dès l'ordre d'alerte. Mais maintenant... de jour !

L'argument le plus frappant qu'il fait valoir est que la vitesse de marche de ses colonnes, soumises au péril aérien et empruntant des itinéraires bombardés, ne pourra, de toute façon, dépasser huit kilomètres à l'heure. Les blindés sont à cent cinquante kilomètres de Caen, donc, de toute façon, ils ne pourront entrer en action avant le 8 au plus tôt. Mais le général Dollmann reste intraitable ; il maintient son ordre et suggère même une modification des itinéraires. Pour le coup Bayerlein s'insurge. Un tel remaniement *in extremis* ferait dégénérer la marche d'approche de son unité en un véritable chaos. Puis il regagne son poste de commandement d'où il donne l'ordre de mise en route.

— Tâchez, ajoute-t-il pour ses subordonnés, de vous faufiler le long des routes sans trop vous faire remarquer. Allez : Panzer, marche !

La Division cuirassée d'élite du front ouest s'ébranle à la rescousse de la 21ᵉ D.B.

Aujourd'hui encore, quand il évoque le calvaire de sa Division, cet homme du monde raffiné qu'est le général Bayerlein, retiré dans sa ville natale, à Wurzbourg, s'indigne et voit rouge. C'est que cette marche d'approche ainsi imposée devait coûter à sa Division de lourdes pertes avant même qu'elle fût engagée.

Voici le récit qu'il a bien voulu nous en faire :

« J'avais pris, avec deux voitures de tourisme et deux camionnettes-radio, la tête de la colonne centrale sur l'itinéraire Alençon-Argentan-Falaise. Dès Beaumont-sur-Sarthe une première attaque de Jabos nous obligea à chercher refuge dans un couvert. Tout se passa à peu près bien. Mais les colonnes commençaient à s'étirer de plus en plus. L'armée ayant interdit l'usage de la T.S.F., toutes les liaisons se font par estafettes. Comme si, en fermant le bec à la radio, on pouvait éviter que les innombrables avions d'observation qui nous survolaient nous repèrent. En revanche, ça mettait le commandement de la Division dans l'impossibilité de se faire une idée d'ensemble de la marche d'approche. Est-ce que « ça roulait » partout ? y avait-il des bouchons ? des pertes ? où étaient arrivés les éléments de tête ? A tout instant, il me fallait détacher des officiers de liaison ou me rendre moi-même auprès des unités.

» Les cinq itinéraires choisis se trouvaient garnis à plein par mes cinq colonnes. Naturellement l'exploration aérienne ne tarda pas à déceler notre avance, et la danse commença. Les bombardiers survolent les routes, défoncent les carrefours, écrasent les villages avant notre passage, et s'attaquent bien entendu aussi aux véhicules. A vingt-trois heures nous traversons le village de Sées, illuminé par l'aviation ennemie comme un arbre de Noël. Des bombes de gros calibre continuent à pleuvoir sur la localité qui flambe. Nous passons au travers.

» Vers deux heures nous nous approchons de la petite ville d'Argentan. On y voyait comme en plein jour tant la lueur des incendies et des explosions éclairait le paysage. La petite ville tressaillait sous la grêle d'un bombardement quasi ininterrompu. Arrivé dans les faubourgs sud, impossible de pousser plus avant. Tout Argentan n'est plus qu'un immense brasier. Comment sortir de cette marmite du diable ? On ne sait où se diriger au milieu de cette fumée et de cette poussière. Des étincelles jaillissent de toutes parts sur nos voitures. Des poutres enflammées, des maisons entières s'effondrent sur la chaussée. L'âcre odeur nous prend à la gorge. Il nous faut, à pied, essayer de découvrir un itinéraire. Des pionniers s'efforcent de réparer le pont sur l'Orne gravement endommagé. A trois heures nous arrivons à nous évader enfin de cette geôle embrasée, et nous nous dirigeons à travers champs en direction de Flers. Au petit jour les bombardements s'apaisent. La route par Écouché et Briouze que nous avons rejointe est en bon état. A quatre heures nous atteignons Flers sérieusement touché lui aussi. Et à cinq heures nous sommes à Condé-sur-Noireau. Aussi loin que s'étend le regard, pas la moindre trace de nos cinq colonnes. Elles étaient en train de se tirer comme elles le pouvaient des obstacles dont leur route était semée. Partout, comme à Argentan, tous les nœuds routiers avaient été bombardés, dans l'intention évidente d'entraver la marche des renforts en direction de Caen. »

Au côté du général Bayerlein se trouvait son infatigable officier d'ordonnance Alexander Hartdegen, encore un vieil Africain, qui avait participé, auprès du général Thoma, aux combats de Tel el-Mampsra. Tous les « renards du désert » de Rommel qui sont revenus du baroud connaissent et apprécient ce brillant capitaine. Il a bien voulu nous dépeindre en ces termes le second jour du calvaire de la Division :

« Après cette nuit mouvementée, nous attendîmes, le général Bayerlein, son chauffeur Kartheus, et moi-même, à Condé-sur-Noireau, à cinquante kilomètres au sud de Caen, la tête du 901e Régiment de grenadiers qui aurait dû s'y trouver. Mais rien n'était en vue. Je partis à sa rencontre. La petite ville de Condé n'était plus qu'un amas de ruines fumantes. Le viaduc détruit. A partir de cinq heures du matin, les Jabos recommencèrent leur ronde endiablée. La Panzer-lehr avait été rattachée au 1er Corps cuirassé S.S. Nous avions cherché toute la nuit le P.C. de Sepp Dietrich, le commandant du corps en question, pour nous enquérir de ses intentions et recevoir ses ordres. Ce ne fut que dans l'après-midi du 7 que nous finîmes par le découvrir à l'orée d'un petit bois, dans la région de Thury-Harcourt. Dietrich donna ordre à Bayerlein d'atteindre, pour le 8 au matin, la voie ferrée de Caen à Bayeux avec un groupement de combat à hauteur de chacune des localités de Norrey et de Brouay. Ce serait de là que nous partirions pour attaquer sur un large front, en liaison avec la 12e Division cuirassée S.S. « Hitler Jugend », également en cours d'approche.

» Vers le soir nous retrouvâmes enfin le contact avec les éléments de tête de la Division à hauteur de Thury-Harcourt. Ce furent les grenadiers qui arrivèrent les premiers. Les chars étaient encore loin derrière.

» Le général Bayerlein étudia avec les chefs de corps la situation et vers vingt-deux heures nous rejoignîmes notre poste de commandement de Proussy. Le trajet nous édifia sur ce qu'avait pu être la marche des unités. Des douzaines de carcasses de véhicules, encore brasillantes, des squelettes d'acier rougis au feu, jonchaient la route de part et d'autre. Le tronçon de route entre Caumont et Villers-Bocage offrait un spectacle effroyable. Des camions incendiés, des cuisines roulantes criblées jetaient dans la nuit les lueurs de leurs restes encore fumants. Des cadavres gisaient un peu partout sur la chaussée. Telles nous apparaissaient les coulisses de notre marche d'approche. Le sergent Kartheus appuya sur l'accélérateur. " Ah ! sortir de cet enfer. "

Attention ! Avions volant bas

» Les jours d'été sont longs en Normandie, l'obscurité lente à venir. Nous venions d'atteindre vers le soir la cote 238 et roulions à vive allure lorsque nous aperçûmes dans le ciel crépusculaire trois Jabos. Ils nous avaient manifestement repérés car ils enfilaient la route venant droit sur nous. Les freins grincèrent. Comme il l'avait déjà fait à plus de dix reprises au cours de cette journée, le général Bayerlein bondit de la voiture encore en marche et s'affala dans le fossé de la route. Je découvris pour ma part une canalisation en ciment que je gagnai en deux bonds et dans laquelle je plongeai, la tête la première : une bénédiction du ciel. Kartheus lui aussi avait jailli de sa voiture, mais déjà les canons de bord du premier assaillant lâchaient leurs rafales. La Benz fut en flammes instantanément. Le second appareil enfilait exactement le fossé de la route et lança sa gerbe de tir plongeant. J'entendis détoner les petits projectiles de 2 cm au ras de l'orifice de mon tuyau. J'entendis aussi le sergent crier : « Rampez plus loin de la voiture, mon général » et puis le silence se fit.

» Qui n'a pas vécu une de ces attaques de Jabos ne sait pas ce que fut la bataille de Normandie. On est là, sans défense, allongé dans un minuscule fossé, dans le sillon d'un champ labouré, ou blotti à l'abri d'une haie. On a le visage collé à terre, on voudrait pouvoir s'incruster au sol ; et l'on entend le vrombissement qui se rapproche. Soudain l'avion est là juste au-dessus de vous. Il pique.

Lâche ses rafales. Les balles sifflent, les projectiles pleuvent. " Comment ne serais-je pas touché !... " pense-t-on.

» Non, par chance. On se tâte, on croit l'odieux rapace parti. Mais il revient, l'animal ! une fois, deux fois, trois fois. Et chaque fois ça recommence. Les bougres ne s'en vont définitivement que quand ils sont bien convaincus qu'ils ont liquidé tout le monde. Tant qu'ils restent en vue il faut se garder de faire le moindre geste. Etendu sur le sol on se sent à leur merci, un condamné lié au poteau. Et quand l'alerte est passée, ce n'est jamais qu'un instant de rémission. La suivante vous guette déjà. Dix agressions de ce genre au cours d'une journée, croyez-moi, ça donne un aperçu de l'enfer.

» Pour l'instant, notre Benz n'est plus qu'une épave incendiée qui brasille et qui flambe. Le chauffeur est tué. Le général Bayerlein, par miracle, s'en est tiré avec quelques égratignures. Pour moi, mon providentiel tube en ciment m'a indéniablement sauvé la vie. »

Ayant recouvert le visage de l'infortuné sergent, le général et son officier d'ordonnance s'écartent d'une cinquantaine de mètres de la voiture dont la lueur et la fumée constituent un repère dangereux dans la nuit tombante, et s'asseyent dans le fossé au bord de la route. Le général saigne assez abondamment, un éclat lui ayant labouré le cuir chevelu. Leurs mains tremblent encore. Ils se sentent les jambes molles.

— Quoi faire maintenant ? murmure le général soucieux. Hart-degen suggère de regagner à pied Coulvain où se trouve le P.C. du 902e R.G. qu'ils venaient de quitter. Lorsque surgit, juste à point, un camion-citerne. Le colonel Gutmann commandant le régiment ayant, de loin, cru repérer l'agression avait envoyé à tout hasard ce véhicule dès que les Jabos avaient paru relâcher leur surveillance. Ainsi le commandant de la Division se trouvait-il à nouveau motorisé... fût-ce par citerne !

» La nuit s'étendait maintenant sur la route. Nuit bienfaisante, nuit salvatrice, protectrice contre les Jabos. Nous pûmes enfin regagner Proussy où nous attendait depuis vingt-quatre heures, plein d'inquiétude, le chef du 3e Bureau, le major Kaufmann. »

Entre-temps les bataillons s'étaient laborieusement dépêtrés de tant d'embûches semées sur leur chemin. Le joyeux anniversaire du lieutenant Bohmbach connaissait un singulier lendemain.

Ils s'étaient mis en route de Vibraye à dix-huit heures conformément à l'ordre reçu. Le ciel, au départ, était couvert. Mais vers le soir il y eut de belles éclaircies. Et avec le soleil couchant revinrent les damnés Jabos.

L'unité de Bohmbach subit ses premières lourdes pertes avant d'avoir tiré un seul coup de fusil. Les hommes assis à ciel ouvert dans leurs camions, blindés seulement contre le tir des armes de terre, furent littéralement éjectés à coups de mitrailleuses de leurs véhicules. Si l'on ne voulait pas que le bataillon tout entier fût anéanti avant même d'arriver au front, il ne restait d'autre ressource que de gagner le couvert de quelque boqueteau et d'y attendre la nuit. La nuit du 7 au 8 juin. Les prévisions de Bayerlein se trouvaient rigoureusement confirmées.

Vers minuit arriva un motocycliste. Enfin des nouvelles ! Le P.C. du 902ᵉ, avec le colonel Gutmann, se trouvait, dit l'homme, au nord de Villers-Bocage à la sortie est de Tilly.

Tilly ? Le lieutenant Bohmbach chercha vainement le nom sur sa carte, sans se douter à ce moment de l'importance qu'il prendrait un jour dans l'histoire de la guerre.

— Ah ! je l'ai, cria-t-il soudain, juste entre Caen et Bayeux.

Bohmbach fut chargé d'aller chercher auprès du chef de corps l'ordre d'engagement de son bataillon. Il se mit en route, longeant sans discontinuer des camions incendiés, des cuisines roulantes renversées, des voitures de tourisme encore fumantes. Il dépassa, sans même s'en douter, une Benz à la carcasse de laquelle adhérait encore la hampe d'un fanion : la voiture de son général ! La lune brillait au firmament quand il atteignit Villers-Bocage bombardé. Il y croisa des petits éléments de la 716ᵉ D.I. qui refluaient en désordre. « Les chars anglais sont à nos trousses », lui crièrent-ils, ainsi que font toujours les éléments débandés pris de panique, Bohmbach n'en tint pas compte et gagna plus avant. Ayant consulté sa carte, il constata qu'il traversait les ruines de Juvigny.

« Jabos ! » hurla son conducteur en serrant brusquement les freins et en bondissant dans le fossé. Ils sentirent les maudits oiseaux les frôler de leur souffle et entendirent l'éclatement des bombes destinées au croisement qu'ils venaient juste de franchir. Ils l'avaient échappé belle à quelques secondes près. Mais les autres ayant pris de l'altitude avaient viré et revenaient à la charge. Qui allait être cette fois leur inoffensive victime ? Car il n'y avait pas de panacée contre ces engins infernaux. Le vieux caporal-chef, de carrière, qui commandait la première voiture de la compagnie d'accompagnement divisionnaire avait voulu en avoir le cœur net. A la première alerte, il avait froidement dégagé de la colonne et pris position en plein champ, pour « en coller », comme il disait, avec sa mitrailleuse jumelée, « une dégelée au Spitfire entre les deux yeux ». A sa grande stupeur, il ne s'était rien produit. « Sacré bon sang de sort, jura-t-il, l'animal est pourtant passé dans ma gerbe, j'ai vu les traçantes y percuter en plein ! » Et il lâcha au suivant une nouvelle giclée... dont l'autre ne parut pas se soucier davantage. En réalité l'explication était simple : le moteur et le siège du pilote étaient blindés contre les projectiles d'infanterie.

Et c'est ainsi que les Jabos revinrent, au premier chef, l'arme de beaucoup la plus efficace contre les fantassins. Le cri d'alerte « *Achtung! Tiefflieger* »[1], suffisait à jeter la frayeur dans les colonnes en marche. Il semblait que ces dangereux oiseaux fussent partout à la fois. Nulle part on n'était assuré contre eux. Sauf la nuit ou par temps de pluie.

Quand Bohmbach réussit à joindre le P.C. de son chef de corps — un modeste trou profond d'un mètre cinquante — dans les parages de Brouay, la dernière chose qu'il aperçut dans le ciel du couchant ce fut encore un avion. Mais cette fois c'était un avion d'observation d'artillerie. On ne tarda pas à s'en apercevoir. Quelques minutes à peine après son passage, l'artillerie de marine déclencha son tir sur Proussy et sur ses abords où se trouvaient rassemblés, prêts à l'attaque, l'état-major du régiment et les unités de tête du 902e R.G. Une heure durant, la mort et la destruction firent rage dans les rangs de cette malheureuse unité qui n'avait toujours pas tiré un seul coup de fusil.

Pendant le même temps, au poste de commandement de Proussy, qui lui avait été affectés, (un petit château entouré de quelques fermes isolées), le général Bayerlein achevait de mettre le chef de son 3e Bureau, le major Kaufmann, au courant de la situation de la Division et des ordres qu'il avait lui-même donnés à ses divers chefs de corps pour l'attaque du lendemain 8 : au colonel Scholze avec le 901e d'atteindre la région de Norrey, au colonel

---

1. Attention ! avions volant bas.

Gutmann avec le 902ᵉ celle de Brouay. De là ils devaient s'associer à la « grande attaque » de la 12ᵉ S.S. « Hitler Jugend » et, plus à droite, de la 21ᵉ D.B., en direction de la côte.

Grande attaque ! cette fois il s'agissait de faire mieux que n'avait pu, jusqu'ici, la 21ᵉ D.B. à elle seule. La « Panzer-lerh » et la « Hitler Jugend » allaient-elles réussir à sortir de l'ornière le char embourbé de la défensive allemande ?

Des ordres qui sèment la confusion

La « Hitler Jugend » de Witt était une grande unité bien entraînée. Ses grenadiers étaient d'une extrême jeunesse, entre dix-huit et dix-neuf ans. Ils avaient foi en leur cause et en leurs armes. Ils ne soupçonnaient rien des dissensions intestines du Haut-Commandement. Et si on les leur avait révélées, ils en eussent grincé des dents de fureur. Or ils étaient sur le point de les expier chèrement.

Que ce soit le choix de leur emplacement initial, ou les ordres successifs d'engagement qu'ils reçurent, tout démontre à quel point, dans les rangs du Commandement suprême, des divergences fondamentales existaient.

En avril, on avait commencé par transféré la Division de Belgique en Normandie. Elle devait primitivement cantonner autour de Lisieux, à trente kilomètres environ de la côte. C'eût été une zone de stationnement fort judicieusement choisie. Plût au Ciel qu'elle l'eût occupée le 6 juin. Mais le général von Geyr, commandant l'arme blindée sur le front ouest, obtint qu'on la transférât cinquante kilomètres plus au sud. On retrouve là un épisode de la sourde lutte que se livraient, en matière de conceptions stratégiques, Geyr et Rommel. L'un voulait les réserves collées à la côte, l'autre les voulait à plus grande distance pour pouvoir plus largement manœuvrer. Geyr n'avait pas songé à l'écrasante supériorité aérienne des Alliés. Il faut dire que celle-ci déconcerta tout le monde en Normandie.

Et ce fut ainsi que la Division de Witt se trouva, le jour venu, à vingt kilomètres trop loin du théâtre de la lutte pour pouvoir y intervenir le 6 juin.

Dès trois heures du matin, ce jour-là, arriva au P.C. de la

Division, transmise par l'E.M. de la 711e D.I. (lieutenant-général Reichardt) en secteur entre l'Orne et la Seine, la nouvelle laconique : « Parachutistes ennemis atterris derrière notre aile gauche. » Puis lui fit suite tout aussitôt cette étonnante confirmation : « Ennemi largue parachutes avec mannequins de paille. » C'était un des trucs favoris de Montgomery passé maître dans ce genre de supercheries. La Division ne reçut donc pas d'ordre d'engagement mais les chefs de corps furent alertés. A quatre heures « pile », tout le monde était prêt à marcher. Les chars attendaient, moteurs au ralenti. Les grenadiers attendaient, l'arme au pied. Tout le monde attendait. Rien ne vint. Le 25e grenadiers lança, de son propre chef, une reconnaissance en direction de Caen.

A sept heures, arriva de l'Obergrupenführer Dietrich, commandant le premier corps cuirassé S.S., l'avis que la Division était placée aux ordres du 81e Corps d'Armée à Rouen, et qu'elle devait se concentrer dans la région... de Lisieux. Les chefs de corps secouèrent la tête, dubitatifs. Pourquoi Lisieux ? puisque l'exploration avait montré que l'ennemi, débarqué de part et d'autre de l'Orne, poussait sur Caen ! Et puis chacun ne savait-il pas qu'un engagement succédant à une marche d'approche improvisée entraînerait inévitablement de grosses pertes de temps. Mais un ordre est un ordre et aucune liaison téléphonique n'existait avec le Groupe d'Armées B. Impossible par suite de faire valoir des objections.

On établit donc de nouveaux ordres de marche, que des officiers de liaison allèrent porter aux différents détachements. Ce fut entre dix et onze heures que ceux-ci se mirent en route, cap sur Lisieux. On se souvient qu'à cette heure-là, le 6 juin, une contre-attaque opportunément dirigée contre la côte eût pu obtenir des résultats considérables.

C'était exactement le moment où le 22e Régiment de chars (de la 21e D.B.) était jeté seul sur la rive ouest de l'Orne.

Vers quinze heures, arriva du Groupe d'Armée B, au commandant de la Division, l'ordre de se rassembler, non plus autour de Lisieux cette fois mais bien... au voisinage de Caen ! Mission : « Appuyer une contre-attaque du 84e Corps. »

— Sacré nom de D..., jura Witt dont les régiments roulaient déjà, où les joindre à présent ?

Le contre-ordre atteignit le 25e Régiment de grenadiers, juste comme il arrivait à l'ouest de Lisieux vers 16 heures. Les autres unités le reçurent un peu partout sur leurs itinéraires, aux heures les plus variées.

Le 25ᵉ Régiment, pour gagner sa nouvelle zone de stationnement, allait devoir parcourir en gros soixante-dix kilomètres, alors qu'il se trouvait encore le matin même à une distance deux fois moindre de celle-ci. Ce fut la raison pour laquelle il ne put être engagé le 6 juin. On avait perdu finalement, en marches et en contre-marches, une journée entière !

Pour mettre un comble à la confusion, la Division apprit alors qu'elle dépendait à nouveau du 1ᵉʳ Corps S.S. et qu'elle aurait à s'engager, le lendemain 7 à midi, « dans une attaque face au nord, à la gauche de la 21ᵉ D.B., en vue de rejeter l'ennemi à la mer ».

Cet ordre-là arrivait exactement vingt-quatre heures trop tard. Trop tard pour soulager la 21ᵉ D.B. engagée à ce moment, on s'en souvient, contre la tête de pont britannique dans la région de Périers. Quand on pense qu'il n'avait pas fallu moins de vingt-quatre heures pour aboutir à simplement axer sur un objectif une grande unité hors pair, prête à partir à l'assaut dès le petit jour ! Et qu'ainsi on avait laissé passer la chance. La stratégie autour du tapis vert s'était montrée incapable de réaliser ce qu'eût pu faire sur place un chef énergique doté de pleins pouvoirs. Mise par exemple d'emblée, le matin même, aux ordres du 1ᵉʳ Corps cuirassé, la 21ᵉ D.B. se fût à peu près sûrement engagée dès l'aube du 6 juin sans se préoccuper des parachutistes largués sur ses arrières.

De même, la 12ᵉ S.S. et la Panzer-lehr groupées sous le commandement du 1ᵉʳ Corps S.S. eussent pu s'engager en direction de la côte vers dix heures au plus tard, selon des plans de marche et d'engagement soigneusement établis depuis longtemps. Qu'on se souvienne que Witt avait sa troupe prête à s'élancer dès quatre heures ! Et que, de la bouche du général Bayerlein lui-même, nous tenons que le général Warlimont l'alerta dès deux heures trente du matin. Tout au moins le 25ᵉ R.G. renforcé d'un détachement de chars, d'un détachement d'artillerie et d'une batterie lourde de D.C.A., de même qu'un détachement d'une importance similaire de la Panzer-lehr eussent-ils pu être mis en place en avant de Caen et tenus prêts à déboucher dans la soirée du 6 juin. L'intervention des Jabos n'eût gêné ni leur marche d'approche ni leur déploiement, car la matinée fut ce jour-là pluvieuse et nébuleuse à souhait, le soleil ne s'étant montré que sur le tard.

Au demeurant, que faisait donc la D.C.A. pendant tout ce temps ? A défaut de la chasse inexistante, elle eût pu dire son mot dans l'affaire. Son utilisation offre un nouvel exemple de ce défaut de coordination qui entravait, aux échelons supérieurs du Haut-Commandement allemand, la transmission des renseignements. Le 3e Corps de Flak du général Pickert avait mission, en cas de débarquement sur la côte de Normandie, de se porter aussitôt avec toutes ses forces au contact de la tête de pont. Ses batteries stationnaient dans la vallée de la Somme. Son P.C. était au sud d'Amiens. Trois régiments, soit environ douze détachements, étaient disponibles. L'ensemble constituait une puissance de feu assez considérable aussi bien pour l'attaque que pour la défensive.

Le 6 juin au matin le général Pickert ne soupçonnait encore rien des événements. Il partit en tournée d'inspection. Ce ne fut que l'après-midi, à son retour, qu'il reçut la nouvelle du débarquement. Elle était assortie de cette restriction qu'on ne pouvait dire encore s'il s'agissait de la grande invasion, « la situation n'étant pas encore suffisamment éclaircie ». Pas clarifiée ! le 6 juin, dans l'après-midi !... On croit rêver.

Pickert se rendit à Paris aux nouvelles. Et vers la fin de la soirée du 6, il mit en route ses détachements en direction de la région de Caen. Ce fut le 8 et le 9 que ses batteries entrèrent en action sur le front. Elles étaient à vrai dire en assez piteux arroi, ayant eu 300 morts ou blessés graves avant de pouvoir tirer un seul coup de canon. Que fût-il advenu si, au lieu de cela, le gros du corps s'était trouvé tout entier sur le front le 6 au soir ?

Bien sûr, il est facile de se livrer à des conjectures sur ce qui fût advenu si... sur ce qui eût pu se passer si... ; et nous voyons, il va de soi, en 1960, les choses plus clairement qu'on ne le faisait le 6 juin 1944. Mais c'est une opinion généralement admise par tous les critiques militaires compétents qu'une contre-attaque rapidement déclenchée le 6 juin, et menée par les contingents que nous avons énumérés, eût eu toutes les possibilités pour elle de réduire à tout le moins la poche de débarquement britannique, de telle façon que les opérations ultérieures de l'armée allemande auraient connu plus de chances de succès.

En effet, l'aviation alliée, au lieu de prendre pour cibles les colonnes en marche allemandes ou les lieux de rassemblement, eût eu plus de peine, dans la mêlée, à discerner des siens les adversaires au contact. D'où une moindre efficacité de son intervention dans la lutte à terre.

Quoi qu'il en soit, les choses étaient ce qu'elles étaient. Il s'agissait désormais de savoir si l'on allait saisir le 7 et le 8, les occasions qu'on avait laissé passer le 6.

L'abbaye d'Ardenne

Le Gruppenführer Witt, qui portait en même temps le grade de lieutenant-général, pensait qu'il en viendrait à bout d'un seul coup d'estoc. Sa 12ᵉ S.S. cuirassée n'était-elle pas une unité d'élite supérieurement outillée ? Ses ordres pour l'attaque du 7 ne laissent rien à désirer, tant sur le plan de la concision que sur celui de la confiance en soi. Après avoir résumé rapidement la position de l'ennemi et la sienne propre, le paragraphe 8 de son ordre d'opération spécifie : « La Division attaquera, en liaison avec la 21ᵉ D.B., l'ennemi débarqué, et le rejettera à la mer. » Les ordres concernant la mise en place du dispositif d'assaut n'étaient pas moins laconiques. Ils concernaient les deux régiments de grenadiers 25 et 26, les deux détachements du 12ᵉ Régiment de chars, les divers détachements du 12ᵉ Régiment d'artillerie divisionnaire et le groupe de reconnaissance, ainsi que le bataillon de pionniers et le détachement de D.C.A. L'heure de l'attaque était fixée au 7, à midi sonnant.

Witt et Feuchtinger eurent, avant son déclenchement, encore une ultime entrevue, afin de coordonner leurs actions. Feuchtinger avait amené à ce conseil de guerre le commandant de son 22ᵉ Régiment de chars. Le colonel von Oppeln fit part de ses récentes expériences vécues. On se mit d'accord sur ce que le 22ᵉ R.C. s'associerait à l'attaque de la Division Witt dès que celle-ci serait arrivée à sa hauteur. Ensuite l'assaut conjoint en direction du nord serait pousuivi sans désemparer jusqu'à la mer.

Qu'advient-il de l'entreprise engagée sous de tels auspices ? Nous allons le voir.

Les éléments de tête du 25ᵉ Régiment de grenadiers atteignirent les faubourgs de Caen dans les premières heures de la matinée. La ville n'avait pas cessé de flamber. Les rues étaient barrées par les décombres. Dès le petit jour recommencèrent les incessantes agressions des Jabos. Les pilotes choisissaient leurs objectifs à leur guise, leur prédilection allant aux camions-citernes, car il suffisait d'anéantir ceux-ci pour immobiliser les blindés. A partir de la pointe du jour, le commandant du 25e R.G., le colonel Meyer, plus connu sous le sobriquet de « Panzer-Meyer », ne fit plus ravitailler en essence ses formations que par Volkswagen. Ces petits véhicules plus maniables pouvaient plus aisément se faufiler de couvert en couvert.

Le poste de commandement du régiment s'établit à la sortie ouest de Caen. Meyer lui-même gagna un P.C. avancé à l'abbaye d'Ardenne.

Il y grimpa au clocher pour faire un tour d'horizon. A peine eut-il appliqué l'œil à l'objectif qu'il faillit pousser un cri de stupeur. Tout le paysage jusqu'à la côte avec ses haies et ses vergers s'étendait sous ses yeux comme si on le lui eût sorti d'une boîte de constructions. Et là-bas à l'horizon, la côte elle-même fourmillait sous ses regards d'une fiévreuse et débordante activité. C'était un va-et-vient incessant depuis les grands navires ancrés en rade comme en temps de paix, et la grève où s'amoncelaient déjà les dépôts de toute nature. A perte de vue oscillent dans le vent d'innombrables ballons captifs dont les câbles doivent protéger et les navires et la côte conquise contre les incursions aériennes allemandes. Précaution bien superflue !

Cependant l'attention de Meyer se trouve attirée ailleurs : des formations de blindés britanniques semblent se préparer à l'assaut juste en face de son secteur. « Ça va peut-être bien barder », murmure-t-il à mi-voix, en se retournant pour scruter l'horizon derrière lui. Mais où est la Division qui devrait déboucher ? Sur la route de Caen à Falaise, droite comme un i, pas trace du moindre mouvement. Sans doute les chars et les véhicules blindés cherchent-ils à progresser de couvert en couvert pour se défiler des attaques aériennes.

Meyer fait pivoter la binoculaire et sursaute. A une relative proximité, un char britannique est là qui se fraye paisiblement sa voie à travers les vergers. Le voilà qui s'arrête. Il est à peine à deux cents mètres des grenadiers du 2e Bataillon qui, bien camouflés derrière une haie, servent une pièce antichars. Mais pas un coup de canon de part. Le bataillon, bien dressé, observe la discipline du tir. Il va en recueillir sur-le-champ le bénéfice. Car cet isolé assure évidemment le flanquement d'une formation qu'on voit maintenant déboucher du hameau de Buron en direction de la route de Caen à Bayeux. Il est manifeste que leur objectif est le terrain d'aviation de Carpiquet qu'un élément de la Luftwaffe vient d'évacuer sans combat. Les chars britanniques défilent exactement devant le front de bandière du 2e Bataillon. Ils prêtent largement leur flanc étiré à une prise en rouage. C'est la situation idéale pour l'action des grenadiers. L'occasion rêvée qui ne se rencontre qu'une fois dans la vie d'un chasseur de chars !

Meyer fait passer l'ordre à ses bataillons, à l'artillerie d'appui direct, et même au détachement des chars : « Ouverture du feu uniquement sur mon ordre exprès. »

Au pied de la tour, dans le jardin du cloître, se tient le Standartenführer Max Wünsche, le chef du 12e Régiment de chars, à bord de son véhicule de commandement. Tout ce que lui signale Meyer du haut de son observatoire, par le téléphone de campagne, il le retransmet à ses chars par le microphone de bord. Une de ses compagnies est déployée en avant de lui dans le parc même de l'abbaye, une autre, admirablement camouflée, occupe la contre-pente d'une petite colline vers laquelle les blindés anglais, sans même soupçonner sa présence, semblent précisément se diriger.

Les Britanniques paraissent parfaitement insouciants. Ils n'ont d'yeux sans doute que pour ce terrain d'aviation qui constitue leur objectif. Meyer, l'œil rivé à l'oculaire, signale tous leurs mouvements. La tension est telle que Wünsche en bas ne communique plus avec ses chefs de chars qu'à voix basse, comme s'il craignait d'effaroucher les monstres qui s'avancent débonnaires en se dandinant.

Meyer a rapidement établi son plan d'action. il ne peut laisser passer une telle occasion. Il convient, depuis la position dominante favorable qu'il occupe, d'anéantir, en le prenant sous son feu soudain, l'ennemi qui s'approche, fort, à première vue, d'un régiment de chars et d'une brigade d'infanterie, puis, profitant de son désarroi, de passer tout aussitôt à la contre-attaque. Tant pis s'il contrecarre ainsi, en s'engageant prématurément, l'horaire et le plan d'engagement de la Division. Maintenant... il s'agit d'agir à la demande des circonstances.

Par coureur, il informe simplement la 21e D.B. de sa décision.

C'est le moment où la pointe ennemie atteint la route de Caen à Bayeux qu'elle s'apprête à franchir. « Attaquez ! » hurle Meyer dans son téléphone. « Attention ! chars en avant marche ! » toni-true cette fois Wünsche dans son micro. C'est le signal de la danse. De toutes parts, des pièces antichars se déchaînent.

Les chars se ruent, s'arrêtent pour tirer, repartent aussitôt. Le char de pointe britannique vole en éclats ; le second flambe. On voit son équipage en jaillir, ramper dans le fossé. La confusion règne dans les rangs du 27e Régiment de la 2e brigade cuirassée canadienne. L'un après l'autre ses chars sont atteints. Son infante-rie d'accompagnement, des Highlanders de Nouvelle-Ecosse, reflue en désordre et cherche à se retrancher dans le petit village d'Authie. Mais les grenadiers du 3e Bataillon les y ont devancés. L'attaque allemande est maintenant lancée. Bientôt on verra arriver, à l'abbaye d'Ardenne, les premiers prisonniers canadiens, les mains en l'air. Est-ce que la fortune des armes serait en train de tourner en faveur des Allemands ?

Les pertes des Canadiens sont lourdes. D'après les comptes rendus qu'ils en firent par la suite, leur première compagnie, la « North Nova Scotia Highlanders », aurait été à peu près complète-ment anéantie. Les autres ne furent pas moins mal loties. Le régiment perdit trente pour cent de son effectif. Vingt-huit « Sherman » restèrent sur le carreau.

Mais c'est au tour maintenant des grenadiers de Meyer de tomber sous le feu de barrage de l'artillerie adverse. Au cours d'une reconnaissance à motocyclette qu'il effectue lui-même, Panzer-Meyer s'aperçoit avec effroi que le flanc de son 1er Bataillon, maintenant engagé à fond, est complètement découvert. Les chars de la 21e D.B., qui devraient le flanquer, sont tenus en respect par l'ennemi devant Epron qu'ils n'arrivent pas à dépasser. Pour comble de malchance, une attaque de blindés ennemis débouche juste dans ce flanc non couvert et provoque chez le 1er Bataillon une crise qui menace de tourner mal. Les pièces antichars parviennent à la conjurer, mais il ne peut plus être question d'attaquer avec cette unité qui vient d'être par trop violemment secouée.

A la gauche également les choses sont en train de prendre une tournure alarmante. Car d'autres formations blindées adverses ont surgi. Ce sont des éléments de la 7ᵉ Brigade canadienne qui attaquent à l'ouest du ruisseau de la Mue et qui menacent d'enfoncer les positions des grenadiers du 26ᵉ. Ceux-ci venaient à peine de s'y installer, leurs éléments de reconnaissance n'ayant atteint la base de départ qu'au prix de difficultés sans nombre, du fait de l'aviation adverse. En réalité, seuls quelques résidus isolés de la 716ᵉ Division battue occupent encore ce secteur et il est clair qu'ils ne tiendront pas devant un assaut de chars. Meyer, la rage au cœur, doit se résigner à annuler son ordre d'attaque.

L'occasion propice qui s'était un moment présentée n'avait pu être exploitée à fond. Dans le rapport officiel de l'état-major canadien, après un hommage rendu à la bravoure du régiment de Meyer, on peut lire : *La puissante attaque allemande nous fit perdre l'équilibre et nous infligea de lourdes pertes. Les Allemands ne purent cependant exploiter leur succès, et le danger couru par notre tête de pont se trouva écarté.*

C'est ainsi que s'acheva, autour de Caen, la journée du 7 juin. Tous les espoirs du Commandement allemand se reportèrent sur la journée du 8, ce troisième jour du débarquement au cours duquel les trois Divisions cuirassées allaient enfin pouvoir être engagées massivement contre la tête de pont alliée, profonde désormais de près de dix kilomètres.

Un duel avec la flotte

La batterie lourde de Marcouf, armée de canons longs de 210, et la batterie de côte voisine d'Azeville, armée de quatre obusiers de 122, occupaient, dans les plans des états-majors américains, toute une rubrique particulière. Il était prévu que ces deux positions seraient attaquées dès le matin du premier jour de l'invasion, par des troupes de choc spécialisées. Et pourtant, quand tomba la nuit, le 6 au soir, la batterie de Marcouf tirait toujours. Elle tirait sur le rivage, elle tirait sur l'îlot voisin du même nom et y culbutait gentiment les approvisionnements amoncelés de la 4ᵉ D.I.U.S. Les Américains en serraient les poings de fureur, et les officiers d'état-major en grinçaient des dents : « Il faut pourtant bien qu'on en vienne à bout, de cette satanée batterie ! »

La « satanée batterie » jetait le trouble dans tout leur plan d'action.

Pendant ce temps-là, tombant de sommeil, visages noircis par la poudre, les artilleurs de marine sont assis dans leurs bunkers. Les vingt-quatre dernières heures leur apparaissent un peu comme un rêve hallucinant. Ils ont connu d'abord à l'aube, après le bombardement de la nuit, l'incident des grenouilles parachutistes ; puis le bombardement par la flotte. N'y a-t-il vraiment qu'une journée que cette armada leur est soudain apparue ? Il leur semble qu'elle soit ancrée là devant leurs yeux depuis une éternité.

L'officier chargé des transmissions de la batterie, l'adjudant-chef Baumgarten n'oubliera, de sa vie, cet épisode : à cinq heures du matin le lieutenant Ohmsen s'était précipité au central des transmissions et avait demandé qu'on prenne la liaison avec l'état-major de l'amiral Hennecke à Cherbourg. « Plusieurs centaines de navires en vue dans la baie de Seine », avait-il fait transmettre ; question : « Avons-nous des vaisseaux à la mer ? » Tout aussitôt était venue la réponse : « Non ! aucun navire de chez nous en haute mer — stop — quiconque aperçu est donc ennemi — stop — avez autorisation de tir — stop — mais économisez munitions — fin. »

Malgré la recommandation, c'est pour le coup que les pièces s'en étaient donné à cœur joie.

A six heures exactement la visibilité était devenue si bonne qu'elle permettait de pointer à coup sûr. C'était essentiel pour la batterie car celle-ci ne possédait malheureusement ni télémètre, ni appareillage moderne de conduite du tir. Il fallait donc, comme au bon vieux temps héroïque de l'artillerie, se servir de la jumelle à ciseaux des tranchées : une sorte de télescope dépliant avec un sextant gradué. Le grand luxe de la batterie c'était d'avoir réalisé elle-même, pour l'appréciation des distances, un appareil de mesure évaluant l'angle d'incidence. Et c'était avec cet outillage de fortune qu'elle s'apprêtait à affronter la plus grande flotte d'invasion de toute l'histoire ! Ohmsen donna aux trois pièces l'ordre : « Feu à volonté ».

Comme s'il eût simultanément commandé le tir des croiseurs et des destroyers d'en face, ceux-ci se mirent à tonner à la seconde même. Et d'emblée leurs salves encadrèrent la batterie. La flotte américaine avait en effet ses pièces pointées sur leurs objectifs désignés. Les éléments de tir étaient soigneusement calculés. Mais toutes les unités de l'escadre avaient attendu, pour ouvrir le feu, qu'elles fussent d'abord certaines d'avoir été découvertes par l'ennemi. En revanche, à peine les lueurs de départ de la batterie de Marcourf entrevues, sur le *Nevada* et sur une douzaine de croiseurs et de destroyers avait retenti simultanément la sonnerie du « tir à volonté ».

Mais Marcouf avait déjà rechargé ses trois pièces de 210.

La seconde salve atteignit en plein l'objectif : coup au but entre la cheminée et la passerelle d'un croiseur. Le navire se mit à émettre une épaisse fumée. Tomba en panne. Donna de la bande. Puis on vit l'étrave et la poupe se soulever simultanément. Il s'effondra par le milieu. Les destroyers accourus à son secours se profilèrent exactement dans la ligne des pièces de Marcouf. « Bon, ça ! » murmura Ohmsen en se frottant les mains. « Bon, ça ! »

En réalité ce n'était pas un croiseur mais seulement un destroyer que venait de couler sa deuxième pièce. Mais, à cette distance, l'erreur était admissible.

Par malheur, ceux d'en face savaient viser aussi. Peu après huit heures, la première fut mise hors d'usage par un coup au but. Les hommes d'Ohmsen se consolèrent en se disant qu'après tout un canon contre un vaisseau de ligne c'était encore payant, et ils continuèrent à tirer avec les deux autres.

« Au but ! » Le cri résonna à nouveau joyeusement dans le poste de repérage. Un second destroyer était accouru. Il avait voulu prêter main-forte à son matelot. Le prendre en remorque. Mais lui aussi était tombé sous le tir bien réglé de la 6e Batterie du 1261e RAC commandée par le lieutenant Schulz et installée à Quinéville. Le colonel Triepel commandant le régiment, qui suivait toute la tragédie, de son observatoire de la colline de Ginster, la raconte en ces termes : « Le destroyer chercha, par de brusques crochets, à déconcerter notre tir d'efficacité. Mais il ne put éviter néanmoins plusieurs coups au but. L'un d'eux dut atteindre sans doute le poste de timonerie, car le navire se mit à se mouvoir en cercle. Puis il tomba en panne. Enfin il donna de la bande à bâbord, et son bastingage s'enfonça sous l'eau de plus en plus. »

Au total la marine américaine perdit trois destroyers devant la seule plage d'Utah.

L'amiral King, commandant en chef de la flotte des Etats-Unis, a écrit dans son rapport sur le débarquement : *La batterie de Marcouf nous donna bien du fil à retordre. Nous dûmes engager contre elle non seulement le cuirassé* Nevada *mais encore les unités* Arkansas *et* Texas *que nous fûmes obligés de retirer de l'opération Omaha.*

Ces deux derniers vaisseaux à eux seuls disposaient de 10 canons de 356, 12 canons de 305, et de plusieurs douzaines de 127. On se rend compte quels mastodontes, crachant la mort et le feu de toutes leurs bouches, furent engagés contre la misérable taupinière de Marcouf.

A neuf heures les choses en étaient au point suivant : le *Nevada* avaient réussi, par un tir de concentration, à placer un projectile d'écharpe dans l'embrasure de la deuxième pièce. Ce fut un coup de chance pour les Américains. Un désastre en revanche pour le personnel et pour le canon.

« Coup d'embrasure au but », la formule fait sensation. Mais il faut bien se rendre compte que, dans une batterie de côte, une embrasure n'est pas une fente de visée. Le tube de ces grosses pièces doit pouvoir se mouvoir horizontalement dans un azimut de 180°, et verticalement de 60°. On doit pouvoir aussi élever ou abaisser leurs tourillons de plusieurs mètres. Il en résulte que la « fente » par laquelle le tube émerge de la casemate a les dimensions d'une porte de grange, pas loin de 6 m sur 8.

Les plaques de blindage prévues pour aveugler partiellement ces béantes ouvertures avaient été expédiées de l'arsenal auxiliaire de Bad Segeberg mais elles n'étaient jamais arrivées à destination, égarées sans doute dans quelque gare bombardée, en même temps que l'appareillage de conduite du tir.

Après que ces deux pièces eurent été mises hors d'usage, Marcouf ne pouvait plus atteindre des objectifs en mer. C'est pourquoi Ohmsen reporta le tir de la troisième sur la plage de débarquement d'Utah. Il en était situé à une distance d'environ dix kilomètres, et il y voyait distinctement, à l'emplacement de ce qui avait été autrefois le nid de résistance W 5, s'affairer, étroitement entassés, les chars, les camions américains, et se rassembler les troupes qui s'apprêtaient à progresser le long de la côte en direction du nord.

Demandons à nouveau à un témoin oculaire américain de nous renseigner sur l'efficacité de son action. C'est encore l'amiral King qui écrit : ... *à partir de 11 heures l'ennemi tint la plage de débarquement sous un tir bien réglé qui nous infligea des pertes sévères.*

— Quelle heure est-il ? demanda Ohmsen.
— Sept heures, mon lieutenant, répondit Baumgarten.

A ce moment précis le téléphone retentit dans l'abri. Le lieutenant Kattnig d'Azeville était au bout du fil : sa troisième pièce anéantie, un obus de marine venait d'effondrer les trois mètres cinquante de béton de la couverture et d'enfouir le canon avec tous ses servants.

Ohmsen n'eut guère le temps de lui donner de ses propres nouvelles. On entendait, dans le point d'appui, crépiter les mitrailleuses. « Attention ! l'ennemi nous attaque venant de Crisbeq. » Il est alors exactement sept heures sept.

Les Américains en effet sont passés à l'attaque en débouchant de leurs positions de la région de Saint-Germain-de-Varreville. Leur 1er Bataillon est axé sur Marcouf et longe la côte, leur 2e progresse en direction d'Azeville. Ils pénètrent dans la localité. Ohmsen, qui a réussi à remettre en état une de ses pièces de D.C.A., prend l'infanterie adverse sous son tir d'enfilade et lui inflige des pertes sévères. Mais ces troupes d'assaut américaines sont composées de gaillards qui n'ont pas froid aux yeux. En se défilant derrière les peupliers qui bordent la route, ils débouchent de Marcouf et progressent en direction de la batterie.

La grêle des bombes d'avion et des projectiles de marine a littéralement réduit en charpie les réseaux de barbelés et nivelé les tranchées. Les mitrailleuses de flanquement gisent le ventre en l'air. La batterie, du côté de la terre, est perméable et sans défense. Par bonds rapides les Américains s'en rapprochent.

— Alerte ! commande Ohmsen, tout le monde à la défense rapprochée.

Cette fois c'est vraiment la partie décisive qui va se jouer. L'assaillant a pénétré sur le terrain même de la batterie. Les artilleurs se sont retranchés dans leurs blockhaus. Le long de la route de Crisbeq les adversaires aux prises ne sont plus qu'à portée d'un jet de grenade à main.

Les artilleurs de marine, ces vieux réservistes, se comportent comme une véritable compagnie d'infanterie d'active.

Tous leurs officiers et sous-officiers sont blessés. Le lieutenant Ohmsen a eu la main traversée par une balle. Il n'y a plus de médecin. En se rendant à la batterie voisine, le leur a été tué. Deux « hôtes de santé », comme on appelle dans la marine allemande les infirmiers, pansent les blessés. Plus d'un Marcouvien devra la vie aux soins de ces deux-là.

Entre-temps les Américains ont réussi à gagner les parages du blockhaus d'observation de la batterie d'Azeville qui se trouve imbriquée dans celle de Marcouf, la position défilée d'Azeville n'ayant pas de vues sur la côte.

Ohmsen, par une meurtrière, voit un Américain grimper sur le faîte de l'abri. Son intention est claire : faire glisser par les cheminées d'aération des charges détonantes, ou insinuer par les fentes de visée des mèches incendiaires et faire griller la garnison. C'est le sort qui guette, si Ohmsen les laisse faire, tous ses abris et tous ses hommes les uns après les autres.

En présence de cette situation quasi désespérée, une inspiration le saisit. Il a à ses côtés un opérateur-radio avec son émetteur portatif. Il lui ordonne :

— Transmettez à la batterie d'Azeville : Demande votre tir sur ma propre position — Ohmsen.

L'autre regarde son officier, éberlué.

— Allez mon vieux, transmets, lui dit celui-ci. Et il ajoute en commentaire : Nous aurons des pertes, bien sûr. Mais c'est la dernière chose que je puisse faire pour mes gars.

Le radio actionne son manipulateur et transmet en morse.

La batterie d'Azeville, elle aussi, est complètement encerclée par l'ennemi mais le lieutenant Kattnig reçoit le message sans fil. Il a tout de suite compris ce que veut Ohmsen.

— Schürger, dit-il à son fidèle quartier-maître, Schürger mon vieux, on va leur rôtir les fesses, aux Amerloques.

Et, réglant comme à l'exercice le tir des trois pièces restées indemnes, il arrose en un clin d'œil tout le terrain de Marcouf.

Le résultat est fabuleux. Les Américains n'en reviennent pas. Un obus bien placé a fait dégringoler d'un bloc tout le groupe grimpé sur le blockhaus de commandement. D'où peut venir ce tir ! La première pensée des fantassins est qu'ils sont pris sous le feu de leurs pièces de marine. Ils enragent, car nul n'aime à périr sous le tir de ses propres canons. Et leur réaction se conçoit de reste : ils déguerpissent en pagaïe, abandonnent jusqu'à leurs armes et leur matériel.

Ce brusque renversement de la situation a eu, sur le moral de la garnison, un effet quasi miraculeux. Au moyen du matériel conquis, et qui comporte entre autres des lance-grenades « de poche » perfectionnés, voilà nos artilleurs de marine qui s'équipent en fantassins. Là-dessus leur tombe du ciel un renfort inespéré. Le lieutenant Geissler avec la 6ᵉ Compagnie du 919 a rallié la batterie et vient grossir les rangs des troupes d'Ohmsen.

Conjointement, artilleurs et fantassins poursuivent les Américains déconcertés. Ils connaissent bien le terrain et leur débouchent dans le flanc à l'improviste. Le commandant du régiment américain, qui s'est aperçu du danger, porte sur le flanc menacé une de ses compagnies de réserve. Rien n'y fait. Les Allemands sont pleins de mordant ; les Américains faiblissent. De proche en proche leur résistance cède et la panique se glissent dans leurs rangs. Les hommes d'Ohmsen et de Geissler ramèneront de l'aventure 90 prisonniers. Le reste des Américains s'est retiré en désordre jusqu'à Dodainville où des réserves fraîches du 22ᵉ R.I.U.S. les recueillent.

Repliés sur leur position, les héroïques défenseurs de Marcouf verront, tout le jour durant, s'acharner sur eux la rage impuissante des Jabos, le tir systématique des pièces de marine, mais, en leur for intérieur, leur restera la joie de cette victoire matinale, et de ce succès remporté sur l'agresseur.

Ce qu'ils ne savent pas, malheureusement, c'est comment les choses, pendant le même temps, se gâtent par ailleurs. Ils ne savent pas qu'autour de Sainte-Mère-Eglise toutes les troupes allemandes engagées sont tenues en respect par une infanterie américaine qu'appuient maintenant, outre le tir de ses navires, ses premiers chars débarqués. Gagnant depuis la côte, ceux-ci commencent à inonder tout le terrain. Le général von Schlieben s'est vite rendu compte dans ces conditions de la vanité de ses efforts pour culbuter la tête de pont. Il s'est mis sur la défensive sur la ligne générale Montebourg-Sainte-Mère-Eglise-Ravenoville, sur laquelle il essaye de constituer des bouchons pour contenir l'extension de la poche adverse. Lui aussi espère qu'une contre-attaque de blindés allemands va venir le soulager.

La nuit s'étend maintenant sur les batteries d'Azeville et de Marcouf enveloppant dans ses plis les morts et les mourants. Les survivants cependant, tous ceux qui sont encore valides, s'affairent à relever leurs ruines.

Ils réussirent à réparer leurs mitrailleuses endommagées, et, en empruntant aux matériels détruits des pièces de rechange, à remettre tant bien que mal en état de tir un de leurs canons longs de 210. Celui-ci tirera encore le lendemain, qui sera le troisième jour de l'invasion. Ah! si la grande contre-attaque des blindés allemands se produisait ce jour-là!

Il faudra pourtant bien qu'elle vienne, que diable!

Une dernière nouvelle de Bayeux

Le 8 juin tombait un jeudi. Les catholiques célébraient ce jour-là la Fête-Dieu. Mais sur la côte de Normandie les cloches s'étaient tues. Seule la guerre y sévissait. Le jour qui s'ouvrait allait être à la fois plein de courage et de décisions graves.

Au cours de la nuit les bombardiers alliés avaient anéanti le bourg de Tilly. L'ennemi voulait interdire les ravitaillements en direction du nord. Et les blindés de Montgomery poussaient toujours de plus en plus dur en direction de Bayeux pour atteindre la route nationale de Caen à Cherbourg.

De bonne heure le téléphone retentit au P.C. du 84e Corps à Saint-Lô. Le central appelle l'officier du 2e Bureau :

— On vous demande de Bayeux.

A l'appareil, on entend la voix d'une jeune auxiliaire des transmissions :

— Mon commandant, je vous signale que les tanks anglais sont en train de défiler devant le foyer du soldat. Ils sont en plein milieu de la ville. Le major Hayn n'en croit pas ses oreilles.

— Mais, ma petite, de qui le tenez-vous ? il y a encore un poste de commandement à Bayeux que je sache !

— Non! mon commandant, tous les officiers d'état-major sont partis en reconnaissance. Mais les blindés anglais ont enfoncé notre

H.K.L. [1] et ils se sont emparés de la ville. Il ne reste plus que moi ici, mon commandant. Et gentiment elle ajoute : Tenez, les voilà justement qui passent sous la fenêtre. Vous voulez entendre ?

Et comme cette fillette plein de sang-froid a approché l'écouteur de la croisée, Hayn stupéfait entend effectivement le grondement des chars et le crissement de leurs chenilles sur les pavés. « Ce ne peut être, songe-t-il en éclair, que la 50ᵉ D.B. britannique. » Réflexe professionnel !

— Il faut que je coupe, a repris la petite voix féminine à l'autre bout du fil, excusez-moi.

Le major abandonne tout cérémonial :

— Mais, ma pauvre gosse, comment allez-vous vous tirer de là ?

— Vous en faites pas, je me trotterai toujours bien par les jardins.

Et telle fut la dernière communication que reçut de Bayeux le 84ᵉ Corps d'armée.

Bayeux était tombé, il n'y avait plus à en douter. Les Britanniques s'étaient emparés de la première des villes de la Normandie, et ce faisant, ils avaient coupé la rocade parallèle à la côte qui desservait le front tout entier. Ils paralysaient du même coup la plaque tournante de Caen.

Le major Hayn se hâte d'aller porter au chef d'état-major, le lieutenant-colonel von Criergern, la fâcheuse nouvelle. Mais, sur le seuil de l'abri, un spectacle affreux s'offre à ses yeux. Une voiture sanitaire transportant des blessés allemands et américains vient d'être mitraillée à balles incendiaires par un Jabo. Elle flambe tout entière. On entend les cris déchirants des blessés que les ambulanciers s'efforcent d'arracher aux flammes. Deux Américains sont morts. Tous sont grièvement brûlés.

Au milieu de cette confusion, le major voit s'approcher de lui, à l'entrée du quartier général, un officier de liaison de la 352ᵉ Division, flanqué d'un adjudant et de deux Russes du 439ᵉ Bataillon de l'Est.

— Mon commandant, êtes-vous le chef du 2ᵉ Bureau ? le

1. Haupt Kampf Linie : ligne principale de résistance.

commandant Becker vous envoie ces deux sacs de matelots. Ils sont bourrés de documents américains.

— D'où viennent-ils ?

L'adjudant d'une voix sans timbre fait son rapport : Dans le secteur de son unité, à l'embouchure de la Vire, près de Géfosse-Fontenay, la mer a rejeté sur la grève, dans la matinée, une chaloupe contenant une demi-douzaine d'officiers de marine américains tués.

L'un d'eux se trouvait être ce que les Américains appellent un « beach-master » c'est-à-dire l'officier responsable d'un certain secteur côtier. Il gisait affalé sur une cantine remplie de papiers.

— Sans doute des papiers secrets, poursuit l'adjudant de sa voix monocorde, et il secoue le sac ficelé que porte un de ses hommes. Une avalanche de documents humides, poisseux, collés, se répand sur la table. D'un coup d'œil Hayn a repéré la contexture de certains d'entre eux. Des colonnes, des chiffres, un horaire ! On vient sûrement de réaliser là un sérieux coup de filet. Le ban et l'arrière-ban des interprètes sont mobilisés sur-le-champ. Une demi-heure plus tard le Sonderführer Jobel arrive triomphant dans le bureau du major Hayn :

— Mon commandant, nous tenons tout le plan d'opérations du 7e Corps U.S. !...

Le chef du 2e Bureau ne peut encore y croire. Fébrilement il feuillette les premières pages. Pas de doute ! Pour une chance inespérée, c'en était une !

Tout le plan d'opérations dans une chaloupe échouée

Tout le plan d'opérations de A jusqu'à Z, avec toutes les phases successives du jour D (Decision Day), avec tous les objectifs journaliers dans la presqu'île du Cotentin, bref le document intégral est là sur la table du 84e Corps ! Le commandement allemand connaît maintenant sans détour les intentions de l'adversaire. Et pas seulement celles du 7e Corps américain mais aussi celles de son voisin, le 5e, et mêmes celles du 30e Corps britannique. D'après le plan, les Américains doivent d'abord effectuer dans la région de Carentan la jonction de leurs deux têtes du pont Utah et Omaha. Ensuite ils donneront la main aux Anglais autour de

Bayeux et réaliseront ainsi un secteur côtier continu. Pendant le même temps le 7ᵉ Corps doit pousser jusqu'à la côte ouest du Cotentin dans la région de Coutances, y constituer, face au sud, un front défensif provisoire, et se retourner avec toutes ses forces vers le nord pour l'enlèvement de Cherbourg.

Le général Marcks et son chef d'état-major ont étudié le plan en détail.

— Faites en faire immédiatement des extraits pour les Divisions, décide le général.

Quant à l'original, le chef du 1ᵉʳ Bureau, le major Viebig, va le porter sur-le-champ à Rommel et de là au maréchal von Rundstedt à Saint-Germain. Dès l'après-midi Viebig est en route, pisté par les Jabos dans la vallée de la Seine. Il a reçu pour mission, en même temps qu'il remettra le document, de dépeindre très exactement la situation et de réclamer d'urgence l'appui de la Luftwaffe. Au dernier moment Hayn lui a glissé dans la main un petit volume encore humide, relié en toile rouge : *The German Forces* [1]. Le livre de poche américain relatif à *the enemy side,* au côté adverse. Pour la première fois le « mandat d'arrêt » de l'armée allemande vient de tomber entre nos mains. Il sied de dire qu'il rend à nos succès en Russie un juste tribut.

Cette fois vraiment le dieu des batailles venait de se montrer favorable à l'armée allemande. Mais à quoi servent des documents ? à quoi sert de connaître les intentions de l'ennemi si l'on n'est plus en mesure de les contrecarrer !

Sans doute, le plan d'action de l'adversaire rencontra-t-il par la suite maintes traverses. Les objectifs qu'il avait assignés à ses troupes, il lui fallut, au lieu de jours, des semaines pour les atteindre. Mais tirer du secret dévoilé une éclatante victoire ne fut pas possible. Il manqua pour cela à la Wehrmacht un facteur essentiel : l'arme aérienne. Rien ne put compenser l'écrasante infériorité de celle-ci. Ainsi l'invraisemblable trouvaille des cosaques du 439ᵉ Bataillon de l'Est fut-elle vaine. L'étoile du 84ᵉ Corps ne cessa pour autant de pâlir. La bataille suivit son cours. Et les états-majors impuissants assistèrent pas à pas à la réalisation méthodique des intentions de l'adversaire.

---

1. Les Forces allemandes.

Dès l'après-midi du 8 — tandis que Marcks, Rommel et von Rundstedt savaient déjà, d'après le plan de bataille américain, à quel point Carentan constituait pour ceux-ci un objectif essentiel — les munitions commencèrent à manquer chez les parachutistes de von der Heydte, engagés autour de Sainte-Mère-Eglise. Les bataillons du 6ᵉ avaient en face d'eux des Américains mordants, qui, débouchant de la tête de pont d'Utah avec des chars, les attaquaient sans trêve ni répit, et derrière eux la région marécageuse, inondée, difficilement franchissable.

Les bases de ravitaillement du régiment, ses cuisines roulantes, son train de combat et ses dépôts de munitions étaient séparés de lui par toute l'étendue de la zone d'inondation.

Le commandant du régiment dut se résigner, la mort dans l'âme, à abandonner ses équipages et son matériel lourd, et à retraverser mi-nageant, mi-pataugeant, avec les seuls éléments mobiles de ses unités, le marécage, pour se retrancher aux lisières nord et est de Carentan. Les parachutistes du 6ᵉ formèrent là, sur la nationale 13, un bouchon qui empêchait à la fois la jonction des deux têtes de pont américaines et leur liaison avec les forces britanniques.

Carentan devint ainsi un des bastions les plus âprement disputés de tout le front d'invasion. Les hommes du 502ᵉ Régiment de parachutistes américain n'oublieront jamais ce que leur coûta l'enlèvement de la simple digue de Saint-Côme-du-Mont. Sans arrêt ils durent renouveler leurs assauts, les bombardements aériens préalables succédant aux tirs de préparations de l'artillerie. Pour les Allemands, l'ennemi attaquait simultanément du nord et de l'est, d'Utah et d'Omaha. Les combattants étaient retranchés dans des vallons humides et spongieux où le moindre trou de tirailleur se remplissait d'eau sur-le-champ. Dans le terrain qui s'étendait entre la ville et le marais, la lutte fut particulièrement serrée autour d'une ferme isolée située au sud-ouest du pont sauté. La ferme se trouvait au milieu d'un grand verger entouré de haies. Le terrain coupé se prêtait bien à la défensive mais facilitait aussi aux assaillants leur approche. Dans la maison d'habitation de la ferme s'était établi le P.C. avancé du régiment, et le potager voisin fut le théâtre de plus d'un corps à corps par la suite. A quelque distance de là, à la lisière de la ville, dans un vaste cellier souterrain, le médecin-chef du régiment, le Dr Rosz, avait installé son poste de secours. Assisté des médecins des 2e et 3e Bataillons et de deux *surgeons* américains faits prisonniers qui leur prêtaient leur concours, il y opérait, y distribuait les injections, ou se penchait sur les mourants. En un seul jour, au cours des premières vingt-quatre heures, ils eurent à soigner plus de mille blessés, tant allemands qu'américains ou que géorgiens, et même que civils français. L'évacuation ne pouvait se faire que de nuit. Tout le jour durant les blessés gémissants s'entassaient dans les caves voisines, au milieu des muids et des barriques de cidre.

Ainsi le 6e Régiment de parachutistes fermait-il à l'ennemi la voie vers le sud.

Vers le nord, le 8 juin, c'étaient toujours encore la batterie de Marcouf et le point d'appui d'Azeville qui barraient aux « Amis » le chemin de Cherbourg. Certes les deux positions étaient étroitement encerclées, mais les artilleurs d'Ohmsen et de Kattnig, soutenus par les fantassins de Geissler ainsi que par les hommes de la batterie d'assaut de Hansjörg Habel, continuaient à tenir bon mordicus. A dire vrai le lieutenant Kattnig avait reçu de son chef de corps, le colonel Triepel, l'autorisation d'évacuer la position de batterie démantelée ; mais, ayant pris la liaison radio avec le commandant du secteur, le lieutenant-colonel Keil, et reçu de celui-ci l'assurance qu'il allait être rejoint par des renforts en infanterie, en pionniers et en antichars, il résolut de se maintenir, et de tenir tête au 12e Régiment U.S. Malheureusement, des renforts annoncés, ne lui parvint qu'une poignée d'hommes, le reste s'était clairsemé en cours de route. Azeville, comme Marcouf, n'en tint pas moins encore toute la journée du 8 juin.

Les Américains voulaient à tout prix venir à bout de ce maudit verrou. A treize heures trente ils passèrent une nouvelle fois à l'attaque contre Marcouf. Précédés d'un tir de barrage qui se déplaçait pas à pas, ils s'avancèrent en formation dense et pénétrèrent dans le point d'appui. Les sections d'assaut s'étaient munies de perches garnies de charges allongées pour les glisser dans les retranchements. Mais elles en firent prématurément un usage immodéré, en sorte que, arrivées au contact même des blockhaus, elles s'en trouvèrent démunies. Et la garnison put ainsi se défendre avec acharnement à armes égales.

A nouveau, Kattnig lui apporta son aide depuis Azeville. Derechef — sur la demande réitérée d'Ohmsen — il arrosa, du tir de son unique canon de 10 encore intact, les Américains maîtres du terrain de Marcouf. Geissler en même temps les prit à revers sur leur flanc gauche avec ses fantassins. Et ce fut la même débandade. Les G.I.'s, qui s'étaient très dépensés, ne tinrent pas le coup et refluèrent une seconde fois en désordre jusque sur leur base de départ de Dodainville.

Les comptes rendus américains de ces combats sont impressionnants à lire. Le bataillon d'assaut de la 4e D.I.U.S. perdit cinquante pour cent de son effectif. Le commandant du régiment fit grand tapage autour de sa mésaventure. Il se voyait déjà attiré par les Allemands dans un piège. Redoutant une contre-attaque allemande de grand style, il jugeait la situation de sa tête de pont « fortement compromise ». Ce qui rendait les Américains particulièrement soucieux c'était d'avoir constaté le renforcement de Marcouf par l'unité d'infanterie de Geissler. Ils y virent le signe d'un plan allemand de grande envergure car ils ne pouvaient s'imaginer qu'il n'y eût en réalité aucune réserve disponible de ce côté-là. « La fausse interprétation de la situation par les Américains fut notre planche de salut », a écrit le lieutenant Ohmsen devenu depuis lors capitaine de corvette dans la marine fédérale. « Les " Amis " crurent dans ce secteur à la présence de fortes réserves disponibles, alors qu'il n'y en avait en réalité pas la moindre. En outre le tir d'artillerie déclenché par nous sur notre propre position leur avait inspiré une salutaire frayeur. » Ce ne fut que le 9, un triste vendredi, que les Américains enlevèrent d'assaut la batterie d'Azeville. Après une préparation de 1 500 coups de canon, ils attaquèrent avec des lance-flammes. La garnison était à bout de munitions. Ce fut en vain que l'adjudant Schauer réussit encore à remettre en état une pièce de D.C.A. Un coup au but la fit taire aussitôt. Et toute résistance prit fin.

Le repli d'Ohmsen sur la colline de Ginster

Les lourdes pertes qu'avaient subies ses détachements d'assaut dissuadèrent le commandant de la Division américaine de renouveler ses attaques contre Marcouf. L'artillerie, tant de mer que de terre, reçut mission de poursuivre l'anéantissement de la batterie. Vers le soir, le 22ᵉ Régiment d'infanterie fut mis en marche en vue de s'emparer du point d'appui côtier allemand de Quinéville. Des unités spéciales agissant en commandos isolés et fortes chacune d'une compagnie mixte infanterie-pionniers-antichars furent chargées de flanquer l'attaque sur sa droite en masquant simplement Marcouf.

Mais le plan d'action américain fonctionna de nouveau mal. Les commandos attendirent un appui aérien qui ne vint pas. En sorte que tout se borna à de vagues escarmouches. Toute la nuit les Américains illuminèrent le terrain avec des munitions éclairantes du calibre de deux centimètres, en sorte qu'on ne put songer à remettre en état les organisations défensives de la batterie. En revanche le maître-armurier réussit cette ultime performance de remettre encore miraculeusement en état de tir, au milieu de ses ruines, une unique pièce. Celle-ci aspergea cette nuit-là les colonnes de ravitaillement américaines chez lesquelles elle sema... quelque désarroi.

Cette batterie de Marcouf était décidément comme une épine enfoncée dans la chair des Américains. Mais, du côté allemand, on n'avait plus aucun moyen de la soutenir. Ohmsen et ses hommes étaient désormais sacrifiés. Ils demeuraient les seuls à l'ignorer.

Le 11 juin le téléphone retentit dans le blockhaus central. Les hommes épuisés sursautèrent : que ce maudit instrument pût encore les réveiller ainsi après tant de bombardements leur semblait fantastique. Mais il est de fait que les communications téléphoniques, dans la batterie de Marcouf, demeurèrent assurées jusqu'au dernier instant. Toute l'installation intérieure tint bon. Ohmsen nous a raconté qu'il avait pris la précaution, en construisant sa batterie, d'enterrer ses câbles dans des saignées très étroites à environ quatre-vingt-dix centimètres de profondeur. En outre il ne les fit pas recouvrir afin qu'ils demeurent aisément accessibles pour les réparations. Ce ne fut d'ailleurs que rarement nécessaire car les spécialistes d'Ohmsen avaient pris soin de les poser très lâches « en sinusoïde », c'est-à-dire qu'au lieu d'être tendus ils avaient une allure serpentiforme. Ce qui leur donnait « du mou » et leur évitait de se rompre du fait des explosions survenant à leur voisinage. Quant à la communication avec le commandant de la marine à Cherbourg elle se faisait par des câbles profondément enterrés, avec des relais bétonnés. Malgré un développement de plus de trente kilomètres, elle demeura constamment intacte, de même d'ailleurs que bien des câbles de l'armée, longtemps après que les Américains eurent occupé tout le terrain.

Quand Ohmsen eut décroché le micro, tous ses hommes restèrent les yeux rivés sur lui avec une visible anxiété. Ohmsen appliqua fortement l'écouteur à son oreille. Ce fut la voix de l'amiral Hennecke lui-même qu'il entendit :

— Dites-moi, Ohmsen, combien vous reste-t-il d'hommes ?

— Soixante-dix-huit y compris les blessés, dont certains devront être portés à bras. J'ai en outre quelques blessés graves intransportables, amiral.

La voix de l'amiral se fit pressante :

— Ohmsen, croyez-vous pouvoir tenter une sortie ? Et avant même que le lieutenant eût répondu, l'amiral poursuivit : Essayez-le, Ohmsen. Essayez cette nuit même de rejoindre nos lignes qui ne sont qu'à dix kilomètres de vous.

Ohmsen n'hésita pas une seconde.

— Bien, amiral, répondit-il en raccrochant le récepteur.

Il n'y avait plus guère à réfléchir. Ohmsen fit rassembler ses artilleurs, Geissler ses fantassins, fusils et pistolets mitrailleurs furent répartis ainsi que les provisions de bouche.

— Ceux qui veulent brûler leurs papiers personnels peuvent le faire en même temps que les documents secrets, ajouta l'officier.

Et la petite poignée des défenseurs de Marcouf se mit en route dans la nuit.

Ils se faufilèrent par les rigoles et les fossés de drainage, élevant au-dessus de leurs têtes les brancards, improvisés avec des toiles de tente, sur lesquels on avait étendu les blessés.

— Doucement, mes enfants, répétait sans cesse le caporal infirmier Johannes Brockmann. Ce fut malgré tout pour les blessés un véritable calvaire. Le petit groupe se dirigeait droit au nord, en direction de Quinéville, cherchant à atteindre, près de la Pernelle, la hauteur de Ginster. C'était là que devait se trouver le P.C. du lieutenant-colonel Keil, commandant le 919e Régiment de grenadiers. Et aussi celui du colonel Treipel, commandant le 1261e Régiment d'artillerie de côte, de qui relevait la batterie de Marcouf sur le plan... artilleurs.

La nuit fut longue. Mais elle se dissipa et avec elle l'angoisse. Au petit jour, le groupe, en entier, avait rallié ses lignes sans encombre.

Le lendemain, qui était donc le 12 juin 1944, le commandant américain décida pour en finir d'engager tout un régiment fraîchement débarqué contre ces maléfiques défenses de la côte et du rivage.

Le général-major G. Collins voulait enfoncer la défense allemande dans la région de Montebourg, s'emparer de ce nœud routier important, et s'ouvrir ainsi la route de Cherbourg dont le port et la citadelle constituaient l'objectif principal de son 7e Corps d'armée.

Au P.C. du corps d'armée, les officiers d'état-major américains penchés sur leurs cartes entendent la voix de leur général vitupérer les défenseurs de Marcouf :

— Depuis le premier jour, ces damnées batteries ont gêné nos débarquements. Leur action a contribué à nous décaler de plusieurs jours sur notre horaire. Et puis enfin, je ne veux pas laisser des nids de résistance allemands intacts derrière le dos de mes troupes. Vous m'avez compris.

Les officiers acquiescent. Allons ! on va « remettre ça » encore une fois. Mais deux heures plus tard arrive le compte rendu du détachement d'exploration de la 9e D.I. U.S. : « Batterie de Marcouf évacuée. »

Ils n'y avaient trouvé que vingt et un blessés graves sous la garde du sergent infirmier de la batterie, demeuré volontairement à son poste. Les Américains ne se montrèrent pas trop déçus de leur victoire facile, les blessés non plus de l'issue de la lutte.

Le communiqué américain annonça la prise de Marcouf. Il négligea simplement de mentionner qu'elle se produisait avec six jours de retard.

« *A des parachutistes des poignards suffisent.* »

Bientôt ce fut Carentan qui tomba à son tour. Presque à l'heure même où les hommes de Marcouf se trouvaient dans la nécessité d'abandonner, pour se replier vers le nord, leur point d'appui jusque-là si chèrement défendu, le lieutenant-colonel von der Heydte se voyait, lui, contraint de retirer de Carentan vers le sud ses bataillons de parachutistes décimés.

La nouvelle suscita, à l'état-major du 84e Corps comme à celui de la 7e Armée, une froide indignation. Quoi! cette position de sûreté capitale, à la charnière entre les deux têtes de pont ennemies, avait cédé!

Comment était-ce possible?

Que s'était-il passé?

Comment les parachutistes avaient-ils pu se laisser arracher ce point d'appui essentiel?

Jusqu'à ce jour la question s'est trouvée vivement controversée et a suscité mainte polémique entre les historiens militaires. Nous pensons pour notre part que la réponse à la question est simple. Elle est la même que fit certain jour au G.Q.G. le lieutenant-colonel von der Heydte, venu réclamer pour ses « paras » un équipement un peu moins sommaire. Quelqu'un ayant osé lui déclarer de façon lapidaire :

— Mais à des parachutistes voyons, Heydte, des poignards suffisent. Von der Heydte avait simplement rétorqué :

— Ils ont beau être des « paras », ce sont tout de même des hommes comme les autres, ne l'oubliez pas.

Hé oui! ce n'étaient que des hommes, et vulnérables tout comme les autres. Ils pouvaient être braves, ardents au combat, téméraires même au besoin et avoir le mépris de la mort, ils n'en restaient pas moins des hommes!

Dans la nuit du 9 au 10 on avait vu refluer sur le P.C. du régiment les restes du 1er Bataillon : vingt-cinq hommes environ. Vingt-cinq sur sept cents. Ils rendirent compte de l'anéantissement de leur unité. Le bataillon avait été encerclé dans Sainte-Marie-du-Mont, assailli de toutes parts, dissocié en petits groupes, et littéralement taillé en pièces. Un tiers du bataillon avait mordu la poussière ou s'était noyé dans le marécage. Les autres avaient été faits prisonniers, presque tous blessés.

Le 10 juin vers midi parut devant les positions du 2ᵉ Bataillon, au nord de Carentan, un parlementaire américain. Au nom du général Maxwell Taylor, commandant la 101ᵉ Division aéroportée U.S., il sommait la garnison de Carentan de se rendre. A la lettre qu'il apportait, rédigée en allemand, von der Heydte répond en anglais par cette simple phrase :

— Dans une situation analogue, capituleriez-vous ?

Le régiment était pourtant entièrement réduit à ses seules ressources. Il combattait sans chars, sans l'appui de l'artillerie ni de l'aviation. Ses munitions s'épuisaient : en particulier celles des lance-grenades et des pistolets mitrailleurs. On avait en revanche des munitions d'artillerie à revendre, mais plus de canons pour les tirer ; car les Jabos et l'artillerie de marine en avaient fait... de la chair à pâté !

A force de crier au secours et d'alerter le 84ᵉ Corps, une colonne de ravitaillement finit par apporter des grenades de fabrication française. Mais elles étaient d'un calibre insuffisant pour les lance-grenades allemands. Il fallait munir chaque projectile d'un étui spécial. La chance voulut qu'existât à Carentan tout un dépôt d'étuis de cette sorte, en sorte que le mal put être réparé.

Dans la nuit du 10 au 11 les chasseurs crurent à une apparition. Un cri de joie se répercuta de proche en proche sur la position : « Avions allemands ! » C'étaient les premiers qu'ils voyaient depuis le début de la bataille : des Junker 52, avions de transport, qu'avait frétés le 84ᵉ Corps. Ils apportaient dans des containers qu'ils larguèrent, des lance-grenades de calibre approprié, et un ravitaillement en munitions pour les pistolets mitrailleurs.

Dans la matinée du 11 les Américains réussirent des percées profondes à la droite, à la gauche et au centre du régiment. Von der Heydte dut, pour assurer ses flancs, retirer des hommes du front, affaiblissant ainsi sa capacité linéaire de résistance. A midi l'ennemi avait atteint les lisières de Carentan et occupé quelques maisons en ruine, ainsi que des jardins et des vergers. Le commandant du régiment fit, par précaution, reconnaître des positions de repli sur les hauteurs au sud-ouest de la localité. Il fit en même temps jalonner les itinéraires de retraite. Les restes du bataillon géorgien, qui s'était mis aux ordres de von der Heydte, furent employés à amorcer ces positions. Les Géorgiens, à dire vrai, n'en voulaient plus, et n'étaient plus aptes à tenir sur la ligne de feu.

Vers midi le colonel va reconnaître lui-même ces positions de repli. Il croise en chemin, se dirigeant vers le front, une voiture de tourisme. Halte ! Ses occupants ne sont autres que le commandant de la 17ᵉ Division de grenadiers S.S. « Götz von Berlichingen », le général de brigade Ostendorff, et son chef d'état-major le Obersturmbannführer Konrad. Von der Heydte rend compte de la situation. Il apprend en même temps que son régiment est placé aux ordres de la Division Ostendorff qui doit lancer le 12 une attaque contre la tête de pont américaine. Ostendorff est de belle humeur. « Nous en viendrons bien à bout », déclare-t-il plein d'assurance. Von der Heydte lui demande en tout cas d'engager tout de suite devant Carentan une fraction de sa Division en soutien de ses parachutistes épuisés. Mais le général s'y refuse catégoriquement. Il veut, bien entendu, garder intacte sa grande unité pour l'attaque du lendemain dont il escompte la disjonction des deux poches ennemies. C'est en vain que le colonel le met en garde contre une vue exagérément optimiste de la situation. Ostendorff se réfère à son expérience du front russe :

— Les « amis » ne seront tout de même pas plus coriaces que les « Rousky » !

— Peut-être pas plus coriaces, lui répond von der Heydte, mais sûrement mieux équipés, et en chars et en artillerie. Vous verrez.

Finalement le divisionnaire clôt la discussion sur ces mots :

— Colonel, il faudra bien que vos « paras » tiennent jusqu'à demain matin.

Hélas, ils ne devaient pas tenir jusque-là !...

Quand von der Heydte regagna son poste de commandement, il apprit que la ferme dans laquelle il avait eu jusqu'alors son P.C. avancé était tombée aux mains des Américains. Le moment se trouvait venu de prendre une décision si l'on voulait épargner au régiment entier le sort du 1ᵉʳ Bataillon : l'encerclement et l'anéantissement total. Vers dix-sept heures, le 11 juin, le lieutenant-colonel von der Heydte donna donc à son régiment l'ordre d'évacuer la ville et de se replier sur les positions reconnues et préparées au sud-ouest de Carentan. Au crépuscule, les parachutistes abandonnèrent progressivement les vestiges de la petite cité si chaudement disputée.

La bataille pour Carentan prenait fin. Ce fut en vain que la 17e S.S. chercha, le jour suivant, à reconquérir ses ruines.

Le 2e Bataillon de parachutistes, dans les rangs duquel se trouvait le chef de corps, fut le seul élément qui parvint encore une fois jusqu'aux lisières de la ville, qui s'empara même de la gare, qui s'y maintint. Mais il dut abandonner la position quand il vit que les éléments de la 17e S.S. ne pouvaient arriver à progresser jusqu'à sa hauteur.

Désormais le chemin entre Utah et Omaha était libre.

« Bayeux devra être repris. »

Que se passait-il au juste pendant ce temps du côté de Caen dans le secteur britannique ? On se souvient que nous y avons laissé, le 7 au soir, le 25e Régiment de grenadiers, de la Division S.S. « Hitler Jugend », sévèrement engagé, sous la conduite de son chef le colonel Meyer, dit « Panzer-Meyer ».

Toute la journée du 8, ses hommes se battirent avec acharnement contre les Canadiens qui cherchaient à prendre l'avantage. Un détachement du régiment renforcée d'une compagnie de « Panthères » du 12e S.S. enleva le village de Bretteville tenu par les « Regina Rifles » (les fusiliers de la Reine) et s'y maintint toute la nuit. Mais au petit jour Meyer dut le rappeler. Sans soutien d'infanterie, cette position avancée n'était pas tenable devant un ennemi qui sans cesse se renforçait.

Dans l'après-midi on vit apparaître au P.C. de Meyer, le commandant en chef de l'armée blindée sur le front ouest, le général von Geyr. Ensemble ils escaladèrent un des deux clochers de l'abbaye et Meyer fit le tour d'horizon rituel. Geyr écouta sans mot dire, visiblement pessimiste ; il déclara pourtant en redescendant qu'il était décidé à lancer « avec les trois Divisions cuirassées, une attaque de grand style sur un large front ayant la mer pour objectif ».

La percée jusqu'à la mer ! « Enfin ! pensa Meyer in petto, il serait temps. »

A l'aile gauche cependant, à l'extrémité de la mince ligne de résistance rapidement édifiée devant Caen, les unités de la Division Bayerlein étaient en train de gagner leurs positions de départ.

161

Le général nous a dépeint en ces termes ses souvenirs concernant les journées du 8 au 12 juin :

« A l'aube du 8, le colonel Scholze atteignit avec ses grenadiers la région de Norrey. Le colonel Guttmann, pour atteindre Brouay, dut livrer quelques combats d'avant-garde car des batteurs d'estrade canadiens s'étaient déjà glissés dans la localité. Il y eut, dans la nuit, des engagements meurtriers où amis et ennemis eurent bien du mal à se reconnaître. L'artillerie n'était pas encore en batterie sur ses positions. Seul le brillant colonel du régiment divisionnaire, le colonel Luxenburger, qui avait perdu un bras dans la Première Guerre mondiale, et son chef de groupe, le lieutenant-colonel Zeissler, avaient réussi à parfaire leurs reconnaissances, en poussant hardiment seuls en avant. Vers midi la mise en place fut achevée. On aurait pu démarrer. Mais aucun ordre ne nous parvint. Le soir venu, nous vîmes apparaître au poste de commandement, situé à la sortie du Mesnil-Patry, le maréchal Rommel en personne. Et il ne tarda pas à devenir clair à nos yeux que nous allions devoir modifier à nouveau tout notre dispositif. »

Rommel annonça aigrement à Bayerlein que la 50e Division britannique s'était emparée de Bayeux :

— Tu te rends compte, Bayerlein, la 50e D.B., nos vieux ennemis d'Afrique !

Puis le maréchal exposa au général qu'il allait lui falloir, dans la nuit du 8 au 9, retirer ses unités de la région de Norrey-Brouay pour les concentrer autour de Tilly. L'attaque sur Bayeux serait déclenchée le 9 au petit jour.

— La ville devra être reprise.

« La ville devra… », c'était la formule simple et claire de Rommel. Elle ne cadrait cependant pas cette fois avec son pessimisme général.

— Tu verras, Bayerlein, qu'il va nous arriver la même chose qu'en Afrique, déclara-t-il amer, à son vieil ami. Mais cette fois la Méditerranée ce sera le Rhin, et personne de nous ne le repassera.

Remanier encore une fois le dispositif ! Bayerlein n'osa pas récriminer mais secoua la tête avec inquiétude. Ah, çà ! se croyait-on par hasard aux grandes manœuvres ?

A la tombée de la nuit, les mouvements de relève commencèrent. Ils demeurèrent inaperçus des Canadiens mais pas de l'aviation malheureusement. Et celle-ci s'en donna à cœur joie de bombarder les colonnes en marche. Dieu soit loué, les dégâts furent minimes. On repéra sur la route de Tilly à Bayeux des escadrons blindés britanniques roulant déjà en direction du sud. Pour ne pas être obligés à des engagements préalables, la base de départ fut reportée à l'est de cette route. A l'aube du 9 juin le regroupement de la Division était achevé. L'attaque sur Bayeux pouvait commencer.

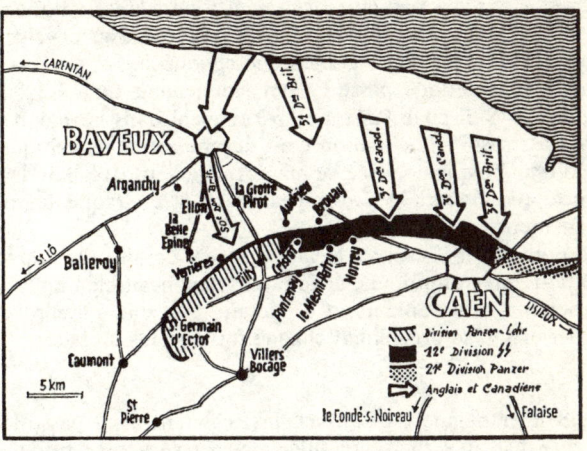

La situation du front dans le secteur britannique entre Caen et Tilly le soir du 9 juin après le passage des Allemands de l'offensive à la défensive.

Le major prince Schönburg-Waldenburg y prit part à la tête du 2ᵉ détachement du régiment d'instruction. Du 1ᵉʳ détachement, dont Bayerlein avait ordonné d'arrêter les transports en direction du front russe, on était toujours sans nouvelles. L'attaque, au début, marcha bon train. A midi, Ellon, dans la vallée de l'Aure, était atteint. Des éléments de reconnaissance avaient même poussé jusqu'à Arganchy, à cinq kilomètres au sud de Bayeux. Cinq kilomètres de Bayeux ! Bayerlein se sentit devenir fiévreux. Il allait lui faire voir, à sa vieille ennemie, comme dans le désert de Libye, qu'il se chauffait toujours du même bois qu'à Got el Ualeb devant les positions de Gayala.

— On y va mes p'tits gars, dit-il en se frottant les mains, aux officiers de son état-major.

— On y court, mon général, on y court, ricana son inséparable, le capitaine Hartdegen. Vous allez voir que vous aurez donné du nez dans le trou entre les " Amis " et les " Tommies " et qu'on va arriver à la mer comme une fleur !

Mais il semblait décidément que tout fût ensorcelé ! Arriva l'ordre : « Arrêtez l'attaque et ramenez votre division autour de Tilly. » Jamais les hommes et les officiers de la Panzer-lehr n'ont autant juré le saint nom de Dieu que ce jour-là.

Que s'était-il donc passé ? Tout simplement qu'à la jonction entre la 12e S.S. et le Panzer-lehr-Regiment dans la région Tilly-Andrieu-Christot, la situation était devenue soudain critique à la suite d'une attaque en force de blindés canadiens. Il fallait de toute urgence que Bayerlein y engageât en contre-attaque un de ses détachements.

De nouveau les réserves locales faisaient défaut. De nouveau il avait fallu interrompre une action qui s'annonçait bien pour courir boucher un trou ailleurs. Ce n'était plus manœuvrer, c'était improviser, en se précipitant chaque fois au plus pressé !

La 8e Compagnie du Panzer-lehr-Regiment avait passé la nuit d'attente du 8 au 9, bien camouflée, dans un verger. Le tir de harcèlement de l'artillerie à longue portée étalé sur la région l'avait laissée indifférente. Quand le jour se leva, les Américains parurent cependant le conduire un peu moins au hasard de la fourchette. Le capitaine Reche était assis, la mine défaite, sur le siège de l'opérateur-radio. Depuis des jours, la dysenterie ne le lâchait pas. Accroupi autour du char, l'équipage se préoccupe pour le moment de préparer, au moyen de la lampe à souder... un repas chaud. Quand on entendait le coup de départ, chacun, automatiquement, se jetait à l'abri, mais comme machinalement et avec une lassitude résignée. Finalement, les pommes de terre en robe des champs furent néanmoins cuites à point. On les répartit, accompagnées d'œufs durs. En les faisant danser d'une main dans l'autre pour éviter de se brûler en les pelant, on entendit le sergent Westphal murmurer :

— Le dernier repas du condamné ? Hé ! qui sait ?

Cette 8e Compagnie du Panzer-lehr-Regiment n'était pas une

unité comme les autres. Tous de vieux renards endurcis. Des vrais « hommes des chars » comme dans les livres d'images. Quand ils en arrivaient à la dixième tournée de « calva », on entendait Westphal s'écrier soudain :

— Caporal Hämmerlé, la mitrailleuse de proue est enrayée !

Prompt comme l'éclair, Hämmerlé répondait :

— Tourelle-midi.

Car il est de fait que le meilleur moyen pour pallier cet incident de tir est de ramener provisoirement la tourelle dans l'axe du char pour éclairer la culasse. Ou encore il arrivait que le chef de char criât à la ronde : « Libérez la sûreté. » Aussitôt tous les bras gauches se levaient au-dessus des têtes, car il est de fait aussi que, dans un char, c'est avec la main gauche qu'il faut manier le dispositif de sûreté placé à la droite de la pièce si l'on ne veut risquer d'avoir le bras fracassé par le recul. La réaction doit jouer même en état de somnolence. Aussi s'entraînaient-ils jusqu'en dormant (ou après le dixième calvados ce qui revient un peu au même) à acquérir les réflexes de leur métier. Bref, pour tout dire, c'étaient, tels les preux du Moyen Age, de vrais guerriers sous leurs armures.

Vers quatorze heures le capitaine Reche revint d'une liaison auprès du prince Schönburg-Waldenburg avec un ordre d'engagement dans le secteur de Fontenay : « Le détachement attaque. Objectif : rejeter l'ennemi rencontré et pousser jusqu'à la côte, la 8e Compagnie à l'aile gauche, chargée de la sûreté du flanc. » Ce coup-ci la danse allait recommencer, et, une fois de plus, c'était « la côte » l'objectif !

Crissant de toutes leurs chenilles, les Panzer IV se ruèrent. La 8e Compagnie sans son chef. Le médecin auxiliaire venait de l'évacuer sur l'hôpital. A sa place, un sous-lieutenant, Walter, instituteur à Pirmasens, avait pris le commandement.

La base de départ se situait en terrain favorable. De là on découvrait bien le secteur d'attaque, encadré à droite par le village d'Andrieu, à gauche par celui de Chouain. A un kilomètre et demi environ, le terrain découvert aboutissait à une double lisière boisée. Entre celles-ci s'ouvrait un étroit couloir de deux à trois cents mètres de large par lequel il faudrait bien que passe le détachement. « Chars ! en avant ! »

Le char 801 marche à l'aile gauche. Il a sa tourelle : azimut dix heures.

Westphal, le chef de char, a jeté un coup d'œil sur le goulot boisé :

— Hum ! pourvu que ça se passe bien.

En formation largement ouverte, l'escadron d'acier parcourt la plaine à vive allure. Elle est à peu près inculte. Enfin plus de haies ni de clôtures à franchir en les écrasant sous ses chenilles. Autant de gagné.

Ils remarquent au passage des positions ennemies bien camouflées dans des boqueteaux mais que leurs occupants britanniques ont fraîchement abandonnées, sans doute en voyant déboucher cette armada cuirassée. Les chars de pointe s'engagent dans le défilé boisé. Les compagnies qui suivent réduisent leurs intervalles et ralentissent l'allure.

« Attention ! c'est le moment critique. »

Et naturellement la chose arrive : un tir massif d'artillerie.

Les premières salves tombent en plein sur la tête du groupement. Comme les chars de la seconde vague ont serré sur la tête, ceux de pointe ne peuvent plus reculer. Il se produit à l'entrée du défilé un véritable embouteillage. Le chef de détachement vient juste d'atteindre la cote 103. Il en a à peine franchi la crête militaire qu'une pièce antichars, embusquée à la contre-pente, l'accueille à bout portant. L'obus a traversé la tourelle. Le prince Schönburg-Waldenburg tombe mort. Son équipage, tout entier grièvement blessé, s'efforce à se sortir du char immobilisé sur qui l'ennemi redouble.

C'est le capitaine Ritgen qui a pris le commandement.

Il le conservera jusqu'à la fin de la campagne et il est actuellement le chef du Panzer-lehr-Regiment de la Bundeswehr au camp de Münster.

Le barrage d'artillerie s'étend comme un gigantesque rideau sur la clairière. Quiconque s'y engage est « cuit ».

Dans le char 801, habituellement commandé par le capitaine Reche, c'est le pointeur qui a pris sa place dans la tourelle. A la binoculaire il repère des blindés ennemis débouchant du village de Chouain :

« Tourelle une heure ! »

« Hausse douze cents mètres. »

« Obus antichar. »

« Feu. »

« Au but. »

Mais voilà 801 à son tour arrosé par des gerbes d'obus en acier de deux centimètres partant de son voisinage immédiat.

Sacré nom d'un chien ! où gîte l'animal ? ses projectiles, qui tombent drus comme grêle, aveuglent les fentes de visée. Pourtant le pointeur a repéré, dans le terrain nu, les lueurs de départ.

« Tourelle neuf heures. »

« Obus explosif. »

« Feu. »

La mitrailleuse de tourelle crépite elle aussi. Ses gerbes font voler la poussière. La pièce des Tommies s'est tue.

Entre-temps le nouveau chef de détachement a ordonné le repli de l'unité.

801 assume la protection des chars en panne, dont les équipages essayent, pour une part, de réparer sous le feu.

Quand la nuit s'étendra lentement sur la forêt et sur la lande, le char 801, mission remplie, abandonnera à son tour le champ de bataille et retournera à son verger. Pour s'y camoufler, s'y dissimuler.

Dans l'obscurité on voit rougeoyer encore les carcasses fumantes des chars victimes de cet assaut infructueux. On en est loin, de la percée jusqu'à la côte !

— Ah ! çà, est-ce qu'ils finiront par se rendre compte en haut lieu que nous avons affaire à des gens solidement installés et qui ne se laisseront pas rejeter à la mer désormais ? a grommelé un chef de char au bivouac.

Et la question qu'il se pose est sur toutes les bouches.

Le soir du 9 juin il était clair qu'une « percée jusqu'à la mer » avec les seules forces des trois Divisions blindées était désormais devenue un espoir chimérique. Aussi le général commandant le 1er Corps cuirassé, Sepp Dietrich, à qui la Panzer-lehr était subordonnée, donna-t-il, à Lingèvres, au général Bayerlein l'ordre de se mettre sur la défensive dans la région de Tilly. La ligne générale Christot-Tilly-Verrières-la-Belle-Epine constituerait la ligne principale de défense et devrait être maintenue à tout prix.

Il n'était, on le voit, plus question d'offensive en direction de la côte. L'heure décisive du passage à la défensive avait sonné.

L'ordre donné par Dietrich se justifiait d'ailleurs indéniablement. Car il était devenu évident que le centre de gravité de l'offensive anglaise glissait ostensiblement vers l'ouest, après que Montgomery, au prix de pertes sanglantes, eût vainement tenté de s'emparer de Caen par une attaque frontale.

Le maréchal britannique, contraint par la nécessité, en avait déduit une conséquence logique. Puisque l'attaque de front ne conduisait à rien, c'était donc par le flanc qu'il lui fallait tenter d'envelopper son objectif. C'est-à-dire qu'il fallait déboucher de Bayeux sur Tilly ; s'emparer des hauteurs de Villers-Bocage et par là tourner les défenses de Caen.

Un nouveau chapitre de l'histoire de l'invasion allait être écrit. C'est sous le vocable de Tilly qu'il sera placé.

CHAPITRE IV

LA BATAILLE AUTOUR DE TILLY

En observation

Quand, le 9 juin, la Panzer-lehr-Division se trouva jetée dans la bataille défensive autour de Tilly, se posèrent à cette grande unité moderne, tout entière orientée vers la lutte-en-mouvement-des-engins-blindés, bien des problèmes particuliers. Le terrain de combat qui s'offrait à elle était un terrain de bocage, vallonné, coupé de haies, de bosquets, constitué par de grands vergers ou de longues prairies plantés de pommiers. C'était un terrain favorable à la défensive. Des talus élevés, surmontés de hêtres ou de taillis, divisaient le paysage en une infinité de petits rectangles qui offraient à la fois un abri et une protection. Mais ils rendaient aussi l'observation moins aisée. L'infanterie pouvait à volonté se rendre invisible dans les innombrables chemins creux. En sorte que les secteurs défensifs étaient faciles à échelonner dans la profondeur mais demeuraient sans liaisons latérales les uns avec les autres. Le char fut la solution qui résolut tous les problèmes posés. Ce fut lui qui constitua le véritable pivot de la résistance. En sorte que l'engin qui, par essence même, était l'arme de l'attaque, de la marche en avant, de l'assaut (son nom le disait : char d'assaut) fut bientôt réduit au rôle d'un moyen de défense, d'une pièce antichar cuirassée, voire d'une mitrailleuse sous blindage. Il en résulta tout aussitôt un mode de combat différent, et nous dirons même un type de guerre différent. La bataille de l'invasion engendra une tactique spéciale et un genre de combattants particuliers comme l'avaient fait avant elle les batailles d'encerclement du front russe, les improvisations de Moscou, du Don et de la Volga.

Le char isolé devint, en Normandie, pour ainsi dire le noyau de l'infanterie. Chaque section d'infanterie, chaque compagnie, chaque détachement de combat ne se forma plus qu'autour d'un char. On ne put concevoir l'enlèvement d'une position sans l'appui d'un char ; mais pas davantage non plus sa défense. Les contre-attaques locales pour rejeter un ennemi ayant pénétré dans la position, ou pour reconquérir des points d'appui perdus ayant une particularité importante tactique, devinrent presque exclusivement l'apanage des chars isolés.

La Panzer-lehr-Division, à laquelle autrefois Guderian plein de confiance avait orgueilleusement assigné la mission de rejeter, « à elle seule », les Anglo-Américains à la mer, se trouva ainsi contrainte par la force des circonstances à un tout autre emploi. Elle avait été conçue comme un organisme d'attaque exceptionnel, la lutte la forgea jusqu'à devenir un outil défensif providentiel. Ses 750 véhicules blindés de transport, supérieurement armés et outillés, furent mis au rebut et renvoyés à cent kilomètres à l'arrière. 750 véhicules, quand on y songe !

La métamorphose d'une Division blindée en instrument de combat défensif, c'est un chapitre passionnant, mais assez attristant aussi de l'histoire de la guerre.

Qu'on en juge par ces quelques épisodes typiques :

— Mission d'observation.

Quatre Panzer IV s'ébranlent. Les chefs de chars ont reçu chacun simplement un petit croquis au crayon. Il complète l'ordre verbal :

— Prendre position à hauteur de cette route. Bien se camoufler. Se constituer un bon champ de tir. Mission : tenir le secteur.

Une recommandation l'accompagne :

— Tâchez de vous faufiler jusque-là sans que les Jabos vous secouent trop les puces.

Et en route ! Cinq hommes sont assis dans le char. Les fantassins d'accompagnement, juchés, s'agrippent à la tourelle. Allez ! en avant.

— Serre un peu à droite pour profiter du défilement du fossé, recommande le chef de char au mécanicien. Pas un d'entre eux ne se doute que l'aventure qui commence va durer quatorze interminables journées. Quatorze jours et quatorze nuits « en observation » dans le secteur de « La Belle Epine ».

C'est avec de vraies ruses d'Indiens que les chars, ainsi détachés assez largement en avant, s'efforcent d'échapper au regard d'aigles des Jabos qui les guettent du haut du ciel. Car s'ils viennent à être découverts c'en est fait d'eux. Dans ce cas ils seront impitoyablement survolés, bombardés, jusqu'à ce qu'une bombe d'avion ou une salve d'artillerie leur ait donné le coup de grâce. Contre la supériorité matérielle de l'ennemi, seule la ruse constitue leur défense.

Aussi le chef de char, le sergent Westphal, inspecte-t-il soigneusement le fossé. Il traverse et retraverse l'épaisse haie qui le borde une bonne douzaine de fois.

— On dirait qu'il cherche un terrain à bâtir, ironise le radio, le caporal Hoffmann.

— Terrain à bâtir, c'est assez ça, déclare Hämmerlé le chargeur : à bâtir notre villa de plaisance, tu ne pouvais pas mieux dire.

— Ça vaut toujours autant que de se chercher une concession à perpétuité, conclut avec philosophie Brettschneider le pointeur.

Quand Westphal a enfin découvert un emplacement favorable, il ordonne :

— Allez ! en reconnaissance à droite et à gauche.

Deux hommes se détachent, jusqu'à ce qu'ils aient pris le contact avec les deux chars voisins déjà bien camouflés sur leurs positions. Celui de gauche est commandé par le sergent Schulz. Celui de droite, qui est à l'aile, est aux ordres du capitaine Felmer. Ils se dissimulaient dans des fossés, des jardins, sous des meules de foin. Autour d'eux les fantassins se sont déjà creusé leurs abris, dissimulés sous des buissons, sous des gerbes d'avoine ou marqués par des branchages.

Les intervalles sont assez... largement ouverts entre ces quatre chars isolés, en observation. En cas d'attaque de l'ennemi, leur mission sera de tenter de clouer au sol les chars de pointe adverses. A deux kilomètres derrière eux se trouve groupée la réserve de chars. Si leur ligne est enfoncée, celle-ci contre-attaquera aussitôt.

Les premières heures sont tout entières consacrées au camouflage. On coupe avec circonspection, dans la haie avoisinante, un certain nombre de branches et de rameaux dont on garnit la masse du char pour la dissimuler. A tout instant l'un ou l'autre prend quelque recul pour juger de l'effet. C'est un morceau de tourelle qui est resté visible. C'est un fragment de chenille qui brille au soleil. Enfin l'œuvre est déclarée parfaite.

Mais il reste à faire disparaître les traces qu'a laissées le char pour gagner son emplacement. Il faut effacer le sillage des chenilles qui serait pour le Jabo un trop sûr repère. Un à un les brins d'avoine foulés sont redressés, toute trace de passage nivelée minutieusement.

Les deux premiers jours sont supportables. Le manque d'eau pour se laver, l'absence de repas chauds ne se font pas encore trop cruellement sentir. L'attente, à l'intérieur du char, n'exaspère pas encore trop les nerfs. On plaisante encore quand, se glissant par le trou d'homme, on va changer les branches séchées du camouflage, et humer un peu d'air frais de la nuit. Deux hommes sont assis en permanence dans le char, et, l'œil rivé aux oculaires du matériel optique perfectionné, inspectent le terrain sans un instant de répit. « Quelle distance jusqu'à l'arbre en boule là-bas au fond ? » On discute, on évalue, on se met d'accord. « Et jusqu'au gros buisson au milieu de la haie ? et jusqu'au bout du champ d'avoine ? » On étalonne en pensée tout le champ de tir. Les chiffres s'inscrivent dans la mémoire qui permettront d'éviter, le cas échéant, la perte d'un instant de réflexion.

Il est quatorze heures. Nous sommes au troisième jour.

« Attention, Tommies ! »

Comme électrisés, les hommes se sont carrés à leurs postes de combat. Le mécanicien, le caporal Ross, l'œil rivé à sa lunette annonce à voix-basse :

« Dix Tommies sur la gauche avec une pièce antichar, en file indienne. Ils traversent la prairie. Prennent position en lisière. »

Et deux hommes les rejoignent avec des caisses à munitions.

« A obus explosif », commande le chef de char paisiblement.

« Quatre cents mètres. »

« Feu. »

L'obus de 75 a éclaté juste sur la pièce en batterie. Les Anglais survivants s'enfuient, cherchant refuge sous un pommier dont les branches tombent presque jusqu'au sol.

« Tourelle onze heures. »

« A explosif. »

« Quatre cent vingt mètres. »

« Feu. »

Le tronc est haché.

« Feu. »

Ne reste du pommier qu'un squelette dénudé.

« Cessez le feu. »

Ils se glissent par le trou d'homme. Remettent hâtivement le camouflage en état. Mais ils ont des visages sérieux. Car ils savent que maintenant, inévitablement, « ça va barder ».

Une heure plus tard l'avion d'observation d'artillerie est là qui tourne en cercle au-dessus d'eux. Qui les épie. Qui les repère.

Et voilà que la danse commence. Ce ne sont d'abord qu'une ou deux pièces isolées qui règlent leur tir. Et puis la batterie ou le groupe passent au tir d'efficacité. Et cette fois c'est vraiment l'enfer. Mais il n'est pas si aisé de mettre un coup au but sur un char isolé. L'objectif est restreint. La dispersion a ses lois. Le champ d'avoine est bientôt complètement labouré ; la haie décharnée ; les éclats crépitent dru comme grêle sur les parois du char. Peu avant le lever du soleil, le tir redouble d'intensité. Les plaques de tôle qui protègent les chenilles contre la boue sont criblées comme des écumoires. Les filets qui maintiennent les branchages autour de la tourelle sont arrachés et pendent.

« Obus à brouillard ! » crie Hämmerlé. Dehors, l'atmosphère brusquement s'épaissit. On ne voit plus à dix pas devant soi. Et maintenant ils vont venir. Sûrement. Eux, dans le char, ne voient rien mais ils le savent. « Feu à volonté. »

Les quatre forteresses d'acier qui jalonnent, devant Tilly, la ligne idéale de résistance allemande ont cessé de se dissimuler désormais. A quoi bon ? La lutte est engagée. Leurs tourelles pivotent. Leurs canons à répétition crachent une grêle d'obus. Leurs mitrailleuses crépitent. De leurs trous de tirailleurs, de leurs abris derrière les pommiers, les fantassins eux aussi tirent fébrilement. Tout le monde décharge ses armes au hasard dans cette nuée opaque qui masque l'assaillant.

Mais elle s'éclaircit. Vite un coup d'œil. « Le tir de l'artillerie s'est allongé ! » annonce Westphal. Alors, c'est que l'infanterie va surgir. Elle colle en général au barrage roulant juste à la distance de sécurité. « Feu à volonté » et le tir redouble. On sent la terre trembler du fracas des détonations. Les feuillages de la haie, qui subsistent, semblent comme secoués par un vent de tempête par le souffle des coups de départ. Le soleil de Normandie se cache derrière un nuage de poussière et de fumée. Et puis peu à peu le brouillard artificiel se dissipe. Où est l'ennemi ? On n'en voit pas de traces.

Quatre équipages, de cinq hommes chacun, et quelques demi-douzaines de fantassins, respirent, soulagés. Et chacun se hâte de se camoufler à nouveau. Jusqu'à la prochaine !

Au cours de la huitième nuit, le chef de char avait pris, pour un moment, la place du pointeur, afin d'essayer de dormir un peu plus commodément. La tête calée par la lunette de visée, Westphal s'est assoupi comme une souche.

— Passe-moi la cartouche, murmure le chargeur au mécanicien. Personne ne sourit plus en entendant certain vacarme intime. Et, par la lucarne du plancher, le vase ad hoc est vidé dans la nuit. C'est juste à cet instant que le diable a frappé au blindage. « Roums ! » au bruit caractéristique, tous ont sursauté. « Roums ! » à nouveau. Ça, ce n'est pas de l'artillerie. Ce sont des obus de char. Et un impact n'est pas tombé loin ; ça devient risqué.

— Moteur en marche, l'inverseur en action. A pleins gaz. Plus vite !

Le chef de char essaye de se glisser à son poste. Vainement. Il est coincé.

— Sommes-nous encore près de la haie ? demande-t-il. Le pointeur entrouve une fente de visée :

— Oui, chef.

— Alors halte !

Ils se trouvent juste au pied d'un énorme chêne dont la ramure s'étend jusque sur la route. On entend les obus siffler dans les feuilles. Des branches dégringolent.

Le char voisin a ouvert le feu.

Un coup. Deux coups. Trois coups.

Et puis le silence se fait.

L'Anglais a-t-il été atteint ? ou, se voyant éventé, s'est-il « évaporé » ? Comment savoir dans la nuit ? Et le silence imposé à la radio ne permet même pas de s'enquérir auprès du collègue qui vient peut-être de vous sauver la vie.

Le treizième jour commence à poindre. Ils sont ankylosés. Ils ne peuvent plus à la lettre... se sentir. Treize jours sans avoir pu un seul instant s'allonger. Treize jours sans une goutte d'eau pour se laver. Treize jours empilés, à cinq, dans ce cercueil d'acier. Seule leur défiance instinctive reste en éveil.

174

Le chef de char, comme chaque jour à l'aube, inspecte minutieusement mètre par mètre son champ de tir. Son regard longe une haie. Un buisson attire son attention. Celui-là n'était pas là hier. Et une branche plus claire en émerge, révélatrice. Sur elle, le sergent met exactement au point sa lunette de visée :

— Ça y est, un Anglais !

L'espace d'un clin d'œil, il a entrevu le casque en plat à barbe qui s'est révélé sous le camouflage. S'il y en a un il y en a d'autres. Attention !

Le pointeur annonce : « Objectif en ligne. »

Et Karl Brettschneider acquiesce du menton à l'ordre qu'il attend.

« A obus explosif ! feu. »

« Trente mètres trop court. »

Mais chez l'Anglais démasqué, le tube antichar a surgi du buisson.

De nouveau le tonnerre du coup de départ fait vibrer la tourelle.

— Dix mètres trop à droite, malheureux, tu ne vois donc pas le tube !

C'est l'Anglais maintenant qui tire à son tour. Il a pointé sur la lueur de départ. Son obus siffle à frôler la tourelle. Qui des deux va être le plus rapide ? Cette fois encore ce sera Westphal. A l'aube du matin suivant ils étaient enfin relevés.

Quiconque n'a vécu ces quatorze jours et ces quatorze nuits consécutives enfermé dans un char empuanti détaché « en observation », ne peut s'imaginer la volupté qu'on éprouve à se retrouver au bivouac ou au cantonnement dans un point d'appui, même sommairement cerclé. Son char à l'abri, soi-même, à son voisinage, roulé dans sa couverture, et dormant enfin du sommeil du juste. Dans le lointain gronde l'artillerie. Les Jabos sillonnent l'atmosphère. Peu vous importe, « on dort », « on roupille », on « en écrase ». Jusqu'au moment où retentira le cri : « Debout ! on contre-attaque ! »

Escarmouches de chars

Dans la nuit du 9 au 10 juin, la défensive, dans la région de Tilly, fut organisée au moyen de la totalité des éléments de la Panzer-lehr qui avaient désormais rejoint. La ligne de surveillance fut promue « ligne principale de résistance ». Elle allait de Cristot (sur la grande route de Caen à Bayeux) à Tilly-Nord, en passant sur les châteaux de Verrières et de Bernières, la Belle-Epine et Torteval jusqu'à Saint-Germain-d'Ectot et Anctoville. Cela faisait au bas mot un front de dix-sept kilomètres à assurer et à défendre. Par une seule Division !

Le poste de commandement de la Division était installé dans une ferme de Sermentot. Le péril aérien rendit ici aussi, les plus strictes mesures de précaution indispensables. On dut écarter les émetteurs-radios de plusieurs kilomètres afin d'éviter le repérage par goniométrie. Aucune voiture ne fut autorisée à se déplacer de jour dans un rayon de cinq cents mètres autour de la ferme. Toutes les traces de roues durent être soigneusement effacées. C'était le seul moyen de protection contre les Jabos, et contre les tirs d'artillerie dirigés par observateurs aériens.

Un tragique exemple venait de le rappeler à tous les états-majors supérieurs. Le 8 juin, Rommel avait décidé, pour simplifier l'organisation du commandement, de placer à la tête de tout le front à l'ouest de la Dives jusqu'à Tilly le général von Geyr. Ce serait lui qui, avec les trois Divisions blindées (21e D.B., 12e S.S. et P Z-lehr), mènerait l'offensive jusqu'à la côte. La fameuse... tant attendue. Mais le 9 dans l'après-midi le P.C. du général, installé au château de la Caine à six kilomètres de Thury-Harcourt, fut attaqué par des Jabos et anéanti par un tapis de bombes. Ses émissions radios avaient été repérées par gonio. Le chef d'état-major et douze de ses officiers furent tués. Seuls échappèrent par miracle, le général von Geyr et le général Pensel, chef d'état-major de la 7e Armée. Ce dernier commande actuellement un corps d'armée de la Bundeswehr. L'attaque projetée ne put être coordonnée. Il fallut jusqu'à la fin de juin pour que l'état-major reconstitué fût véritablement en mesure d'assumer ses tâches.

Le terrain devant Tilly n'était pas favorable à une infanterie sur la défensive. Les grenadiers des 1re et 3e Compagnies du 902e R.G. par exemple durent s'établir à la contre-pente sur une déclivité légèrement ascendante. Le lieutenant Bohmbach (que nous connaissons bien) avait inspecté dans la matinée, avec le commandant du bataillon, le secteur assigné à celui-ci. Tous deux avaient fait la grimace. Le sous-sol rocheux ne permettait pas aux hommes de s'enfoncer profondément. Ils durent se contenter de trous de tirailleurs presque à fleur de sol avec quelques cailloux entassés pour protéger la tête.

Et c'est dans ces conditions que, vers cinq heures, débuta la fête ! Bombardement par l'artillerie. Pendant quarante-cinq minutes l'ouragan d'acier ne fit trêve. Les malheureux tirailleurs y étaient exposés presque sans protection. Leurs nerfs ne tinrent pas. Quelques hommes lâchèrent pied et s'enfuirent vers l'arrière. D'autres les suivirent. La position menaçait d'être totalement abandonnée. Le lieutenant Ritter réussit à enrayer la panique. Il rassembla quelques hommes et les reporta en avant. Heureusement aucune attaque d'infanterie ne fit suite à cette préparation.

Vers midi, cinq chars en file indienne défilaient devant la ferme dans laquelle était installée le P.C. du 1er Bataillon. Ils avaient l'allure de « Panthers » allemands. L'un d'eux s'arrêta, sa tourelle s'entrouvrit. Un homme, de l'intérieur, jeta un regard sur l'écriteau accroché à la porte et qui désignait par son insigne tactique un P.C. de bataillon. Puis le tube accomplit une légère révolution et... le coup partit.

Cette fois il était clair qu'il ne s'agissait pas de « Panthers » allemands ! Et nos gens étaient dans de beaux draps si ne leur tombait du ciel quelque secours inespéré. Celui-ci leur arriva sous la forme suivante :

A proximité immédiate de la ferme, la chance voulut que stationnât le lieutenant Werner avec sa compagnie de chasseurs de chars. Il venait de recevoir, deux jours plus tôt, ses nouveaux canons à tir rapide sur affûts auto-moteurs. L'occasion était belle de les expérimenter. En quinze minutes il mit hors de combat, en les prenant à revers, trois des assaillants. Les deux autres furent immobilisés. Leurs équipages, qui en avaient jailli, essayèrent en vain de se frayer un repli à travers la cour de la ferme à coups de pistolets et de mitraillettes.

Ayant essuyé des pertes, le reste dut se résoudre à lever les mains. Un lieutenant, blessé au visage, s'adressa au lieutenant Bohmbach, fit le salut militaire, et déclara dans un allemand scolaire irréprochable :

— *Ich ergebe mich* (je me rends).

Et juste au même moment où le lieutenant Werner, à l'ouest de Tilly, « réalisait » ainsi cinq chars d'un régiment écossais, le général

Beyerlein, effectuant une reconnaissance en terrain libre, découvrait soudain au nord de Tilly un fort détachement blindé britannique qui, plein d'insouciance, bivouaquait comme en temps de paix.

— Hartdegen, ramenez-moi tout ce que vous pourrez ramener.

Déjà, le fidèle officier d'ordonnance avait bondi. Il mobilisa quatre « Panthers » et deux canons de 88, cette arme exceptionnelle qui, aux jours d'Afrique, avait déjà accompli tant de merveilles. Bayerlein se retrouvait dans son élément. Il installa lui-même son petit détachement à bonne portée, bien défilé. Et puis : « Ouvrez le feu ! »

Le groupe anglais fit l'effet d'une fourmilière dans laquelle on vient de donner un coup de pied. Tout y était sens dessus dessous. Les véhicules s'entrecroisaient affolés, et dans cette sarabande les canons à tir rapide des « Panthers » et les pièces de 88 tirant comme à la cible s'en donnaient à cœur joie.

Malheureusement la lutte ne garda pas longtemps ce caractère unilatéral. Les Britanniques coiffèrent presque aussitôt le détachement de Bayerlein d'un de leurs tirs de concentration inopinés si caractéristiques. Les calibres les plus lourds et jusqu'à des pièces de marine y participaient. N'en disposaient-ils pas à profusion ?

« Panthers » et 88 durent se dérober en vitesse.

C'était toujours la même histoire : l'astuce, la bravoure, et même l'esprit de sacrifice, se voyaient obligés de s'incliner devant la supériorité du matériel.

Vers le soir le lieutenant-colonel Zeisler, commandant le groupe d'artillerie du Panzer-Regiment, qui était porté disparu depuis la veille rallia le P.C. Bayerlein. Avec le colonel Luxenburger et les sous-officiers et les hommes du détachement de reconnaissance, ils avaient été surpris et capturés par une patrouille blindée canadienne.

Si incroyable que cela puisse paraître, la troupe canadienne — appartenant au régiment « Inns of court » — s'était livrée sur eux à d'inadmissibles violences. La sauvagerie et le fanatisme qui, des deux côtés, se donnèrent malheureusement parfois libre cours pendant la bataille de l'invasion, aboutirent dans ce cas particulier à un déplorable excès. Tandis que les prisonniers allemands étaient roués de coups, le lieutenant-colonel Zeisler avait réussi à se glisser dans le fourré et à s'échapper. Ce qu'il rapporta, quand il eut rallié nos lignes, se trouva, le lendemain matin, dramatiquement confirmé :

Le colonel Luxenburger, glorieux manchot de 14-18, grièvement blessé, fut retrouvé ligoté à la tourelle d'un char canadien capturé. Il devait en mourir trois jours plus tard dans un hôpital de campagne allemand.

Cerise à Citron : « Venir tout de suite »

Le 11 juin se produisit la grande offensive britannique qu'on escomptait depuis plusieurs jours. Elle débuta par une forte attaque de blindés contre Tilly. Le capitaine Philipps — qui commandait le point d'appui et qui est maintenant curé de Gladbeck — réussit à en rejeter les Anglais avec l'aide d'une partie du 901e R.G. accouru en renfort. Une deuxième attaque fut dirigée contre Verrières-Lingèvres. Verrières fut perdu. Les éclaireurs anglais débouchaient déjà du petit bois au nord de la localité en direction de la route. On les voyait sinuer à travers les prairies, les champs et les vergers.

La réserve du Panzer-Regiment fut alors engagée en contre-attaque. En grondant, les colosses d'acier, les « Tigres », les « Panthers » défilèrent par les venelles étroites de Lingèvres. Grinçants ils firent tête à droite devant l'église écroulée, et débouchant par la grand-route, ils s'élancèrent en éventail à travers champs à l'assaut du petit bois en question : « Dispositif de combat. Masquez toutes ouvertures. »

A partir de ce moment on ne peut plus apercevoir, des haies, des fossés, des prairies et de la lisière du bois, qu'un étroit secteur large comme la main délimité par le « kinon », la lucarne de combat en verre blindé.

« Les deux armes sont chargées et armées », annonça le chargeur par le microphone du bord. La mitrailleuse et le long tube de 75 à tir rasant étaient donc prêts à entrer en action simultanément.

Le lieutenant Theo était chef de section à la 6e Compagnie et commandait à bord de ce troisième char, dont le nom conventionnel était « Citron ». Tous ses sens tendus, il observe attentivement. Devant lui roulaient en file indienne sur un étroit chemin de terre trois chars de sa compagnie. Puis ils s'infléchirent sur la gauche pour aller fouiller une lisière formée d'une haie à hauteur d'homme et jalonnée de vieux pommiers, retournés à l'état sauvage. Le lieutenant Theo suivait sur leurs traces à quelque distance. Il les vit s'engager dans une clairière. Et soudain il entendit dans ses écouteurs :

« Attention, char ennemi ! Tourelle onze heures. Feu. »

C'étaient les commandements donnés dans un des chars de tête qui étaient parvenus jusqu'à lui. Des détonations claquèrent. Il s'engagea à son tour dans la clairière et vit de quoi il retournait : sur la piste, au centre, gisait un char « Cromwell » en flammes que le char « Cerise » venait d'abattre presque à bout portant ; et, derrière cette épave en feu, des nuages de fumée semblaient indiquer que ses congénères s'étaient retirés en émettant un brouillard artificiel. Soudain un char « Sherman » surgit de la haie sur la droite mais replongea tout aussitôt dans le fourré. Theo fit feu sur lui à cent cinquante mètres, mais se sentit à son tour canardé sur sa gauche. Poursuivant néanmoins la silhouette entrevue à travers la haie. Theo fit feu de nouveau sur elle et cette fois son coup porta visiblement en plein. Cependant, du char en panne, dont il s'approchait en se tenant sur ses gardes et prêt à redoubler au moindre mouvement de la tourelle, nulle silhouette ne jaillit. Sans doute son équipage l'avait-il abandonné dès le premier coup. De là cette immobilité propice, par la suite.

Les « Panthers » et les « Tigres » ratissèrent alors le boqueteau de conserve, croisant dans le taillis en tous sens. Mais la résistance des Britanniques allaient croissant ; sans cesse ils amenaient au combat de nouveaux chars et des armes antichars pour s'assurer la possession du petit bois.

Le commandant de la 6e Compagnie fit sagement de ne pas s'y maintenir en le leur disputant à tout prix. Il y eût laissé tous ses chars un à un. Sa mission essentielle était d'interdire à l'ennemi l'accès du village de Lingèvres. Celle-ci fut remplie grâce à une série d'engagements singuliers qui durèrent toute la journée avec des fortunes diverses. Puis les Anglais parurent abandonner.

A la nuit tombante le char « Citron » alla occuper un emplacement de repos dans une ferme de village. Le sergent Martens y surveillait dans l'âtre la confection, dans une gigantesque poêle à frire, d'une savoureuse omelette de quinze œufs destinée à l'équipage, lorsqu'une dégelée d'artillerie s'abattit sur le village. Et au même instant, dans le microphone de bord, demeuré branché providentiellement, retentissait cet angoissant cri d'appel : « Cerise à Citron. Suis en panne environné de fantassins ennemis. Venir tout de suite. Venir tout de suite. »

L'omelette vola dans la cendre. Les cinq hommes ont bondi. Moteur en marche. Le char débouche de son couvert. Le dispositif de combat se prend automatiquement en cours d'approche. Tous les réflexes du groupe jouent presque mécaniquement.

Sur le chemin de terre un curieux spectacle les attendait : le char « Cerise », immobilisé au franchissement de la haie, est environné d'un véritable essaim d'Anglais. Une gerbe de balles de la mitrailleuse les disperse en un clin d'œil. La balle traçante a frappé le sol juste au pied du char. A toutes jambes les Tommies ont regagné la lisière du bois d'où part maintenant un feu serré d'armes automatiques de tous calibres. N'importe, les hommes de Theo ont jailli de leur char et s'efforcent d'amarrer à « Cerise » le câble de remorque en acier. Fort opportunément a surgi à son tour le troisième char de la section qui assure leur protection par son tir et couvre leur repli. Lui-même reçoit un coup de plein fouet, mais continue à tirer. « Le câble est fixé. Doucement en avant. »

Il se rompt néanmoins presque au démarrage. L'ennemi, de la lisière du bois, continue à arroser copieusement le pied de la haie.

— Pourvu qu'ils n'allongent pas le tir, murmure le radio du char avarié qui aide, sur le chemin de terre, le lieutenant Theo à fixer le câble à nouveau. On redémarre et le lieutenant, à pied, dirige la délicate manœuvre de remorque qui, à travers les chicanes de la défense, réussira à ramener sains et saufs les deux mastodontes jusque dans le bourg.

Cependant la bataille pour Lingèvres ne fit que croître, les jours suivants, en virulence. Pour la première fois les Anglais tirèrent des obus au phosphore qui, en dehors de leur puissance explosive, émettaient des flammes d'un mètre de haut occasionnant d'atroces brûlures.

Au cours d'une contre-attaque contre des chars anglais qui avaient fait irruption dans le village, « Cerise » fut atteint, cette fois définitivement. « Citron » n'allait pas tarder à être, lui aussi, endommagé. Deux autres chars de la compagnie furent incendiés par des obus au phosphore. Leurs équipages durent les évacuer précipitamment et se rouler dans la poussière pour éteindre leurs uniformes enflammés. Sous le tir d'artillerie qui faisait rage, il fallut charger les blessés sur les derniers chars encore en état de marche. Les grenadiers et les chasseurs, hâtivement bandés, s'agrippaient aux superstructures tant bien que mal. Beaucoup étaient grièvement brûlés. Certains complètement nus, leurs camarades leur ayant arraché leurs vêtements enflammés pour les envelopper, à vif, dans des couvertures ou des toiles de tente. On les entendait hurler de douleur à chaque cahot ou au contact des tuyaux d'échappement brûlants. Leurs clameurs ne s'apaisèrent que quand, au poste de secours, la seringue des infirmiers s'enfonça, salvatrice, dans leurs veines.

Quand le général Bayerlein inspecta, le 12 juin dans l'après-midi, le point d'appui de flanquement de Saint-Germain-d'Ectot, le chef de la compagnie divisionnaire d'accompagnement, qui le commandait, le lieutenant Thiess, lui présenta trois prisonniers qui venaient d'être capturés. Grande fut la stupéfaction de Bayerlein de découvrir que les trois hommes appartenaient à la 7ᵉ D.B. britannique. Ils portaient au bras la sarigue rouge et sur leur véhicule, capturé avec eux, se voyait l'insigne bien connu de Bayerlein depuis la campagne d'Afrique. Ainsi les fameux « rats du désert » de Montgomery étaient eux aussi en Normandie. Il ne manquait plus que la 51ᵉ écossaise pour que toutes les troupes d'élite de Monty y fussent rassemblées. Et le Haut-Commandement allemand qui se demandait encore si c'était bien là que s'appliquait l'effort principal des Alliés !...

Bayerlein embarqua les trois captifs dans la remorque de sa Volkswagen, et les emmena à son P.C. où il désirait que son chef du 2ᵉ Bureau les interrogeât sur l'heure sur les intentions ultérieures de leur Division. Soudain il voit son officier d'ordonnance se tordre de rire en se tenant les côtes.

— Qu'y a-t-il de si drôle, Hartdegen ?

Celui-ci désigne de l'index un grand gaillard à profil chevalin.

— Mon général, savez-vous qui est celui-là ?

— Et comment le saurais-je ?

— Eh bien ! dit Hartdegen avec emphase, ce n'est rien de moins que le fossoyeur en chef du cimetière sud de Londres, le fossoyeur de Kensal-green.

— Dommage, sourit le général, dommage que nous ayons d'autres occupations en tête. J'eusse volontiers, comme Hamlet, discouru avec celui-ci.

Ce fut le chef du 2e Bureau qui s'en chargea. Et il s'intéressait à coup sûr moins à la pensée philosophique du fossoyeur en chef de Kensal-green qu'aux intentions de la 7e D.B. Le fossoyeur fut, sur ce point, assez prolixe. On apprit de lui que les « rats du désert » étaient déjà assez avancés sur le flanc de la Panzer-lehr et qu'ils s'insinuaient de plus en plus dans le vide demeuré ouvert entre les têtes de pont britannique et américaine.

— Si c'est vrai, déclara le chef du 2e Bureau, nous voilà dans une position bigrement délicate. Car si jamais les « rats du désert » nous débouchent dans le dos ils peuvent faire tomber de proche en proche toute la position.

Le jour suivant, qui était le 13, la menace se précisa. Pendant que Montgomery, avec les chars de sa 50e D.B., continuait à attaquer de front Tilly et Lingèvres et fixait les réserves de Bayerlein, un groupe de combat de la 7e D.B. se glissait clandestinement le long du flanc de ce dernier et atteignait Villers-Bocage.

Ce fut le Obersturmführer Michel Wittmann qui, dans un Tigre du 501e S.S., découvrit l'avance des Tommies. Wittmann était commandant de compagnie, et un ancien des chars éprouvé. Sur le front russe il comptait 119 chars ennemis à son actif. Il était décoré de la croix de chevalier avec feuilles de chêne.

Son unité, venant de Beauvais et passant par Paris, roulait depuis le 7 en direction du front. Dès le matin du 8 les Jabos les avaient repérés aux environs de Versailles et sérieusement bombardés. A partir de ce moment ils ne roulèrent plus que de nuit, et arrivèrent le 12 dans les parages de Villers-Bocage. Pour le 13 au matin, l'emploi du temps ne prévoyait que du service technique : réparation des dégâts occasionnés par les bombes, et remise en état des trains de roulement sérieusement éprouvés par cette longue marche.

Seul Wittmann s'était mis en route avec son vieux pointeur le Obersharführer Woll pour une petite reconnaissance de terrain. Histoire de se dégourdir un peu... les chenilles. En débouchant d'un petit bois il aperçut sur la route, en direction de la cote 213, au nord de Villers-Bocage, des chars ennemis en colonne. Wittmann se replia prudemment derrière la lisière. Observa. Et dénombra.

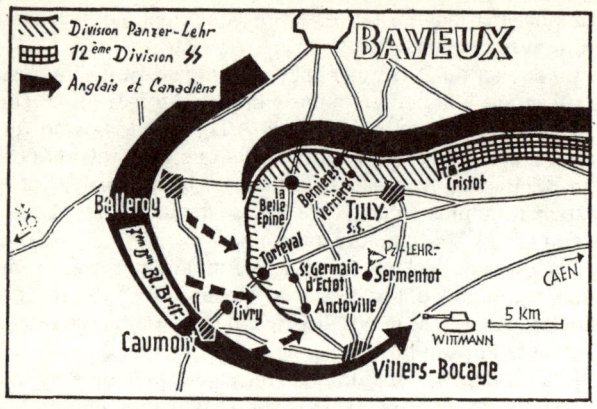

*La dangereuse situation du 13 juin : Montgomery déborde avec sa 7ᵉ
D. B. la Panzer-lehr et atteint déjà Villers-Bocage. C'est alors que
l'Obersturmführer Wittmann attaqua avec sa Compagnie de chars
« Tigre » et défit la pointe d'avant garde anglaise.*

Ce n'était pas là un simple détachement de reconnaissance, c'était
tout un groupe de combat. Et il roulait dans le dos de la Panzer-
lehr !

Mais que pouvait contre lui un unique « Tigre » ? Que pouvaient
même les quatre « Tigres » encore en état de marche de sa
compagnie après l'épreuve des longues étapes et des bombardements des jours précédents ?

Michel Wittmann n'était pas sorcier. Pourtant il ne s'agissait pas
tant de longuement réfléchir que de rapidement agir.

Un « Tigre » seul contre toute une brigade

La colonne blindée anglaise traverse Villers-Bocage. Ce que
Wittmann ignore encore c'est qu'elle constitue l'avant-garde de la
7ᵉ D.B. britannique. Elle est composée à la fois de la 22ᵉ Brigade
en entier, et de fractions de la 1ʳᵉ Brigade de chasseurs. Entre
autres le fameux 8ᵉ Hussards, le 1ᵉʳ Blindés, et le 5ᵉ Détachement

184

d'artillerie. Wittmann, l'œil rivé à sa lorgnette, constate que, dans Villers-Bocage même, aucune résistance ne leur est opposée. Les unités du train qui occupaient la localité en avaient été évincées dès le jour précédent.

Ayant traversé le village, le gros des Britanniques poursuit son chemin tranquillement par la route nationale en direction de la cote 123 et de Caen. Le temps est assez couvert. On ne voit ni Jabos ni avions de reconnaissance éclairer le terrain à leur profit. Les Anglais font preuve néanmoins d'une surprenante insouciance. Une compagnie d'infanterie motorisée s'est même arrêtée pour faire halte le long de la route sans songer à se couvrir par des flancs-gardes.

— Ah ! çà, grommelle le pointeur de Wittmann, s'imaginent-ils par hasard qu'ils ont déjà gagné la guerre ?

L'Obersturmführer acquiesce du menton :

— Oui, mais ils se trompent, mon vieux, tu vas voir.

Et tranquillement il lui donne ses ordres. Soudain, comme un coup de tonnerre éclatant dans un ciel serein, une détonation déchire le silence matinal. Le 88 du « Tigre » a ouvert le feu à bonne portée.

Le char de pointe britannique, à peine distant de quatre-vingts mètres, est aussitôt en flammes. Et, comme un géant de la légende, le « Tigre » surgit du boqueteau s'élançant droit devant lui sur la route. A toute allure il fonce sur les Anglais ébaubis. Il s'arrête, tire, repart.

S'arrête, tire, repart.

Wittmann longera ainsi toute la colonne, de la tête à la queue, mitraillant chaque véhicule au passage. Les chars, les camions, les voitures blindées des Anglais gisent bientôt pêle-mêle empêtrés les uns dans les autres. Le chemin en avant leur est barré par les carcasses enflammées des premiers chars atteints. Par-derrière, les véhicules chenillés qui transportaient les chasseurs, en voulant démarrer, se sont téléscopés. Wittmann tire dans le tas sans relâche à coups de mitrailleuse et de balles incendiaires.

Ce fut un véritable jeu de massacre. Tous les véhicules chenillés, une douzaine de chars de l'état-major du régiment et de la compagnie de reconnaissance, qui suivaient, tout y passa, tout fut mis en capilotade. Un char « Cromwell » essaya bien de pointer sa tourelle, son obus de 75 atteignit le « Tigre » de Wittmann juste entre les deux yeux, mais le monstre à l'épais blindage ne s'en trouva pas plus mal et poursuivit son carnage. Au « Cromwell », sa pièce de 88 décoche, à bout portant, le coup de grâce en passant.

Et voilà maintenant que, de la cote 203, claquent de nouveaux coups de départ. Ce sont les quatre autres « Tigres » de Wittmann, accourus au bruit de la canonnade, qui donnent la chasse aux éclaireurs légers du 8e Hussards.

Cependant le vacarme du combat a alerté à son tour la 1re Compagnie des « Tigres ». Le Hauptsturmführer Möbius accourt lui aussi, amenant à la rescousse les huit chars qu'il a en état de marche. Grâce à l'appui de ce renfort, qui encercle la localité, Wittmann donne maintenant l'assaut à Villers-Bocage, et achève de détruire l'un après l'autre les « Cromwell » qui y étaient demeurés. C'est en vain que le major britannique French, avec son détachement antichar, essayera de conjurer le péril. Un de ses canons à répétition tire d'une étroite ruelle latérale dans laquelle il s'est embusqué. Un « Tigre », qui s'est rapproché à couvert, aborde la maison d'angle à revers et l'effondre sur lui, ensevelissant sous ses décombres la pièce et ses servants. Pour plus de sûreté il piétine sous ses chenilles poutres et moellons, et redébouche en marche arrière sur la chaussée libre. Seule une des pièces du major French réussira un coup au but. La chenille droite du « Tigre » de Wittmann est atteinte. Le géant immobilisé, Wittmann ordonne :

— Tout le monde à terre.

Et à la tête de son équipage, il se fraye un chemin, pistolet au poing, jusqu'à son unité qui les recueille.

Les chars de Möbius pendant ce temps ont continué à en découdre avec les fantassins anglais dans les rues du bourg. La lutte fait rage. Les Tommies se défendent avec l'énergie du désespoir. Par les soupiraux des caves, par les fenêtres des maisons, ils tirent sur les chars avec leurs Panzerknackers d'infanterie, un engin analogue au Panzerfaust allemand. Les « Tigres » de l'Unterturmführer Stamm et de l'Oberscharführer Ernst Krieg furent atteints et flambèrent sans que leurs équipages puissent réussir à se dégager. La rage au cœur leurs camarades balayèrent, avant de se retirer, à coups de canon, toutes les rues du village.

Ce combat de Villers-Bocage, le 13 juin, est à coup sûr un des plus extraordinaires épisodes de toute la bataille de Normandie : une douzaine de « Tigres » engagés contre toute une brigade anglaise, contre l'élite des « rats du désert » de Montgomery. Dans l'histoire de la guerre telle que la racontent les Britanniques, cet événement prend le nom de « Bataille pour la possession de Villers-Bocage », et les chroniqueurs anglais accusent sept chars « Tigre » au tableau. Ils ont évidemment pris pour des « Tigres » quelques vieux « Panzer IV » qui étaient demeurés dans la localité. C'est très admissible car quand on a essuyé un revers on est toujours porté, des deux côtés, à s'embrouiller un peu dans les chiffres.

En tout cas, quel qu'ait été le bilan des pertes, tant dans un camp que dans l'autre, un fait est certain, c'est que l'attaque blindée de Montgomery dans le dos du front de Tilly avait bel et bien été battue en brèche par Michel Wittmann et ses chars. S'il y eut bataille ce furent douze « Tigres », pas un de plus, qui la gagnèrent ce matin-là sans conteste.

Les Britanniques étaient encore sous le coup de cette attaque-surprise lorsque brusquement, au début de l'après-midi, ce fut cette fois l'infanterie allemande qui se prit à attaquer le village de plusieurs côtés à la fois.

C'étaient les détachements avancés de la 2e Division blindée du général von Lüttwitz accourant à marche forcée pour étayer la Panzer-lehr dans l'espace compris entre les secteurs d'invasion des Anglais et des Américains. En même temps, du nord, débouchait un détachement de cette même Panzer-lehr appuyé par deux canons de 88 et trois pièces d'artillerie de campagne.

Celui-là c'était le lieutenant-colonel Kaufmann, un des énergiques officiers d'état-major de Bayerlein, qui, ayant découvert la dangereuse menace de l'attaque de flanc des Anglais, avait lui-même hâtivement constitué ce groupement mixte en raclant tous les fonds de tiroir. Ayant pris personnellement le commandement, il le menait à l'assaut contre les Britanniques.

Les combats de rues dans Villers-Bocage se poursuivirent jusqu'au soir du 13 juin. Puis les Britanniques évacuèrent le terrain de la lutte et se retirèrent avec les restes de leurs éléments décimés dans la région de Livry. En réalité il ne demeurait pas grand monde à ramener. Tout l'état-major de la Compagnie A, avec 27 chars, et tous les véhicules à chenilles ou à roues de la brigade blindée y étaient restés. Le général de brigade, quinze officiers et cent soixante-seize hommes de troupe avaient été tués. La 1re Brigade de chasseurs, pour sa part, laissa quatre officiers et soixante hommes sur le terrain.

Cependant le plan de Montgomery ne se limitait pas à l'engagement de la 7e D.B. Avec son attaque de flanc sur Caen se trouvait conjuguée une attaque frontale contre le secteur de Tilly. Celle-ci devait fixer les forces de Bayerlein et l'empêcher de se retourner contre l'incursion projetée sur ses arrières.

Sans doute attendait-on de la manœuvre d'encerclement de la 7e D.B. l'effet maximum. Débouchant dans le dos de la Panzer-lehr elle pouvait normalement provoquer de proche en proche l'effondrement de tout le front allemand. Mais, après que l'entreprise dans la région de Villers-Bocage eut échoué, Montgomery dut se résoudre à transformer son offensive de fixation en tentative de percée.

Au matin du 15 la 50e Division, après une violente préparation d'artillerie à laquelle participa la B.A.F. (British Air Force) s'ébranla sur tout son front derrière un barrage roulant qui revêtait les proportions d'un véritable ouragan.

Le capitaine Philippe, défenseur de Tilly, eut à supporter le poids principal de cette offensive. Avec des éléments du 901e grenadiers, il repoussa tous les assauts contre la bourgade. La lutte se fit opiniâtre. Les engagements au corps à corps devinrent fréquents. Finalement ce furent les Panzer-faust, la puissante arme nouvelle des grenadiers, la mitrailleuse de 42 et la grenade à main qui décidèrent de son issue. Tilly tint mais Lingèvres tomba.

La Belle-Epine, pourtant opiniâtrement défendue par le major von Fallois à la tête d'un détachement de reconnaissance de chars, fut à son tour investie. Puis la lutte stagna. Sur leur droite les hommes de la Panzer-lehr entendaient maintenant la bataille faire rage. C'était dans le secteur de Putot-Brouay tenu par le 12e S.S. que les Britanniques étaient désormais passés à l'assaut. Leur 49e Division attaquait à son tour.

Le 16 juin, les Anglais débouchèrent sur un large front contre la route de Tilly à Balleroy. Des forces importantes s'emparèrent de Hottot sur le chemin de Caen à Caumont. La situation devint grave.

Le général Bayerlein se trouve précisément à ce moment au

poste de commandement du 902ᵉ Régiment dont le front vient d'être enfoncé. C'est le major Markowski qui commande le détachement du Panzer-lehr-Regiment maintenu en réserve de secteur.

— Il faut que Markowski reprenne Hottot, ordonne Bayerlein. Le major n'a même pas attendu que l'ordre soit formulé pour mettre son détachement en alerte : préparez-vous pour la contre-attaque.

Après une courte préparation d'artillerie, quinze « Panthers » se ruent, auxquels s'accrochent les grenadiers d'accompagnement. A leur tête marche Markowski. Avec rage les longs tubes aboient. Les mitrailleuses crépitent. Les sourdes détonations des charges creuses ponctuent le tout. Dans la soirée, Markowski a réussi à rejeter les Anglais et à leur reprendre Hottot. Lui-même est grièvement blessé. Les pertes sont élevées parmi ses grenadiers. La nuit tombe. Fantomatiques se dressent, au soir du 16 juin, les ruines de Tilly dans la lueur du soleil couchant. Inlassablement les 49ᵉ et 50ᵉ Divisions britanniques s'acharnent contre ces bastions démantelés du front allemand, comme s'il n'existait rien de plus important au monde que de conquérir ces quelques monceaux fumants de pierres noircies et de poutres calcinées.

Les V1 survolent le front

A l'heure même où les Anglais submergeaient Tilly et Cristot le Commandement allemand attaqua brusquement Londres à l'improviste. Dans la métropole de la Grande-Bretagne, l'enfer est soudain déchaîné.

Les sirènes d'alarme hurlent sans arrêt.

De mystérieux avions sans pilote, accourant à six cents kilomètres à l'heure de la région de Dunkerque et de Calais, s'abattent sur et autour de Londres et y explosent.

Le V1 a fait son apparition.

L'ère des fusées balistiques est ouverte.

Ce fut quelques minutes avant minuit, dans la nuit du 15 au 16, que Hitler découpla ses limiers infernaux. Longs de sept mètres trente-trois, avec deux courtes surfaces portantes de quatre mètres quatre-vingt-dix d'envergure, trapus et ramassés, tels apparaissaient les monstres rugissants qui portaient dans leurs flancs plus de 1 000 kg d'explosifs. Pour la première fois dans leur histoire les Britanniques découvraient que leur capitale insulaire n'était pas à l'abri d'un tir d'artillerie venant du continent.

L'attaque ne fut cependant pas pour eux un coup de surprise. L'Intelligence Service était bien renseigné sur la fabrication des fusées à longue portée. Le 17 août 1943 les Britanniques avaient pris les devants. Avec 597 appareils ils avaient attaqué le centre de production des V1 : à Peenemünde. L'effet fut effroyable. Après le départ de la flotte de bombardement, sept cent trente-cinq morts, dont plusieurs importants techniciens, gisaient sur le terrain.

La production fut transférée dans le Harz, en partie dans des usines souterraines à l'abri des bombardements. Le service secret de Churchill en fut néanmoins informé et demeura à l'affût.

Le premier départ de V1 devait voir lieu en décembre 43. Mais le service de renseignements britannique identifia les rampes de lancement et fit arroser 35 d'entre elles de 3 000 kg de bombes. L'agression fut alors reportée au 15 février 1944. De nouveau les rampes furent bouleversées. Finalement, le lieutenant-général Heinemann fixa *ne varietur,* le terme de l'offensive V1 à la nuit du 12 au 13 juin. Cependant le colonel Wachtel, commandant le 155e Régiment de Flak, qui dirigeait toute l'opération, émit quelques objections. Il eût volontiers fait encore quelques expériences concernant le pilotage. Mais Heinemann maintint sa date. Un fait montre à quel point le secret de l'opération avait peu été respecté : à Londres, un jour avant, dès le dimanche 11, on savait déjà qu'elle aurait lieu le lendemain. Le matin du 12, le chef par intérim du service secret de la R.A.F. avertit tous les états-majors aériens de son imminence.

Entre-temps les canonniers du colonel Wachtel s'affairaient fiévreusement autour de leurs engins. La première salve devait être déclenchée sur le coup de minuit. Des ennuis techniques en firent reporter le départ à trois heures trente. Peu avant quatre heures, les 10 premiers V1 s'élevèrent en mugissant de leurs rampes de lancement. Mais la malchance les guettait : 5 explosèrent dès le départ ; les autres réussirent péniblement à franchir le détroit.

Le général Heinemann stoppa aussitôt l'expérience, et reporta l'offensive à la nuit du 15 au 16 juin. Cette fois « ça colla ». De 55 rampes à la fois s'élancèrent les monstres hurlants. Avant les premières heures du jour, 73 V1 avaient déjà explosé sur la côte sud de l'Angleterre. Quand le ministre de l'Intérieur annonça à la Chambre des Communes l'attaque des « robots maléfiques », les mines des parlementaires s'allongèrent. Le Haut-Commandement allemand en revanche mettait tous ses espoirs dans cette « arme de représailles » comme il la qualifiait. Dans les plans de travaux elle n'avait jusqu'alors été désignée que sous le vocable Fi 103, ou le nom conventionnel de « noyau de cerise ».

Hitler avait résolu, en bombardant la capitale britannique sans arrêt, de briser l'esprit de résistance des Anglais. Il s'imaginait qu'il amènerait par son tir le Commandement anglais à capituler. Et ce fut pourquoi il se refusa toujours systématiquement — et encore au milieu de juin — à utiliser l'arme nouvelle, la première fusée balistique de l'histoire de la guerre, contre la flotte d'invasion concentrée devant la côte normande ou contre les ports d'embarquement du sud de l'Angleterre.

Là pourtant cette arme nouvelle eût pu avoir des effets décisifs. Elle eût pu troubler le ravitaillement des Alliés, et qui sait ? l'interdire complètement. Au minimum on eût pu contraindre les navires de guerre à lever l'ancre et soulager d'autant les positions allemandes quotidiennement soumises au tir de leurs 640 pièces de gros calibre. Une action dirigée contre les côtes, très vulnérables, des têtes de pont eût pu avoir chez les Alliés un retentissement psychologique considérable. On savait à quel point les troupes allemandes étaient sensibles aux tirs d'artillerie ou aux bombardements aériens. Mais Londres était l'objectif désigné et le Führer n'en voulut démordre !

Comme pour démontrer à quel point il s'obstinait dans un mirage, ce fut précisément le 16 juin, le jour du lancement des V1, que l'action de la flotte anglaise, ainsi assurée d'une totale impunité, se révéla la plus désastreuse pour nos troupes à terre ; en l'espèce, ce fut le Q.G. de la 12e S.S. blindée à vingt-sept kilomètres au sud-ouest de Caen qui « trinqua ».

Hans Matyska, chauffeur de l'état-major de la Division, venait juste de ramener dans la cour du château la voiture fraîchement sortie de réparation de son général, le Gruppenführer Witt, lorsqu'il vit un avion d'observation survoler à haute altitude le quartier général.

— Hum ! je n'aime pas beaucoup ça et toi ? lui dit en le poussant du coude le mécanicien. Et tous deux, s'emparant de leurs gamelles, se hâtèrent d'aller chercher leur repas de midi à la cuisine roulante. Autant s'assurer toujours ça !

Mais le radio de bord de l'avion anglais avait été encore plus rapide qu'eux. Comme un ouragan la première salve arrivait déjà en grondant. Artillerie de marine de très gros calibre. Elle tomba à deux cents mètres derrière le château. Un mur de terre et de flammes s'éleva à hauteur de maison. La seconde salve fit s'écrouler toiture et façade. On vit les officiers et les hommes de l'état-major se ruer vers l'étroite tranchée creusée par précaution dans la cour d'honneur. Le Divisionnaire lui-même se tenait sur le bord. Il inspectait la cour d'un regard soucieux : pourvu qu'aucun de ses hommes n'y fût demeuré blessé ! Il aperçut Matyska qui, le souffle coupé, s'appuyait à la muraille.

— Matyska, cria-t-il à son chauffeur, amène-toi par ici, bon Dieu !

L'homme prit son élan comme un champion de cent mètres haies. Mais déjà la troisième salve arrivait en vrombissant. Matyska trébucha, tomba de tout son long dans la tranchée. Le général s'affala sur lui mais un geyser de feu, de poussière et de fumée les avait recouverts tous les deux.

Quand Matyska réussit à se sortir de la terre dans laquelle il était enseveli, il vit à son côté le cadavre pantelant de son général au milieu de bien d'autres accumulés. Il est difficile de décrire le charnier qu'avait fait, de ce bout de tranchée bondé, un obus de marine de 42 cm, explosant en plein sur son revers. Matyska fit deux pas au milieu des corps amoncelés et chavira dans le vide de l'inconscience.

Cet incident si malencontreux illustra tristement le danger qu'offraient pour le front comme pour les états-majors les pièces de marine des navires de guerre embossés au large. Mais Hitler ne put se résoudre à engager contre eux ses V1. Il continua à attendre de ces outils exceptionnels des effets politiques qu'il fit passer avant les nécessités militaires les plus urgentes.

Sans doute le bombardement par V1 exaspérait-il les nerfs des Londoniens. Au 84e Corps, des correspondances saisies sur des prisonniers donnèrent un aperçu de la situation dans la capitale anglaise. La lettre d'une petite vendeuse d'un magasin d'alimentation à son fiancée était particulièrement pittoresque : *Ils arrivent,* écrivait-elle, *sans faire aucun bruit. Ils ressemblent à des petits avions. Et puis ils explosent tantôt ici et tantôt là, dans tous les quartiers où ils font d'énormes entonnoirs. Des maisons entières s'effondrent. C'est épouvantable.* Une autre lettre montrait qu'un sentiment d'insécurité générale commençait à sévir. De vastes espaces à l'intérieur de la ville furent complètement évacués. Une correspondante indiquait sa nouvelle adresse en Ecosse dans une petite ville des bords de la Tyne. L'opinion publique commençait à réclamer qu'on écartât ce danger en contre-battant plus efficacement les bases de départ... ou en s'en emparant. On vit surgir des critiques contre cette offensive alliée « qui n'avançait que mètre par mètre ». Les paisibles citoyens britanniques paraissaient commencer à sortir de leur flegme.

Mais Hitler ne voulut pas comprendre que l'entrée en action des V1 qui ne s'effectuait pas de façon massive, et qui, en raison de la dispersion de leur tir, était inefficace contre un objectif limité, ne suffirait jamais à faire plier la ténacité britannique. Le 17 juin, quand il inspecta pour la première et la dernière fois le front d'invasion, il croyait encore dur comme fer à l'efficacité des V1 pour faire finir la guerre. Il se refusa à nouveau catégoriquement à les engager contre les ports du sud de l'Angleterre. Cela paraissait invraisemblable. Rommel le mit en garde. Rundstedt l'avertit. Rien n'y fit. Hitler restait résolument optimiste. « Il suffira que nos nerfs tiennent bon », déclara-t-il à ses maréchaux. En ce qui concernait le front russe il leur affirma que la situation n'y offrait absolument aucun caractère de gravité. « Tenir à l'Est, vaincre à l'Ouest », tel fut le mot d'ordre par lequel il se résuma. « Si nous tenons bon contre l'invasion, ajouta-t-il, l'Angleterre en butte aux V1 ne sera pas longue à demander la paix, vous verrez. »

Et pendant que Hitler s'efforçait ainsi de ragaillardir ses maréchaux désabusés du front de l'Ouest, en Russie les partisans faisaient sauter les ponts, les routes, les voies ferrées et les dépôts de munitions, amorçant ainsi l'offensive d'été soviétique. Quatre jours plus tard celle-ci débouchait de part et d'autre de la voie ferrée de Smolensk à Minsk et elle effondrait d'emblée le front du Groupe d'Armées du centre.

Mais où se cachent donc nos avions ?

Dans les premières heures de la matinée du 18 juin un épouvantable bombardement par l'artillerie se prit à bouleverser soudain les trous précaires dans lesquels s'abritaient les défenseurs du front de Tilly. La terre en tremblait littéralement. Puis surgirent les deux Divisions organiques du 8ᵉ Corps britannique, renforcées par des brigades de chars fraîchement débarquées. Derrière un barrage roulant auquel participent aussi bien l'artillerie de marine que la R.A.F., les Anglais passent à l'attaque. Leur premier assaut contre les ruines de Tilly échoue. Toute la journée on se battra autour des derniers pans de murs. Mais le soir ils sont perdus. Et Cristot tombe aussi. Cependant la percée n'a pas encore été réalisée. La ligne principale de résistance, reportée en deçà des ruines des deux villages, tient toujours.

De sanglants combats singuliers se rééditent indéfiniment pour la possession de chaque mètre de terrain. Les concentrations d'artillerie se renouvellent sans trêve, les attaques de Jabos succèdent aux bombardements aériens. Les pertes se font de plus en plus lourdes. Le moment devient prévisible où la Panzer-lehr et la 12ᵉ S.S. auront, au sens propre, fondu dans le creuset de la bataille. Leur usure par le tir incessant de l'artillerie et par ces attaques aériennes qui se succèdent sans discontinuer devient certaine. Mais quand les avions volant bas les survolent en rase-mottes impunément, quand les escadres de bombardiers lourds évoluant à basse altitude les arrosent de leurs « crottes » comme à plaisir, les poilus allemands se prennent à grogner à jurer, à vitupérer :

— Ah ! çà, mais où se cachent nos avions, nom de D...! Où est-elle, la satanée Luftwaffe du gros Hermann ?

Aujourd'hui encore les anciens combattants de Normandie sentent la rage se réveiller dans leur cœur quand ils évoquent ces semaines où ils se sentaient littéralement abandonnés par leur aviation, vendus, trahis. C'était une telle rareté que d'apercevoir au-dessus du front allemand quelque chasseur ou quelque avion de combat isolé.

Mais avec quels appareils eût-on voulu que volent les infortunés pilotes allemands ? Voici un exemple qui dit tout : dans une étude secrète destinée au chef d'état-major général de la Luftwaffe nous avons lu, le cœur serré, les lignes suivantes :

L'escadrille de chasse n° 2 eût dû avoir en moyenne trente appareils en état de vol. Pourtant il y eut des journées de combat où l'unité ne parvint à mettre en ligne que huit avions seulement. La majeure partie des appareils immobilisés aurait pu aisément être remise en état en quarante-huit heures, si les pièces de rechange indispensables s'étaient trouvées là. Malheureusement celles-ci avaient été retirées des dépôts stationnés en France occidental, pour les besoins de la chasse dans l'intérieur du Reich.

Et quelles en furent les conséquences ! Le même rapport les expose sans fard : on y peut lire :

Le chef de la Flotte aérienne n° 3 rend compte : destruction systématique de toutes nos infrastructures. En particulier des terrains de chasse dont les pistes ont fondu.

Le chef du 3e Bureau de la même unité signale : *Anéantissement de toutes nos communications par fil.*

Le chef du 2e Bureau, lui, écrit : *Les attaques adverses par bombardiers quadrimoteurs nous arrosant de tapis de bombes, limitées jusqu'ici à la journée, se poursuivent maintenant de nuit. Elles visent surtout à anéantir nos moyens de transport. Le rapport de nos forces à celles de l'adversaire est environ de 1 à 20. Les jours d'offensive il passe de 1 à 40.*

Quant au 2e Corps aérien, il écrit : *Les interventions de notre chasse aérienne ne sont plus possibles que de façon absolument sporadique. Nous ne pouvons plus assurer aucune exploration aérienne sur le théâtre ouest. 30 terrains anglo-américains sont déjà installés et occupés dans les têtes de pont.*

Tel était le degré de capitulation auquel nous étions parvenus dans l'espace aérien. Telle était la situation de la Luftwaffe à l'Ouest : elle n'était plus, on le voit, qu'un instrument brisé, un outil dédaigné. Et c'est bien là que gît la raison profonde de la défaite allemande. Mais peut-on, de cet état de choses, ne pas rendre l'armée aérienne elle-même pour partie responsable ?

N'eût-elle pu réagir à tout le moins pour des tentatives d'improvisation?

Nous possédons un autre rapport impressionnant du commandement de l'armée aérienne, qui résume un ensemble de comptes rendus reposant sur des expériences vécues, et d'études théoriques. Ce rapport insiste avant tout sur la façon dont on négligea d'infester de mines magnétiques, semées par avion, les eaux dans lesquelles se mouvait la flotte d'invasion. Nous le citons textuellement :

Dans les deux guerres mondiales, l'évidence s'est fait jour que des champs de mines assez denses, même en haute mer, limitaient considérablement l'amplitude des opérations navales et de la navigation de commerce, si même ils ne les paralysaient totalement.

Au cours de la Seconde Guerre mondiale, les barrages de mines semées par avion devant des ponts ou des rades ont entraîné des difficultés encore accrues, et notablement entravé l'activité maritime adverse.

On pouvait en conclure à bon droit qu'une stratégie qui eût visé à infester tactiquement de manière dense les eaux côtières de l'adversaire, aurait gêné celui-ci dans ses opérations de débarquement. Nos forces aériennes réduites eussent été précisément aptes à apporter sous cette forme une contribution efficace à notre stratégie de défense. Car infester des eaux en les minant, c'est, au premier chef, une mesure à l'échelle de la stratégie. Celle-ci eût dû être employée depuis longtemps là où l'incursion adverse était la plus probable, ou devant les secteurs de la côte où notre défense offrait des faiblesses ou des lacunes.

Qu'on songe aux difficultés qu'eût entraînées, pour les vaisseaux de ligne et les bâtiments de transport, l'existence d'un barrage de mines assez dense! Au lieu de pouvoir ajuster comme ils le firent leurs tirs en toute aisance contre les troupes à terre dans la région de Caen, les navires de guerre alliés, obligés de veiller à leur propre sécurité, n'eussent pas pesé dans la bataille du poids dont ils pesèrent. Quel allégement n'en eût pas retiré notre défensive et l'organisation de nos contre-attaques.

Le rapport ajoute encore que l'obligation même dans laquelle se seraient trouvés les Alliés de draguer préventivement d'importants chenaux eût constitué, pour le Commandement allemand, une précieuse indication sur le choix du point de débarquement.

La direction de l'arme aérienne allemande n'a pas su discerner ce rôle essentiel qu'elle eût encore pu jouer. Ainsi, en dehors du destin tragique qui fit d'elle la victime irresponsable d'une politique d'armement à courte vue, porte-t-elle néanmoins sa part de responsabilité.

Mais à la guerre il arrive fréquemment que la malchance vous soit imputée à charge, de même que la gloire et le renom ne sont bien souvent les fruits que d'un heureux hasard.

CHAPITRE V

LA BATAILLE POUR CHERBOURG

« *Le cas Heinrich.* »

La vieille soue à cochons, dans laquelle le major Küppers commandant le groupement d'artillerie de Montebourg avait établi son poste de commandement, était remarquablement camouflée. Accroupi sur le seuil, sous la toile peinte qui dissimule habilement son observatoire, le major a sur les genoux sa planchette et son plan de tir.

Les Américains ont débouché avec quatre Divisions de leur tête de pont d'Utah pour essayer de percer à la fois vers le nord et vers l'ouest. Küppers lève les yeux en voyant s'agiter le rideau qui le masque. Devant lui se tient, vacillant, couvert de sang et de boue, le lieutenant Staake de la 5e Batterie. Il arrive de la position B, située à la cote 117. Küppers devine en le voyant que quelque chose de grave a dû survenir.

— Staake, mon pauvre vieux, comme vous voilà fait ! Que s'est-il passé ?

Malgré sa blessure le lieutenant Staake fait son rapport de façon précise.

— Notre tir d'artillerie a stoppé l'attaque des blindés ennemis au passage à niveau de la voie ferrée. Mais, par un chemin creux, une partie des chars a réussi à s'infiltrer dans le bois de Montebourg. Ils menacent d'encercler les localités où les grenadiers de Berg et d'Hoffmann sont aux prises avec les fantassins américains. Ça sent mauvais, conclut Staake et il ajoute : Mon commandant, si nous avons de la chance, on arrivera peut-être encore à verrouiller cette poche-là. Mais dans le cas contraire, je crois qu'il faudrait commencer à penser à se tirer d'ici. Sans ça les « Amis » nous feront aux pattes, c'est couru.

Le major Küppers fixe son lieutenant. Pas de doute, le garçon a raison. Mais la ligne Quinéville-Montebourg-hauteur de Ginster, c'est la dernière position de défense devant Cherbourg. La forteresse n'a pas d'autre avancée du front de terre. Et si ce verrou s'effondre il n'y aura plus guère pour elle de salut. C'est pourquoi, depuis des jours, dans chaque ordre d'opérations on peut lire : « Si Montebourg tombe, la route de Cherbourg sera libre. Il faut que Montebourg tienne à tout prix. »

Et le major Küppers se remémore cette dernière semaine écoulée.

C'est le 12 juin qu'il a reçu le commandement du groupement nouvellement constitué pour la défense de Montebourg au moyen de cinq batteries prélevées sur diverses unités. Il a ainsi sous ses ordres dix-neuf pièces, des calibres les plus divers, dont quatre de 122, deux de 105, et même une de 150 sur affût automoteur. A celles-ci s'ajoutent le groupe de D.C.A. König et la batterie de « faiseurs de nuées » du major Rassner. Au total un ensemble non négligeable destiné à appuyer le 919ᵉ Régiment de grenadiers qui, depuis le 6 juin, a été refoulé aux lisières de Montebourg.

C'est par là qu'a débuté la bataille pour Cherbourg, car un port de guerre, une place forte, ne peut être défendu que sur ses positions avancées. Toutes les opérations terrestres les plus récentes, depuis l'Afrique du Nord jusqu'à la Sicile, en passant par le cas particulier si frappant de Singapour, l'avaient montré surabondamment. Et pourtant malgré ces leçons de la guerre, ce fut en vain que les chefs d'artillerie de la côte orientale du Cotentin attendirent qu'on mît à leur disposition des matériels nombreux ramenés de la côte ouest et du nord de la presqu'île où ils n'étaient pas indispensables. Au lieu qu'à eux ils l'eussent été, et à quel point, pour pilonner sans merci sous leur tir concentré la tête de pont américaine avant qu'elle ne prît de l'extension. Mais, en matière d'emploi de l'artillerie aussi, le Commandement allemand se montra timoré et pécha contre la vieille devise de Guderian : On n'assomme pas les gens avec des boulettes de mie de pain, il y faut des pavés. On se contenta de boulettes. La frayeur tenace de nouveaux débarquements, qui s'était ancrée dans l'esprit du Haut

Commandement allemand et qu'il fit partager à de nombreux états-majors supérieurs, conduisit à des demi-mesures ; que dis-je ! à des dixièmes de mesures !... On préleva ici une batterie, là souvent même une section de 2 pièces, pour appuyer les chars. Et ce fut tout.

A Montebourg pourtant on avait décidé qu'il en irait autrement. Il fallait que les troupes allemandes, engagées dans de durs combats contre les Américains débouchant de la tête de pont d'Utah, reçussent un appréciable appui d'artillerie. Ce fut le rôle du groupement Küppers que de le leur dispenser. Et l'on peut dire qu'il le fit « à pleins tubes ». Grâce à lui, les « Amis » se cassèrent les dents aussi bien sur Montebourg que sur la hauteur de Ginster, que sur la Pernelle ou sur Quinéville. De jour, Küppers les surprenait par des tirs qu'il baptisait « raffinés » c'est-à-dire par de très courtes salves soudaines se déclenchant avec une brusque intensité, mais très limitées dans le temps de façon à mettre en défaut les organes de repérage aux lueurs ou au son, de même que les observateurs aériens. De nuit il les arrosait, selon son expression, « à la seringue » c'est-à-dire que, pièce à pièce, les tubes de son groupement déclenchaient les tirs de harcèlement les plus soudains sur les objectifs les plus inattendus. Tout le monde, par moments, tirant simultanément dans toutes les directions. Ce qui déterminait à la fois des résultats matériels appréciables et des effets psychologiques surprenants. Nerveux, désorientés, les Américains, qui n'y comprenaient plus goutte, ratissaient méthodiquement, à la recherche de ces fauteurs de troubles, le terrain avec leurs pièces de tous calibres et jusqu'à leurs pièces de marine. Leurs avions d'observation aux aguets croisaient sans trêve au-dessus du front de combat et de ses arrières. Malheur à celui dont ils croyaient discerner la position de batterie. Celle-ci n'était pas longue à être prise à partie et pas avec des boulettes de mie de pain !

Mais les artilleurs allemands étaient passés maîtres dans l'art du camouflage. Leurs positions de batteries étaient de petits chefs-d'œuvre d'adaptation au paysage ambiant. Pour un vrai artilleur, une position de campagne mobile, bien camouflée, vaut tous les bunkers de la terre. Ces cloches de béton ça vous restreint le champ de tir, ça ne peut pas se dissimuler, c'est offert à l'ennemi comme sur un plat d'argent et finalement ça ne vous donne même pas une vraie protection contre les bombes et les obus. De véritables cercueils pour canons... et pour servants.

Au lieu que, sur les positions de campagne, les artilleurs avaient pris l'habitude de se creuser des trous individuels tout comme, en première ligne, les fantassins et les grenadiers des groupes de combat Müller, Keil, Berg et Hoffmann. C'était de cette façon qu'ils pouvaient le mieux tenir le coup sous les bombardements les plus sévères. Pour que l'homme fût atteint il fallait que l'obus arrivât juste sur son trou. Le cas était heureusement assez rare. D'autant plus rare que le trou était plus réduit ; et il servait également de camouflage. De jour chacun s'y terrait invisible, ne remuant ni pied ni patte. Les ravitaillements en vivres, en munitions, en pièces de rechange, tout se faisait exclusivement de nuit. Les soldats allemands avaient acquis une seconde nature : celle de se déplacer comme des ombres.

La coopération, avec une infanterie combative, d'une artillerie bien en main et dirigée selon des techniques modernes, donna devant Montebourg les meilleurs résultats. Les Américains eurent beau s'évertuer avec trois Divisions, la route du nord et du nord-est leur demeura barrée.

Malheureusement ce qui réussit si bien à Montebourg alla tout de travers plus au sud. Le major Küppers se souvient encore aujourd'hui des dramatiques entretiens qu'il eut au téléphone, le 16 et le 17 juin, avec son chef de corps le colonel Reiter auquel était adjoint le lieutenant Walter Hallstein, l'actuel président-directeur général de la Compagnie générale d'électricité. « Les Américains ont débouché de leur tête de pont en direction de l'ouest », lui avait annoncé Reiter. La nouvelle était exacte. Le major-général Collins, avec deux Divisions, avait, d'un bond, atteint la ravissante vallée de la Douve, franchi la petite rivière, et s'était emparé de Saint-Sauveur-le-Vicomte. Prenant ainsi solidement pied sur l'autre rive.

Mais il arriva pis encore : la 77e Division d'infanterie, tout récemment ramenée de Bretagne et incorporée au groupement Hellmich, ne put contenir l'avance des Américains. La 9e Division U.S. et des éléments de la 82e aéroportée poussèrent ainsi jusqu'à la côte occidentale de la presqu'île, dans l'intention de couper celle-ci par le milieu, de séparer les forces allemandes et d'isoler Cherbourg de toute communication avec le sud.

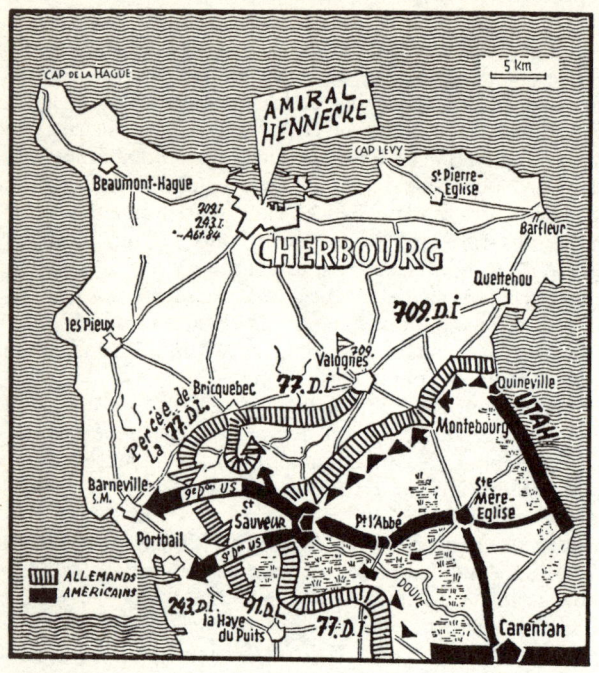

Pour garantir la partie occidentale du Cotentin la 77ᵉ D. I., ramenée de Bretagne, fut placée aux ordres du général Hellmich commandant la 243ᵉ D. I.; avec cette dernière elle constitua le groupement Hellmich. Mais la 77ᵉ Division ne put empêcher les Américains de déboucher de leur tête de pont en direction de l'ouest. Elle reçut, sur ces entrefaites, l'ordre, très controversé, de se frayer un chemin vers le sud.

Cette manœuvre du général Collins connut un plein succès. Ce fut dans les proches parages de Barneville que les Américains atteignirent la côte. Ils constituèrent aussitôt une sorte de corridor médian qui obligea, de part et d'autre, les forces séparées du 84ᵉ Corps d'Armée à se mettre sur la défensive tant face au nord qu'au sud.

Cependant, de cet effondrement assez peu glorieux de la défense allemande au centre du Cotentin, émerge comme une sorte de curieuse épopée épique la mémorable percée de la 77ᵉ D.I. à travers les lignes américaines.

Le général Stegmann eût dû normalement, avec sa grande unité, assurer la couverture du flanc droit du front défensif du général von Schlieben devant Cherbourg.

Mais le 84ᵉ Corps fut d'un autre avis et estima que le danger le plus pressant se situait au sud. Aussi, le 17 dans l'après-midi, alors que Stegwald et Schlieben venaient d'arrêter en commun les dispositions essentielles, arriva de Saint-Lô l'ordre contraire : « Foncez droit au Sud ». Stegwald le reçut sans déplaisir. Il ne croyait pas à la possibilité de tenir le front de terre du camp retranché de Cherbourg avec des régiments déjà épuisés par la bataille. Il ne se sentait non plus nullement enclin à se retirer dans une place forte qui, à son avis, ne saurait tenir longtemps — ce en quoi il ne se trompait pas.

Il chercha donc à entraîner sa Division, articulée en solides groupes de combat, le plus vite possible au travers des lignes ennemies. Mais, à l'aube du 18 juin, près du bourg de Briquebec, des Jabos prirent sous leur feu ses équipages en colonne. Il se produisit un effroyable hourvari dans lequel Stegmann, payant de sa personne, s'efforça par lui-même de remettre quelque ordre. Un Jabo surgi en rase-mottes prit sous son feu la voiture du général qui fut tué. C'était le quatrième officier général qui tombait depuis le début de l'invasion.

Le jour précédent le général Hellmich commandant la 243ᵉ D.I. avait été atteint exactement dans les mêmes conditions, et tué lui aussi.

Tué par Jabo, ça devenait un terme courant sur le front. Jusqu'au général Marcks, le si sympathique et remarquable commandant du 84ᵉ Corps d'Armée, qui fut atteint le 12 juin, à l'ouest de Saint-Lô, par la rafale d'un Jabo et qui mourut d'hémorragie dans le fossé de la route.

Ce fut le colonel Bacherer commandant le 1049ᵉ R.I. qui, comme plus ancien des chefs de corps, prit le commandement de la Division Stegmann. Il réunit aussitôt les différents commandants et tint avec eux un conseil de guerre. Que s'agit-il de faire ?

— Renoncer à percer, opinèrent les uns.

— Se retirer au nord sous la protection des canons de Cherbourg, suggérèrent les autres.

Bacherer leur objecta :

— Allons-nous bénévolement envoyer 1 500 à 2 000 hommes en captivité quand en ce moment, au sud, pour construire la ligne de résistance, l'appoint du moindre fusil est précieux ?

Dans la nuit du 18 au 19 les colonnes de marche s'ébranlèrent en direction du sud. Le chef du 2ᵉ Bureau de l'état-major, le Dᶜ Schreihage, nous a décrit cette marche spectrale de la 77ᵉ Division à travers les positions américaines : les rares voitures de tourisme et les voitures radio encore en état de marche furent précautionneusement portées en avant pour éclairer les itinéraires. Quand le petit jour commença à poindre, les régiments de la Division évoluaient en plein milieu des cantonnements occupés par les Américains. Les sentinelles aux issues, stupéfaites, furent désarmées, et les prisonniers incorporés aux colonnes allemandes, sans qu'un seul coup de feu ait donné l'alarme. Le détachement de transmissions enroula sur ses bobines, au fur et à mesure de sa progression, les câbles de campagne des Américains dont il coupa ainsi les communications, tout en reconstituant son propre matériel. L'aube était blafarde, le plafond très bas, une pluie fine et une brume épaisse protégeaient contre le péril aérien.

Vers onze heures la colonne principale fit halte dans un chemin creux. A cinq cents mètres à peine de distance, ses éclaireurs découvraient, au même instant, la présence d'un camp de tentes américain.

Que faire ? Les hommes épuisés par la longue marche nocturne n'étaient plus en état de se remettre en route. Il fallut bien s'accommoder de l'étrange situation.

Le mot d'ordre passa de bouche en bouche : « Faites silence et dormez. »

Et les hommes s'affalèrent sur place là où ils se trouvaient. Sur le bord du chemin creux, seuls quelques guetteurs, armés de jumelles, veillaient. Les Américains allaient-ils s'apercevoir de leur présence ? Ils ne s'aperçurent de rien.

Tard dans l'après-midi on se remit en route. Le colonel Bacherer envoya par radio un message aux éléments de la 243ᵉ Division qui se trouvaient au sud du corridor américain. « Poussons sur

Villot. Ouvrez-nous le passsage. Pouvez-vous éventuellement nous appuyer en contre-attaque ? »

Là-dessus une petite poignée de canons d'assaut de la 243ᵉ, faisant grand bruit, ouvrit, près de Villot, le chemin aux gens de la 77ᵉ qui s'y glissèrent en catimini. Mais, sur les bords du ruisseau d'Ollonde, l'aventureuse entreprise parut sur le point de tourner court. De solides grand-gardes américaines tenaient tous les points de passage sur le cours d'eau.

Bacherer ne voulut pas, si près du but, abandonner la partie. Puisqu'il le fallait, on se battrait donc. Le 1ᵉʳ Bataillon du 1050ᵉ R.I. attaqua à l'ancienne mode, baïonnette au canon, appuyé par le tir d'une seule mitrailleuse légère, la tête de pont occupée par l'ennemi et força le passage du pont sur la rivière. Il fit de surcroît prisonnière la garnison américaine appartenant au 47ᵉ Régiment U.S. Ce fut avec tous leurs blessés, 250 prisonniers et 11 jeeps enlevées à l'ennemi que les régiments de la 77ᵉ Division firent leur entrée dans les lignes allemandes.

Dans sa porcherie de Montebourg, le major Küppers, le 19 au matin, ignore bien entendu tous ces détails.

Mais ce qu'il sait c'est que le secteur de Montebourg est désormais « en l'air ». Et ce qu'il faut entendre par secteur ce n'est pas une portion de terrain. Ce sont, là-bas à l'avant, les grenadiers des groupes de combat dans leurs trous de tirailleurs individuels ; ce sont les 19 pièces de ses 5 batteries ; les canons de D.C.A. du 30ᵉ Régiment de Flak, les faiseurs de nuées du major Rassner et les chasseurs de chars du capitaine Hümmerich. Tout ce monde-là est « en l'air » selon l'expression courante, c'est-à-dire qu'ils n'ont plus de protection sur leur flanc droit et peuvent à tout instant devenir la proie de l'ennemi qui les enveloppera. Küppers sait que son lieutenant a raison, qui se tient en ce moment devant lui, et qui lui affirme qu'ils risquent tous d'être pris au piège et « faits comme des rats ».

Küppers appelle son chauffeur :

— Koch, as-tu encore un peu de gnole pour le lieutenant ? Il ne l'a pas volée.

Koch apporte la topette. Il y reste encore un petit fond qu'il verse dans son quart.

Le lieutenant le lampe d'un trait.

— Merci, mon commandant. Mais dites-moi, ajoute-t-il à voix plus basse, le cas Heinrich n'est toujours pas envisagé?

— Non, l'ordre demeure de tenir.

Le « cas Heinrich » c'est le mot de passe, le terme conventionnel qui signifiera que le moment est venu de se retirer dans le périmètre du camp retranché de Cherbourg. Depuis la percée des Américains à Saint-Sauveur et leur avance jusqu'à la côte ouest, l'aile droite de Schlieben se trouvait complètement à découvert. La 7e Armée projetait donc de ramener ces forces ennemies compromises sur le périmètre du front de terre de Cherbourg. A défaut de le faire, on courait en effet le risque que les Américains ne s'infléchissent vers le nord et ne prennent à revers les fractions du groupe Schlieben maintenues dans la région de Montebourg. Pour l'éviter, et laisser dans une certaine mesure à la troupe elle-même l'initiative d'entamer son repli, il avait été convenu que, sur le simple mot de passe de « Heinrich », le mouvement de décrochage serait amorcé par échelons. Mais quand le quartier général du Führer eut vent de ces dispositions, Hitler frappa du poing sur la table et interdit « toute manœuvre en retraite ». « Les positions actuelles doivent être maintenues à tout prix », proféra-t-il ; on connaissait l'antienne.

Cependant les circonstances furent les plus fortes. Le front de Schlieben à l'ouest se trouvait pratiquement déjà entamé. Il ne pouvait matériellement plus être maintenu. Rommel avait protesté par téléphone auprès de Rundstedt, et ce dernier s'était efforcé de faire saisir au Führer la gravité de la situation dans la presqu'île. Là-dessus la décision de celui-ci s'était vue modifiée : « La forteresse de Cherbourg devra être conservée en tout état de cause. Le combat en retraite des groupes du sud, à condition de retarder la marche de l'ennemi, est autorisé. En aucun cas le décrochage ne devra s'effectuer d'un seul bloc. » Les commandants d'unités en furent informés. La responsabilité reposait désormais sur leurs épaules. Car, si l'on traduisait en termes clairs à l'usage des combattants cet ordre ésotérique, il signifiait : « Vous tiendrez jusqu'à ce que vous ne puissiez plus faire autrement, et vous ne céderez qu'à la dernière minute sous la pression de l'ennemi, de façon à ne pas être faits prisonniers. »

Mais quand se situerait-elle, cette dernière minute? Pouvait-on en juger sans connaître la position du voisin? Afin de créer une situation sans équivoque, on s'efforça de réorganiser l'articulation du commandement. La 709ᵉ Division d'infanterie et le 922ᵉ Régiment de grenadiers de la 243ᵉ Division d'infanterie constituèrent le « groupement Cherbourg » qui échappa à l'autorité du 84ᵉ Corps. La responsabilité de toute la région de Cherbourg reposait sur le seul général von Schlieben. Il a évoqué pour nous ce que furent ses soucis à l'époque, de la façon suivante : « Je me souviens, nous a-t-il dit, qu'un message radio émanant du maréchal Rommel me parvint, qui n'était pas chiche de missions à remplir. Il disait à peu de chose près : « Le groupe Schlieben devra résister de front, ne se retirer que sous une très forte pression de l'ennemi, ne pas se laisser accrocher, ni tourner, ni déborder, tromper l'adversaire par d'adroites manœuvres d'esquive, et garnir en temps opportun le front de terre du camp retranché ». Et pour faire tout ça, ajoute le général je ne disposais que d'une malheureuse Division hippomobile, complètement démantibulée, presque impossible à mouvoir, alors que l'ennemi de son côté était bien plus largement et richement motorisé que nous ne l'étions nous-mêmes dans nos unités blindées au début de la campagne de Russie ! Et il avait de surcroît une aviation qui nous interdisait tous les mouvements de jour.

» Un ordre spécifiait par ailleurs — raconte toujours le général von Schlieben — que d'après les dernières directives du Haut-Commandement de la Wehrmacht, " en tout état de cause " la ligne Saint-Vaast-La Hougue — le Theil — front de terre de Cherbourg — Vauville devait être tenue. Somme toute il eût fallu tendre un verrou barrant toute la largeur de la presqu'île. Et puis un autre radio disait encore qu'" en tout état de cause ", non seulement le front de terre, mais " l'intégrité de la presqu'île de Jobourg devrait être assurée ".

» Il en allait de même des hauteurs de Brix. Bref, conclut le général, j'avais le sentiment très net que les stratèges n'avaient plus du tout le compas dans l'œil quand ils lisaient la carte. Le réseau routier dans le Cotentin était si dru et en si parfait état que n'importe quelle unité motorisée pouvait aisément tourner la moindre résistance qu'elle rencontrait. On m'avait en apparence donné toute liberté d'action. En réalité chaque ordre que je recevais me liait les mains ou contredisait le précédent. »

Et voilà pourquoi, le 19 juin, les grenadiers et les artilleurs de la région de Montebourg résistaient encore sur leurs positions alors que déjà, dans la partie occidentale du Cotentin, les blindés américains commençaient à opérer dans celle de Cherbourg.

Mais revenons au commandant Küppers dans sa porcherie au nord de Montebourg. Le major a décroché le téléphone et s'entretient successivement avec les chefs des groupements d'infanterie. Tous sont du même avis : il faut d'abord enrayer l'attaque des « Amis » ou tout est « dans le lac ».

Alors : « Tir de concentration de tous les matériels sur les points où l'ennemi a pris pied », ordonne Küppers.

Les batteries se déchaînent. Les lanceurs de Rassner font démarrer leurs projectiles hurlants. L'effet est foudroyant. Devant les salves des « faiseurs de nuées », panachées d'obus explosifs, les Américains interdits hésitent et n'osent poursuivre leur avantage. Ils s'imaginent avoir affaire à des forces très supérieures. Mais combien de temps cette hésitation va-t-elle durer ?

Vers midi la communication se trouve établie par un pur hasard avec l'état-major de la Division. En réparant une ligne, les télégraphistes l'ont branchée par inadvertance sur le P.C. du général von Schlieben.

— Comment ! s'exclame au bout du fil le chef du 2ᵉ Bureau de l'E.M. du 709ᵉ D.I., le major Förster, vous êtes encore là ? Mais nous étions convaincus que vous vous étiez retirés la nuit dernière.

Il n'a pas le temps d'en dire davantage, la ligne est de nouveau coupée.

Une demi-heure plus tard les messages de détresse affluaient au P.C. de Küppers. La catastrophe semblait imminente. Les chasseurs du capitaine Hümmerich ont essuyé de telles pertes en pièces antichars qu'ils ne sont plus en mesure d'assurer la couverture du flanc droit.

Le lieutenant König, officier de liaison du 30ᵉ Régiment de D.C.A., signale que les positions de batteries antiaériennes entendent se rapprocher d'elles le bruit du combat et sont déjà partiellement sous le tir d'infanterie.

Le lieutenant Storz chef de la 1ʳᵉ section du 1709ᵉ R.A. signale, de son observatoire du clocher de Huberville : « De part et d'autre de Montebourg, des unités de chars américaines se préparent à l'attaque. »

C'était la 4ᵉ Division U.S. qui débouchait dans le flanc droit découvert, tandis que la 79ᵉ attaquait frontalement sur Montebourg. Celle-ci contourne avec ses chars le centre de la bourgade et atteint la route de Valognes.

Le major Küppers cherche à joindre au téléphone les commandants du groupement qu'on peut encore atteindre. A son P.C. de la porcherie viennent d'arriver tour à tour le lieutenant-colonel Hoffmann, le major Rassner, et le lieutenant Schmidt, que la pression ennemie a obligés à évacuer leurs emplacements de combat au nord de la route de Valognes.

Quoi faire ? chacun se pose la question. Se laisser déborder davantage ? Ce sera se voir mettre, à brève échéance, dans la nécessité de capituler. Mais décrocher de jour c'est s'exposer sans merci aux coups des Jabos à l'affût.

Heureusement le ciel se montra clément. Un vent violent s'éleva soudain sur ces entrefaites, chassant devant lui des nuées basses en troupeau. La pluie se mit à tomber. C'était exactement le temps dont la troupe avait besoin pour se dérober à couvert. Sa seule chance d'échapper au piège entrouvert.

Une fois encore toutes les pièces crachèrent à la fois, les lanceurs vidèrent leurs coffres. Tout ce qui, comme munitions, ne pouvait être emporté fut épuisé. Et l'ennemi se laissa prendre à ce simulacre de contre-attaque. Abusé par cette feinte, il laissa les grenadiers « décrocher » à sa barbe. Jusqu'à ceux qui occupaient le réduit au centre du bourg qui s'éclipsèrent à son insu. La délicate opération réussit parfaitement.

Conformément à l'ordre du G.Q.G. on ne retraita pas « d'un seul bloc » jusque dans le camp retranché. Une position intermédiaire fut établie à hauteur de « le Mont » et occupée par des détachements retardateurs.

A dix-huit heures trente tout le monde était à nouveau en place, l'artillerie prête à ouvrir le feu. Il faut avoir vécu avec ces hommes le combat ininterrompu qu'ils livrèrent pendant des jours, pour comprendre tout ce que recèle cette simple phrase, tout ce qu'elle révèle d'esprit de devoir et d'abnégation : ils étaient de nouveau en position prêts à l'action.

Le jour suivant, les groupes de combat de Montebourg furent incorporés au front de terre de Cherbourg.

Le rideau allait se lever sur le dernier acte du drame.

Ordre du Führer : « Jusqu'à la dernière cartouche. »

Les divers bataillons qui entrèrent dans la composition des forces du front de terre de Cherbourg n'étaient plus guère qu'à l'effectif de quatre-vingt-dix à cent quatre-vingts hommes en moyenne. Si seulement la Flak lourde de la place, qui s'était révélée un excellent moyen de défense contre les chars, avait pu les appuyer ! Malheureusement la plupart des pièces, dont de nombreux canons de 88, étaient restés sur les positions extérieures faute de moyens de transport pour les en ramener. Les avant-trains, judicieusement regroupés à courte distance des positions de batterie, s'étaient, par malchance, trouvés juste dans la zone des parachutages américains autour de Sainte-Mère-Eglise. Et l'officier responsable du parc l'avait purement et simplement planté là pour se « tirer des pattes ». En sorte que les conséquences furent désastreuses. Les faibles forces de quatre groupements de combat, installées, sans armes antichars d'une réelle puissance, dans des nids de résistance hâtivement improvisées, durent défendre contre l'assaut conjugué de six Divisions U.S., un périmètre de près de cinquante kilomètres de développement.

Sur la presqu'île de Jobourg, occupant l'ouvrage avancé de « Westeck », se trouvait le 922ᵉ Régiment de grenadiers constituant le 1ᵉʳ groupement de combat. Puis venait le groupement Keil, formé du 919ᵉ Grenadiers et du Bataillon de mitrailleuses n° 17, qui occupait le nid de résistance 463. Au centre se trouvait le 739ᵉ Grenadiers aux ordres du lieutenant-colonel Köhn. Quant au secteur oriental allant du nid de résistance 436 jusqu'au cap Lévy, il était tenu par le groupement Rohrbach avec le 729ᵉ Grenadiers. Le commandement du front de terre et de la défense de la ville se trouvait dans le P.C. souterrain d'Octeville, un faubourg de Cherbourg. S'y tenait également le commandant à la mer du secteur « Normandie », notre vieille connaissance, l'amiral Hennecke.

Le général von Schlieben se rendait parfaitement compte qu'il ne pouvait espérer offrir aucune résistance durable contre une armée dotée de tout un outillage moderne. Il ne s'agissait pour lui que de gagner du temps. Gagner du temps pour pouvoir mettre le port complètement hors d'usage et le rendre impropre pour longtemps à toute utilisation par les Américains. Gagner du temps aussi pour permettre au front défensif allemand, dans le Sud, de se renforcer et immobiliser aussi longtemps qu'il lui serait possible les forces alliées contre Cherbourg, c'était tout son espoir.

Schlieben n'en fit pas mystère à ses commandants de groupements. « Se cramponner. Tenir tant qu'on pourra. » Telle fut la consigne. Les hommes firent de leur mieux.

Dans les corridors du poste central de commandement souterrain, la densité d'occupation était devenue telle qu'on n'eût pu y glisser une épingle. Plus d'un millier d'hommes s'y étaient réfugiés, et y étaient étendus ou assis un peu partout. Empilés sur des cageots de conserves, sur des sacs de pommes de terre, sur des caisses à munitions s'entassait là, pêle-mêle, dormant, ronflant ou se disputant par moments âprement, une foule hétéroclite d'artilleurs de marine, d'auxiliaires des organisations portuaires, de matelots des remorqueurs, de fantassins territoriaux, de travailleurs de l'Organisation Todt, d'hommes du Service du Travail, et de mécaniciens d'aviation sans emploi. Une odeur composite de poudre, de pourriture, de gaz d'échappement des moteurs à mazout, et de sueur humaine, règne dans les alvéoles. L'atmosphère devient pestilentielle car la ventilation ne fonctionne plus.

Par les grands corridors voûtés parvient, assourdi, le bruit des coups d'arrivée de l'artillerie. Par instants l'électricité vacille brusquement et l'on entend tout aussitôt le coup sourd d'une explosion plus proche.

Un caporal-chef dont le nid de résistance vient d'être submergé, et qui a cherché refuge dans l'abri, annonce à qui veut l'entendre que les « Amis » sont installés sur le toit même de celui-ci. Il les a vus de ses yeux, affirme-t-il, forer avec de gigantesques perceuses des trous dans le béton et les bourrer d'explosifs.

— Si on ne capitule pas sur-le-champ, conclut-il, amer, vous verrez qu'ils vont faire de nous de la purée de pois.

Le lieutenant Blume, l'officier d'ordonnance de l'amiral Hennecke, se fraye péniblement un chemin jusqu'à la pièce dite « de situation ». Mais la vraie situation, elle se lit encore mieux dans ces corridors que sur les cartes. Au passage du lieutenant les hommes allongés ne retirent même plus leurs jambes tant ils sont épuisés, démoralisés, voire, pour certains, récalcitrants. Blume n'y prend même plus garde. Il arrive du P.C. de l'état-major ; il est fixé. Le chef du 3ᵉ Bureau s'est chargé de l'édifier. Il n'y a plus rien à espérer.

Dans la chambre de situation l'attend le lieutenant de vaisseau Schierhorn un des adjoints de l'amiral.

— Alors ? demande-t-il. Blume fait un geste de découragement.

— Le fort du Roule est tombé voilà deux heures. Désormais, des hauteurs sud de la citadelle, les Américains plongent dans les moindres recoins de la ville.

Schierhorn n'en peut croire ses oreilles.

— Le fort du Roule ! mais comment est-ce possible ? Avec ses canons de 15 il était réputé imprenable.

Blume haussa les épaules.

— Les « Amis » avaient installé leurs mortiers juste à côté d'un hôpital. Avec ses batteries incrustées dans le rocher face au port, le commandant du fort n'avait pas grande action sur ses arrières. Et puis il a hésité à user de son armement automatique à cause de la proximité de l'hôpital en question. Résultat : ses canons ont été mis hors d'usage à courte distance à travers les embrasures.

Schierhorn se penche sur la carte :

— Combien de temps croyez-vous que nous allons pouvoir tenir encore ici ?

Blume n'a pas une hésitation.

— La colline sous laquelle se trouve notre abri est encerclée elle aussi. Les Américains sont en train de faire sauter l'entrée sud, et ils exécutent des forages en ce moment même sur notre toit. Ils ont déjà lancé des charges d'explosifs par les cheminées d'aération. Elles n'ont pas fait grand mal, mais, comme la ventilation ne fonctionne plus, les gaz de la déflagration, qui s'accumulent, empuantiront vite l'atmosphère. S'ils ne réussissent pas à nous faire sauter, vous verrez qu'ils nous enfumeront comme des renards.

Les deux officiers se taisent. On n'entend retentir dans la moderne oubliette qui les tient tous les deux captifs que le grondement lointain de la canonnade.

— Allons, murmure Blume, la dernière rasade.

Et d'une fiole qu'il a sortie du tiroir de son bureau, il remplit deux pleins verres de cognac.

A quelque distance de là, séparé d'eux par quelques mètres à peine de terre et de roche, se tient dans son alvéole, le général von Schlieben, le commandant en chef du camp retranché. Seul, pensif, le général est incliné sur cette carte de situation que surchargent tant de traits bleus et de flèches rouges.

Nous sommes le dimanche 25 juin, il est exactement quinze heures cinquante-deux. On frappe à la porte. Le major Förster, du 3ᵉ Bureau, entre, un télégramme à la main.

— La réponse du Groupe d'Armées à notre message radio, mon général.

Schlieben s'est retourné sans mot dire, il cherche à lire sur le visage de son subordonné ce qu'a décidé le Groupe d'Armées. C'est le matin même qu'il lui a lancé par la voie des ondes un appel dont chaque terme est encore présent à sa mémoire : « Supériorité matérielle de l'ennemi et maîtrise de l'air nous dominent. Majeure partie de nos batteries démolie ou détruite. Troupe épuisée et acculée à la mer sur étroite bande de terrain. Port et toutes installations annexes efficacement détruits par nos soins. Perte de la ville inévitable à brève échéance, l'ennemi ayant déjà pénétré dans sa périphérie. Deux mille blessés sans moyen d'évacuation. En raison de l'absence de toute possibilité de réaction par suite du défaut d'armes appropriées, l'anéantissement prévisible des éléments restants est-il rendu nécessaire par la situation d'ensemble ? Signale urgence de la réponse. »

Schlieben a encore chaque mot écrit devant les yeux. Spécialement ceux de la dernière question dont il a, avec Förster, soigneusement pesé tous les termes. Normalement on devrait lui donner carte blanche.

— Alors, demande-t-il, quelle est leur réponse ?

Le major Förster lit d'une voix altérée :

— « Vous devez, conformément à l'ordre du Führer, vous défendre jusqu'à la dernière cartouche. Signé Rommel, feld-maréchal-général. »

— Est-ce tout ?

— C'est tout, mon général.

Le général laisse errer son regard sur la grande carte de situation appendue au mur. Cent fois déjà il a contemplé ce lacis de lignes et de flèches. Cent fois il s'est rendu compte de cette évidence que le visage de la place forte de Cherbourg est tout entier tourné vers la mer. C'est vers la mer que convergent tous les canons des artilleries de marine de côte et de forteresse. C'était de là qu'on attendait l'ennemi. Qu'il pût venir de la direction exactement opposée,

personne, dans les états-majors allemands, malgré maint avertissement n'avait même voulu l'envisager. Et maintenant il allait falloir
acquitter la note. Ce qui était arrivé aux Anglais en 1942 avec leur
forteresse de Singapour, la plus puissante du monde, se reprodui-
sait exactement pour Cherbourg : l'ennemi allait y entrer à sa guise
par la porte de derrière.

Le major Förster et un officier du 2ᵉ Bureau reportent sur la
carte les derniers renseignements reçus sur les attaques de l'ennemi : partout les flèches rouges pénètrent dans les lignes ou
traversent les ronds bleus qui figurent les positions de défense.
Chaque flèche qui vient s'ajouter représente toute une tragédie. La
plupart des points d'appui ont à peine pu être cerclés de réseaux.
Souvent des nids de résistance voisins se trouvent sans liaison « à
vue » les uns avec les autres. Les forts intérieurs qui cerclent la ville
sont vétustes et démodés. Seuls les deux ouvrages neufs extérieurs
« Westeck » et « Osteck » sont des constructions modernes édifiées
par l'Organisation Todt. Mais eux aussi n'ont pas été suffisamment
agencés en prévision d'une attaque venant de la terre ferme. Et tel
est le « front de terre » — un front qu'avec des unités d'élite on
aurait peut-être pu tenir un certain temps, mais pas avec des
formations qui se composent pour une part des restes décimés de
deux Divisions d'infanterie, et pour une autre part d'hommes
nullement entraînés au combat : des « rampants » de l'aviation, des
conducteurs du train des équipages, des sapeurs de forteresse, des
loups de mer mis à terre, des secrétaires et des ordonnances de la
Feldkommandantur, de vieux trésoriers de la garnison, le personnel bureaucratique de la Marine, du Service du Travail, de
l'Organisation Todt, et, pour couronner le tout, les « volontaires »
des bataillons géorgiens !...

Le 1ᵉʳ mai 1944, juste cinq semaines avant l'invasion, le général
Marcks, au cours d'un exercice d'entraînement du corps franc
« Messerschmitt », avait démontré que la forteresse était, du côté
de la terre, à la merci d'un coup de surprise. Faut-il y voir le signe
de la Fatalité si la première intrusion américaine se produisit
précisément à l'endroit où le bataillon Messerschmitt avait lui aussi
fait irruption dans la ligne de défense : au point de soudure entre
les nids de résistance 422 et 426.

L'expérience de manœuvre s'était faite sanglante réalité. Mais en
pouvait-il être autrement ? Comment eût-on voulu, encore une

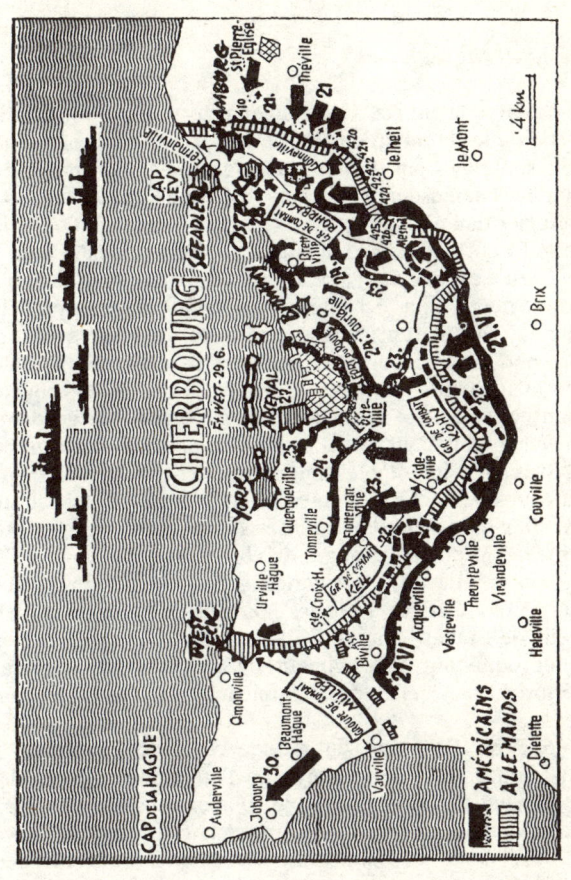

Le déroulement des combats sur le front de terre et à l'intérieur de la place forte de Cherbourg du 21 au 30 juin.

215

fois, que tinssent, contre des attaques de chars, des points d'appui commandés par des officiers vétérinaires, et tenus par leurs palefreniers ou par de jeunes parachutistes à peine dégrossis ?

Le front se désagrège

Ce que ne parvenaient pas à provoquer à eux seuls les tirs massifs de l'artillerie ou les bombardements aériens, ce furent les attaques d'infanterie soutenues par des chars qui rapidement se chargèrent de l'obtenir : les défenseurs peu à peu abandonnèrent les positions pour se réfugier dans les abris souterrains qui abondaient en ville. Et pourtant il y eut des nids de résistance qui furent fanatiquement défendus. C'est ainsi que des gamins de dix-huit ans appartenant au Service du Travail, qui occupaient un point d'appui près de Gonneville, le disputèrent à l'ennemi jusqu'au bout avec une âpreté digne d'un meilleur sort. Le terrain était défavorable. L'artillerie n'avait sur lui que de mauvaises vues et pouvait difficilement y combattre les chars. Cette poignée de gosses se comporta néanmoins dans ses tranchées comme de vieux grenadiers éprouvés. Ils rejetèrent les fantassins américains, en un même endroit, à coups de bêche, si l'on en croit la légende. Mais contre des chars, que pouvaient-ils ? Epuiser leurs Panzerfaust et puis lever les mains. Même les groupes de combat les plus endurcis se sentaient désarmés devant les Américains dotés de moyens perfectionnés. Les grenadiers de Keil, les hommes de Hesse-Thuringe, comme ceux de Müller, ceux de Köhn comme ceux de Rohrbach durent céder tour à tour. Les régiments d'assaut américains, grâce à leur supériorité matérielle, désintégraient littéralement le front petit à petit.

Quelle que fût l'étendue du nid de résistance, rapporte le lieutenant-colonel Keil, le scénario de l'attaque se renouvelait toujours selon une méthode invariable. D'abord un bombardement par une cinquantaine d'avions. Puis une concentration de lance-grenades. Puis l'assaut des fantassins. Les Américains emmenaient avec eux en première vague un matériel de transmission radio hors pair. Instantanément le succès ou l'insuccès de leur attaque était signalé à l'arrière. Avant même que le commandant de compagnie allemand sût, par un coureur, qu'un de ses nids de résistance était tombé, le chef américain de la troupe d'assaut avait eu le temps de demander par radio l'envoi de renforts. Lesquels formaient pelote dans le nid de résistance enlevé, pour y attendre la contre-attaque allemande. Celle-ci une fois repoussée, ils s'organisaient sur le terrain conquis. Des heures se passaient avant que le régiment pût se faire une vue claire des événements et tenter une riposte de plus grand style, qui arrivait forcément trop tard.

Entre-temps, en effet, la même manœuvre avait été reprise contre quelque autre nid de résistance. Et c'est ainsi que, de proche en proche, le front allemand se trouva démantibulé, désagrégé, quasiment pulvérisé.

Le général Schlieben se souvenait du jour où il avait été nommé par Hitler au commandement du camp retranché, le 23 juin. Le Führer lui avait envoyé un télégramme. Il y était dit : « Si le pire doit arriver, Cherbourg ne devra tomber aux mains de l'ennemi qu'à l'état d'un monceau de ruines. » Un monceau de ruines !

Schlieben regarde la carte appendue au mur de son bureau. On y peut relire une à une toutes les étapes du drame.

C'était le 20 à quatorze heures que le groupe d'artillerie sud avait signalé : « Pointe d'avant-garde ennemie aperçue sur la route de Valognes à Cherbourg — a atteint borne repère sud. — Demandons autorisation ouverture du feu. »

Tard dans l'après-midi, vers dix-sept heures quarante-cinq, les Américains étaient ensuite apparus dans le secteur oriental près du village du Theil. Ils avaient tâté le terrain, cherché le contact, mais s'étaient rapidement retirés quand les salves des 5e et 8e Batteries du 1709e R.A. avaient accueilli leurs chars de pointe à l'improviste.

Tel avait été le lever de rideau.

Dans la matinée du 21 avait débuté le premier acte, par une attaque aérienne d'une ampleur inusitée, menée par plusieurs milliers d'avions contre tout l'ensemble du front de terre.. Lui avaient fait suite de violents tirs d'artillerie puis des attaques par avions d'assaut en rase-mottes. Finalement les chars s'étaient rués en grondant.

Du côté de Saint-Pierre-Eglise, un de leurs détachements avait pris comme objectifs le terrain d'aviation de Gonneville. Le capitaine Zdraleck commandant la 9e Batterie, installé en observation dans le nid de résistance no 416, dirigeait lui-même contre eux le tir de ses pièces. Un coup, deux coups au but. On les vit faire demi-tour. Puis revenir à la charge, essayer de percer. Mais ils n'y parvinrent pas. Le barrage d'artillerie allemande les stoppa chaque fois net. Les « Amis » durent abandonner la partie et se retirer.

Malheureusement, ailleurs, il en alla autrement : « Alerte ! » hurlèrent les guetteurs des nids de résistance 425 et 426. Mais les chars américains, dont la progression inaperçue avait bénéficié d'un défilement, débouchaient déjà sur la position. Une compagnie de chasseurs parachutistes composée de recrues d'un bataillon d'instruction, qui n'avaient pas six semaines d'entraînement fut, à la lettre, submergée. En ce point l'ennemi avait atteint, du premier bond, la ligne principale de résistance. Il ne servit à rien que le lieutenant Kadau du 729e Grenadiers se maintînt opiniâtrement dans les deux points d'appui voisins. Par la large brèche qu'ils avaient enfoncée, les Américains s'infiltrèrent aisément et le débordèrent peu après.

A seize heures un quart, ils étaient déjà au contact des positions de batterie du lieutenant Ohlmeier et du lieutenant Bauer. Les deux officiers et la plupart de leurs canonniers tombèrent en voulant défendre leurs pièces.

La 11e Batterie du lieutenant Schwalbe se défendit avec l'énergie du désespoir. Les chars durent réduire chaque obusier l'un après l'autre et décimer à la mitrailleuse les chevaux des avant-trains. Le lieutenant Schwalbe blessé fut recueilli dans l'ouvrage « Osteck » où il rendit compte de la situation.

On dépêcha sur-le-champ des éclaireurs d'artillerie dans le secteur menacé. Le message reçu d'eux peu après ne laissait rien à désirer pour la précision, qu'on en juge : « Pointes ennemies, soutenues par chars, ont atteint la grande route Cherbourg-Theville à l'ouest du terrain d'aviation — stop — Lieutenant Kadau se maintient toujours sur ligne de résistance — stop — En dehors de la brèche devant 425, la H.K.L. reste inentamée — stop — Capitaine Walter avec 8e Batterie, encerclé, se défend de tous côtés — Fin. »

L'heure de l'artillerie avait sonné. Crachant de tous ses tubes elle appuya les contre-attaques des fantassins.

Comme par miracle étaient demeurées intactes toutes les liaisons téléphoniques qui aboutissaient au standard de la 8e Batterie encerclée. Un poste de relais qui se trouvait dans un chemin creux occupé par l'ennemi ne cessa de fonctionner automatiquement pendant tout le cours de l'action.

Demeuré ainsi branché sur le réseau général, le capitaine Walter put entendre les consignes réitérées données aux diverses unités : « Tenir bon à tout prix », et il tint bon lui aussi avec sa 8ᵉ Batterie coiffée par l'assaillant comme un sanglier par la meute.

Le lieutenant Frey avec un bataillon du 729ᵉ Grenadiers, poussant une contre-attaque dans sa direction, parvint jusqu'à sa hauteur et lui donna la main. Le caporal Rühl avec son Panzerfaust liquida deux chars coup sur coup. Les Américains ripostèrent avec des obus au phosphore. Mais la 8ᵉ Batterie formant môle, et désormais encerclée de trois côtés seulement, tenait toujours. Ce fut en vain que le lieutenant Frey essaya de la dégager plus complètement en aveuglant la brèche devant elle. Le capitaine Hallmann envoyé en renfort avec une compagnie de parachutistes n'y parvint pas davantage. Le danger de ce trou béant, par lequel l'ennemi dévalait, persista.

La 8ᵉ Batterie n'en tint pas moins trois jours encore. Et puis il fallut bien évacuer la position devenue intenable. Elle fit auparavant sauter toutes ses pièces. Elle ne comptait plus, quand elle se retira, que vingt-deux hommes à son effectif.

Tous ces événements on peut les relire sur cette carte murale du P.C. du général où ils se traduisent en coups de crayon zébrant les positions, en flèches rouges, en traits pointillés, en hachures. La grande bataille est devenue là une sorte de peinture abstraite. Mais, pour qui sait lire, dans chacun de ces traits au fusain, que de richesse à la fois et de vie et de mort.

Le 22, les Américains réussirent à pénétrer assez profondément dans les positions allemandes à l'ouest et au sud de la ville.

Le 23, les régiments d'assaut du général Collins étaient déjà parvenus à enfoncer quatre coins importants dans la ligne principale de résistance des défenseurs de la place. Puis celle-ci disloquée céda en plusieurs endroits. Des chars firent irruption dans les quatre secteurs défensifs et poussèrent jusqu'aux positions de batterie où les artilleurs durent se défendre contre eux à bout portant.

Le 24, l'ennemi parvint aux abords immédiats des faubourgs de Tourlaville et d'Octeville, ainsi que du fort du Roule. Le poste de commandement souterrain du général von Schlieben et de l'amiral Hennecke se trouvait désormais directement sur la ligne de feu.

Un « *Captain* » *traverse les lignes*

Le 25, vers dix heures du matin, parut soudain devant la forteresse, une escadre de vaisseaux de guerre, défilant comme à la parade. Des cuirassés, des croiseurs, des destroyers. Cherbourg allait-il être bombardé aussi de la mer ?

Dans le poste de radio du fort du Homet se trouve le commandant du port, le capitaine Witt. Il est en train d'observer par les fentes de visée du blockhaus de béton qui émerge de l'ouvrage comme la passerelle de commandement d'un croiseur. L'œil à l'oculaire, on l'entend murmurer : « Tiens ! du type Gittermast. » Ainsi ce sont là des vaisseaux de guerre américains d'un modèle déjà ancien. Mais la flotte a ouvert le feu. Du flanc des navires, où s'allument les lueurs de départ, on entend partir salve sur salve. Witt est fasciné par le spectacle. Depuis la bataille du Skagerrak il ne lui est plus arrivé de voir une escadre en action. Se passionner, c'est d'ailleurs tout ce qu'il peut faire. La flotte se maintient hors de portée des canons de 150 qui arment le fort du Homet.

Les obus des navires, cependant, labourent le terrain à l'entour. Ils obtiennent des coups au but dans le fort des Flamands. On entend exploser les dépôts de munitions. Un incendie se déclare.

L'escadre, qui croise devant la forteresse, a tendance, à l'est, à se rapprocher du port. « Cette fois Hamburg devrait pouvoir l'atteindre », pense Witt, et, au même moment, on entend les coups de départ. Les batteries lourdes côtières « York », « Brommy » et « Hamburg » ont ouvert le feu sur les forces navales américaines. La batterie « York » touche d'emblée le *Texas,* elle touche aussi un croiseur léger et un destroyer. Dans la batterie « Hamburg », le lieutenant Gelbhaar obtient, avec ses canons longs de 240, des coups au but sur deux croiseurs de la classe Cumberland. L'Amirauté britannique a toujours contesté la perte de l'un des deux, annoncée par les Allemands. Mais pour ce qui est des coups au but, les témoins oculaires furent nombreux, et leur témoignage peut d'autant moins être récusé qu'un artilleur de côte n'est jamais enclin à attribuer à la marine un succès immérité. D'après un document émanant de l'Amirauté américaine en date du 4 mars 1954, furent en réalité atteints, au cours de ce duel avec les batteries de côte allemandes : *HMS Glasgow, USS Texas, USS Brien, USS Bardon* et *USS Laffey.*

La flotte alliée se retira vers midi hors de la portée des batteries allemandes. Survinrent alors en masses profondes des bombardiers Lightning qui prirent ces dernières à partie.

Tirant au jugé dans le tas, les artilleurs de marine de forteresse et la Flak réussirent ensemble à abattre quatre-vingts de ceux-ci.

Ce fut une heure plus tard que le chef du 2e Bureau du général von Schlieben inséra dans le compte rendu de la dernière journée la fâcheuse nouvelle de la chute du fort du Roule et en reporta la mention sur la carte.

D'un coup d'œil, on pouvait se rendre compte que toutes les routes venant du sud étaient désormais libres pour l'ennemi. La ville et le port gisaient aux pieds des Américains, à leur merci. Ceux-ci se mirent à bombarder avec de l'artillerie lourde les collines encerclées du quartier d'Octeville sous lesquelles ils savaient que se trouvait le poste de commandement souterrain du commandant de la place.

Des pionniers américains cherchèrent, en s'attaquant aux issues, à paralyser le cerveau de la résistance. Ce fut à ce moment que Schlieben envoya, par la voie des ondes, au Haut-Commandement allemand son pathétique avertissement, lui demandant s'il était utile de sacrifier le reste de la garnison. Nous avons la réponse de Rommel : « D'ordre du Führer, vous vous battrez jusqu'à la dernière cartouche. »

Les heures qui suivirent furent dramatiques.

Sur le sommet de la colline, on entendait détoner les charges d'explosifs destinées à faire écrouler et à obstruer l'entrée sud.

— Vous devriez faire tirer sur ces Américains-là, amiral.

Hennecke regarde d'un œil dubitatif le jeune lieutenant qui lui donne ce conseil. Mais celui-ci sans se troubler ajoute :

— Je l'ai fait à Marcouf et ça m'a bien réussi. C'était d'ailleurs notre seule planche de salut. J'ai fait tirer la batterie voisine, celle d'Azeville, sur les pionniers américains déjà installés sur notre toit et qui se préparaient à nous faire sauter.

On a reconnu le lieutenant Ohmsen qui se trouve présentement avec l'officier d'ordonnance, le lieutenant Blume, dans le P.C. de

l'amiral, et qui s'est permis de lui donner cet avis inattendu.
Hennecke réfléchit.

— Avons-nous encore la liaison avec les batteries du cap de
La Hague, Blume ?

— Oui, amiral.

— Alors dites-leur donc de tirer sur notre colline avec leurs
pièces longues de 250, ou leurs pièces de marine de 203, et
avertissez-en le général von Schlieben.

Malheureusement cette fois le plan d'Ohmsen ne put jouer.
Les batteries du cap de La Hague avaient été sévèrement arro-
sées d'obus de marine et de bombes d'avion. Le dérèglement de
leurs pièces était tel qu'elles n'étaient plus certaines de pouvoir
ajuster leurs tirs. Le commandant de la batterie craignit de
prendre involontairement sous son feu les positions qui tenaient
encore. Et ce fut ainsi que les pionniers américains de la colonne
d'Octeville purent poursuivre sans entraves leurs opérations de
forage.

Deux mille blessés gisaient entassés dans les hôpitaux de la
basse ville. Aucune croix rouge ne pouvait leur éviter les obus.
Un « Captain » américain prisonnier, légèrement blessé,
demanda à être présenté au général von Schlieben par un médecin major : il proposait de traverser les lignes, d'aller exposer au
Commandement américain la situation des hôpitaux, et de rapporter des médicaments.

Schlieben se tâte. Peut-être le Captain ne cherche-t-il en
réalité qu'à se tirer du guêpier. Peut-être peut-il y avoir pourtant
à la chose quelque utilité. Finalement il accorde le sauf-conduit.
A dix-sept heures ponctuellement, le Captain revenait avec tout
un chargement d'analgésiques. Il apporte en même temps une
lettre du général américain qui commande en chef. Celui-ci invite
Schlieben à se rendre :

*Vous et vos troupes vous avez opposé une courageuse et opiniâ-
tre résistance; mais votre situation est désespérée. Votre reddition
est devenue inévitable. Répondez par radio sur la longueur d'onde
de 1520 kilohertz, et hissez un drapeau blanc. Ou bien lancez des
fusées blanches de l'hospice de la marine ou de l'hôpital Pasteur.
Envoyez ensuite un officier d'état-major à la ferme qui se trouve à
l'entrée du chemin d'accès du fort du Roule. Il y recevra les
conditions de la capitulation.*

Schlieben fit dire au Captain qu'il n'avait aucune réponse à faire à cette lettre. Son idée restait de gagner du temps, de façon à pouvoir opérer encore les dernières destructions qui rendraient le port de Cherbourg impropre pour longtemps à tout accostage des navires de charge.

A dix-neuf heures exactement une violente explosion secoua toute la ville et le port. Le capitaine Witt, conformément aux ordres reçus, venait de faire sauter la gare maritime, 35 tonnes de dynamite avaient miné tous les quais et effondré en même temps la tour de l'horloge qui dominait la rade. Schlieben avait hésité à la sacrifier inutilement. Mais les arguments d'ordre militaire l'emportèrent. Ses ruines contribueraient à rendre l'accès des bassins plus malaisé encore. Avec elle disparut la silhouette caractéristique de Cherbourg.

A dix-neuf heures dix des détachements de pionniers américains, des unités de lance-flammes et des « forceurs de blockhaus » ont réussi à se rapprocher jusqu'à une centaine de mètres de l'issue nord de l'abri de commandement. Le général donne l'ordre de brûler les documents secrets. Son officier d'ordonnance le lieutenant Kruspe envoie à dix-neuf heures trente-deux cet ultime message radio : « La dernière bataille a commencé. Le général combat dans les rangs de la troupe. »

Pathétiquement la 7e Armée répond : « Sommes de tout cœur avec vous. » En lisant la formule, le général von Schlieben eut un sourire désabusé.

Octeville capitule

Les galeries et les alvéoles de l'abri souterrain étaient bondés d'hommes qui y avaient cherché refuge. Les malheureux n'en pouvaient plus. Amorphes, inertes, ils attendaient la fin. Seuls les adjudants et les sous-officiers se frayaient parmi eux un passage pour apporter jusqu'à l'entrée de l'ouvrage un incessant ravitaillement en munitions. Les deux chefs suprêmes, le général et l'amiral, entourés de leurs états-majors, servant qui une mitrailleuse qui un pistolet mitrailleur, y montaient la garde carabine au poing et faisaient avec les autres le coup de feu. Conformément à la consigne reçue, embusqués derrière les chicanes des issues, ils étaient résolus à s'y défendre l'un et l'autre « jusqu'à ce qu'ils aient brûlé leur dernière cartouche. »

Cependant le lieutenant Blume qui les avait un instant quittés, en faisant tourner sur ses gonds la porte de fer qui menait à l'hôpital souterrain, crut tomber de stupeur à la renverse. Dans la pénombre une silhouette s'était dressée devant lui : Ursula Braütigam, sa fidèle secrétaire, qu'il croyait disparue et qui se jette dans ses bras.

— Mais que faites-vous là, ma pauvre fille ?

Elle aidait à soigner les blessés et trouvait encore le temps, la nuit, de tenir à jour le journal de marche. Brave Ursula !

— Et comment vont les choses ici ? demande Blume.

— Hélas ! ils sont trois cents, entassés comme des sardines et le pire est que, depuis hier, ils meurent comme des mouches. C'est affreux, ajoute Ursula dont les yeux se mouillent de larmes. Lieutenant, demandez au médecin-chef.

Blume avise un sergent-infirmier qui passe, portant un flacon de sang pour une transfusion.

— Où est le médecin-chef ?

— Il opère depuis cinq heures — laissez-moi passer.

Mais Blume a pris le sous-officier à part :

— Pourquoi les hommes meurent-ils à ce rythme ?

L'autre a un haussement d'épaules découragé :

— Parce que nous n'avons plus de ventilation. Les blessés sont lentement asphyxiés. Ils meurent de cette atmosphère dans laquelle l'oxygène est trop raréfié, de ces gaz délétères qui ont pénétré jusque dans les alvéoles de l'hôpital et qui proviennent des déflagrations dans les cheminées d'aération.

— Et que peut-on là contre ? demande encore Blume.

— Rien ! répond l'infirmier, même les masques à gaz ne seraient pas un remède.

Revenu auprès de l'amiral, le lieutenant lui rend compte de la tragique situation de l'hôpital souterrain. Les deux chefs se retirent à l'écart et ont un bref conciliabule. Puis on entend von Schlieben déclarer à voix haute :

— Après tout, si mes supérieurs ont mis des étoiles sur mes manches c'est pour me donner le droit d'agir suivant la situation et selon ma conscience.

Ce n'est pas la première fois que le dilemme se pose à lui. En Russie déjà, en juillet 43, où il commandait la 18e Division blindée,

Karl Wilhelm von Schlieben, avait, contre les ordre reçus, réussi à faire échapper sa grande unité à l'encerclement fatal. Cette fois encore il n'entend pas sacrifier plus longtemps inutilement la vie de ses hommes.

Le mot de « parlementaires » se répand comme une traînée de poudre dans les galeries surpeuplées : « Le vieux va envoyer un parlementaire. On est sauvé. » Un immense soupir de soulagement gonfle toutes les poitrines.

Dès qu'eut été hissé au canon d'une carabine un chiffon blanc, le tir cessa soudain comme par enchantement. Un silence impressionnant s'étendit sur la ville presque instantanément. Deux officiers précédés d'un fanion, blanc aussi, partent à la rencontre de l'adversaire. Il est exactement quatorze heures, le 26 juin.

Le combat livré autour du cerveau de Cherbourg a pris fin. De longues théories d'hommes sortent de la colline par les diverses issues. Fantassins, matelots, officiers « riz-pain-sel » s'y coudoient dans un pêle-mêle hétéroclite.

Schlieben et Hennecke, accueillis à leur sortie de l'abri par des officiers américains, sont aussitôt conduits au général Eddy, commandant la 9e D.I.U.S. qui les attend sur la hauteur d'Octeville. Avec les deux officiers allemands celui-ci s'embarque sur-le-champ pour le P.C. du général Collins, commandant le corps d'armée, situé à trente kilomètres au sud de Cherbourg. Les photographes sont à l'œuvre. Ils prennent des instantanés. Et quelques heures plus tard, les unités de propagande américaines répandaient à profusion au-dessus des positions qui tiennent encore, la photographie des deux chefs vaincus entourés de leurs gardiens. Ce n'est pas là un des moins curieux aspects de la guerre moderne.

Dans les coulisses se jouait entre-temps un assez curieux épisode. Quelques officiers de l'état-major de la 1re Armée avaient suggéré que le général Bradley invitât le général von Schlieben à dîner. Dans l'entourage du général, on discutait ferme le pour et le contre. Finalement, ce fut « old Bradley » lui-même qui trancha... très à l'américaine :

— Si ce salaud-là, déclara-t-il, avait capitulé quatre jours plus tôt, je l'aurais invité. Mais après ce qu'il nous a coûté, non merci.

Le vieux Bradley devait rencontrer par la suite d'autres « salauds » qui lui coûteraient plus cher encore.

Pour ce qui concernait la troupe et les officiers du rang, il va de soi qu'aucun « Ami » ne se disputait à qui les inviterait à dîner. « *Go on! Go on!* » hurlaient les haut-parleurs, et les G.I.'s ajoutaient dans leur jargon : « *Mak snell*[1]. »

Ursula Braütigam, l'aumônier, et Mme Wist — cette femme d'officier dont on se souvient qu'elle avait donné, la veille de l'attaque, une soirée de musique de chambre au programme de laquelle la suite n'était pas prévue — furent chargés sur un camion et échangés un peu plus tard, en captivité, contre des infirmières anglaises.

Quant au lieutenant Blume, au lieutenant Kruspe et au caporal-chef secrétaire Kröhne (de Saud, près de Cassel), on vint les pêcher au centre de rassemblement où ils se morfondaient, pour les embarquer sur une jeep. Egards spéciaux : direction Yvetot, pour y retrouver, au grand quartier général américain, leurs « patrons » respectifs.

Les voilà en route sous bonne garde comme s'il s'agissait de dangereux malfaiteurs. Un sergent de M.P. (Military Police) qui leur fait face, le doigt sur la gâchette de son pistolet mitrailleur, se cramponne au capot de la jeep qui les emmène.

— Mais par où passent-ils ? demande soudain Kruspe. Blume jette un rapide coup d'œil, sursaute, et, dans l'anglais le plus correct, dit à l'officier d'accompagnement assis à côté du chauffeur :

— Attention, vous roulez sur une route minée.

— Ta gueule ! hé c..., grommelle l'Américain entre ses dents. Et juste au même instant, une mine éclate sous la roue avant. La violence du choc a fait lâcher au sergent de M.P., dont l'arme n'était pas à la sûreté, sa rafale. Elle tue net les deux Américains et le caporal-chef. Le sergent lui-même gît sur la route, éventré par un énorme éclat de mine. Seuls Blume et Kruspe — encore que grièvement blessés — en réchapperont. Blume avait, de surcroît, une balle de pistolet mitrailleur dans la tête.

Avec la chute d'Octeville, la totalité du port de guerre était encore loin d'être tombée aux mains des Américains. Schlieben

---

1. « Faites vite. »

n'avait expressément capitulé que pour le compte de son état-major. Les chefs des différents quartiers de la place, et en particulier l'arsenal, solidement retranché, restaient libres d'agir à leur initiative. Pour eux tous, le mot d'ordre demeurait : « Gagner du temps à tout prix. »

Cependant, il était clair aux yeux de chacun que la lutte ne pourrait être soutenue longtemps. La panique est contagieuse. En maints endroits, le moral était tombé à zéro. Derrière les murailles de l'arsenal, il y avait pourtant encore des détachements en état de combattre, sous les ordres du commandant de la place, le major-général Sattler. Mais, contrairement au commandant du port, le capitaine de vaisseau Witt, celui-ci ne considérait pas qu'il fût tenu de prolonger la résistance. Il capitula donc le 27 au matin et fut emmené, avec quatre cents hommes valides, en captivité.

Le capitaine Witt n'était pas du tout disposé à en faire autant. Il fit occuper par une unité du Service du Travail les abords des bassins à flot et des écluses, sur lesquels il procéda aux dernières destructions, puis, profitant de la marée montante, avec huit officiers et trente hommes, il gagna, à bord d'un petit yacht à voile et de deux baleinières, le môle extérieur. Dans le fort ouest se trouvait toujours le tableau de commande pour la mise à feu des mines semées dans les passes ouest de la rade. Qui gardait la main sur ces boutons pouvait à volonté en interdire l'accès.

Le Groupe marine Ouest, à Paris, ne fut pas peu surpris, le 27, de recevoir un télégramme chiffré : *P.C. du commandant du port, établi dans fort ouest, signale tableau de commande des mines intact.*

Ebahi, Paris répondit en clair par radio :

— Mais comment êtes-vous au fort ouest ?

Laconique, Witt répondit, avec une pointe d'humour :

— Grâce à un petit yacht à voile et à deux baleinières, au petit jour.

Le capitaine ne se doutait pas que sa boutade allait se transformer, à Berlin, en un récit héroïque vantant ses hauts faits et aussitôt exploité à la radio. L'histoire était très bien arrangée ; elle n'avait qu'un inconvénient : c'est que les Américains aussi l'entendaient.

Le général Collins, à qui ses victoires éclairs, avec la 25ᵉ Division, sur les Japonais à Java avait valu le surnom flatteur de « Blitz Joë », ne décolérait pas du temps mis pour venir à bout de

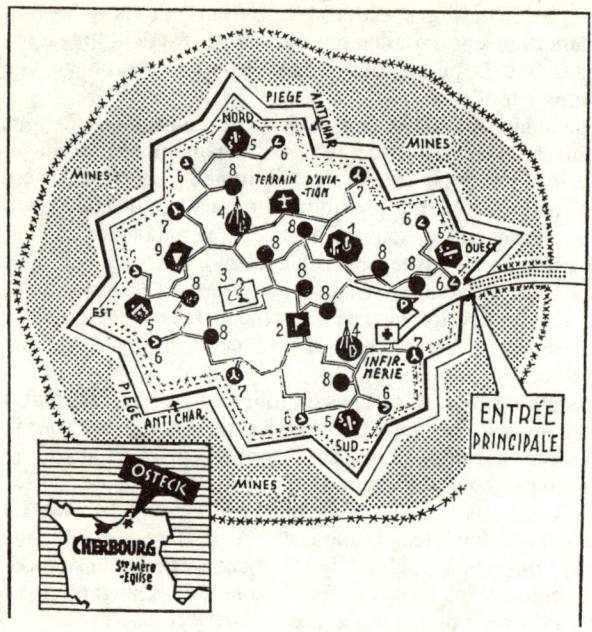

L'ouvrage extérieur « Osteck » : une moderne organisation souterraine englobant le poste de commandement du groupement d'artillerie
est aux ordres du Major Küppers. Ce dernier réussit à maintenir la
partie est du front de terre jusqu'au 28 juin inclusivement.

Les chiffres correspondent à :
1) Blockhaus abritant le périscope.
2) Poste de commandement du commandant de l'ouvrage.
3) Installation-radar.
4) Chambre des transmissions.
5) Tours d'observation à six pans N.O.S. et E.
6) Lance-grenades à déclenchement automatique.
7) Emplacements fortifiés de lance-flammes.
8) Abris à personnel.
9) Poste d'observation en direction du port de Cherbourg.

Cherbourg. Sa réputation s'en trouvait lésée. Il pouvait d'autant moins tolérer que les nids de résistance allemands en face de lui donnassent matière à des récits épiques. De ce jour, sa lutte contre Witt devint pour lui une question de prestige personnel.

Les Américains n'en durent pas moins, trois jours durant, harceler d'incessants tirs d'artillerie et de bombardements aériens continuels les positions du môle extérieur avant que celles-ci tombent entre leurs mains. Ce ne fut que quand un obus de rupture, effondrant sa carapace de béton, eut bouleversé le clavier de commande du champ de mines, commis à sa garde, que Witt, blessé, accepta de cesser de le défendre.

Tout à fait à l'ouest de Cherbourg, dans la presqu'île dite « des Transmissions », la lutte se prolongea assez longtemps aussi. La région tirait son nom des très nombreux appareils de repérage de la marine et de l'aviation qui y étaient installés pour la surveillance de la côte de l'Angleterre. S'y étaient retranchés le groupement Kiel, le corps franc Messerschmitt, et le bataillon de mitrailleuse n° 17, appuyés par l'artillerie du commandant Quittnat. Plus à l'ouest, le groupement Müller disposait de 2 batteries du 243e.

Ni les uns ni les autres ne cédèrent facilement le terrain aux assauts de la 9e D.I.U.S. Il fallut à celle-ci enlever successivement de haute lutte chaque point d'appui. Ce ne fut que le 30 juin que capitulèrent les derniers nids de résistance, tout à fait à l'extrémité de la pointe de Jobourg.

A l'autre bout du front, à douze kilomètres environ du centre de la ville, se situait l'imposant ouvrage dit d'« Osteck », construit par l'Organisation Todt et qui commandait à la fois le terrain d'aviation et la côte. La lutte s'y poursuivit jusqu'au 28 juin. On va voir dans quelles conditions.

Des canonniers contre des chars

Comme un commandant de sous-marin engagé dans la lutte au cœur de l'océan épie tout ce qui se passe en surface, le commandant Küppers ne quitte plus guère le périscope par lequel il surveille la carapace de cet ensemble de bunkers enterrés, de corridors souterrains, de pièges à chars et de champs de mines, qui est devenu depuis quelques jours son royaume.

Que les tanks ennemis viennent à s'y frotter, et gare à eux, ils s'en mordront... les chenilles. Tout ce lacis de trappes insidieuses, d'obus piégés qui détonent automatiquement, de lance-flammes bien dissimulés, d'écrans radars et d'écouteurs radio donne du fil à retordre au 7ᵉ Corps U.S., à qui l'accès du nord de la presqu'île se trouve, à sa grande fureur, encore une fois interdit par la ténacité de la résistance allemande.

Ce jour-là, qui se trouve être le 26, le caporal-chef Johann Koch était de garde au poste des transmissions lorsque parvint le dernier message du général von Schlieben annonçant sa reddition. En même temps, le commandant de l'artillerie de la place transmettait à son commandant du groupement « Ost » : « On met les pouces, mon pauvre vieux, on n'en peut plus. Bonne chance. Signé : Reiter. »

— Allez, trotte chez le commandant, dit à Kock l'adjudant Wittwer, et porte-lui le poulet.

Koch se rue dans la chambre du périscope et, claquant les talons :

— Message de la Direction de l'artillerie de Cherbourg, mon commandant.

— Quoi ? demande Küppers fasciné et l'œil toujours rivé à l'oculaire du périscope.

— Message de la Direction de l'artillerie, répète le caporal imperturbable, au garde-à-vous. Il est exactement quatorze heures. Küppers parcourt des yeux le message et en donne connaissance à mi-voix à ceux qui l'entourent. Officiers et sous-officiers, tous ont aussitôt compris que, pour eux aussi, pour la garnison d'« Osteck » comme pour celle de tout le flanc est de la forteresse, pour la batterie lourde « Hamburg », pour l'ouvrage avancé « See Adler » (aigle de mer) ou pour le point d'appui de D.C.A. « Ritter », une fin similaire est désormais proche, quoi qu'on fasse.

Küppers branche la liaison par parleur et demande aux transmissions si la Direction de l'artillerie leur a donné les longueurs d'ondes pour communiquer avec le 84ᵉ Corps et la 7ᵉ Armée.

— Non, lui répond une voix. Nous les avons bien demandées, mais Octeville ne répond plus.

— Eh bien ! débrouillez-vous, déclare Küppers aux gens des transmissions pour trouver la liaison avec un état-major quelconque.

Et voilà nos radios qui tâtent les échelles de leurs récepteurs, qui cherchent, qui écoutent, qui tournent des boutons. Ecoutent encore.

Finalement, on réussit à capter un état-major, celui de la 319ᵉ Division, sur l'île de Guernesey ; et, moins distinct, un vague état-major de marine quelque part au Havre. C'est par cette double voie, qu'en chiffré, Küppers réussit à faire passer un message destiné à être retransmis au 84ᵉ Corps et à la 7ᵉ Armée.

Pour qui savait lire entre les lignes, il était clair que le groupe fortifié n'allait plus tenir longtemps lui non plus.

En voici à peu près la teneur :

9ᵉ et 10ᵉ Batteries du 1709ᵉ R.A. et 7ᵉ Batterie du 1261ᵉ Régiment d'artillerie de côte submergées par les chars ennemis dans la région de Tourlaville.

« Submergées », c'est vite dit et ça fait image. Mais quand on songe au drame que cela évoque pour quelques centaines d'hommes, pour ces camarades inconnus qu'on ne reverra plus ! Disparus, avec leur matériel, leurs chevaux, leurs équipages. « Submergés par les chars. »

Le compte rendu poursuit : *Batterie lourde 5/1709 et batterie de D.C.A. « Hamburg » encore en état de tir. Une pièce de la batterie de 240 du lieutenant Gelbhaar (objectifs à la mer) a été rendue apte à tirer vers l'arrière en faisant sauter le plafond de sa casemate.* Voilà pour l'artillerie.

En ce qui concerne l'infanterie, tous les officiers et hommes disponibles provenant des batteries de côte évacuées ou dissoutes ont été répartis et organisés en fantassins pour la défense de « Osteck ». Le capitaine Schneider et le lieutenant Schwulst les commandent. Quant aux grenadiers du capitaine Katzmann qui avaient défendu les positions de Gonneville et du terrain d'aviation, personne n'a jamais su ce qu'ils étaient devenus.

Aux premières heures de la matinée du 27, on voit, dans le périscope du blockhaus de commandement, de l'infanterie américaine progresser par bonds sur les hauteurs. Elle semble prendre pour objectif le point d'appui de D.C.A.« Ritter » qui verrouille la route venant du terrain d'aviation. On voit des chars, confondus dans les rangs de l'infanterie assaillante. Contre eux, la batterie « Ritter » crache un feu d'enfer.

Un premier char reste en panne. Un deuxième flambe. Mais

231

trois, quatre autres surgissent, qui pénètrent dans la position. C'est au tour du capitaine Gradert, avec les hommes de la 2e Batterie, d'intervenir. Equipés en « chasseurs de chars », ils avaient été maintenus jusque-là en réserve.

On les voit maintenant bondir à leur tour, de couvert en couvert, le Panzerfaust au poing, et se rapprocher des « Sherman ».

Ils n'en sont plus qu'à vingt mètres.

Ils se tapissent et se tiennent cois. L'Américain, balayant le terrain de sa mitrailleuse, se rapproche d'eux sans les voir. Dix mètres ! Il est à bonne portée. Rugissante, la « fusée à main » a jailli de son cylindre. Sa charge creuse éclate au contact de la tourelle.

Un éclair.

Un coup de tonnerre.

Et le char flambe comme une torche. L'équipage essaye de sortir. Il tombe sous les coups des pistolets mitrailleurs. Le sergent Kühnast, à son tour, a un char à bonne portée, juste devant son tube.

C'est le char de commandement américain ! Le coup l'atteint au défaut de la tourelle. Sans doute dans la soute à munitions, car il fait explosion. Les deux autres « Sherman » se hâtent de faire demi-tour et disparaissent. L'infanterie qui les accompagnait reflue en désordre, fauchée par les tirs de mitrailleuses.

Une demi-heure plus tard, c'est la voix du lieutenant Czychon, de garde au périscope, qui annonce :

« Attaque ennemie contre notre flanc est. » Le major Küppers prend sa place à l'oculaire. Ah ! ah ! les Américains ont changé de tactique. Cette fois, c'est aux nids de résistance 410 à 418 qu'ils en veulent. En les prenant à revers par l'est, ils espèrent faire tomber la position sur laquelle ils n'ont pas réussi à mordre de front tout à l'heure.

« S'ils y parviennent, la batterie " Hamburg " ne va pas tarder à se trouver en fâcheuse posture », pense Küppers à part soi.

Les mines n'avaient pas de détonateurs

Vu au périscope le spectacle qu'il a sous les yeux est captivant. Pas un détail du terrain ne lui échappe. Régler le tir des pièces dans ces conditions est presque jeu d'enfant. On pose les coups comme à la main sans risquer d'éborgner ses fantassins.

La pièce d'aile de la batterie « Hamburg », celle qu'on a

232

« décapitée », ajuste un effroyable tir de destruction sur le ravitaillement ennemi. Qu'on songe aux conducteurs de camions « écopant » du 240! Aussi tout le monde s'acharne-t-il sur cet empêcheur de danser en rond. Les Jabos essayent de le faire taire. L'artillerie des navires s'en mêle, mais elle tire court. Bref, Gelbhaar joue de chance ce jour-là et son long tube solitaire continuera à cracher jusqu'au bout, sans s'émouvoir, ses énormes projectiles.

Devant les chars de pointe de l'ennemi ce sont les pièces de campagne et de D.C.A. qui ont ajusté un barrage selon toutes les règles de l'art. Une vraie herse de feu, une haie d'enfer. Au troisième char mis en flammes, le gros du détachement abandonne la partie et s'en retourne. L'infanterie d'accompagnement aussitôt reflue.

Et comme s'il s'agissait d'une partie de barres, le commandant américain qui dirige l'opération reporte tout aussitôt son attaque sur un autre point. Des hauteurs de Maupertus voilà que de nouveaux chars débouchent, essayant de gagner le long de la côte. Un transport de tir habilement opéré les stoppe net à leur tour.

Cette fois on sent que les Américains sont vraiment en rage. Contre « Osteck » et contre la batterie « Hamburg », c'est l'artillerie des navires qui maintenant s'acharne lâchant salves sur salves et bordées sur bordées.

Dans la direction nord-est on a vu apparaître au loin une forte colonne motorisée. Elle forme le parc dans un pâturage, avec, semble-t-il, une totale insouciance. Les véhicules sont littéralement « au coude à coude ». Sur eux s'abat soudain, comme un point géant, une subite concentration de tout ce que Küppers a pu faire converger comme tubes. La surprise leur aura sûrement coûté cher. Mais déjà voilà que, arrivant du sud cette fois, un nouveau détachement de chars a surgi. Cette armée américaine est intarissable. Comme une hydre moderne, on ne lui a pas coupé une tête qu'il en repousse d'autres! deux, trois, que dis-je... une bonne demi-douzaine!

La tour observatoire à six pans du frond sud vient de recevoir un coup au but. Les deux lance-grenades installés à son voisinage avaient déjà été mis hors d'usage. Et soudain des chars ennemis, venus on ne sait d'où, sont à l'intérieur de l'ouvrage.

— Un drapeau blanc sur la tour à six pans sud, signale le

guetteur au périscope. C'est la garnison de la tour qui, de son initiative, vient de hisser le signal de capitulation. Le lieutenant Zerban qui les commande et, qui se trouve au poste de commandement, hausse les épaules, dégoûté :

— Que voulez-vous attendre de cette horde de vieux réservistes ?

Küppers lui a lancé un mauvais regard. Il s'est remis à son périscope sans rien dire, mais ce qu'il en pense se traduit par son ordre à la 5e Batterie :

« Feu sur la tour à six pans du front sud. » Et c'est lui-même qui règle les salves jusqu'à ce que la perche avec le chiffon blanc ait disparu.

Après quoi, calmement, il ordonne au lieutenant Schwalbe avec son petit détachement de chasseurs de chars, de nettoyer le front sud des blindés américains qui s'y sont infiltrés. Le lieutenant Staarke lui prêtera main-forte en s'engageant avec ses hommes droit en direction de la tour à six pans. Il ne reste plus maintenant qu'à attendre l'exécution de ces ordres.

— Mais ce qui m'intrigue, murmure Küppers pensif, c'est comment ces chars-là peuvent se balader aussi impunément sur nos champs de mines sans que j'en voie un seul sauter ?

Le lieutenant Zerban lui en fournit l'explication :

— C'est que les mines dans ce coin-là, mon commandant, n'ont pas de détonateurs. On n'en avait pas reçu une quantité suffisante pour pouvoir amorcer tout le champ de mines. Rien d'étonnant alors à ce que les chars américains, après leurs pertes du début, s'infiltrent maintenant de préférence par cette brèche découverte.

— C'est une belle saloperie, grommelle le capitaine Planer. Si j'en tenais le responsable, je te l'enverrais se frotter un peu aux chars dans le fossé.

Oui, qui était responsable de la chose, et de mainte autre encore dans la presqu'île du Cotentin ? Qui ? Les survivants se le demandent parfois. Mais les morts, tous ces morts dont les tombes alignées jalonnent la large route de Carentan à Sainte-Mère-Eglise, à Montebourg, à Valognes, à Théville et jusqu'à « Osteck », qu'en pensent-ils ?

Les chars, tirant à bout portant, ont pris à partie la tour à six pans du front est cette fois, et mis son équipage hors de combat par les meurtrières.

234

Le commandement se répand de proche en proche : « Toutes les garnisons repliées dans les blockhaus pour la défense rapprochée. » Le lieutenant Schwalbe tient bon avec ses hommes dans la canonnière qui commande la gorge du front est. Et le lieutenant Staarke, avec ses canonniers, a réussi à nettoyer les abords du poste radar. Mais à quoi bon tous ces efforts ? Des fantassins américains, à l'effectif d'une compagnie environ, ont maintenant réussi à leur tour à s'infiltrer par le champ de mines non amorcées. Ils ont franchi le fossé antichar et envahi tout le terrain. Les servants allemands des lance-grenades ne réagissent plus.

Küppers use du moyen héroïque qui constitue son ultime ressource. Selon le procédé que nous connaissons déjà, il fait tirer sa 5ᵉ Batterie et la batterie « Hamburg » sur sa propre position. Les fantassins américains se voient cloués au sol sur le terrain conquis. Les équipages des chars, qui le fouillaient déjà en tous sens, commencent à s'énerver. Mais Küppers n'arrivera pourtant pas à les en déloger.

Par une étrange coïncidence, les « Amis » ont installé un observatoire, d'où ils dirigent le tir contre la batterie « Hamburg », juste sur le toit du blockhaus qui abrite la chambre du périscope. L'extrémité de celui-ci est si bien camouflée qu'ils ne l'ont même pas remarquée. Mais à voir son champ occulté par moments par leurs silhouettes rapprochées, Küppers a bien deviné, lui, ce dont il s'agissait. Il alerte par fil le chef de sa 5ᵉ Batterie, le lieutenant Gaüber, et à deux ils orientent exactement une des pièces de celle-ci en portée et en direction.

A trois reprises, elle fait feu coup sur coup. On perçut sur le toit du bunker une légère rumeur. Mais le poste d'observation américain en avait disparu... épousseté.

Des jeeps avec des drapeaux blancs

En revanche, vers vingt et une heures, des pionniers américains ayant réussi à se glisser jusqu'aux issues du bunker du périscope, travaillaient à en effondrer les issues.

— Ce coup-ci, mon commandant, déclare le capitaine Planer, il va falloir faire le coup de poing pour se tirer de là.

Küppers acquiesce en hochant la tête.

— Allez, constituez-moi un « Stosstrup [1] ».

Küppers en prend la tête lui-même. Ils jaillissent de l'abri comme des diables d'une boîte, tandis que le caporal Panschütz à coups de mitrailleuse leur fraye le passage. Le capitaine Planer avec les caporaux Koch et Notermanns arrosent à coup de grenade à main les pionniers « Amis » éberlués. Avec trois hommes, Küppers disperse en un clin d'œil le détachement qui voulait le faire sauter. Malheureusement à ce moment, un feu roulant d'infanterie les prend de flanc. Panschütz est tué et sa mitrailleuse se tait. Il faut bien se replier dans l'abri !

Mais par cette sortie intempestive, les Américains ont été rendus circonspects. Avec la nuit qui tombe, ils se retirent prudemment sous la protection de leur artillerie. Vers vingt et une heures quarante-cinq, les défenseurs épuisent contre eux leur provision d'obus et de grenades. Il ne leur reste plus en réserve que 20 obus fumigènes.

Alors commence la guerre des nerfs. D'un bunker conquis, dans lequel ils sont installés, les Américains appellent au téléphone le blockhaus de commandement et l'exhortent à la reddition.

— Demain, nous allons tout faire sauter et il sera trop tard pour vous rendre, leur déclare dans un mauvais allemand l'homme qui est au bout du fil. De plusieurs côtés des hauts-parleurs se font entendre. Ils annoncent la chute de Cherbourg.

Küppers sait bien que sa résistance ne va pas pouvoir durer. Il se concerte avec ses officiers. « Attendons le jour », telle est leur conclusion.

Vers trois heures du matin, une jeep, battant pavillon blanc, s'arrête devant le bunker du périscope. Le parlementaire, un lieutenant portant brassard, est accueilli à l'entrée de celui-ci. Il exige une reddition sans conditions.

— Si c'était pour ça, il était tout à fait inutile de vous déranger, lui répond Küppers fort civilement. Allez donc dire à l'officier général qui vous envoie que je suis prêt à l'accueillir pour discuter avec lui des conditions d'une capitulation honorable. Il y a aussi la question des soins aux blessés et de l'échange des prisonniers américains qu'il faut que je traite avec lui.

---

1. Petit détachement d'assaut.

Un peu estomaqué, le lieutenant américain ne répond rien... et repart à toute allure.

Peu après huit heures, le lieutenant Czychon qui a repris sa garde au périscope annonce :

— Plusieurs jeeps avec des drapeaux blancs à l'entrée principale de l'ouvrage.

Cette fois, c'est le commandant de la 4e D.I.U.S. en personne : le major-général Barton.

Entouré d'un état-major réduit, il vient proposer au commandant la conclusion d'une trêve.

Le général, après la Première Guerre mondiale, a commandé, à Coblence, la forteresse d'Ehrenbreitstein. Il n'a pas dû garder un mauvais souvenir de son séjour en Allemagne car, quand il découvre que Küppers est originaire de Wiesbaden, une courtoise conversation personnelle s'engage entre eux.

Il faudra qu'un de ses officiers d'état-major vienne le rappeler discrètement à l'ordre en le tirant par la manche :

— *Time is running, Sir*[1].

Barton acquiesce, se fait apporter sa carte d'état-major et l'étale paisiblement sur la table. Toute l'attaque projetée pour le 28 y est inscrite.

— J'aime mieux, ajoute-t-il, vous prévenir honnêtement de ce qui vous attend si nos pourparlers devaient échouer.

Et, du doigt, il indique les forces qui prendront part à l'action. Il n'y aura là rien moins que le 22e R.I. en entier, et renforcé, le 5e Ranger-Bataillon, le 24e Bataillon de chars, et toute l'artillerie de la division et Corps d'armée.

— Ce qui vous arrivera de la mer ou vous tombera du ciel sur la tête n'est bien entendu pas indiqué, mais je suppose que vous pouvez assez facilement vous en faire une idée, ajoute le général gracieusement. Alors pourquoi persister dans votre intention ? Vos troupes ont fait preuve d'une valeur à laquelle je rends hommage. Quant aux talents de votre artillerie, avec laquelle je suis aux prises depuis Montebourg, je dois dire que je leur tire mon chapeau. Ah ! vous m'en avez donné du fil à retordre !

---

1. « Le temps presse, mon général. »

— Vous permettez que je regarde votre carte d'un peu plus près, lui demande Küppers impassible.

— Mais comment donc ! répond le général avec un sourire un peu malicieux.

Küppers n'est pas long à comprendre les raisons de ce sourire. Toute la position allemande est détaillée sur cette carte mieux que sur les propres plans directeurs des Allemands eux-mêmes. En légende sont portées très exactement toutes les précisions d'armement et d'approvisionnement en munitions des emplacements de combat et des blockhaus. Et jusqu'aux noms des commandants de point d'appui, de détachements, de bataillons et de régiments. Dans un angle de la carte on a même pris la précaution d'inclure, à grande échelle, le plan du vieux bastion « Ost » de la région de Saint-Pierre-Eglise. Rien n'y manque.

A sa grande stupéfaction Küppers voit mentionnés tous les détails de sa propre organisation. La capacité logistique de ses cantonnements est indiquée à un homme près. Et sur la position fortifiée, chaque ouvrage porte la désignation de l'officier qui le commande en cas d'alerte. Une seule petite erreur : la 11e Batterie du 1709e R.A. est encore mentionnée comme commandée par le lieutenant Ralf Neste, or celui-ci avait été victime le 5 mai 1944 d'un accident par suite de l'éclatement prématuré, au cours d'un exercice, d'un Panzerfaust. A ce détail près, tout est d'une rigoureuse exactitude.

Barton a remarqué la stupeur peinte sur le visage de son interlocuteur.

— Hé ! oui, vous voyez, lui dit-il tout tranquillement, nous n'avions rien laissé au hasard. Avant de passer à l'invasion, notre service de renseignements avait étudié à la loupe les positions allemandes, et tenu soigneusement à jour au fur et à mesure, sur ses plans originaux, les modifications qui y étaient constatées. On n'a eu ensuite qu'à faire un tirage de la dernière minute.

Un silence pacifique règne dans le bunker. Il règne aussi à l'extérieur. On n'entend plus un coup de fusil, nulle voix ne s'élève non plus pour appeler les brancardiers. Et Küppers se demande intrigué : « Mais comment diable ont-ils pu savoir tout ça ? »

Ouvrons une parenthèse, l'explication est toute simple : richement approvisionnée par des bavards, des étourdis, ou des traîtres, une armée d'agents secrets, en France occupée, avait collecté ces informations. Les combattants de la résistance française avaient fait le reste : tout ce que, comme plongeurs dans les mess, ou comme « auxiliaires volontaires », ils réussissaient à épier, à apprendre, à recueillir, était soigneusement noté, enregistré par eux, et transmis. Des pigeons en foules apportaient ces renseignements aux colombiers du service secret sur la côte sud de l'Angleterre. Le succès fut grandiose. L'histoire de cette gigantesque entreprise d'espionnage reste encore à écrire. Ce sera l'historique de « l'Alliance des animaux », la plus importante des organisations secrètes des Alliés en France. On y verra paraître « la Panthère », le colonel Alamichel qui la créa ; « le Lion » qui était le colonel Faye ; et jusqu'au « Hérisson » qui n'était autre que la toute charmante Marie Madeleine Merrie, sa jeune et téméraire organisatrice.

« L'Alliance » n'avait pas en France moins de 2 000 membres régulièrement appointés : agents principaux, agents, manipulateurs radio, courriers, hommes de confiance. Elle avait étendu son réseau d'information à tout l'ensemble du territoire français. On en trouvait partout, dans l'Organisation Todt, dans les offices de logements, dans les mairies. Engagées comme femmes de ménage dans les quartiers généraux et les états-majors de l'armée d'occupation, ou comme accortes serveuses dans les cantines et les foyers du soldat, les femmes y étaient particulièrement nombreuses. Il y avait aussi des interprètes, sans compter un certain nombre de traîtres allemands à leur solde, séduits par l'appât du gain.

Le chef de « l'Alliance » avait trois quartiers généraux à Paris, où fonctionnait tout un état-major d'officiers, et le principal radio anglais, connu sous le sobriquet de « Magpie » (la pie magique). Un de ces quartiers généraux servait de centre de rassemblement pour tous les courriers ; l'autre devait être utilisé seulement en cas de découverte du précédent. Quant au troisième, situé rue Laffite, il était dirigé par la célèbre « Odette » Churchill. C'était là que convergeaient tous les renseignements concernant l'armée, la marine, l'aviation, la politique et l'économie. On les triait, les classait, on les répertoriait, les microphotographiait. Les nouvelles les plus urgentes étaient chiffrées et envoyées à Londres par radio. Les liaisons régulières avec l'Angleterre étaient assurées par des avions ou par des vedettes rapides qui se tenaient en liaison avec les petits voiliers à moteur ou les thoniers de la pêche côtière. L'histoire de « l'Alliance des animaux », c'est un des chapitres les plus captivants de la guerre secrète en France occupée : cette lutte à la fois brutale et sournoise, riche en sacrifices, téméraire, et pleine en même temps de laideurs et de vilenies.

Les cartes du général Barton en étaient le fruit entre beaucoup d'autres.

Retiré un peu à l'écart, avec ses officiers, Küppers tient avec eux un bref conciliabule. Chacun sait que persévérer à combattre dans ces conditions serait un vrai non-sens. La raison commande de mettre fin à cette situation.

A treize heures trente le major Küppers et le général Barton échangent la poignée de main qui scelle leur accord. Pour l'ouvrage d'« Osteck » et les positions de batteries qui l'environnent, la guerre est terminée. Leurs hommes vont refaire en sens inverse le chemin qui les mène à la tête de pont d'Utah, où ils s'embarqueront pour la captivité. Par malheur quelques nouveaux morts vinrent encore s'ajouter à la liste des premiers. Plusieurs vétérans éprouvés, échappés à l'enfer, périrent, bêtement noyés, parce qu'ils ne purent atteindre, avec de l'eau jusqu'aux épaules, les bâtiments qui devaient les emmener.

Sombre fut cette fin. Comme du reste toute la bataille de Cherbourg. Quand le communiqué officiel allemand annonça la chute de la place forte, les officiers et les hommes des états-majors du Havre et des îles anglo-normandes hochèrent la tête.

Depuis des semaines ils assistaient au drame, des premières loges ; ils voyaient littéralement devant leurs yeux fondre les trop faibles forces allemandes dans le creuset de la bataille. Et ils n'arrivaient pas à comprendre la monumentale erreur du Haut-Commandement allemand qui les faisait assister l'arme au pied, sur les rives de la Manche, à ce duel inégal, au lieu de jeter le poids de leur intervention dans la lutte contre les têtes de pont.

Aujourd'hui encore le fait apparaît presque incompréhensible. Il démontre cependant à quel point le sort d'une guerre moderne peut dépendre aussi bien de spéculations stratégiques erronées que de la force des armes. Une leçon à méditer pour tous ceux qui ne voient que dans la supériorité technique le seul garant possible du succès.

La rançon d'une erreur

A l'heure où Cherbourg tomba, il y avait, rien qu'entre la Seine et la Schelde, plus de Divisions allemandes inactives dans leurs zones de stationnement, qu'il n'y en avait d'engagées contre l'ennemi sur le front d'invasion. Pourquoi ? Parce que le quartier général du Führer et le Haut-Commandement de la Wehrmacht n'avaient pas cessé d'être hantés par cette idée que le débarquement de Normandie n'était qu'une manœuvre de diversion, et que l'attaque principale des Alliés se produirait nécessairement dans la partie la plus étroite de la Manche, c'est-à-dire, dans le détroit du Pas-de-Calais.

Dès le premier jour du débarquement allié, toutes les contre-mesures allemandes ont été conditionnées par cette fausse conviction bien implantée.

Un groupe d'armées, composé de deux armées, avec vingt-quatre Divisions d'infanterie, cinq Divisions aériennes de campagne, ainsi qu'un groupe blindé composé de six D.B., était, au début de juin, stationné dans la moitié nord de la France, en Belgique et en Hollande. Mais, quarante-huit heures après le débarquement accompli des forces alliées, en trois points différents de la côte normande, les contre-mesures allemandes se bornaient encore à déplacer des régiments, des bataillons ou des détachements mixtes de combat. Quand des Divisions intervinrent dans la bataille, ce ne fut jamais que par fractions qu'elles furent engagées sur le front. Ces fractions se battirent de façon remarquable, mais, si étrange que cela puisse paraître quand on évoque ces trente-cinq Divisions allemandes immobiles en coulisse, l'assaillant eut partout, grâce à l'application adroite de son centre de gravité et à la stratégie fragmentaire allemande, la supériorité du nombre. Sans cesse, au cours des deux premiers jours, le Commandement allemand pêcha contre le principe de Guderian : « Pas de boulettes, des boulets. » Avec une stratégie de pains à cacheter, on colmata les positions défensives allemandes, tantôt ici et tantôt là avec de modestes réserves de secteur, de petites unités d'intervention. Et cela malgré une défensive remarquable qui fut bien près par moments d'acculer l'adversaire au bord du désastre. Qu'on se souvienne d'Omaha !

Mais le Commandement allemand n'exploita à aucun moment aucune des chances qui lui furent offertes. Il fut comme paralysé par la frayeur qui pesait sur lui de voir surgir en d'autres points de la côte d'autres opérations de débarquement de grand style. La flotte de simulacre dans les ports anglais, et les camps de carton-pâte dans le comté de Kent sur lesquels s'hypnotisèrent les reconnaissances allemandes firent leur effet et contribuèrent à ancrer dans le cerveau du Haut-Commandement cette idée fixe. Par ailleurs, les règles des opérations amphibies étaient peu familières aux généraux, spécifiquement continentaux, du Haut-Commandement allemand. On laissa ainsi, dans la crainte de débarquements éventuels, des Divisions, l'arme au pied, en des points de la côte française où, de par la situation atmosphérique et la configuration du rivage, de telles opérations n'étaient même pas concevables. Et l'on aboutit ainsi à ce résultat paradoxal qu'à la fin de juin, les Américains à eux seuls avaient débarqué dans leur secteur quatre Corps d'Armée avec quatorze Divisions, auxquelles ne s'opposaient que trois Divisions allemandes intactes, les restes de trois autres battues, et cinq Régiments. Ce qui, au total, compte tenu de la pénurie de matériel, représentait à peu près la valeur combative de cinq Divisions normales. Et pendant ce temps, des armées entières, de leurs quartiers généraux du sud-ouest ou du sud de la France, des stations balnéaires de Belgique et de Hollande, assistaient, désespérées, à la tragédie de Normandie, rivées qu'elles étaient à l'immobilité par des ordres qui correspondaient à une vue entièrement erronée de la situation.

L'Australien Chester Wilmot, qui dépasse de cent coudées tous les autres correspondants de guerre anglo-saxons, a écrit à ce sujet : *Au moment de la chute de Cherbourg, se trouvaient dans les têtes de pont 25 Divisions anglo-américaines. Dans le Royaume-Uni, 15 Divisions attendaient leur embarquement pour la Normandie, et 6 autres, composées de recrues à l'instruction, constituaient un réservoir de renforts pour l'armée britannique sur tous les fronts.* Le Service de Renseignements allemand signala néanmoins à son Commandement : *L'ennemi a engagé dans les têtes de ponts de 27 à 31 Divisions et une grande quantité d'éléments d'armées de toute nature. En Angleterre, restent disponibles 67 grandes unités dont 57 au minimum sont susceptibles d'être engagées dans une opération de grande envergure.* Les 42 Divisions fantômes que le Service de

Renseignements allemand incorporait ainsi bénévolement aux réserves d'Eisenhower étaient tout simplement le fruit d'une ruse de guerre britannique dans laquelle les Allemands « coupèrent » avec ingénuité. Ce fut pour les agents alliés un jeu d'enfant d'induire en erreur leurs collègues d'en face et de leur faire prendre des vessies pour des lanternes. Ils trouvèrent dans la section des renseignements de l'O.K.H. un auditeur crédule qui donna dans le panneau « comme une fleur » et dont ils firent leur dupe avec une aisance qui en devint presque risible. Ces Divisions anglo-saxonnes inventées de toutes pièces, obnubilèrent la liberté de jugement du Haut-Commandement allemand et troublèrent son entendement au point de rendre sa stratégie démentielle.

Cherbourg fut un des premiers fruits de cette « stratégie démentielle ». Elle devait encore en récolter quelques autres !

CHAPITRE VI

ENTRE CAEN ET SAINT-LÔ

La cote 112

L'Odon est une petite rivière paisible dont le cours paresseux sinue entre la vallée de l'Orne et la route nationale n° 175 qui mène d'Avranches à Caen. C'est juste au sud de cette dernière ville que l'Odon conflue dans l'Orne. Qui connaissait même son nom avant 1944 ? Mais aujourd'hui, des dizaines de milliers d'anciens combattants, aussi bien allemands qu'anglais, se souviennent avec effroi de ce misérable ruisseau ensorcelé. Car il y eut des jours où ses eaux se virent refoulées par les cadavres obstruant son lit.

Il y eut des jours aussi où ses ponts et ses gués furent plus âprement disputés encore que la cote 112 qui constituait pourtant le pivot de l'offensive de Montgomery.

Les Anglais ne pouvaient pas demeurer en reste sur les Américains quand le 7e Corps U.S. d'Eisenhower eut enlevé Cherbourg. Il leur fallait aussi leur victoire. Et il la leur fallait là où depuis des jours et des jours, ils la recherchaient vainement ; à Caen, dont, selon le plan d'action de Montgomery, la chute était prévue pour le deuxième jour de l'invasion, le jour D + 1. Entre-temps, on en était déjà à D + 16 !

Aussi, le 22 juin, derrière un barrage roulant d'une densité presque indescriptible, les contingents anglo-canadiens s'élancèrent-ils à l'assaut. Leur objectif était de franchir le cours de l'Odon, de s'emparer des hauteurs qui le dominent, et dont la cote 112 constituait le point stratégique le plus important, pour, de là, faire tomber la ville en la débordant par le sud. Tel était leur plan.

Les Britanniques se heurtèrent à la 12ᵉ D.B. S.S. « Hitler Jugend ». Un combat s'ensuivit qui compte parmi les plus effroyables de la Seconde Guerre mondiale. Des bataillons entiers se virent « submergés ». Des compagnies écrasées. Les chars de la 11ᵉ D.B. britannique foncent farouchement, tête baissée, sur les nids de défense antichars allemands. Leur pénétration réussit. Il s'agit maintenant de parachever la percée de la ligne de l'Odon ; alors Caen tombera et le front de Normandie s'effondrera.

Aux Divisions blindées de Montgomery ne s'opposent plus que des restes d'unités allemandes, de petits groupes, voire des grenadiers isolés, qui se tapissent dans les chemins creux, le Panzerfaust dans la saignée du bras. Et voilà que surgissent les « Sherman ». Un, deux, trois, quatre à la suite ! C'est le moment où, contre la machinerie moderne, bardée d'acier, le combat singulier du piéton nu va commencer — peut-être est-ce d'ailleurs pour la dernière fois dans l'histoire des guerres.

Un de ces piétons-là s'est soudain dressé. Il a vingt ans. Il s'appelle Emil Dürr. Il a jailli d'un buisson. D'un coup de son Panzerfaust, il a mis le « Sherman » en flammes. Et contre sa carapace, il applique la charge explosive tirée de sa musette. Elle glisse. Emil Dürr la ramasse et la colle tout contre la tourelle. Cette fois, le char explose, mais l'homme a payé son audace de sa vie.

Deux autres « Sherman » tombent sous les coups d'une pièce antichar. Le quatrième se verra régler son compte à coups de Panzerfaust lui aussi. Mais qu'est-ce que trois, que quatre chars ? Déjà en voilà d'autres qui surgissent. Ils dépassent, en mitraillant les servants au passage, la dernière pièce antichar capable de leur tenir tête. Ils arrivent sur les trous de tirailleurs qu'ils écrasent de leur masse, broyant sous leurs chenilles les corps des fantassins pris au piège.

L'infanterie anglaise, qui les appuie, les protège de son feu roulant contre les réactions des « briseurs de chars » allemands, des spécialistes de cette arme terrible qui s'appelle le Panzerfaust. Le général de Division lui-même, Meyer, le nouveau commandant de la 12ᵉ S.S., s'est emparé d'un de ces engins et, au milieu des hommes de la compagnie d'accompagnement, il s'apprête à en faire usage. Soudain, une sorte de grondement de tonnerre domine le bruit de la fusillade. C'est un « Tigre » allemand qui vient de surgir, ce roi des blindés de la Seconde Guerre mondiale. Il est seul. Mais

devant lui, et devant sa pièce de 88, rien ne tient. Les « Sherman »
l'ont flairé. Ils prennent le large. Sa seule présence a suffi pour
semer dans leurs rangs l'épouvante. Soulagée, l'infanterie respire.
Oui, mais pour combien de temps ?

Au nord de la ville, les choses allaient mal également. Depuis le
6 juin, les grenadiers et les blindés de la 21e D.B. y tiennent, on le
sait, le terrain sans relève.

Dans la nuit du 22 au 23, un « Stosstrupp » britannique, après
une solide préparation d'artillerie, a fait irruption dans les positions
de défense de la 5e Compagnie du 192e R.G. Progressant le long de
la route de Douvres à Caen, il s'est emparé de la barricade qui
condamnait celle-ci. Le chemin de la ville est ouvert.

La fâcheuse nouvelle tire de son sommeil le major Vierzig, au
petit château de la Londe. « Contre-attaque immédiate », or-
donne-t-il.

Le lieutenant Meyer, avec des fractions de la 2e Compagnie,
rejette les Tommies de la position. Mais à peine ce résultat est-il
obtenu, voilà que c'est au nord-ouest du château de la Londe, à
présent, sur la route de Périers à Caen que ça va mal à nouveau.
Les grenadiers, surpris, se sont repliés jusqu'aux abords mêmes du
château. Là aussi la route de Caen est grande ouverte. Les
Tommies vont pouvoir enfoncer toute la position de sûreté du
2e détachement.

Vierzig appelle son officier adjoint : le lieutenant Lotze,
classe 22 (classe de naissance, bien entendu !).

— Mon petit Lotze, il faut que vous me racommodiez ça. Mais
avec l'insécurité de la situation, je ne peux vous donner plus de dix
hommes.

Lotze n'est pas tellement enthousiaste, mais comme on a signalé
que l'ennemi avait attaqué avec une section, il se dit qu'après tout,
avec un adjudant et dix « bonshommes », il arrivera peut-être à
s'en tirer. La compagnie hors rang et le bataillon de pionniers les lui
fournissent.

Les voilà partis au petit jour. A gauche, c'est l'adjudant Dietsch
avec un pistolet mitrailleur qui couvre leur flanc. A droite, c'est le
caporal Moller avec une mitraillette. Ils approchent ainsi jusqu'à
bonne distance de la tranchée dans laquelle les Tommies se sont
installés. Lotze veut agir selon la vieille méthode classique des
fantassins : on pousse des hurlements, on se lance à corps perdu, et

246

puis allez, on saute dans la tranchée, et à la mitraillette dans le tas !...

Il explique le coup à ses hommes. Il sait que c'est indispensable parce que le temps des « hurrah » est un peu dépassé. Mais il leur affirme que c'est leur seule chance d'avoir raison de la trentaine de gaillards d'en face. Alors d'accord. Lotze s'élance le premier, « gueulant » à pleine bouche. Les autres sur ses talons hurlent et tirent, faisant à eux dix du tintamarre comme tout un bataillon.

Le guetteur anglais a fait feu. Il atteint le caporal Moller à la hanche, mais celui-ci bondit encore jusqu'à la tranchée, qu'il arrose d'enfilade avec sa mitraillette.

Tous les autres ont atteint son bord et, allongés à plat ventre, tirent dans le tas tant qu'ils peuvent. Lotze décharge son pistolet. Les grenades à main explosent dans le boyau. Lorsqu'une trille de sifflet se fait entendre, les premiers bras se lèvent timidement.

« Cessez le feu, crie Lotze, et haut les mains. »

Cette fois, tous les bras se lèvent avec ensemble.

Lotze se met sur ses pieds, l'adjudant Dietsch en fait autant.

« Bon sang de sort ! » Pour un peu ils se seraient remis, de frayeur, à plat ventre tous les deux. Ce ne sont en effet pas vingt ou trente hommes qu'il y a dans le boyau, c'est toute une compagnie ! Une demi-douzaine gisent, tués, et les autres lèvent les bras, docilement.

Lotze extirpe le lieutenant anglais qui a le sifflet pendu au cou.

— *How many men*[1] ? lui demande-t-il en anglais.

— *Eighty four* — 84 — lui répond l'autre.

Lotze ne se sent pas très à son aise en pensant à ses dix « bonshommes » toujours tapis sur le bord de la tranchée. « S'il y a seulement dans le tas deux gaillards décidés, nous sommes cuits », pense-t-il en un éclair. Aussi, avec son pistolet fait-il comprendre au lieutenant Tommy, qu'il garde tout près de lui : « S'il arrive quelque chose, c'est toi qui trinqueras. » L'homme au sifflet acquiesce. Il a compris. Un à un, il fait sortir de la tranchée ses hommes désarmés et les aligne en colonne. « En avant marche », direction le P.C...

---

1. Combien d'hommes ?

Quelqu'un qui ouvrit de grands yeux en voyant arriver ce singulier cortège, ce fut le major Vierzig.

Dans le C.R. envoyé par le 11e détachement à la Division, en date du 23 juin, et dont l'original — un peu roussi sur les bords à vrai dire — a été conservé, on peut lire : *L'ennemi perdit dans cette entreprise environ l'effectif d'une compagnie. Il s'agissait de la Compagnie B du 1er South Lancashire, régiment de la 3e D.I. britannique. A sept heures, la totalité de la position de la compagnie 5/192 était de nouveau entre nos mains.*

— Oui, dit Oskar Lotze, qui est maintenant ingénieur quelque part en Allemagne du Sud, quand il évoque ce souvenir, nous étions tous un peu fous dans ce temps-là. Et je dois dire que, quand le lieutenant Tommy, sur le lieu même du combat, me tendit la main, je ne compris pas bien, sur le moment, ce qu'il voulait. Nos vingt-deux ans, formés à l'école de la guerre en Russie, ne se représentaient pas du tout, à l'époque, qu'on pût se serrer la main après un combat loyal comme après un match de football. Aujourd'hui, si je rencontrais mon antagoniste d'alors, je voudrais pouvoir lui serrer les deux mains avec effusion.

Le 27 juin, dans l'après-midi, à l'heure même où Cherbourg capitulait, les Britanniques réussirent, non loin de Caen, avec leur 11e Division blindée, à établir une tête de pont sur l'Odon. Des

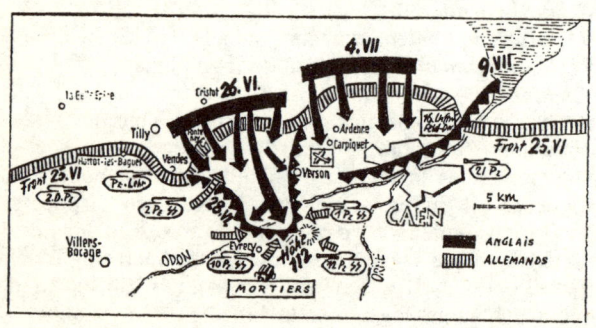

Le combat à la cote 112 et l'irruption britannique dans la partie nord et ouest de la ville de Caen dans la période du 26 juin au 9 juillet.

248

chars isolés poussèrent jusqu'aux abords immédiats du P.C. de Meyer, à Verson. Le personnel de l'état-major, armé de Panzer-faust (c'est presque devenu une mode), se précipite vers ses emplacements individuels de combat. Un peu plus au sud, les Anglais se sont emparés d'un pont sur l'Odon. Peu à peu, ils se rapprochent de la cote 112, qui est la clé de voûte de toute la position.

« Il faut que la cote 112 soit conservée à tout prix », tel est l'ordre que reçoit le régiment de Max Wünsche, qui devra occuper la hauteur et barrer à l'ennemi l'accès des ponts de l'Orne.

Le soir du 28 commencent enfin à arriver des renforts : trois Divisions S.S. blindées ! trois Divisions, voilà qui sonne bien. Mais ce n'est qu'une apparence, car tandis qu'en Hollande et dans le Midi de la France de grandes unités toutes fraîches, disponibles, sont maintenues en réserve dans l'éventualité, toujours appréhen-dée, de « l'autre débarquement », l'O.K.W. a retiré du front polonais, où elles étaient engagées dans de durs combats défensifs, les 9e et 10e S.S. pour les envoyer en Normandie. Quant à la 1re S.S., sévèrement étrillée en Russie, elle était, depuis peu, au rafraîchissement en Hollande.

C'est donc, avec ces trois grandes unités, déjà relativement épuisées, que le général commandant le 2e Corps cuirassé S.S., l'Obergruppenführer Hausser, a reçu mission, le 29 juin, de s'engager contre les Divisions d'assaut de Montgomery. Arrivera-t-il à faire changer la fortune des armes ? Hitler et l'O.K.W. mettent tous leurs espoirs dans ces Divisions S.S., aguerries par la dure campagne de Russie.

La journée du 29 juin débute par un tir des canons lourds des navires de guerre. Leurs obus éclatent sur Caen. « Ah ! aujour-d'hui, il va y avoir du grabuge », disent les grenadiers allemands en scrutant le ciel. Les Jabos y fourmillent aux aguets. Dès que la moindre chose bouge, on les voit fondre sur elle aussitôt. L'artille-rie de marine bombarde également la cote 112. D'abord mesuré-ment, puis bientôt avec une intensité accrue. Là aussi, les grena-diers allemands trouvent que ça commence à sentir le roussi.

Dans le ciel clair, les Jabos bourdonnent comme un vol de frelons. La voix grave des canons de marine fait rouler ses salves inlassablement. Par moments, le vacarme est tel qu'on ne peut plus s'entendre.

249

« Ça commence bien ! » se disent les uns aux autres les hommes dans les tranchées. A Verson se trouve, comme nous l'avons dit, l'état-major de notre ami « Panzer-Meyer » promu depuis peu divisionnaire. Un canon sur affût automoteur se glisse à travers les ruelles étroites de la localité. Le Jabo « de service », qui l'a aperçu, fond sur lui du ciel comme un épervier. Les obus incendiaires de son canon de bord claquent sur le pavé, mais ils atteignent aussi le véhicule dont les munitions explosent. Une voiture d'ambulance a le même sort. Elle brûle en un clin d'œil comme une botte de foin. Impossible de sauver les blessés. Le sergent-infirmier frotte de ses mains brûlées ses yeux rougis et pleure comme un enfant.

La cote 112 reste soumise à une effrayante concentration d'artillerie. « Pourvu, se disent les hommes, que les Britanniques ne nous devancent pas ! que leur attaque n'aille pas se déclencher juste avant la nôtre. » Et c'est à cet instant précis qu'ayant franchi l'Odon en plusieurs points de passage, les chars de la 2ᵉ D.B. britannique commencent à escalader les collines de l'autre rive. Ils roulent en direction de la cote 112, dont la croupe est devenue méconnaissable. Il semble que de gigantesques socs de charrue aient labouré jusqu'au tréfonds la grasse et généreuse terre normande.

Mais maintenant, la chose est claire : l'attaque britannique s'est déclenchée, et tous ses tirs de préparation, tous ses tirs d'accompagnement, ses barrages roulants, ses bombardements aériens se sont abattus sur les formations allemandes, à l'instant, délicat entre tous, où celles-ci venaient s'installer sur leurs positions de départ : c'est la pire mésaventure qui puisse survenir aussi bien au plus humble des exécutants qu'au commandant de l'armée en personne.

La 6ᵉ Batterie du 83ᵉ Régiment de « faiseurs de nuées » avait sa position de tir huit cents mètres environ en arrière de la cote 112. Il est neuf heures du matin. Dans l'abri sommaire situé à proximité immédiate des pièces, la grêle sonnerie du téléphone de campagne retentit. Le maréchal des logis-chef Doorn décroche le récepteur. Il écoute. Repose l'écouteur et se précipite auprès du capitaine Gengl, qui se trouve justement à la position de tir :

— Mon capitaine ! l'observatoire de la cote 112 vient d'appeler. Le canonnier Kuschow signale que des chars ennemis sont sur la hauteur. Il a un « Sherman » à cinq mètres de son trou. Il demande qu'on ne l'appelle pas pour ne pas donner l'éveil. Il va essayer de s'en tirer. Il ne sait ce que sont devenus ni le lieutenant Wernicke, ni le lieutenant Nitschmann, non plus que les trois autres hommes de l'observatoire. Probablement « aplatis ».

— Mon pauvre vieux, ça c'est une sale histoire, murmure Gengl consterné. Et aussitôt il donne ses ordres : Tout le personnel de la batterie, sauf six hommes de garde aux pièces, prêt à agir en action d'infanterie. Constituer deux détachements de « briseurs de chars ».

Les canonniers arriveront jusqu'à une centaine de mètres de la cote 112. La petite troupe du maréchal des logis Doorn s'en approchera même davantage. Mais ils ont été découverts et les mitrailleuses anglaises arrosent le champ de blé sous le couvert duquel les canonniers ont progressé en rampant. Le brigadier Trautz puis le canonnier Krautz sont touchés. Doorn aidé du brigadier Lübbe aura toutes les peines du monde à ramener de la ligne de feu ses camarades blessés. Les autres aussi devront battre en retraite. Le Tommy n'occupe pas la cote 112 seulement avec des chars. Il y a installé également de la P.A.K.[1]

Cette fois la cote 112 est bien perdue. Les Britanniques ont en main la clé de toutes les opérations futures contre les passages de l'Orne. De cet observatoire ils plongent sur tout le territoire environnant. Pas un mouvement allemand ne peut leur échapper. Cette situation est vraiment d'une exceptionnelle gravité.

La section de mortiers lourds du 12e Régiment d'artillerie S.S., et les batteries de « lanceurs » de la 7e Brigade de « faiseurs de nuées » aux ordres du colonel Tzschökells prennent sous leur feu les éléments ennemis installés à la crête. Les Tommies « dégustent » une assez jolie « dégelée ». Mais cela va-t-il suffire ?

Déjà on peut envisager le moment où l'ennemi aura accumulé derrière la cote 112 suffisamment de réserves pour en déboucher en s'infléchissant vers Caen. « Panzer-Meyer » regroupe en hâte les restes de sa Division sur un périmètre plus restreint en vue d'assurer à tout le moins la défense rapprochée de la ville.

Mais le nouveau chef qui vient de prendre le commandement du

---

1. Armes antichars.

2ᵉ Corps cuirassé S.S. le Gruppenführer Bittrich ne veut pas encore renoncer à l'offensive. Il ordonne une fois de plus la reconquête de la cote 112.

Dans les premières heures de la matinée du 30, le tir concentré des batteries allemandes, conjugué avec celui des « faiseurs de nuées », pilonne la hauteur. Max Wünsche, à la faveur d'un léger brouillard, porte en avant son régiment de chars. Leur marche d'approche est prudente. Par échelons, ils se glissent, progressent. Attendent l'arrêt du tir d'artillerie. Et puis à pleins gaz ils se ruent. Leur tactique est à présent bien éprouvée : elle consiste à foncer à corps perdu et à tirer dans le tas, à répétition, avec des obus explosifs.

L'artillerie anglaise s'est aperçue trop tard de leur assaut. A pleins tubes elle essaye de le stopper à la contre-pente. Mais les chars de Wünsche ont été plus rapides et ont déjà franchi son barrage. Ils atteignent la croupe, anéantissant la défense antichar.

Le bataillon anglais de mitrailleuses qui y est installé est à son tour coiffé et « submergé ». Les survivants prennent le chemin de la captivité. Les Britanniques ont encore une fois reperdu leur pivot stratégique de la cote 112. Dans le soir qui tombe, les épaves des chars incendiés flambent et forment autant de torches brasillantes. Sur l'acier rougi, la peinture qui bouillonne se soulève et s'écaille. Un nuage de poussière dense stagne sur cette terre torturée que jonchent de leurs corps tant de morts. Dans la nuit survenue, retentissent les appels des blessés. Du canonnier Kuschow on n'a même pas retrouvé trace. Il n'est pas un mètre de terre qui n'ait été retourné par les obus et les bombes. Mais Caen est encore une fois sauvé.

On peut dire que le colonel Tzschökells, commandant la 7ᵉ Brigade de « faiseurs de nuées », avec ses deux régiments, le 83ᵉ et le 84ᵉ, avait particulièrement contribué à conjurer la percée anglaise. Assurant elle-même sa sécurité rapprochée, la brigade avait pris position à courte distance de part et d'autres de la cote 112. Ce furent les détachements des deux régiments qui, arrosant la croupe avec un total de trois cents tubes, en facilitèrent la reprise.

Ces « faiseurs de nuées » avaient combattu sur tous les fronts. On les avait vus sur les bords du lac Ladoga, au Caucase et jusqu'à Stalingrad. Dans la seule bataille de Normandie, trois brigades de lanceurs furent engagées. Elles ne tirèrent pas, à elles trois, moins de huit mille tonnes de projectiles. Et pourtant, on n'a jamais rendu jusqu'ici à cette arme si spéciale l'hommage mérité qui lui est dû.

Cette appellation de « faiseurs de nuées » a tissé autour d'elle toute une trame de légendes ou d'erreurs grossières. En réalité, ce vocable, qui n'était qu'un camouflage, datait du temps de la Reichswehr. A l'époque, aux termes des stipulations du traité de Versailles, toute arme blindée et toute arme antichar étaient interdites à l'armée allemande. En revanche, l'émission de brouillards artificiels non toxiques était autorisée. Ce fut ainsi qu'à la barbe des commissions de contrôle, on étudia un matériel pouvant lancer, à une cadence rapide, des projectiles de gros calibre analogues à des pots fumigènes. Mais cet armement évolua rapidement vers de tout autres fins : le lancement de fusées.

Dans la Seconde Guerre mondiale, les « faiseurs de nuées », comme on continuera à les appeler, n'avaient — en dehors de quelques unités qui au cours de la campagne de France en 1940 utilisèrent encore leur vieux matériel de 105 — absolument plus rien à voir avec le brouillard. Leurs « lanceurs » furent en réalité les premiers « lanceurs de fumées » de la Wehrmacht. Le général Dornberger qui les inventa, travaille actuellement aux Etats-Unis. Ce fut d'après son nom que les premiers matériels à cinq, six et dix tubes furent appelés « lanceurs DO ». Ses collaborateurs étaient le major-général Zanssen et Wernher von Braun dont les études conduisirent finalement à l'adoption des V2. Le nom de « faiseurs de nuées », consacré par l'habitude, et qui servait en même temps à les camoufler en entretenant l'équivoque, fut soigneusement conservé. La thèse selon laquelle l'appellation de « Nebelwefer » leur serait venue de l'ingénieur Rudolf Nebel ne repose absolument sur aucun fondement.

Le premier régiment de « lanceurs » portait le n° 51. Au printemps 41, furent créés les régiments 52 et 53.

Quand débuta la campagne de Russie, existaient ces trois régiments seuls. A la fin de la guerre, il y avait, sur l'ensemble des fronts, vingt brigades à deux régiments — soit quarante régiments au total. Ils servaient les calibres de 15, 21 et 30 cm. La pièce de 21 avait la plus forte puissance propulsive et pouvait tirer jusqu'à dix kilomètres. La portée moyenne des matériels était sensiblement inférieure à celle des matériels d'artillerie, mais la capacité de fragmentation des projectiles était infiniment supérieure.

La mise à feu se faisait à une certaine distance des pièces au moyen d'un dispositif électrique. Le souffle des coups de départ, en dehors de la flamme dont il s'environnait, soulevait sur les positions de volumineux nuages de poussière, ce qui obligeait à changer fréquemment les positions de tir pour les faire échapper au repérage adverse. Le vacarme au départ était effroyable : quand une batterie de lanceurs, bien camouflée, se révélait brusquement, tout ce qui séjournait à son voisinage se précipitait terrorisé dans ses abris, le réflexe était immanquable.

Ces « lanceurs », si efficaces, furent utilisés sous les aspects les plus divers. Ainsi le « matériel de lancement n° 40 » n'était qu'un sommaire assemblage de tubes en fer et de tringles en bois qui servait en même temps d'emballage au projectile lourd de 83,6 kg. Le « mulet » en revanche, le *nec plus ultra,* était un lanceur à dix tubes, monté sur affût chenillé automoteur.

Les « lanceurs », baptisés par les briscards du front oriental « les orgues de Staline », étaient les grands auxiliaires de l'infanterie. Entrant dans la composition des éléments d'armée non endivisionnés, ils furent presque toujours engagés aux points de friction les plus névralgiques. En raison de leur portée, inférieure à celle de l'artillerie, ils étaient employés beaucoup plus près de la ligne de feu. Ils s'en trouvaient en général à des distances qui variaient de deux à dix mille mètres. Aussi leurs pertes furent-elles comparables à celles des fantassins. Ce fait dit mieux que tout éloge les vertus de courage et d'esprit de sacrifice de cette arme au nom si particulier : « les faiseurs de nuées ».

La Panzer-lehr transférée à Saint-Lô

Le 30 juin donc, les chars de Max Wünsche avaient repris la cote 112 aux Anglais. La bataille pour Caen fit trêve provisoirement. Le front avait tenu. Dans le secteur voisin, à l'ouest, autour de ce Tilly si âprement disputé, il en était allé de même. On se souvient que c'était là que la Panzer-lehr faisait tête aux trois Divisions d'élite de Montgomery. Tout comme devant Caen, ses grenadiers tenaient ferme, tapis dans leurs trous individuels, ou rivés à leurs chars inamovibles et indélogeables. Ils ne lâchèrent pied ni à Hottot ni à Vendes. Inlassablement ils étrillaient l'infanterie et les blindés qui les assaillaient, découplés par Montgomery. Tant ceux des 49e et 50e que de la 2e D.B. britannique.

Le 2 juillet, jour néfaste, on enterra le commandant de la 7e Armée, le colonel-général Dollmann. Il venait de mourir d'une crise cardiaque.

On affirme que ce fut de désespoir, à la suite des interrogatoires tendancieux auxquels il fut soumis après le succès du débarquement allié. Sa mort lui épargna d'apprendre qu'Hitler réclamait sa tête. Son successeur fut le Obergruppenführer et général des Waffen S.S. Paul Hausser. Un officier sorti de l'ancienne Reichswehr dans laquelle il avait atteint le grade de lieutenant-général. Il était le premier officier des Waffen S.S. à recevoir le commandement d'une armée.

Ce fut également le 2 juillet que von Rundstedt fut limogé. Son successeur, von Kluge, était déjà en route.

Enfin, ce fut aussi le 2 juillet que le général Geyr von Schweppenburg fut relevé de son commandement à la tête de l'arme blindée du front ouest. Cette dramatique journée était décidément bien celle des boucs émissaires.

Jusqu'au général Bayerlein auquel elle réserva un ordre d'une teneur inattendue ! Celui-ci disait tout uniment : *Les positions de la région de Tilly devront être immédiatement passées à une Division d'infanterie. Abandonnant à cette dernière un tiers de ses chars, de ses chasseurs et de son artillerie, la Division Bayerlein sera transférée sur le front américain dans le secteur de Saint-Lô.*

Bayerlein n'en pouvait croire ses yeux ni ses oreilles. Qui avait bien pu inciter le commandement suprême du front ouest à morceler ainsi sa vaillante grande unité ? La situation était-elle à ce point compromise dans la région de Saint-Lô ? Et n'existait-il vraiment aucun autre moyen d'y faire face ?

Dans les carnets de route de Rommel, on retrouve le reflet des soucis qui assaillaient alors le Groupe d'armées. Car si Caen représentait pour les Britanniques une plaque tournante essentielle, Saint-Lô en faisait exactement autant pour les Américains.

La capitale du Cotentin constituait un nœud routier capital pour eux. Quatre routes nationales et plusieurs voies secondaires importantes y aboutissent. Toutes, descendant des hauteurs escarpées qui dominent la vallée très encaissée de la Vire, convergent à l'unique pont sur la rivière, au voisinage de la gare. Par ce pont devaient passer obligatoirement toutes les forces transférées d'une rive à l'autre, du secteur Tilly-Bayeux dans le secteur Carentan-Périers. Malgré d'assez nombreux bombardements aériens, ce point stratégique bien défilé n'avait été que sommairement endommagé. Autour de lui tout était en ruine : la gare, l'hôtel de Normandie, l'abattoir. Seul le pont était demeuré quasiment intact. L'ennemi aurait-il décidé de s'en emparer ? En fait : oui. Et les choses depuis ce moment n'avaient pas tardé à empirer.

Saint-Lô ! Qui, des soldats allemands stationnés dans la presqu'île, ne connaissait la charmante petite ville. Avant le 6 juin, que de pécules s'y dépensèrent somptuairement à la fameuse Auberge de Normandie autour d'un gigot ou d'un filet de bœuf, arrosés, il va de soi, de quelques « calvados ».

La majestueuse cathédrale dominait la ville avec gravité. Les ateliers des artisans y respiraient la sérénité. Mais, dès le début de juillet, la pacifique ambiance s'était envolée. Désormais Lucifer, sur la paisible cité, se déchaînait. Et c'était du ciel que l'enfer lui tombait sur la tête.

Avant que la Panzer-lehr quittât le front de Tilly, les Britanniques lui réservaient une ultime surprise : le poste de commandement de Bayerlein situé dans une petite ferme près des Monts, et qui, vingt jours durant, était demeuré absolument indemne, fut, vers vingt-deux heures, subitement soumis à un tir intense d'artillerie. Salves sur salves tombèrent sur les véhicules rassemblés, prêts au départ. Deux voitures-citernes furent immédiatement en flammes. « Tout le monde à l'abri. »

Les officiers d'état-major, les estafettes, les secrétaires, les chauffeurs, les radios bondirent dans les tranchées et les trous individuels. Le bombardement dura deux heures ininterrompues, toutes communications avec les unités furent coupées. Finalement, à la faveur d'un arrêt du tir, le quartier général put se mettre en marche.

Au matin du 3 juillet, Bayerlein eut son état-major à nouveau rassemblé autour de lui. Le P.C. était installé à Villers-Bocage, à proximité du lieu où le malheureux Kartheus avait trouvé la mort lors de l'attaque d'un Jabo contre la voiture de son général. Il n'y avait de cela que quatre semaines ; et déjà la Division était de retour au même endroit. Comme sur un manège de chevaux de bois ! Mais quel sanglant carrousel ! Et combien de temps allait-il tourner encore ?

Les « poilus » se posaient entre eux la question sous une autre forme :

— Sommes-nous sortis vraiment de l'enfer de Tilly ? ou bien est-ce pour retomber dans un autre pire encore ?

Il arriva que le sous-chef d'état-major, le major Wrede, entendît la question :

— Je crains bien, mes enfants, leur dit-il, que ce soit plutôt pour tomber de Charybde en Scylla.

L'avenir devait lui donner raison.

Les chars ne passèrent leurs positions aux unités de relève qu'à la nuit complètement tombée. « Prudence, prudence ! pour ne pas donner l'éveil aux Tommies », tel était le mot d'ordre. Les soldats juraient à voix basse. Il n'est rien qu'ils abhorrent autant qu'être tirés de leur routine pour aller vers l'inconnu. Les « hommes des chars » regardaient d'un œil torve les « Bobosses », les nouveaux venus de l'infanterie, et ceux-ci assistaient avec des sentiments mitigés à leurs préparatifs de départ. Enfin on se mit en route. Et à quelques kilomètres des lignes, les itinéraires s'infléchirent vers l'ouest.

Il faisait nuit noire. La marche n'en était pas facilitée. Souvent, ils ne pouvaient avancer qu'en première, les chefs de chars, à pied, guidant chacun la marche de son véhicule. Dans le lointain les lueurs de départ de l'artillerie faisaient l'effet d'éclairs de chaleur.

— Regarde le feu d'artifice de la Saint-Sylvestre, lança notre vieille connaissance le sergent Westphal (2e char de la 8e Compagnie).

— Joli réveillon, riposte le caporal-chef Linke.

— Bonne année, conclut le mécanicien Kordas dans son microphone de larynx.

Personne ne sait où les conduit cette marche nocturne. Personne ne peut même repérer l'itinéraire. On avance, on s'arrête, on repart, c'est tout ce qu'on sait.

Pas de lumières. Pas de cigarettes. Pas de lampes de poche. On distingue à peine les fanaux de signalisation accrochés aux réflecteurs masqués, à l'arrière de chaque voiture, afin que les véhicules ne se télescopent dans l'obscurité. Pour que son mécanicien ne s'endorme pas, Westphal, dans sa tourelle, a sorti de sa poche son harmonica. Il le secoue à deux reprises sur la paume de sa main pour en faire tomber les miettes de pain. Et puis il leur joue l'air favori de la 8ᵉ Compagnie : *A deux, le soir, sous un parapluie...* A demi assoupis dans leurs bruyants carrosses d'acier, les écouteurs des casques sanglés à leurs oreilles, les équipages de la colonne entendent s'égrener une à une les notes de la mélodie familière.

Après qu'on eut ainsi déambulé toute la nuit, le petit jour commença à poindre, humide et frais. Dès que les contours des chars se firent plus distincts, l'ordre circula. « Guetteurs aux avions en place. » Puis vint l'avis de faire halte. Après un conciliabule en tête de colonne, les chefs d'unités revinrent avec cet ordre : « La marche va être poursuivie de toute façon, même en cas d'agression par avions. Les véhicules endommagés ne seront pas remorqués, afin de ne pas ralentir l'allure.

» En cas d'attaque aérienne, ouvrir le feu avec toutes les armes disponibles. Ne pas hésiter à employer contre les Jabos même les canons des chars. A vos postes ! Panzer marche ! »

Des nuages bas s'effilochent dans le jour naissant. Accoudés aux rebords des tourelles les guetteurs dodelinent, assoupis et cahotés. Le sergent Westphal a passé le commandement à son pointeur et s'allonge sur le *rücksack*, la caisse d'outillage rivée sur le bâti à l'arrière de la tourelle. Il s'est enroulé dans son manteau, essayant, sur cette couche inconfortable, de faire un somme. A onze heures, il est brutalement tiré de sa rêverie. Un Jabo, à vingt mètres à peine au-dessus de lui ! Il attaque le char de devant. Westphal, qui s'est dressé sur son séant, perd l'équilibre. Dégringole du char. Mais ce n'est pas la frousse qui domine en lui, c'est la rage : « Quoi ! les nuages sont bas à toucher la terre, et ces animaux-là trouvent quand même moyen de venir nous survoler ! » Furieux il regrimpe dans son char : « Allez, fermez les volets, parez la mitrailleuse. » Déjà ça crépite en avant d'eux. Mais le char 812 eut de la chance ce jour-là. Les obus du Jabo labourèrent le remblai de la route tout autour de lui sans l'atteindre. Puis celui-ci s'infléchit sur sa droite.

« Feu. » Les balles traçantes de la mitrailleuse l'escortent dans son sillage sans qu'il paraisse s'en émouvoir.

Pourtant on peut être assuré qu'il va revenir. Et qu'il amènera « des copains ». « Allez ! en route » ; la Fortune leur fut bonne fille. La « bonne Fortune » dont le soldat ne peut se passer pas plus que de son pain quotidien. Le temps, brumeux, les nuages, la pluie qui commençait à tomber, furent providentiellement leur anneau de Gygès. Aux heures d'éclaircie ils s'abritèrent dans des vergers, se camouflant aussitôt avec des branches et des rameaux « à l'unisson de l'ambiance ». Et le soir venu ils atteignirent indemnes la région de Saint-Lô, en remerciant le Ciel comme d'un miracle !

La chute de Caen

Combien funeste cependant la stratégie des expédients et la manœuvre avec des Divisions en nombre trop restreint ! les événements se chargèrent de le démontrer en moins de vingt-quatre heures, sitôt le retrait de la Division Bayerlein du front de Tilly. Les derniers éléments de celle-ci n'étaient pas encore tous arrivés à Saint-Lô que déjà, sur le secteur de Tilly-Caumont qu'elle venait d'abandonner, s'abattait, de même que sur les secteurs voisins tenus respectivement par la 16e Division aérienne de campagne, et la 12e D.B.S.S., le poing ganté de fer d'une offensive anglaise de grand style. La bataille fit rage plusieurs jours durant. La Division aérienne, mal préparée au combat d'infanterie, et qui au cours du premier bombardement avait perdu la majeure partie de sa D.C.A., de nombreux officiers et plus de huit cents hommes, fut la première à lâcher pied. Ce fut en vain que certaines compagnies de chasseurs isolés, cernées dans leurs points d'appui, se défendirent avec un acharnement opiniâtre, privées de toute liaison avec la Division. Dans le même temps on vit le commandant de celle-ci, le général Sievers, solitaire, chercher, comme Soubise, ses régiments aux lisières nord-est de Caen… sa lanterne à la main. Le 9 juillet les Britanniques pénétraient dans les faubourgs septentrionaux de la ville. Puis, à l'ouest, le front fléchit à son tour, bien que les éléments S.S. y disputassent le terrain avec une ténacité qui, de l'aveu des Anglais, ne fut nulle part égalée au cours de toute la bataille de Normandie. Il semblait qu'ils voulussent appliquer à la lettre la consigne de Hitler : « Caen sera défendu jusqu'au dernier homme. »

Près du terrain d'aviation, cinquante grenadiers du 1/26 s'étaient retranchés dans les ruines des bâtiments d'une vieille ferme normande construite en pierre de taille. Ils ne laissèrent pas les Anglais entamer d'un seul pouce le terrain d'alentour.

Plus typique peut-être encore du caractère qu'avait pris la lutte, fut la défense qu'offrit la 1re Batterie du détachement de Flak no 12 — dans la région d'Ardenne. Il fallut aux Anglais l'enlever pièce après pièce dans un combat rapproché qui leur coûta de lourdes pertes. Le capitaine Ritzel avait pris, à sa dernière pièce, la place du pointeur tué. Il abattit encore, à lui seul, trois chars « Sherman ». Finalement, avec ses six derniers hommes, il défendit le dernier îlot jusqu'au bout, rejetant, quand ils furent à bout de munitions, les agresseurs à coups de bêche, à coups de crosse, pour tomber finalement, criblés de balles de mitraillette, pêle-mêle les uns sur les autres en une ultime mêlée.

« Sacrifice insensé », dira-t-on. Non ! le rapport du commandant de la Division sur cette journée de bataille fait ressortir que l'héroïque résistance de cette simple batterie procura aux formations de transport le répit nécessaire à l'évacuation de tous les blessés de l'abbaye d'Ardenne.

Mais même si toute la H.J. (Jeunesse hitlérienne) s'était sacrifiée jusqu'au dernier homme, les forces supérieures de Montgomery fussent venues à bout de Caen. Ce fut en vain que le 84e Corps s'efforça d'interdire au commandant de la Division, l'évacuation des quartiers situés à l'ouest et au nord de l'Orne en se référant à la consigne du Führer. Ce soldat d'ordinaire si discipliné qu'était « Panzer-Meyer » s'insurgea cette fois contre l'ordre reçu et prépara son repli.

— Nous aurions dû nous faire tuer jusqu'au dernier dans les ruines de Caen, nous a-t-il raconté récemment, mais je n'allais tout de même pas sacrifier ces pauvres gamins à un ordre insensé...

A trois heures du matin, finalement, le Corps d'armée autorisa l'abandon des quartiers nord et ouest de la ville complètement ruinés. On fit encore sauter les derniers blockhaus. Puis les arrière-gardes se replièrent en deçà de la rivière. Ce ne fut que dans l'après-midi que les éclaireurs anglais se hasardèrent à tâter les ruines abandonnées. Cette fois Montgomery tenait Caen bel et bien. Il avait projeté de s'y installer dès le 7 juin. Pour progresser de ces 12 kilomètres, qu'il pensait enlever en une journée sitôt le débarquement, il ne lui avait pas fallu moins d'un mois. Les pertes subies avaient été plus lourdes que ne l'escomptait l'état-major général pour toute la campagne jusqu'à Berlin. En tout cas Caen était tout de même tombé. Mais ni la percée, ni le franchissement de l'Orne n'avaient encore réussi. Il s'en fallait qu'on eût gagné le terrain libre pour la bataille des chars. Le front allemand allait se stabiliser. En hâte Rommel bâtissait une position intermédiaire où la défensive allait être solidement articulée dans la profondeur.

Le Mont-Castre et Saint-Jean-de-Daye

Exploitant à fond ce sanglant jeu de bascule qui consistait à transporter tantôt à une aile et tantôt à l'autre du front d'invasion le centre de gravité de la lutte, Eisenhower avait profité du moment où les réserves allemandes se trouvaient fixées devant Caen pour introduire sa 1re Armée à l'aile droite dans la presqu'île du Cotentin. Car ce fut là la stratégie constante des Alliés de porter toujours leurs efforts alternativement sur l'une et l'autre extrémité du front. Le Commandement allemand se vit ainsi contraint de maintenir ses réserves lourdes constamment en haleine, à peu près à la façon des pompiers guettant le nouveau foyer d'incendie, ce qui les usa prématurément. Les réserves blindées étaient en quantité hélas insuffisante pour être engagées simultanément en divers points de friction. Quand elles combattaient devant Caen, les Américains avaient les mains libres dans le secteur de Saint-Lô. Les concentrait-on dans celui-ci ? Alors, c'était le front de Caen qui se trouvait mis en danger.

Ce n'était certes pas à tort qu'au début de juillet, Rommel grommelant contre l'O.K.W. s'était écrié : « Ah ! ça comment voudraient-ils que je tienne avec un quart de Division contre les assauts de trois réunies ! »

Le bois du Mont-Castre vint illustrer de façon saisissante ses avertissements. Dans les souvenirs de guerre de la 353e D.I. et du 15e Régiment de parachutistes, le bois en question a gardé une place prépondérante : il fut le théâtre d'une lutte particulièrement meurtrière.

Les Américains y avaient surpris les faibles avant-postes allemands et enfoncé leurs grand-gardes. Pour soutenir le front fléchissant, on engagea, aux ordres du colonel Gröschke, le 15e Régiment de parachutistes en entier, formé de jeunes recrues fraîchement incorporées. Celles-ci tinrent bon et la situation se trouva rétablie. Mais à quel prix !

C'était contre la 353ᵉ Division du lieutenant-général Mahlmann que se trouvait dirigée l'attaque principale des Américains. Le front de la Division s'étendait sur quinze kilomètres de part et d'autre de La-Haye-du-Puits. Ces quinze kilomètres il fallait que les défendent, en tout, quatre bataillons d'infanterie appuyés par deux détachements d'artillerie. Le bataillon de pionniers 353 aux ordres du capitaine Pillmann tenait, au centre de la position, le village de La-Haye-du-Puits. Il s'y maintint tel un véritable brise-lames pendant toute la bataille. Quand les Américains prirent pied dans la partie nord de la localité, le bataillon ne comptait plus que quarante hommes à son effectif.

Au matin du 7 juillet le temps était couvert et brumeux. C'était le temps qu'affectionnaient les soldats allemands car il les mettait dans une certaine mesure à l'abri des Jabos. Mais il leur valut ce jour-là un autre genre de surprise.

Avant que les observateurs d'artillerie allemands, aveuglés par cette brume matinale, aient même pu se rendre compte de ce qui se passait, à quatre heures trente du matin, des groupes de choc américains appartenant aux 30ᵉ et 9ᵉ D.I.U.S. franchirent le canal Vire-Taute sur un pont de fortune. En un second point les « Amis » utilisèrent des canots pneumatiques. Bref Saint-Jean-de-Daye fut rapidement enlevé et l'attaque progressa jusqu'à hauteur de « Le Désert ». Le plan d'Eisenhower se lisait sur le terrain : il voulait, en menaçant d'une attaque « en pince » des deux Divisions les défenseurs de Saint-Lô, obliger ceux-ci à lui céder la place.

Au début les choses parurent tourner à l'avantage des Américains. Aussi Eisenhower engagea-t-il en sus la 3ᵉ D.B. U.S. Celle-ci déboucha par les champs de blé au nord-ouest de Saint-Lô. Mais, le 9 juillet, une attaque de la 2ᵉ Division blindée S.S. stoppa l'avance américaine. On décida pour le 11 une attaque de la Panzer-lehr ; elle devait couper de leur gros les forces américaines qui avaient franchi la Vire.

Le plan était hardi. Et tout se déroula initialement conformément aux prévisions. Le colonel Gutmann avec le 902ᵉ R.G. et vingt chars déboucha de front contre la 30ᵉ U.S. Plus à gauche le colonel Scholke avec le 901ᵉ R.G. prit de flanc la 30ᵉ U.S. Douze chars « Panther » et une compagnie antichar appuyaient son assaut. « Enfin ça marche à nouveau », se disaient entre eux, tout réjouis, les commandants de chars s'interpellant par les radio-téléphones de bord.

Oui, ça « marchait » effectivement. Et même bien car à six heures trente du matin le capitaine Philipps, avec ses chars, se trouvait déjà à trois kilomètres à l'intérieur des lignes américaines. Il avait débordé deux P.C. de bataillons, cerné et fait prisonniers des éléments d'un régiment d'infanterie de la 9e D.I.U.S., et il fonçait droit sur le canal de la Vire. De leur côté les grenadiers de Bayerlein avaient coiffé dans la région de « Le Désert » des forces américaines importantes qui paraissaient un peu désorientées, et qui l'eussent été tout à fait si les chars de Philipps avaient atteint le canal sur leurs derrières.

Oui mais...

La lutte se prit bientôt à fluctuer avec des fortunes diverses dans les vergers et les chemins creux de ce terrain très coupé. Souvent les chars n'étaient, à leur insu, qu'à cent ou cent cinquante mètres les uns des autres. Une fois de plus il se vérifia que, pour un plan d'une telle audace, le Haut-Commandement allemand avait engagé des forces très insuffisantes. La Panzer-lehr n'était plus une grande unité que sur le papier. En réalité elle avait été réduite par les

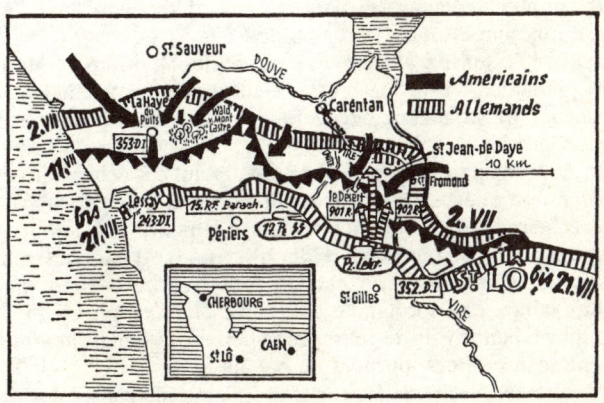

Les durs combats de juillet au front américain. Eisenhower put seulement gagner du terrain mètre par mètre et rejeter les Allemands.

combats qu'elle avait menés, à peu près au tiers de sa force combative. Et c'était avec ce fragment qu'on voulait réduire trois Divisions américaines toutes neuves !

Dans l'après-midi, avec les éclaircies, arrivèrent les Jabos. Ils se répandirent au-dessus des routes et des prés, obligeant les grenadiers allemands à se mettre à couvert. La portée supérieure des canons de chars allemands demeura inefficace. Les grenadiers ne suivirent pas. Et bientôt l'entreprise tourna court. Sur les trente-deux chars allemands engagés, à la tombée de la nuit vingt gisaient en panne ayant eu leur compte réglé par les Jabos. Les pertes en hommes dépassaient le chiffre de cinq cents. Le capitaine Philipps, le remarquable commandant très estimé du 1er Détachement du Panzer-lehr-Regiment, était tombé aux mains de l'ennemi. Désespérés, résignés, les grenadiers, blottis derrière les haies, tapis dans les fossés, les chemins creux ou les champs de blé, n'en voulaient réellement plus. Rien n'allait plus.

Et pourtant, que ce soit devant Saint-Lô ou dans le bois du Mont-Castre, ils venaient d'infliger au Commandement adverse un cuisant échec. L'offensive américaine avait projeté de réaliser la percée au sud de Cotentin. Elle n'y était pas parvenue, et dans le même temps les trois divisions américaines avaient essuyé des pertes sévères. Le fait était là indéniable.

Or comment allaient les choses pendant ce temps-là à l'autre bout du moulin et, dans la région de Caen ?

Là aussi l'offensive alliée était enrayée, les Divisions de Montgomery piétinaient. Elles ne réussissaient pas à franchir l'Orne et à déboucher de la région bocagère dans la plaine découverte de Falaise.

On ne tarda pas à s'apercevoir à quel point ces échecs successifs et ces espoirs déçus réagissaient sur les nerfs dans le camp allié. Aux échelons supérieurs du Commandement, à Londres et à Washington, on commença à parler de crise. Il est particulièrement instructif, actuellement où chacun professe couramment que la victoire alliée en Normandie n'a jamais fait un pli et que rien n'aurait pu l'entraver, de relire les bulletins quotidiens tant anglais qu'américains de ces journées de bataille.

Eisenhower lui-même était, paraît-il, hanté du constant souci de voir les Allemands ramener du Midi de la France leur infanterie en renfort — et ils en avaient désormais tout loisir. Que se serait-il alors passé ? Peut-être les Alliés eussent-ils vu arriver le début de l'hiver sans être parvenus à « se donner de l'air » dans leurs têtes de ponts, sans avoir réussi à amorcer une manœuvre de plus grande envergure. La venue du mauvais temps eût rendu dans ce cas plus aléatoire l'intervention des bombardiers, et surtout des chasseurs-bombardiers. Ainsi les Alliés se fussent-ils trouvés privés d'un de leurs atouts les plus efficaces. Neutralisé par les intempéries !

Telles étaient les sombres pensées des états-majors alliés. Le terme fatidique de « stagnation du front » se prit à courir sur toutes les lèvres. L'opinion publique s'en émut. Dans la presse américaine parurent des articles, des éditoriaux, qui ne dissimulaient ni le désappointement ni le mécontentement.

De tout cela l'humble « poilu » allemand ne se doutait guère... et pour cause. Mais ce qui est plus surprenant c'est que le Haut-Commandement allemand non plus ne s'en doutait pas davantage. On constate une fois de plus la faillite de son service de renseignements.

Le fait est à peine croyable, mais dans les états-majors supérieurs, et jusque chez le commandant du front ouest on croyait toujours dur comme fer à un deuxième débarquement dans le Pas-de-Calais. Et l'on conservait, à cette éventualité, des Divisions fraîches inemployées au lieu de les jeter dans la mêlée ainsi qu'Eisenhower, à juste titre, le redoutait. C'en devient presque risible !

Le Haut-Commandement allié ne pouvait pas croire à la persistance d'une telle passivité. Il ne cessa de redouter l'apparition de Divisions blindées allemandes devant le front américain. L'arrivée de celles-ci eût en effet contrarié tout le plan d'opérations des Alliés qui prévoyait la percée à l'aile droite. Le Guderian américain, le général George S. Patton se tenait déjà prêt à cet effet avec sa 3e Armée U.S. nouvellement introduite. Ni le Haut-Commandement allemand ni le quartier général du Führer ne gênèrent véritablement son action, ils la facilitèrent plutôt. Si, néanmoins, les Alliés durent chèrement payer leur victoire, on le doit avant tout à la vaillance des valeureuses troupes du front ouest.

L'opération « bon bois »

Que nous réserve l'ennemi ? C'est par cette simple question que débute toute véritable stratégie. Et des nuées d'espions en vivent. En Allemagne on appelle « Abwehr » la centrale qui dirige leurs activités occultes, épiant les intentions du Commandement adverse, chez les Alliés c'est « l'Intelligence Service » qui remplit le même office. Mais le front, lui aussi, a besoin de son propre service de renseignements. Dans le domaine des combattants au contact, les patrouilles d'explorations, les reconnaissances aériennes, les écoutes radio, les coups de main pour ramener des prisonniers, l'exploitation des documents saisis, sont autant de moyens pour tenter de résoudre la même devinette : que nous mijote l'ennemi ? Toutes ces informations convergent vers l'atelier du 2e Bureau. C'est au 2e Bureau que sont centralisées, exploitées toutes les indications qui peuvent donner quelque aperçu sur les intentions de l'adversaire. L'officier du 2e Bureau c'est proprement l'alchimiste qui, par sa cuisine magique, démasque le vrai visage des gens d'en face et pénètre jusqu'à leur cerveau. A lui de discerner, dans le fatras qu'on lui apporte, l'or fin du plomb vil. Ses dons indispensables sont la richesse de l'imagination associée à la plus prudente méfiance.

Cependant le Commandement allemand n'apporta pas toujours au recrutement de ces « spécialistes » tout le soin nécessaire. Il ne les tenait pas en très grande estime. A l'échelon régimentaire c'était un des officiers adjoints au chef de corps qui assumait la fonction, en même temps que plusieurs autres emplois, sans rapport direct avec elle. Quelle différence dans l'autre camp ! Chez les Américains on rencontrait jusqu'à l'échelon bataillon des idoines exclusivement spécialisés dans la recherche du renseignement. Au commandement du front ouest, le lieutenant-colonel Meyer-Detring, chef du 2e Bureau, ne disposait en tout et pour tout que de neuf officiers. Son homologue chez les « Amis », le « Chief Intelligence Officer », en avait à sa disposition plus de dix fois autant. Qu'on juge par cet exemple !

Dans un chemin creux, au sud-est de Périers, devant le front américain, voyez-vous en ce moment ce « command-car » allemand bien camouflé, avec sa peinture bigarrée brun et vert ? Il appartient à l'état-major du 84ᵉ Corps.

Ses vitres sont éclaboussées de boue projetée par les éclatements de projectiles dans son voisinage. C'est que l'artillerie ennemie, avec un luxe prodigue, fouille le terrain tout autour. Sans doute les gens d'en face ont-ils intercepté ses communications radio, ou photographié les traces de ses roues ; c'est la méthode courante. Après quoi, le gibier flairé dans sa remise, on met en quête les avions ou on découple les canons. Aujourd'hui 13 juillet tout le monde est en branle à la fois. Planant comme des éperviers qui guettent la perdrix, des Jabos font au ciel de grandes révolutions. Aussi le major Hayn, le chef du 2ᵉ Bureau du 84ᵉ Corps, accompagné d'un de ses adjoints, se défile-t-il prudemment sous les pommiers, ou s'insinue-t-il à travers l'herbe haute pour gagner le command-car en évitant de se faire repérer. Il vient y rejoindre le chef du 3ᵉ Bureau du Corps d'armée le lieutenant-colonel von Criegen qui y travaille avec ses officiers. Hayn, lui, a son bureau à un kilomètre de là dans une toute petite ferme isolée.

Le général Dietrich von Choltitz, qui a pris depuis le 15 juin le commandement du Corps d'armée, accueille son chef du 2ᵉ Bureau en ces termes :

— Alors, mon pauvre Hayn, quelles nouvelles ennuyeuses nous apportez-vous encore ?

Le major dépose sur la table deux croquis :

— Mon général, voici les résultats de la journée d'hier 12 juillet.

Son doigt suit, sur la carte, la ligne en trait plein qui marque le tracé du front. Il s'arrête sur une zone hachurée de rouge dans le secteur américain.

— Dans toute cette zone, au sud de Carentan, silence total de la radio. Nous savons que c'est la zone des 19ᵉ et 7ᵉ Corps U.S. D'où l'on peut conclure à des regroupements en cours. Au nord au contraire, en face des 243ᵉ et 353ᵉ D.I., intense activité de la radio. On enregistre en outre l'apparition de nouvelles batteries ennemies repérées au son. A l'aile droite, aucune identification depuis plusieurs jours de la 1ʳᵉ D.I. U.S. ; elle a dû être relevée.

Le général a suivi sur le croquis attentivement :

— Et pour aujourd'hui comment se présente la situation ?

— Modifications de toutes sortes, annonce le major. D'après un renseignement d'agent il y aurait une intense circulation en direction du sud-est sur la ligne qui traverse la zone inondée dans la région de Baupte. De nombreuses batteries récemment repérées sont entrées en action dans la région de Sainteny. Deux prisonniers faits dans ces parages portent l'insigne de la 3e D.B. U.S. Sur un cadavre on a trouvé d'autre part des lettres estampillées APO 1 c'est-à-dire Army Post Office 1 dont 1re D.I. U.S. Ainsi cette grande unité n'aurait pas été relevée mais seulement transférée au centre de notre secteur. D'après des documents trouvés par une patrouille de la 17e D.B. S.S. « Götz von Berlichingen » le front du 7e Corps U.S. aurait été sensiblement rétréci. Une nouvelle longueur d'onde sur 2 201 kilohertz est apparue. Finalement il faut retenir surtout les très nombreuses photos de nuit prises avec éclairage instantané par les avions de reconnaissance ennemis entre Périers et la cote 146. Enfin, il y a lieu de noter une recrudescence du bombardement par l'artillerie des principales hauteurs dans le secteur du Corps d'Armée. Il est clair que l'ennemi vise à aveugler nos observatoires. Même des fermes isolées ont été pour la première fois sérieusement bombardées.

Hayn revoit à ce moment par la pensée le fermier qui l'héberge, le père Alphonse Lelu, que les obus américains ont pourchassé la veille de son verger jusque dans sa cave. Le vieux légionnaire, un ancien de la Légion étrangère, n'en décolérait pas, et il avait proféré d'effroyables jurons tant contre la « chienne de guerre » que contre les canons de ses libérateurs.

— Comment voyez-vous la situation ? demande Choltitz.

— Mon général : préparatifs d'attaque indiscutables. Vraisemblablement avec centre de gravité région Sainteny en direction de Coutances. C'est ce qu'on pourrait appeler : la petite solution cotentinoise. D'ailleurs ces pronostics se recoupent avec les prévisions du commandement du front ouest qui a annoncé il y a déjà plusieurs semaines qu'avec les forces rendues disponibles par la chute de Cherbourg, il fallait s'attendre pour le milieu de juillet à la reprise des attaques contre le front du 84e Corps d'Armée.

Choltitz acquiesce du menton, tend la main vers une étagère, atteint un flacon de cognac et se verse un verre de Martell trois étoiles :

— Bon ! alors ne manquez pas d'attirer l'attention de l'armée dans votre bulletin de ce soir sur les risques que révèlent ces préparatifs. Si nous ne crions pas un peu avant qu'on nous écorche, les gens du Mans vont s'imaginer que d'autres ont plus besoin que nous de munitions et de ravitaillement.

A l'extérieur le crépuscule s'étend sur la campagne. Le major Hayn et son adjoint s'éloignent sous les pommiers. Au loin on entend le front ronronner : c'est le bruit caractéristique qui marque les accalmies de la bataille. Cinq jours plus tard celle-ci fait rage... mais sur le front de Caen cette fois.

Eisenhower a découplé Montgomery avec trois Divisions blindées, deux Divisions d'infanterie et une brigade canadienne de chars. Elles ont pour mission d'opérer la rupture du front allemand dans le secteur de Caen, d'attirer à elles le gros des réserves blindées allemandes, et de poursuivre avec celles-ci une lutte d'extermination afin de faciliter la percée des Américains dans la région de Saint-Lô. La recette de Montgomery est simple. C'est la formule de la bataille de matériel dans la Seconde Guerre mondiale : une gigantesque armada aérienne nivelle une large brèche, deux Divisions (la 2e Canadienne et la 3e Britannique en l'occurrence) prennent position sur les deux lèvres du trou et assurent le flanquement du corridor central. A travers celui-ci se ruent les chars des 7e et 11e D.B. et de la Division cuirassée de la Garde. Direction : plein sud, et si possible jusqu'à Paris. C'est simple et... infaillible.

A cinq heures juste, dégringole le premier tapis de bombes. Trois flottes aériennes, deux britanniques et une américaine, attaquent avec un total de 2 100 bombardiers. Des vagues innombrables se succèdent comme à la manœuvre. Elles vident leurs soutes, semant la mort et l'épouvante. Et puis, avant de s'en aller, elles déversent encore leurs pots fumigènes qui marqueront les objectifs pour la suivante. C'est ici que nous nous sommes délestés. A votre tour !...

Quatre heures durant se poursuivit cette véritable exécution des villages, des prés et des bois. Bientôt, sur des kilomètres l'air fut rempli d'un épais nuage de fumée et de poussière. Il n'y avait plus ni routes ni chemins ni jardins, rien que des entonnoirs et des cratères partout ! Un canon de Flak du calibre de 2 cm, bien qu'il fût profondément enterré, se trouva projeté à vingt mètres de son emplacement de tir, les quatre fers en l'air.

Partout les nids de mitrailleuses furent nivelés, les pièces antichars endommagées, les tranchées et les boyaux éboulés, leurs défenseurs enfouis.

On avait baptisé cette entreprise de démolition du nom conventionnel de « Good Wood » (bon bois). Ça vous prenait des allures de partie de quilles!

Et pourtant malgré cet ouragan d'acier et de feu, les survivants, les grenadiers allemands, les artilleurs allemands réussiront encore une fois à tenir bon!

Le long de la voie ferrée de Caen à Vimont l'offensive des chars anglais fut stoppée. Bien échelonnées et articulées dans la profondeur, les Divisions de seconde ligne opposèrent à leur avance une résistance méthodique. L'héroïsme et la valeur des exécutants fit le reste.

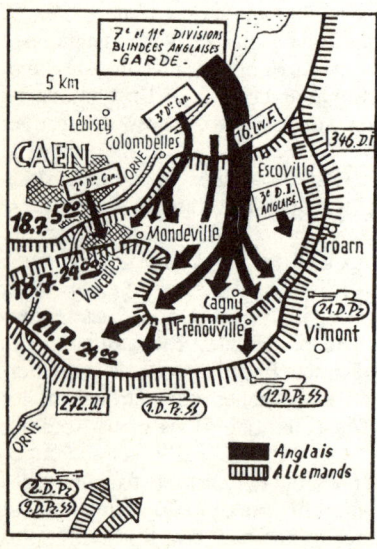

L'offensive anglaise de juillet « Bon Bois », qui était bien préparée, aurait dû enfoncer le front de Caen et ouvrir la route jusqu'à Paris.

La Division cuirassée de la Garde anglaise, à elle seule, y perdit soixante de ses chars. Qu'on juge de l'hémorragie! Du coup l'épine dorsale de l'offensive anglaise était brisée. Elle ne tarda pas à stagner. La tentative de rompre, entre l'Orne et la Dives, l'anneau qui enserrait la tête de pont britannique avait encore une fois échoué. « Bon Bois » ! Le sobriquet n'avait pas porté chance à l'opération. De ce bon bois-là, les Britanniques gardaient pas mal d'échardes enfoncées sous la peau.

Sur la chaîne de collines dominant au sud la plaine de Caen, les contingents allemands renforçaient maintenant leurs positions défensives. Montgomery, la rage au cœur, dut retirer ses Divisions blindées, une fois de plus défaites. Et le lion britannique se mit à lécher ses plaies. Tandis que sur les bords de la Tamise la presse grondait sourdement.

Et pourtant les Britanniques venaient de remporter une victoire qui avait peut-être pour eux plus de poids que n'en avait pour les Allemands leur succès défensif. Un chasseur-bombardier anglais venait de faire une victime. Il avait abattu l'homme en qui la troupe mettait tous ses espoirs.

Dans l'après-midi du 17 juillet le feld-maréchal Rommel s'était rendu sur le front au poste de commandement du 1er Corps cuirassé S.S. Il s'y entretint avec le commandant du Corps d'Armée l'Obergruppenführer Sepp Dietrich. « Panzer-Meyer » avait été également convié à l'entretien.

Lorsque vers seize heures le maréchal reprit le chemin de La Roche-Guyon, Dietrich lui suggéra, au lieu de sa grosse Mercedes, d'utiliser plutôt un petit cabriolet Volkswagen... à cause des Jabos. Mais Rommel, en souriant, fit de la main un geste de dénégation. Daniel, son chauffeur, embraye. Et l'on démarre. Le ciel entre-temps s'était éclairci.

— Allez ! conduis plus vite, ordonna Rommel. Près de Livarot Daniel avait pris par prudence un chemin de traverse. Mais arrivé à hauteur de Vimoutiers, il lui fallut bien emprunter à nouveau la route nationale. Soudain l'adjudant Holke poussa le cri :

— Attention ! avion bas !

Deux Jabos vrombissant arrivaient de derrière, venant de Livarot et enfilant la route. Ils étaient à peine à trente mètres d'altitude.

— Tâche de gagner le village, cria Rommel à son chauffeur et celui-ci appuya à fond sur la pédale de l'accélérateur, abordant le virage à plus de cent quarante.

Mais le Jabo avait été plus rapide. La gerbe de son canon automatique atteignit en plein le véhicule. Les projectiles s'enfoncèrent dans la matelassure déchiquetant littéralement la portière de gauche.

Daniel, atteint à l'épaule, s'affaissa sur son volant. La voiture fit une embardée, heurta un tronc d'arbre sur la droite, rebondit et s'arrêta en travers de la route.

Rommel qui avait heurté de la tête le pare-brise et qui saignait abondamment fut projeté hors de la voiture.

Le maréchal, avec une fracture du crâne, gisait sur la chaussée.

Le héros d'Afrique, celui qui portait encore les espoirs de la Normandie, venait d'être abattu par un Jabo comme tant et tant des hommes de son Groupe d'Armées. Le capitaine Lang, le major Niehaus et l'adjudant Holke étaient demeurés indemnes. Ils revinrent sur leurs pas, tirèrent Rommel à l'abri d'une haie, et quand les Jabos eurent relâché leur surveillance, le transportèrent au village voisin. Ironie du sort, celui-ci s'appelait : Sainte-Foy-de-Montgomery.

Rommel ne fut pas remplacé à la tête de son Groupe d'Armées. Le feld-maréchal Hans von Kluge, le successeur de von Rundstedt à la tête du front ouest, assuma désormais le commandement du Groupe d'Armées B.

Lorsque « Hans le sage [1] » — ainsi qu'on avait coutume d'appeler, depuis l'école de guerre, le brillant breveté — était arrivé du théâtre oriental pour relever Rundstedt et prendre le commandement du front de l'ouest, avec mission de le « stabiliser », son premier soin avait été de se rendre auprès de Rommel à La Roche-Guyon.

— Mon cher, lui avait-il dit un peu sèchement, même vous, il va falloir vous habituer à recevoir des ordres et à les exécuter. Kluge était convaincu qu'en centralisant le commandement d'une main ferme il arriverait à maîtriser la situation.

Il lui avait suffi de quinze jours pour déchanter et pour se rendre à cette évidence que le destin du front de l'invasion était désormais scellé. Il ne s'agissait plus de problèmes d'organisation du commandement. Eisenhower avait désormais, sur le plan stratégique et sur celui du rapport des forces, pris la haute main. Pour Kluge, l'histoire lui réservait symboliquement ce rôle tragique, et qui fut

---

1. Kluge signifie « sage » en allemand.

celui de presque tous les généraux allemands, de voir entravées ou contrecarrées, jusque sur le champ de bataille, leurs propres conceptions par les ingérences néfastes de l'O.K.W. (du Haut-Commandement allemand).

Le 20 juillet un orage d'une rare violence s'abattit sur la Normandie. La lueur des éclairs, au milieu des éclats du tonnerre, illumina les ruines de tant de villes et de villages. La grêle et la pluie firent de la région un vaste marécage, les ruisseaux s'enflèrent, les routes elles-mêmes devinrent de véritables torrents. Au milieu de ce déchaînement des éléments se répandit l'annonce « d'un attentat contre le Führer ». Les états-majors accueillirent avec des sentiments mitigés les nouvelles qui leur arrivaient soit de Paris, soit de Berlin, soit même de Rastenburg : exaltation pour certains, dépression pour d'autres, mais pour tous espérance qu'allait rapidement prendre fin, à la faveur de l'événement, une guerre désormais sans espoir. Les éléments engagés dans la bataille, en revanche, tant officiers que soldats, n'avaient pas le temps de se passionner pour un aspect politique du problème. Le général Bayerlein résume d'un mot l'état d'esprit des Divisions rassemblées à l'époque autour de Saint-Lô :

— Nous avions les yeux fixés bien davantage sur les Jabos que sur le G.Q.G. du Führer.

La phrase montre à quel point les unités combattantes étaient épuisées ; elles n'avaient plus qu'une pensée en tête : essayer de survivre.

La percée de Saint-Lô

Le 19 juillet les Américains réussirent à arracher, aux débris de la 30ᵉ Brigade légère qui s'y maintenaient encore, la ville de Saint-Lô. Le commandant de la brigade, le baron von Aufsess, un des plus valeureux officiers du 84ᵉ Corps, fut tué dans un combat de rues aux lisières de la ville. La lutte fut sans merci. Le journal de marche de la 29ᵉ D.I. U.S. en restitue bien le climat : *Ce ne fut que pas à pas,* écrit-il, *par petits groupes de cinq à six hommes soutenus par un char, que nous pûmes nous emparer l'une après l'autre des ruines des dernières maisons et progresser par les rues obstruées de décombres.* D'ailleurs, le corps du commandant de leur détachement de pointe, le major Thomas Howie du 3ᵉ Bataillon du 116ᵉ U.S., gisait lui aussi, comme celui de son rival allemand, enseveli sous ces décombres.

Retrouvons-nous, cinq jours plus tard, au P.C. de la Panzer-lehr au sud-ouest de Saint-Lô.

— Quand croyez-vous que les « Amis » vont nous secouer les puces à nouveau ? demande Bayerlein à son chef du 3ᵉ Bureau, le major Kaufmann. Celui-ci lève les yeux au plafond ; les mouches y sont nombreuses dans cette petite cuisine enfumée d'une vieille ferme près de Canisy.

— Mon général, ça peut recommencer d'un moment à l'autre. Ils sont « fin prêts », on ne peut se le dissimuler. Je crois que seul le mauvais temps les retarde.

— Pourtant l'armée semble convaincue que l'attaque principale sera pour Caen et pas pour ici, lui rétorque Bayerlein qui manifestement voudrait que ce fût vrai.

A ce moment retentit le téléphone. Le P.C. du 901ᵉ signale : « Gros bombardements aériens ».

Bayerlein échange avec Kaufmann un coup d'œil :

— Eh bien, vous aviez raison ! Les voilà qui « remettent ça ».

On était au matin du 24 juillet ; l'ordre d'alerte fut transmis aux unités : des coureurs et des estafettes partirent dans les diverses directions. Puis on attendit, mais rien ne vint.

De nouveau le téléphone sonne. De nouveau le P.C. du 901ᵉ est au bout du fil : « Les bombardements aériens continuent. Mais l'infanterie américaine abandonne ses positions et reflue vers l'arrière ».

Etrange ! qu'est-ce à dire ?

Le jour se passe. Toujours pas d'attaque. La nuit est tranquille. L'aube du 25 commence à poindre.

A sept heures une compagnie avancée du 902ᵉ Régiment de grenadiers signale : « L'infanterie américaine en face de nos tranchées abandonne en hâte ses positions. Partout elle reflue vers l'arrière ».

Bientôt, de tous les secteurs de la Division, la même nouvelle arrive, de toutes parts confirmée.

— Ça alors, s'esclaffe Kaufmann, elle est bien bonne ! Est-ce qu'ils n'en voudraient plus ? Et l'armée aurait-elle raison par hasard ?

Quelques minutes à peine plus tard l'armée réitérait effectivement sa conviction que la région sud de Saint-Lô n'était pas
menacée. Bayerlein était informé que la 2ᵉ D.B. allait être
retirée de cette partie du front pour être transportée dans la
région de Caen. C'était là que l'A.O.K. 7 (le commandement de
la 7ᵉ Armée) attendait l'offensive en force des Alliés. La relève
s'effectua sans encombre. La 2ᵉ D.B. fut remplacée par la 352ᵉ
D.I. du lieutenant-général Drabich-Waechter arrivant en droite
ligne du Pas-de-Calais. Comme baptême de feu, elle allait être
« servie ».

Une heure plus tard en effet, tous les téléphones retentissent
simultanément dans la petite ferme de Canisy : de toutes les
unités sur le front, des points d'appui de l'arrière, des villages et
des hameaux où sont tenus en réserve les chars de contre-
attaque, de partout la même nouvelle arrive, concordante :
« Vagues de bombardiers innombrables. Attaque de Jabos sur les
ponts et sur les positions de batteries ». Plus de doute cette fois,
ça y était !

Et tout de même sur le front de Saint-Lô, en fin de compte !

Tandis que la 2ᵉ D.B. s'en allait sagement rejoindre le front de
Caen... où rien ne se passait !

Mais pourquoi alors l'infanterie américaine, la veille et le jour
même, avait-elle été ainsi retirée de ses positions de départ ? On
le tint, à l'époque, du côté allemand, pour une ruse de guerre.
La vérité, connue de nos jours, est beaucoup plus simple à vrai
dire :

Le général Bradley était décidé à attaquer le 24. En raison du
trop mauvais temps il décala, en dernière minute, son offensive.
Il craignait entre autres que par mauvaise visibilité, la flotte de
bombardiers ne ratât ses objectifs. Mais un certain nombre
d'escadrilles ne furent pas touchées par le contre-ordre. Ayant
pris l'air quand même il arriva qu'elles jetèrent — comme on
l'avait craint — leurs bombes sur leurs propres lignes. D'où une
sérieuse panique. Les G.I.'s pas du tout habitués à déguster ce
genre de « crottes », abandonnèrent à toute allure leurs positions
avancées. Tel fut le « retrait » qu'avait signalé le 901ᵉ R.G.

Quand Bradley fixa au 25 la date de l'offensive, quelques-uns
de ses commandants de régiments rendus méfiants par l'expérience de la veille, jugèrent plus prudent de reculer néanmoins

quelque peu leurs bataillons de tête. Car le temps restait à peu près aussi bouché. Et telle fut l'origine de ces « mouvements de repli généralisés » qu'avait signalés au général Bayerlein son 902ᵉ Régiment de grenadiers.

La précaution de ces quelques chefs de corps américains ne fut d'ailleurs pas superflue : en plusieurs autres endroits les bombes de l'aviation américaine tombèrent sur les positions tenues par sa propre infanterie. Les 47ᵉ et 120ᵉ R.I. U.S. subirent de ce fait des pertes assez sévères. le 12ᵉ Régiment d'artillerie de campagne fut presque anéanti. Le général McNair, inspecteur des formations territoriales, et ami personnel d'Eisenhower, qui s'était aventuré avec sa jeep pour assister au démarrage de l'attaque fut réduit en bouillie. Malgré tout, la ration destinée aux Allemands ne fut pas pour autant... amenuisée.

Pendant une heure environ, Bayerlein réussit à maintenir, avec ses unités de première ligne, la liaison par fil et par radio. Et puis... tout fut coupé.

Mais ce qui, durant cette heure, avait encore pu être inscrit sur la carte de situation de l'état-major en disait long : plus de deux mille bombardiers avaient pris à partie le front de la Panzer-lehr, ainsi que des régiments de parachutistes 13 et 15 ses voisins, et sur sept kilomètres de large et trois de profondeur, ils y avaient foré un corridor de la mort. Rien n'avait résisté : tranchées, emplacements de tir : labourés. Dépôts d'essence, de munitions, de vivres : incendiés, anéantis. 2 000 bombardiers sur sept kilomètres de front, cela représentait en moyenne, pour chacun d'eux, trois mètres cinquante de front à traiter linéairement. On peut comprendre alors sous quel jour apparaissait à dix heures du matin la zone qui, à neuf heures, était encore tenue par cinq mille hommes bien vivants de la Panzer-lehr Division.

Au minimum la moitié de l'effectif était hors de combat : mort, blessé, enseveli ou rendu fou. Tous les blindés et l'artillerie, sur la première position, étaient « réalisés ». Il ne restait plus un chemin praticable.

Mais cela ne suffisait pas encore au général Bradley. « Safety first » c'était le mot d'ordre. A dix heures exactement il découpla en sus, sur ce champ de dévastation, 400 chasseurs bombardiers qui s'en prirent à tout ce qui offrait encore une apparence de vie.

Et ce ne fut pas tout : à dix heures trente, des formations

spéciales de bombardiers moyens attaquèrent les routes qui menaient à Saint-Gilles et à Marigny.

Alors vint enfin l'infanterie du 7e Corps U.S. Et encore, les trois Divisions d'infanterie de la première vague n'étaient-elles que des sortes d'avant-coureurs prenant possession de la brèche réalisée par l'armée de l'air, pour en assurer et en faciliter le franchissement aux formations motorisées qui suivaient sur leurs talons.

Les bombardiers avaient fait du beau travail. Presque trop soigné. L'infanterie américaine, avec ses matériels encombrants, n'arrivait plus à progresser dans ce paysage lunaire semé de cratères, d'arbres arrachés, de fils de fer tordus et de pierres de taille à l'emplacement de ce qui avait été des villages. Au début, les chars ne purent pas suivre du tout.

Il fallut que les sapeurs du génie, à coups de bulldozer, leur frayassent laborieusement un passage.

Bayerlein, ayant enfourché une motocyclette, se rendit au P.C. du 901e R.G. installé dans la cave voûtée d'un vieux moulin. Il y retrouva le colonel von Hausser.

Un lieutenant envoyé en reconnaissance y arrivait au même moment.

— Ecoutez vous-même, dit le colonel au général. Et celui-ci put entendre :

— Je n'ai trouvé nulle part, à l'avant, trace d'un seul nid de résistance encore existant. La H.K.L. (la ligne principale de résistance) a entièrement disparu. Ce n'est plus qu'une zone de mort silencieuse.

Vers midi les Américains avaient déjà atteint la route de Saint-Lô à Périers. Mais le lendemain, qui était le 26, une résistance allemande se fit soudain jour devant Marigny. Dieu sait comment ils avaient réussi à échapper à l'enfer mais toujours est-il qu'ils tirèrent. Sur quoi Bradley envoya aussitôt 400 bombardiers moyens arroser la localité. Là-dessus le 2e D.I. U.S. fit irruption sur la droite du secteur de la Division et poussa jusqu'à Saint-Gilles. le soir elle occupait Canisy dont le P.C. de Bayerlein avait réussi à se dégager de justesse.

La journée était chaude et lourde. Epuisé, affamé, couvert de boue, Bayerlein, avec son chef du 3e Bureau et son officier d'ordonnance, est assis dans le nouveau poste de commandement qu'ils ont installé à cinq kilomètres plus au sud, près de Dangy.

La sentinelle signale une voiture d'état-major allemande. Un officier de l'état-major personnel du commandant en chef, du feld-maréchal Kluge, y est assis, il cherche la Panzer-lehr. Il est enchanté de découvrir enfin son chef. Apporte-t-il la nouvelle de quelque secours ? Que non pas ! Il apporte... un ordre.

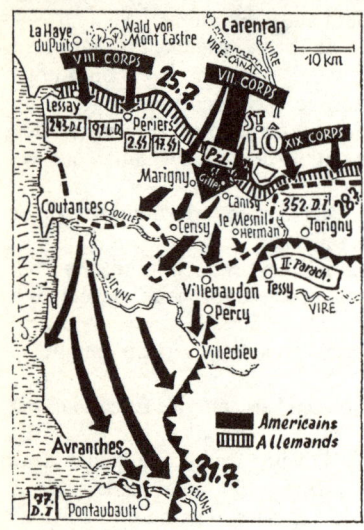

Près de St-Lô, le 7e Corps américain força, fin juillet, le passage définitif. Cette opération entraîna le retrait précipité des ennemis de la presqu'île du Cotentin près d'Avranches et l'encerclement de la 7e Armée.

Le lieutenant-colonel, sanglé dans son uniforme impeccable, avec, à sa culotte, la large bande carminée qui indique sa qualité de breveté, se sent un peu gêné devant le général et ses officiers, hirsutes, pas rasés qui, depuis plusieurs jours, n'ont pas mangé un repas chaud, et qui n'ont pas même eu d'eau pour se laver. Il sent confusément ce que ces hommes viennent d'endurer. Mais qu'y peut-il ? il apporte... « un ordre ».

— Mon général, dit-il gravement, le maréchal exige que la ligne Saint-Lô-Périers soit tenue à tout prix.

Un silence glacial. Kaufmann ne quitte pas Bayerlein des yeux. Le major Wrede regarde par la fenêtre d'un air détaché.

— La ligne Périer-Saint-Lô doit être tenue, répète Bayerlein doucement, puis-je me permettre de vous demander avec quoi ?

Le lieutenant-colonel laisse passer la question.

— C'est un ordre que je vous apporte, mon général, répond-il, vous devez tenir à tout prix. Aucun homme ne doit abandonner la position. Et, comme pour s'excuser, il ajoute : Un détachement de chars « Panther », des S.S. va, pour vous soulager, être engagé dans le flanc des Américains.

Aucun homme ne devra abandonner la position !

Bayerlein regarde fixement l'officier de liaison. Un silence de mort, paralysant, règne dans la pièce.

On entend, dans la cour, battre une porte d'étable.

Le général sent le sang affluer à ses tempes, où battent ses artères.

L'homme qui, aux côtés de Rommel, dans les combats épuisants de la campagne d'Afrique, qui aux heures où sombra l'Afrikakorps dans les dunes de Tel el Mampsra, qui, en Tunisie même, n'a jamais perdu une seule fois le contrôle de ses nerfs, cet homme-là est maintenant à bout. Il s'accoude à la table et parle lentement, posément, mais chacune de ses paroles tombe dans le silence avec le poids d'une montagne :

— Mon colonel, vous pouvez être assuré que tout le monde tiendra ; tout le monde. Mes grenadiers tiendront dans leurs tranchées, mes pionniers aussi, et mes chasseurs de chars. Ils tiendront. Aucun n'abandonnera la position. Ils sont dans leurs trous, bien sages et silencieux, car ils sont morts, entendez-vous ?

Et Bayerlein s'est rapproché de l'officier.

— Vous direz de ma part au maréchal, que la Panzer-lehr n'existe plus, qu'elle est anéantie, mais que ses morts peuvent encore tenir, et que je tiendrai avec eux jusqu'au bout, puisqu'il l'ordonne.

L'officier de liaison n'a pas le temps de répondre. Une formidable détonation fait trembler toute la maison, voler les vitres en éclats. La terre a tressailli. Une immense colonne de flammes s'est élevée. Les portes sont arrachées de leurs gonds. Les châssis des fenêtres se disjoignent. Le grand dépôt de munitions de Dangy vient d'être atteint par des Jabos et est en train de sauter. Des millions de fusées, destinées aux lanceurs, jaillissent de toutes parts comme le bouquet d'un feu d'artifice, suivies de leurs traînées de flammes, et retombent tout à l'entour. Plusieurs milliers de mines, des obus en nombre incalculable et des tonnes de munitions d'infanterie explosent sans arrêt. Comme le bûcher funèbre de Siegfried il semble que ce décor wagnérien ait été conçu pour l'effondrement de la division.

Vers midi, le 27 juillet, Bayerlein et le reste de son état-major occupaient un poste de commandement sur le bord du ruisseau de Soulles. Ils ne sont plus au total qu'une demi-douzaine d'officiers, et 14 sous-officiers, estafettes et radios. Autour de la vieille chaumière dans laquelle ils se sont réfugiés ils essayent de rassembler encore les quelques restes épars de la grande unité. Mais tard dans la soirée, des chars américains survenus prennent la masure sous leur tir. Malheureusement les fenêtres donnant sur le jardin étaient grillagées. Il n'était d'autre issue que la porte donnant sur l'étroite ruelle bordée par le ruisseau et prise d'enfilade par les chars. Un par un les officiers et les secrétaires en jaillirent, dans les intervalles des rafales. Tirés comme des lapins par les obus des chars, ils cherchèrent refuge derrière des troncs d'arbres ou dans les champs de blé avoisinants. Bayerlein était resté le dernier dans la maison en flammes dont le grenier commençait à s'effondrer. Il était là sur le seuil de la porte. A quinze mètres de lui le major Wrede, pressé contre un pommier, lui faisait signe. A son tour le général bondit et s'élance à toutes jambes. Franchissant le ruisseau, il se jette dans un champ de pommes de terre. L'obus qui lui était destiné le rase à le toucher. Indemne, le général fait un nouveau bond.

— Allez, Wrede, en avant, mon petit!

Le soir au crépuscule on le vit marcher solitaire sur la route de Percy. Lui, le commandant de cette grande unité d'élite, la Panzer-lehr, dont Guderian trois mois plus tôt avait dit :

— Avec cette division-là vous rejetterez à vous tout seul les Anglo-Américains à la mer.

Maintenant il s'en allait seul, à pied. Et ce soir-là au grand quartier général du Führer, sur l'immense carte de situation, on retira... un petit drapeau.

Le front se rompt

Lorsque le général Bayerlein, finalement, retrouva le contact avec des éléments du 11e Corps de parachutistes allemands, se déroulait au P.C. de celui-ci, à Saint-Vigor, à dix kilomètres à l'est de Percy, une scène analogue qui illustre bien l'état d'esprit des états-majors du front à l'époque.

Le commandant du 11ᵉ Corps de parachutistes, le général Meindl, s'y trouvait aux prises avec un autre délégué du maréchal von Kluge. Cette fois c'était le propre fils du feld-maréchal, le lieutenant-colonel breveté von Kluge, chargé de se renseigner sur la situation auprès du général Meindl. Le malheureux garçon servit de bouc émissaire à la rage du commandant de corps. Meindl écumait littéralement. Que lui voulait cet espion dépêché par Kluge ? Apportait-il de nouveaux ordres insensés ? Allait-il exiger de nouveaux sacrifices ?

Le corps parachutiste était venu se mouler sur le flanc droit de la poche américaine afin d'essayer d'en contenir la poussée vers le sud. Son détachement de reconnaissance nᵒ 12, **aux ordres du** capitaine Gœtsche, venait d'apparaître opportunément quelques heures plus tôt au carrefour du Mesnil-Herman, juste à temps pour arrêter net une pointe d'avant-garde blindée des « Amis » qui menaçait le P.C. de la 352ᵉ Division (général Krais). Sans lui tout l'état-major des nouveaux venus eût été « fait aux pattes en moins de deux ».

Gœtsche fit le hérisson et verrouilla pendant vingt-quatre heures, à l'avance ennemie, cette importante voie de communication. Une demi-douzaine de carcasses fumantes de « Sherman » gisaient devant son bouchon. Mais à quoi servait de dépenser ce courage au carrefour de Mesnil-Herman ? Ce n'était pas de cette façon qu'on aveuglerait la brèche gigantesque ouverte par l'anéantissement de la Panzer-lehr !...

Cela ne servit pas davantage que les bataillons du comte Schulenburg commandant le 13ᵉ Régiment de parachutistes, se cramponnant « comme des poux » aux ruines de Marigny. Le bataillon Meuth y fondit rapidement de huit cents à cent hommes. Mais tout cela n'était qu'expédients, que « pièces collées » aux plus mauvais endroits. Pour recoudre le front déchiré il eût fallu de tout autres moyens !

Le général commandant la 7ᵉ Armée avait bien ordonnée aux 2ᵉ et 116ᵉ Divisions blindées de déboucher sur un large front des positions tenues par le corps parachutiste, de bousculer les Américains engagés vers le sud, de percer leur front, et de rétablir si possible le contact avec la côte occidentale du Cotentin. Le général von Luttwitz commandait la 2e D.B., le général comte Schwerin la 116e. L'ensemble de l'opération était aux ordres du général des chars baron von Funck. Meindl venait précisément d'être informé du projet par le commandant de la 7e Armée, Hausser lui-même, qui l'avait à cet effet convoqué au Mans.

Le retour à son poste de commandement avait suffi à démontrer, au général des paras, qui détenait la supériorité aérienne dans la région !

Trente fois exactement sur les quinze kilomètres qui séparaient les deux postes de commandement, il lui avait fallu jaillir de sa Volkswagen sous la menade des Jabos. Trente fois il lui avait fallu accomplir un saut de carpe dans le fossé ou le caniveau. D'ailleurs, pour faciliter la manœuvre, on avait supprimé les portières de sa voiture.

Un trajet qui eût dû normalement demander une demi-heure avait exigé quatre heures ! C'était à devenir enragé. Et c'était dans de pareilles conditions qu'on allait déclencher le lendemain, au grand jour, une attaque de blindés sur un large front ! Ah çà ! n'avait-on encore rien compris en haut lieu ?...

C'est dans cet état d'esprit que le général Meindl, regagnant son P.C., y trouva le jeune Kluge qui l'attendait. Il tombait bien ! et pour comble il apportait la consigne de son père de « tenir ». Comme Bayerlein vingt-quatre heures plus tôt, Meindl à son tour explosa mais... à sa façon :

— Vous serez bien aimable, dit-il froidement, de rapporter très exactement à monsieur votre père ce que je vais vous dire : Nous en sommes maintenant au point où la Normandie ne peut plus être conservée parce que la troupe est épuisée. Elle est épuisée parce qu'on l'a obligée à se sacrifier dans des situations insensées, et maintenant encore on n'a que ce mot à la bouche : « Tenir ! » Mais, malheureux, si nous « tenons », l'ennemi va nous déborder sur notre flanc gauche et nous envelopper. Et ensuite ? On se berce d'illusions parce qu'on engage ces deux malheureuses Divisions blindées ! Et après ? Voulez-vous que je vous dise ce qui va arriver ? C'est qu'avec leurs vieilles méthodes périmées, elles ne pourront même pas déboucher. Il vaudrait bien mieux, avec leurs moyens de feu, constituer une active défense antichar, que les engager comme dans un Kriegspiel du temps de paix sur des objectifs absolument chimériques. Ah çà! il ne se doute donc pas, monsieur votre papa, de ce que c'est que combattre sans disposer de la supériorité aérienne. S'il s'en doutait, il saurait aussi que ce n'est plus que dans des opérations de nuit que nous pouvons escompter quelques succès. Ça va être joli, l'attaque des chars de demain! Elle échouera, d'abord parce qu'elle est prévue sur un trop large front, et ensuite parce que, déclenchée à l'aurore, elle se déroulera tout entière de jour. Vous verrez ce que je vous dis. Les chars seront tous démolis, et les grenadiers ne pourront que se sacrifier. Pour quel résultat? Je vous le demande un peu! Tenez, ça me fait pitié de devoir assister à tout ça.

Meindl avait raison à tous égards. Ses prévisions étaient justifiées : les deux malheureuses Divisions blindées, même débouchant dans le flanc de l'ennemi, ne pourraient rien. Parce que celui-ci leur était bien trop supérieur, à la fois dans l'air et sur terre.

Et il arriva ce qui devait arriver. Sans doute le corps « paras » de Meindl tint-il bon sur le flanc droit de la poche américaine. Mais toute l'aile gauche du 84ᵉ Corps, appuyée à la côte vers la lande de Lessay, se trouva coupée du reste du Corps d'Armée. Les Américains fonçant vers le sud se frayèrent sans peine leur voie entre les deux corps de bataille. Qu'ils se rabattent maintenant vers la côte et les quatre Divisions d'aile gauche du 84ᵉ Corps, cernées, n'avaient plus qu'à se rendre. Ou s'ils se rabattaient vers l'est, c'était le corps des « paras » tout entier dont ils ne faisaient qu'une bouchée. Mais s'ils poussaient droit au sud, alors ils atteignaient en France le terrain libre et c'était toute la 7ᵉ Armée qui se trouvait menacée.

En présence de cette situation le colonel-général Hausser, qui la commandait, se résolut à prescrire au 84ᵉ Corps de rechercher la percée vers le S.-E. pour venir donner la main au corps des paras. Il n'avait plus le temps ni la possibilité de s'entendre avec Kluge sur d'éventuelles mesures de soutien. D'ailleurs une conversation téléphonique entamée entre eux fut interrompue dès les premiers mots.

Bien entendu la retraite du 84ᵉ Corps découvrait toute la côte ouest du Cotentin. Elle ouvrit aux Américains la trouée d'Avranches, et, avec elle, leur assura la certitude de la percée. C'est pourquoi von Choltitz s'était opposé à ce plan. Il fit prier personnellement le général Hausser de venir à l'appareil et lui exposa tous les risques de la manœuvre. Mais l'armée persévéra dans son attitude. Elle redoutait par trop que les éléments du corps d'armée restés accrochés à la côte y fussent capturés.

Le feld-maréchal von Kluge lui aussi s'opposa à l'exécution de cet ordre de la 7e Armée. Il exigea que la retraite se fît lentement en direction du sud, qu'on se cramponnât à la côte pour gagner du temps et ne pas laisser le champ libre aux Américains. Tenir, tenir à outrance. Mais les mouvements des grandes unités en direction du S.-E. étaient déjà amorcés. Ils ne purent être contremandés.

Il semble à première vue un peu surprenant qu'au cours de ces journées tragiques, ce stratège avisé qu'était le maréchal von Kluge se soit fait, avec une telle chaleur, l'interprète des consignes insensées du quartier général du Führer. Pourquoi ? Peut-être, malgré la vue plus claire qu'il avait du déroulement des événements, n'eut-il pas le courage de s'opposer aux ordres reçus. Il sentait peser sur lui la méfiance occulte de Hitler qui le soupçonnait d'avoir pactisé avec les hommes du 20 juillet. Quoi qu'il en soit, le front se prit à douter de lui, de ce tacticien consommé, si hautement apprécié, et duquel on avait attendu, espéré, des décisions de grand style à la mesure des circonstances. Des décisions qui eussent tenu compte de la réalité des faits.

Le front le voyait bien, lui, que les unités, que les Divisions, que les régiments, continuaient à fondre comme neige au soleil !

Le soir du 28 juillet, sur toutes les routes entre la vallée de la Vire et la côte de l'océan Atlantique, des détachements de blindés américains, des colonnes motorisées, foncent vers le sud. Il n'y a plus devant eux aucun front allemand cohérent.

Et du côté de Caen ? N'eût-on pu sur ce front-là prélever des éléments pour essayer d'aveugler la brèche ? Précisément pas car la stratégie du Haut-Commandement allié était adroitement balancée. Dès le début de l'attaque américaine sur Saint-Lô, les Canadiens, à l'autre extrémité du moulinet, avaient attaqué eux aussi, et astreint le groupe blindé de l'est à de durs combats défensifs. Impossible d'en rien distraire sous peine de tout compromettre. C'était la destination même du front de Caen de constituer cet abcès de fixation et d'y river les réserves allemandes, d'y aspirer l'une après l'autre les D.B., pendant qu'à Saint-Lô, se mijotait la grandiose manœuvre d'encerclement qui mettrait toute la 7e Armée « dans le sac ».

C'était vraiment bien joué. La stratégie alliée orchestrait à la perfection l'exploitation de sa supériorité matérielle sur le champ de bataille. On ne peut nier qu'il y eut là une merveille d'esprit d'organisation, tant avant que pensant l'invasion. Une remarquable collaboration de l'esprit scientifique et de la technique avaient contribué à créer cette supériorité et la renforçaient de jour en jour.

Eisenhower pouvait ainsi se permettre bien de ces hardiesses qu'en cas d'insuccès l'histoire reproche au chef de guerre comme des fautes. Il pouvait, avec des forces, motorisées à 100 %, brusquement opérer des concentrations de troupes et transporter tout aussitôt ailleurs le centre de gravité. A l'inverse il pouvait rapidement conjurer les contre-chocs allemands s'ils venaient, en quelque lieu, à provoquer des crises passagères. Il épargnait à ses hommes toutes les lourdes charges qui étaient devenues peu à peu le pain quotidien du soldat allemand : marcher de nuit, se battre de jour ; sans cesse attaqués du haut du ciel, sans arrêt, sans répit, sans espoir. Les officiers et les hommes de l'armée allemande qui avaient participé à la Première Guerre mondiale découvrirent en Normandie que la guerre avait changé de visage.

Désormais la valeur et le courage devaient y abdiquer devant la supériorité de la technique et la toute-puissance du matériel.

CHAPITRE VII

LA CHAUDIÈRE INFERNALE

Le pont de Pontaubault

C'est presque toujours de la décision inattendue d'un chef militaire que naissent les grands tournants de l'histoire des guerres. La tactique révolutionnaire d'emploi de chars, instaurée par un Guderian faisant fi de la traditionnelle couverture des flancs, aboutit aux gigantesques batailles d'encerclement des débuts de la campagne de Russie. Quant au feld-maréchal Rommel, il transposa en Afrique les principes de la stratégie navale, en les appliquant au désert. Il trompa l'adversaire en surgissant soudain de solitudes jugées infranchissables ; il coupa ses unités combattantes de leurs bases de ravitaillement en interceptant les rares voies carrossables. Et c'est ainsi qu'il défit à plate couture les armées anglaises qui lui étaient pourtant très supérieures en nombre mais qui combattaient encore selon de vieux principes conservateurs. Jusqu'au jour où surgit en face de lui un autre novateur, qui lui opposa un principe nouveau : Montgomery appliqua la tactique de l'anéantissement, il fit la guerre en homme riche.

Dans la campagne de France on vit aussi surgir sur la scène un tacticien révolutionnaire. Il n'était pas du côté allemand, il était aux ordres d'Eisenhower.

Le véritable vainqueur du front de l'ouest ce fut George S. Patton, meneur de chars et commandant la 3e Armée U.S. Il fut à la fois le Guderian et le Rommel américains fondus en une seule personne. En juillet 1944 ce fut lui qui saisit au vol la chance de faire renaître la guerre éclair des blindés. Patton poussa son

8ᵉ Corps dans l'étroit corridor étiré entre la position de flanquement allemande et la côte atlantique.

— Allez ! Marchez ! dit-il à ses chefs de corps, et quand ceux-ci se préoccupaient de la sûreté de leur flanc, il se bornait à grommeler : Occupez-vous donc de votre objectif et fichez-moi la paix avec vos flancs.

C'était là, même pour les Américains, une tactique hasardeuse, presque téméraire. Elle leur réussit.

La 4ᵉ Division U.S. atteignit Avranches le soir du 30 juillet. Le jour suivant elle s'empara de Pontaubault et établit une tête de pont sur la Sélune [1]. Patton avait désormais enfoncé la porte qui lui donnait, en France, accès au terrain libre.

Le moment critique de la bataille de l'invasion était venu. Patton arriverait-il à maintenir cette porte ouverte ? Tout dépendait d'une route et d'un pont. Car une route unique, passant par un pont unique, menait d'Avranches en Bretagne. Et, pour compléter le tableau, il faut ajouter que sur place, le maréchal von Kluge ne disposait plus que des restes d'une unique Division pour s'opposer à la catastrophe imminente. Il s'agissait de la 77ᵉ D.I. sous les ordres du valeureux colonel Bacherer, laquelle, après de durs combats meurtriers de juillet dans lesquels elle s'était trouvée impliquée, venait d'être envoyée « au rafraîchissement » dans la zone de Pontaubault.

On eût entendu voler une mouche au P.C. de la Division quand, le dimanche soir 30 juillet, le chef du 3ᵉ Bureau y donna lecture du message radio de von kluge :

« Il faut à tout prix que vous repreniez et teniez Avranches. C'est la pierre angulaire de notre action défensive. De sa chute ou de sa conservation dépend l'issue de la lutte sur le front occidental.

« Ainsi » le sort de la guerre tenait à un pont, et dépendait d'une unique Division déjà passablement étrillée !

Bacherer était homme d'action. Il commença par rassembler tout ce qui lui tomba sous la main. En sus de ses propres éléments il récolta ainsi 14 canons d'assaut, des fragments de la 5ᵉ Division de parachutistes, et tout ce qu'il put dénicher de militaires isolés dans les centres de rassemblement de la région.

---

1. Cf. croquis page 000.

C'est avec cet ensemble hétéroclite que Bacherer fonça sur Pontaubault le matin du 31, s'en empara, et poussa aussitôt sur Avranches. Grâce aux 14 canons d'assaut empruntés, on pulvérisa les nids de résistance américains aux abords de la ville, et on tint en respect les chars qui voulurent venir y fourrer leur nez. Le plafond était bas. Il pleuvait à verse. Pas un Jabo à l'horizon. Tout fut mené rondement. Un bon point pour le groupe de combat du brave colonel Bacherer.

Mais vers midi le ciel s'éclaircit. Et recommença encore une fois l'éternelle histoire. Les hommes scrutaient le ciel avec inquiétude. Ce ne fut pas long. « Comme un vol de gerfauts hors du charnier natal... » il en arrivait de partout, toujours plus nombreux. En moins d'une heure les 14 canons eurent leur compte réglé. Les chars américains purent alors se ruer à l'aise, éparpillant les grenadiers, et refoulant au sud et à l'ouest l'ensemble du groupement de combat.

— Envoyez vite un détachement faire sauter le pont sur la Sélune, ordonna Bacherer. Il voulait à tout le moins étrangler cet unique goulot par lequel les Américains se proposaient d'inonder la Bretagne. Mais le maudit pont semblait ensorcelé : le premier détachement se fit décimer par des rafales de mitrailleuses. On en envoya un second qui tomba dans une embuscade et disparut. Le pont resta indemne. Les chars américains défilaient sans discontinuer. Le soir du 31 ils défilèrent même droit devant le P.C. de Bacherer ! Le colonel et son état-major eurent tout juste le temps de s'esquiver par un chemin creux. Le général Patton avait désormais atteint sans conteste son objectif : les Américains, après huit semaines de combats ininterrompus, étaient cette fois sortis du goulet de la presqu'île du Cotentin. Rien ne s'opposait plus à leur progression.

Ce fut en vain que l'aviation allemande s'efforça à son tour de détruire le fameux pont de Pontaubault. Du 3 au 7 août elle l'attaqua sans trêve, de jour comme de nuit. Cependant, à l'exception d'un modeste demi-coup au but, tous ses projectiles tombèrent à l'entour. Et par le pont intact, Patton continuait à pousser ses Divisions comme une horde de bisons du Far-West.

Ce fameux « goulot », cette route d'Avranches à Pontaubault, connut une animation aussi intense qu'aux abords d'une grande ville un soir de rentrée de week-end. De farouches officiers de

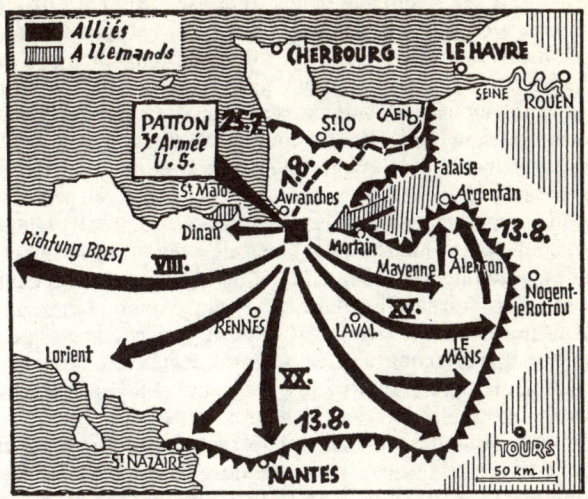

Le moment décisif de la bataille de l'invasion : dans une entreprise follement téméraire, le Général Patton lance, par une unique route passant sur un unique pont libre sa 3ᵉ Armée dans le goulet d'Avranches pour la faire déboucher en France en terrain libre. Ce fut la supériorité aérienne des Alliés qui rendit cette manœuvre possible.

« M.P. » (police militaire) le colt au poing, y activaient la circulation à coups de sifflet. « Allez ! allez ! circulez ! » Et les unités succédaient aux unités, sans embouteiller le « goulot ». La D.C.A. et l'aviation de chasse protégeaient activement les abords du corridor, et les chars, les véhicules, qu'ils fussent à chenilles ou à roues, les fantassins transportés, tout s'y écoulait en un flot ininterrompu. Au mépris de tous les classiques plans d'opérations, et de toutes les rituelles précautions de sécurité usuelles, Patton engouffra par cette unique voie, en soixante-douze heures, pas moins de sept Divisions à la queue leu leu. Soit plus de cent mille hommes et de mille cinq cents véhicules. Un tour de force sans précédent !

Après quoi les forces américaines s'étalèrent en éventail dans la campagne française. Patton se préoccupait moins que jamais d'exposer quelque flanc que ce fût. Il agissait selon le principe de Guderian : « La protection de nos flancs c'est l'affaire de l'infanterie qui nous suit. Pour nous, l'objectif est... en avant. »

Le 4 août ce fut Rennes qui tomba. La 4e D.I. U.S., traversant la presqu'île bretonne en diagonale, descendit droit sur la côte jusqu'à Vannes. Mais le véritable objectif stratégique c'était le camp retranché à Brest. A trois cents kilomètres d'Avranches ! Patton en chargea sa 6e D.B. Celle-ci se laissa cependant retarder par une résistance fragmentaire du groupement Bacherer près de Dinan, au sud de Saint-Malo... parce qu'il menaçait son flanc droit ! Patton fit appeler au téléphone le commandant de la Division en personne :

— Marchez bon sang ! marchez ! et foutez-vous de vos flancs tant que vous ne serez pas à Brest, lui hurla-t-il, furieux, dans l'appareil. Mais l'on vit clairement, à cette occasion, combien la prudence ou la témérité peuvent devenir, à la guerre, des facteurs essentiels du succès. Vingt-quatre précieuses heures avaient été perdues. Les garnisons allemandes de Saint-Malo comme de Brest, alertées, eurent le temps de s'organiser en vue de la défensive. Il ne fut plus possible d'enlever Brest par surprise, par un rapide coup de main.

« L'opération Liège »

Pendant que la 3e Armée de Patton fonçait ainsi vers le sud, la 1re Armée U.S., sous Hodges, poursuivait ses attaques vers l'est et le sud-est en vue d'élargir le couloir d'Avranches. Le 7e Corps s'empara de Mortain et des hauteurs avoisinantes. Ainsi se trouvait conquise la plaque tournante indispensable à l'infléchissement de l'offensive américaine en direction de Paris.

« Si la porte d'Avranches n'est pas refermée sur-le-champ, tout le front allemand, en France, va s'effondrer. » Telle fut, au début d'août, la déclaration catégorique que fit le général von Choltitz au commandant de la 7e Armée, le général Hausser. Mais aussi bien l'armée que le Groupe d'Armées étaient en état de mesurer par eux-mêmes l'ampleur de la catastrophe. Il était clair qu'il était devenu d'une urgence extrême d'essayer de boucher le trou d'Avranches et de couper l'armée de Patton de ses bases. Faute de quoi...

Jusqu'au grand quartier du Führer qui commençait à réaliser

l'imminence du danger. On y avait enregistré avec une sorte de stupeur effarée la manœuvre pleine de hardiesse voire de témérité du général Patton.

Hitler avait grommelé :

— Quoi, voilà que ce général de cow-boys s'en va-t-en guerre en Bretagne à présent par une seule route et un seul pont avec toute une armée ! S'occupe pas plus du risque, le bougre, que si ça n'existait pas et que s'il était seul au monde. Ça, alors, c'est tout de même inconcevable !

Et pourtant était-ce concevable ?

Evidemment, pour qui se souvenait de la liste prestigieuse des victoires de cette armée allemande qui avait atteint un tel apogée de puissance, voir les Américains jouer ainsi avec elle comme un chat avec une souris paraissait monstrueux. Comment la chose était-elle même possible ? Il y avait encore, en France, que diable ! de solides Divisions blindées en réserve. Et elles n'auraient pas été en mesure d'aveugler cette malheureuse brèche de vingt-cinq kilomètres tout au plus !... Vingt-cinq kilomètres ! C'était d'un ridicule trou de cette dimension que dépendait le sort de toute la campagne de France ! La chose n'était-elle pas vraiment paradoxale ? Et en même temps, ne s'offrait-il pas là par hasard aux Allemands une chance unique, presque providentielle ? N'était-ce pas là précisément qu'il allait devenir possible de porter à l'ennemi un coup décisif ? Ne serait-ce pas à cet endroit précis, où l'adversaire, grisé par son succès et surestimant ses possibilités, s'était aventureusement hasardé, que l'on allait pouvoir provoquer le redressement d'ensemble de la situation ? Hitler le crut. Et ce fut aussi la pensée du chef de son état-major particulier, le général Jodl.

Le 2 août, le général Warlimont, chef par intérim de l'état-major général de la Wehrmacht, fit son apparition chez le maréchal von Kluge. Il apportait les ordres de Hitler pour l'opération « Liège », une offensive sur l'axe Mortain-Avranches. Hitler exigeait que, sur les neuf D.B. existantes en Normandie, huit fussent rendues disponibles pour participer à cette opération. De même, il intimait à la Luftwaffe l'ordre de jeter dans la lutte en ce point « toutes ses réserves disponibles, dont environ un millier d'avions de chasse » (*sic*).

Tout cela était bel et bon, mais à quelle échéance ? Le feld-maréchal von Kluge aurait voulu qu'on démarrât sans désemparer. Hitler exigeait qu'on ne le fît que « quand on aurait préalablement rassemblé chaque char, chaque canon et chaque avion » (re*sic*).

Kluge appela Jodl au téléphone :

— Mon bon, lui dit-il, il faudrait attaquer sans retard car chaque jour l'ennemi se renforce.

Jodl, dont l'estimation optimiste de la situation surprend à bon droit, lui répondit :

— Mais ne vous faites donc pas de soucis, monsieur le maréchal, pour les Américains qui passent. Plus il y en aura de l'autre côté et plus vous récolterez de poissons dans votre masse.

Evidemment, le mot avait de l'allure, pour les anthologies de l'avenir. Il évoque la réponse de Léonidas au Thermopyles, comme on lui signalait que les Perses cachaient le soleil par la densité de leurs traits de javelots : « Tant mieux, répondit-il, comme ça nous combattrons à l'ombre. »

Mais ni le maréchal von Kluge ni le général Hausser ne partageaient l'optimisme béat de Jodl. Ils savaient, eux, que tout délai était pour l'armée, un arrêt de mort. Ils résolurent donc, d'un commun accord, de déclencher l'attaque dès la nuit du 6 au 7 août. Tous les espoirs du front de l'ouest reposaient désormais sur l'opération « Liège ».

Devaient prendre part à celle-ci quatre Divisions cuirassées : la 2e sous le général Luttwitz, la 116e sous le comte Schwerin, des fractions de la 1re S.S. dite « la garde du corps », la 2e S.S. « das Reich » sous le Gruppenführer Lammerding, enfin un groupe de combat provenant de la 17e S.S. « Götz von Berlichingen » et les restes de la Panzer-lehr décimée à Saint-Lô. Le commandement de l'ensemble serait assuré par le 47e Corps cuirassé.

Le général baron von Funck, qui le commandait, voulait utiliser la nuit pour la première partie de son opération. Il espérait que ses chars accompliraient la moitié du chemin jusqu'à Avranches à la faveur de l'obscurité. 120 chars étaient tenus prêts, sur une ligne de crêtes s'étendant entre les vallées de la Sée et de la Sélune, et qui constituait en quelque sorte le flanquement naturel de l'opération face au nord, à repousser aussitôt en contre-attaque toute intervention ennemie.

La 2e D.B. reçut à vingt-quatre heures son ordre de marche et se mit en route aussitôt. Mais seul le groupement d'assaut de droite progressa normalement. Une malencontreuse panne retarda tout le débouché de la gauche : les chars de la Ire D.B.S.S. manquaient à l'appel. En gagnant les positions de départ, le régiment de tête s'était fourvoyé dans un chemin creux le long de deux kilomètres. La malchance voulut qu'un Jabo désemparé s'abattît juste sur le char de pointe de la colonne et embouteillât tout le passage. Une vraie malédiction ! Il fallut retirer les chars du chemin creux en marche arrière. Cela demanda des heures. Bref ce ne fut qu'au lever du jour que le groupe de gauche put se remettre en marche.

Avec l'opération « Liège » l'O. K. W. (le Haut-Commandement allemand) se proposait de boucler la percée américaine et de couper l'armée Patton de ses arrières. Mais l'offensive, entamée avec un plein espoir, ne tarda pas à être stoppée par la supériorité aérienne des Alliés.

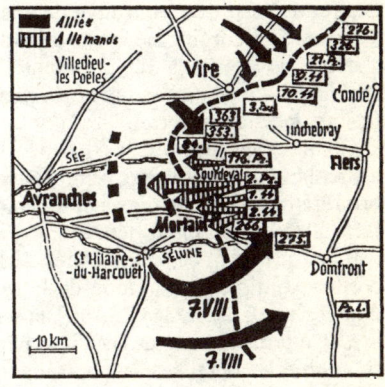

Entre-temps le groupe de droite avait pris de l'avance. Les chars filaient bon train, les grenadiers d'accompagnement agrippés aux tourelles.

Bientôt on se heurta, sur les routes, aux premiers bouchons antichars des Américains. Un rapide duel d'artillerie s'engagea.

Les grenadiers bousculent les avant-postes des « Amis ».

On pousse de l'avant.

Et peu après la ligne de résistance américaine est enfoncée. Tout va bien.

A Dove cependant le 1er détachement du régiment de chars tombe sur un champ de mines. Le chef de corps, le major Schneider-Kostalsky saute, il est tué. Des pionniers déminent un passage. On repart de l'avant et s'empare de Mesnil-Dove. Mais près de l'église on se heurte à une pièce antichar bien protégée. Ce damné canon tient à lui seul toute l'attaque en respect. Un projectile de 75 en vient tout de même finalement à bout.

Et l'on repart.

Maintenant c'est Mesnil-Adelée qui tombe. Le groupe n'est plus qu'à six kilomètres de son objectif du jour J. Quand celui-ci sera atteint on aura déjà fait la moitié du chemin jusqu'à Avranches. Les chars éclaireurs repartent de l'avant.

Et le jour se lève sur ces entrefaites. A la gauche, le groupe d'assaut de la Division Lüttwitz, en raison du retard de « la garde du corps » S.S., n'a pu démarrer qu'à deux heures du matin. L'effet de surprise s'en trouve émoussé. Bientôt le jour commence à poindre. Heureusement le plafond est bas. Un brouillard épais s'étend sur toute la région. Seuls les sommets des collines en émergent. Les croisements de routes disparaissent dans la brume Pas un Jabo dans le ciel.

Comme des spectres, les « Panzer IV » monstrueux, les souples « Panthers », les « Tigres » impressionnants surgissent soudain du brouillard devant les lignes américaines. Le petit village de Saint-Barthélemy, âprement défendu, est enlevé d'assaut par le 2e Grenadiers qui y fait cent prisonniers. Mais les chars de la « garde du corps » sont bloqués le long de la route d'Avranches par de forts détachements de la 3e U.S. qui ne leur cèdent pas le passage.

Entre-temps, la 2e D.B.S.S. a pénétré dans Mortain dont elle submerge les défenseurs appartenant à la 30e U.S. Elle s'élance à l'assaut des hauteurs qui dominent la ville.

Mais celles-ci ne peuvent être enlevées du premier coup. L'élan se trouve rompu. Il faut désormais conquérir le terrain mètre par mètre. Et pendant ce temps-là, à l'aile droite de l'offensive, la 116e D.B. s'est heurtée à une position antichar des Américains dont elle ne réussira pas à venir à bout. Les « Amis » ont occupé la veille le terrain autour de Périers. Il n'y aura rien à faire pour les en déloger.

Quoi qu'il en soit, quand le brouillard matinal commence à se dissiper, le groupe offensif de Lüttwitz est déjà solidement engagé dans le corridor entre Mortain et Avranches. Encore un petit effort, et le goulot sera étranglé. Savoir si on réussira ensuite, avec de si minimes effectifs, à s'y maintenir, c'est une autre affaire. Mais on aurait toujours réussi à ligaturer l'artère de ravitaillement de l'armée Patton. Et ça pourrait tout de même être gros de conséquences. La fortune des armes tient parfois à si peu de chose !

— Ah ! ce serait du mauvais temps qu'il nous faudrait maintenant, mon général, et tout irait, disait à Lüttwitz en soupirant le chef de son 3e Bureau. Mais tous les soupirs de la terre n'y sauraient rien changer. Un brouillard matinal ça se dissipe très vite. Et la journée du 7 août vit un ciel clair sans nuages. Ce ciel-là, les armes miraculeuses d'Eisenhower ne furent pas longues à le meubler : Jabos, bombardiers Tunderbold, chasseurs armés de fusées, leurs essaims serrés parurent soudain surgir de partout à la fois. Ils se ruèrent sur les colonnes de la 2e D.B. à hauteur du Coudray, à mi-chemin d'Avranches. Balayant les routes, ils obligèrent grenadiers, chasseurs et pionniers à se mettre à l'abri. Les avions Typhoon envoyaient leurs projectiles fusées au but avec une effroyable précision. Contre cette arme nouvelle, même les invincibles « Tigres » se sentent désarmés. Leurs équipages, d'ordinaire si aventureux, se calfeutrent anxieusement dans leurs refuges d'acier, laissant passer l'orage. Les grenadiers, épars dans les prés, dans les champs n'osent bouger de crainte d'être pris pour cible à leur tour. Rarement la carence de l'aviation allemande fut autant vilipendée que sur ces routes d'Avranches ce jour-là.

« Comment est-il possible, se demandaient les officiers de troupe, que pour une opération aussi décisive, notre aviation fasse aussi totalement défaut ! » leurs hommes l'exprimaient plus crûment : « S'ils n'y viennent pas ces jean-foutre, qu'est-ce que nous y f...ons, nous ? »

Et pourquoi, en fait, les avions allemands n'étaient-ils pas là ?

La 7e Armée savait, il va de soi, que sans protection contre les Jabos ennemis, l'offensive ne pouvait aboutir. Le général d'aviation Bulowins lui avait promis l'appui de trois cents chasseurs au minimum. « Leur intervention sans interruption vous donnera — avait-il assuré au général Hausser — pendant toute la durée de l'opération la pleine maîtrise du ciel au-dessus de tout le terrain de l'attaque. »

Et malgré cela, aucun avion allemand ne fit même son apparition. Bulowins n'avait pourtant pas manqué de parole. Ses escadrilles s'étaient bien envolées à l'heure dite de leurs terrains de la région de Paris. Mais des chasseurs américains et anglais les avaient prises à partie dès leurs aires d'envol, et obligées aussitôt à des combats aériens. Pas même un avion isolé ne réussit à atteindre l'espace aérien au-dessus du front de combat entre Avranches et Mortain. L'aviation alliée put de la sorte s'en donner tout à son aise de canarder à cœur joie les chars et les grenadiers du 47e Corps cuirassé. Ainsi arriva-t-il pour la première fois dans l'histoire qu'une puissante offensive terrestre se trouva tout entière stoppée par une exclusive réaction aérienne.

Les régiments allemands eurent beau se cramponner au terrain conquis, défendre avec acharnement chaque boqueteau, chaque ferme, chaque chemin creux, l'élan de l'offensive était brisé quoi qu'on fît, les coups venus d'en haut lui avaient rompu l'échine. Sans doute le général Bradley dut-il engager son 8e Corps tout entier contre les groupes offensifs allemands pour conjurer le péril mortel que ceux-ci eussent pu faire courir à sa manœuvre stratégique. Mais il parvint à ses fins. Au bout de quarante-huit heures, les grenadiers allemands commencèrent à refluer vers ces positions de départ qu'ils avaient quittées si pleins de confiance à l'aube du 7 août. L'opération « Liège » avait échoué.

Six cents chars attaquent

Les contingents britanniques pendant ce temps n'étaient pas demeurés inactifs. Pour soulager les Américains momentanément assaillis de flanc dans la région d'Avranches-Mortain par l'opération « Liège », Montgomery avait découplé tout son 2e Corps canadien, au sud de Caen, contre le front allemand.

Le petit jeu de bascule, on le voit, continuait. Cette fois, l'opération portait le nom conventionnel de « Totalize ». On pouvait en conclure, si l'on voulait, que Monty se proposait de porter un grand coup, un coup total. En réalité, il visait la percée et projetait seulement de progresser jusqu'à Falaise afin de tomber sur les arrières des forces blindées allemandes opérant en direction d'Avranches.

Le 7 août, à la tombée de la nuit, les Divisions canadiennes se rassemblèrent donc en silence au sud de Caen et prirent leur dispositif d'assaut. Les blindés et l'infanterie motorisée devaient déboucher simultanément en six points différents, de part et d'autre de la route de Caen à Falaise, et s'emparer de cette ville sur le coup de midi.

Peu avant minuit commença le premier bombardement aérien visant les positions avancées allemandes. Puis tout aussitôt débouchèrent les Canadiens postés sur plus d'un millier de véhicules blindés. Les devançant à faible altitude venait une flotte aérienne de plus d'un millier d'avions qui leur aplanissait la voie, en obligeant à se terrer sous ses coups tant la 272ᵉ Division de grenadiers allemands que la 89ᵉ D.I. fraîchement débarquée de Norvège. Venaient ensuite en avant-coureurs les chars. Impassibles, ils se frayaient, à travers le dédale des tranchées et boyaux bouleversés, d'étroits itinéraires, par lesquels s'insinuaient tout aussitôt, sur leurs talons, de hardis petits groupes canadiens dotés de chenillettes automotrices. Ayant ainsi traversé à toute allure les positions allemandes par ces corridors exigus, ces petits groupes, mettant pied à terre, s'éparpillaient en éventail dans le terrain libre et prenaient à revers les points d'appui de la position allemande.

Pour venir à bout de ce malheureux secteur de dix kilomètres, Monty avait mis en œuvre cette fois toutes ses ressources tant terrestres qu'aériennes. Sur les deux flancs de la brèche, cinq cents bombardiers lourds bouleversèrent le terrain au point de n'en plus faire qu'un paysage lunaire aux cratères jointifs. C'était le dernier truc qu'il avait inventé pour paralyser les blindés allemands qui auraient voulu déboucher dans les flancs de son attaque.

Un nuage de poussière avait envahi l'atmosphère. Dans ce champ clos, sept cents appareils américains vinrent encore déverser de surcroît, sur tout le front d'engagement, des bombes explosives à haute puissance de récente invention. Des escadrilles de chasseurs Typhoon, armés de fusées, opéraient sur les arrières, paralysant les ravitaillements et neutralisant les canons antichars de 88. La 89ᵉ Division, à peine sortie du paradis norvégien pour être brutalement jetée dans cet enfer, n'y put tenir. Subissant tout le poids de l'agression, elle s'effondra. Certains de ses éléments, pris de panique, s'enfuirent. D'autres réussirent cependant à contenir jusque vers minuit les assauts canadiens. La chose néanmoins prenait assez mauvaise tournure. Déjà les brigades canadiennes et britanniques avaient pénétré de plus de cinq kilomètres dans les lignes allemandes. La 4ᵉ Division canadienne et la 1ʳᵉ Division polonaise maintenue jusque-là en réserve de part et d'autre de la grande route de Falaise n'auraient eu qu'à entrer en action et la catastrophe était consommée. Qu'eussent pu contre elles les deux détachements, de cinquante chars au total, que la 12ᵉ S.S. pouvait leur opposer sur leur axe ?

Kurt Meyer, le divisionnaire, s'était rendu compte de ce danger. Aussi, ayant rassemblé en hâte tous ses éléments disponibles, se porta-t-il lui-même en avant accompagné de son fidèle Sturmbannführer Waldmüller, afin de mieux se rendre compte de la situation. A la jumelle, il aperçut les colonnes de chars britanniques immobiles des deux côtés de la route.

— Mon vieux, si ceux-là débouchent, qu'est-ce qu'on va prendre ! dit Meyer familièrement à son alter ego. Mais pourquoi ne déboucheraient-ils pas, au fait ?

Tout simplement parce que leurs chefs, flegmatiques, ne réalisaient pas bien la situation et qu'ils attendaient placidement des ordres.

Meyer, lui s'est immédiatement rendu compte qu'il faut que leur attaque éventuelle soit étouffée dans l'œuf, sinon le front va s'effondrer. Rapidement, son plan d'action s'élabore dans sa tête : tenir au centre à Cintheaux et se montrer offensif aux deux ailes. Il calcule que, pour midi trente, ça devrait pouvoir « coller ». Allez : attaque à douze heures trente. C'est décidé.

Mais voilà que le ciel se peuple soudain d'avions éclaireurs juste dans la région. C'est mauvais signe. Quand ces oiseaux de malheur paraissent, les bombardiers ne sont pas loin. Et un bombardement juste sur les villages d'alentour où il a dissimulé ses chars, c'est ce que Kurt Meyer souhaite éviter à tout prix. Tout son plan d'action risquerait d'en être mis cul par-dessus tête. Donc pas l'ombre d'une hésitation : « Allons-y ! en route. »

Les « Tigres » de Michel Wittmann dévalent une fois de plus plein nord portant avec eux tous les espoirs. Les grenadiers suivent.

Et ce que Meyer avait pressenti se réalisa : la 8ᵉ flotte américaine déversa sur les villages que ses grenadiers venaient tout juste de quitter quelques centaines de tonnes de bombes, les aplatissant comme des galettes. Les hommes de Meyer s'en gaussaient, hilares. Pas une égratignure pour eux ! Ils enlevèrent Cintheaux sans coup férir et se retranchèrent aussitôt dans ses ruines. Les « Tigres » de Wittmann assurèrent la couverture des deux flancs contre les timides assauts des Canadiens qui hésitaient à s'y frotter. Ce fut en vain que le général Simonds, commandant le 2e Corps canadien, essaya de redonner du mordant à ses unités. Contre ce véritable brise-lames que fut Cintheaux encadré par les « Tigres » de Wittmann, tous les assauts successifs de cette armada de six cents chars vinrent mourir, impuissants, tour à tour.

« Le front a tenu » se communiquèrent aussitôt dans leur jargon particulier les états-majors supérieurs. Le front ! quel euphémisme ! Déchiqueté, démantelé, ce morceau de terrain de dix kilomètres ressemblait à tout sauf à un front organisé. Bien sûr, quelques grenadiers, quelques mitrailleurs s'y cramponnaient encore à leurs trous bouleversés. Mais qu'on n'oublie pas que dix-neuf cents bombardiers et dix-huit cents chasseurs leur avaient déversé sur le crâne tout leur arsenal de mort et d'anéantissement.

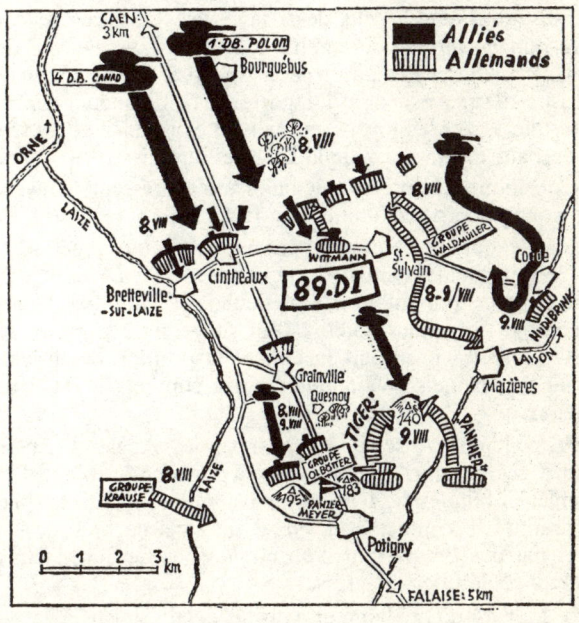

Opération « Totalize », une offensive canadienne qui échoua contre Falaise.

Au début de l'après-midi, les Canadiens enlevèrent Bretteville, défendu avec l'énergie du désespoir par les derniers vestiges de la 89e Division, sans armes antichars. Ce qui subsistait encore de cette malheureuse grande unité hippomobile ne tarda pas à être submergé, dispersé, anéanti. Plus trace d'elle. Soufflée !

Autour de Cintheaux, le combat se poursuivit jusqu'à la tombée de la nuit. Mais la chute de Bretteville avait découvert le flanc gauche. Les « Tigres » de Wittmann et le groupement Waldmüller furent par suite retirés du contact pour être reportés plus en arrière sur le Laison, les « Tigres » se dissimulant dans le bois de Quesnay. Hélas, Michel Wittmann, le héros aux cent trente victoires, n'était plus à leur tête, il venait de tomber à son tour.

Le commandant en chef canadien voulut couronner par une entreprise pleine de hardiesse cette opération « Totalize » qu'il avait cru entreprendre sous de si favorables auspices. Il envoya dans la nuit un groupe de combat mixte, mis sur pied par le 28e Régiment de chars, s'emparer de la cote 195. C'était une hauteur située fort au sud, mais dont l'importance tactique était considérable puisque sa possession permettait de cloisonner et de séparer l'une de l'autre les vallées de la Laize et du Laison.

Les positions défensives allemandes s'en fussent trouvées du même coup débordées l'une et l'autre.

L'épisode qui en résulta revêtit vraiment un caractère tragique. Ce détachement mixte britannique perdit en effet dans la nuit le sens de l'orientation. Au lieu de la cote 195, il occupa sans combat la hauteur cotée 140 et située six kilomètres plus à l'est. Or celle-ci constituait justement la position défensive assignée au groupement Waldmüller après son retrait du front de Cintheaux.

Mais Waldmüller, serré de près par les Anglais, n'avait pu réussir à se dégager. Lorsque l'Obersturmführer Meitzel, dans un véhicule blindé de liaison, arriva à l'aube sur la hauteur pour prendre le contact avec lui, il fut canardé presque à bout portant par des tirs partant d'un boqueteau. Ce qui l'incita bien entendu à se dérober en vitesse.

Kurt Meyer, d'une hauteur voisine, avait assisté à la scène, éberlué : — Ah çà ! voilà que Waldmüller prend Meitzel pour un Tommy, à présent !

Mais Meitzel lance un message qui le détrompe : « Chars anglais au lieu de chars allemands sur cote 140. »

Meyer sent une sueur froide lui perler dans le dos. Des chars ennemis sur la cote 140 ! mais tonnerre ! où est Waldmüller ?

Meitzel est de nouveau dépêché à sa recherche ; seulement cette fois il n'en revient pas. Il est bien à la cote 140, oui, mais... captif des Canadiens.

Max Wünsche, le chef de corps, envoie à tout hasard une reconnaissance dans cette direction. Pas de doute, la hauteur est solidement tenue par des forces ennemies. Leurs pièces antichars balayaient la vallée du Laison. Et cette vallée, c'est la dernière ligne de défense avant Falaise. Une nouvelle grande unité, la 85ᵉ D.I., aux ordres du général Chill, est précisément en marche pour venir l'occuper et la fortifier. Pas de doute, il faut déloger de la hauteur les gaillards inconnus qui s'y sont installés cette nuit.

Meyer lance de l'est quinze « Panthers » et de l'ouest quelques « Tigres » à l'assaut de la butte, que l'artillerie et les lance-grenades ont déjà prise, de leur côté, sous leur tir. Les « Tigres », à travers le taillis épais, rampant comme des fauves dans le fourré, s'avancent vers le sommet boisé. On entend bientôt les coups secs de leurs 88 claquer contre les troncs des arbres et hacher les branches. Des nuages de fumée s'élèvent de la futaie à chaque nouveau « Sherman » mis en flammes. Ceux qui ont essayé de se dégager du guêpier gisent calcinés sur les pentes. Et déjà les « Panthers » venant de l'ouest, se rapprochent du lieu du carnage. Mais voilà qu'a surgi l'habituel adversaire contre lequel on se sent désarmé : les Jabos ont point à l'horizon. « Allons-nous, encore une fois, se demande Meyer le cœur serré, perdre la partie quand elle semblait gagnée ? » Mais non, ce coup-ci, l'artillerie céleste de Montgomery vient à la rescousse des Allemands. Ce ne sont ni les « Tigres » ni les « Panthers » que chassent les Jabos. Ce sont leurs propres chars qu'ils canardent sur ce sommet couvert qu'ils croient tenu par l'ennemi. Avec la rapidité de l'éclair, Max Wünsche exploite la méprise. Il pousse ses propres blindés dans le bois bombardé. Ceux-ci n'y découvriront qu'un vrai cimetière de chars. Derrière les épaves fumantes, les Canadiens se sont retranchés et se défendent stoïquement. Avec l'appui de deux compagnies cyclistes de la 85ᵉ D.I., qui viennent d'arriver très opportunément en détachement précurseur, on les réduira peu à peu. A mesure que le cercle autour d'eux se resserre, leurs petits groupes se rendent l'un après l'autre.

L'Obersturmführer Meitzel en ramène pour son compte un, de vingt-trois hommes, dont il était, un instant auparavant, le prisonnier. Ainsi varie la fortune des armes. Sur la colline, quarante-sept chars du 28ᵉ Régiment canadien gisaient sur le terrain, le ventre en l'air.

Dans le même temps, aux deux ailes, les attaques britanniques étaient, de la même façon, repoussées. La 1ʳᵉ D.B. polonaise, consternée, ne réussira pas à franchir le Laison et devra y laisser quarante des chars tout neufs qu'elle étrennait ce jour-là. Montgomery une fois de plus retire ses Divisions éclopées vers le nord.

Falaise est sauvée. Cette fois, c'est l'opération « Totalize » qui a échoué.

Epuisés par la lutte, exténués à en tomber, les hommes de la 12ᵉ D.B.S.S. ont passé aux nouveaux venus de la 85ᵉ D.I. les positions si chèrement maintenues par leurs soins. Ils ne se doutaient pas que leur grandiose victoire défensive allait être une victoire à la Pyrrhus. Car elle amena le Haut-Commandement à prendre des décisions qui devaient se révéler désastreuses.

Comme le risque d'une percée anglaise en direction de Falaise paraissait conjuré, le maréchal von Kluge céda aux instances du grand quartier et ordonna un nouvel effort sur Avranches pour essayer d'étrangler tout de même enfin ce damné goulot. C'était courir de propos délibéré un risque mortel. Kluge se maintint de la sorte, avec le gros du Groupe d'Armées B dans une position qui, pour de simples motifs opérationnels, aurait dû depuis longtemps être abandonnée. Il ne voulut pas voir que Patton roulait déjà au-delà du Mans. Il ferma systématiquement les yeux à cette évidence que si le front allemand n'était pas replié de toute urgence il offrait aux Américains toutes les chances de l'envelopper et de l'encercler.

Et ce qui devait arriver arriva : le 15ᵉ Corps U.S. s'infléchit le 10 août par Alençon et Argentan, menaçant dans la profondeur le flanc de la 7ᵉ Armée. Coïncidant avec la poussée des Divisions canadiennes jusque sur le Laison, on vit commencer à se dessiner l'immense poche dans laquelle les cent cinquante mille hommes des Divisions de Kluge allaient se trouver coincées. S'ils ne se retiraient pas rapidement vers l'est entre Argentan et Falaise tant que la position antichar établie sur le Laison tenait encore, la catastrophe était suspendue sur leurs têtes immanquablement.

Selon Guderian, le mot d'ordre permanent des armées cuirassées modernes c'est « atteindre au plus tôt la capitale du pays ennemi ». Patton s'en inspira, encore que la France ne fût pas l'adversaire principal à abattre, mais elle servait de théâtre d'opérations. Il découpla ses Divisions en direction de la Seine et de Paris. En même temps il renforça sa pression sur le centre de la France en poussant des points sur Tours et sur Orléans.

La 708e D.I. du général Wilck qui chercha à s'opposer à l'avance des Divisions motorisées américaines en direction du sud fut purement et simplement culbutée cul par-dessus tête.

De nouvelles grandes unités, dont la fameuse 9e D.B., furent rappelées en hâte du Midi. Il était bien temps ! Elles furent engagées isolément maintenant qu'il était trop tard, alors que leur intervention groupée, survenant opportunément sur le front du débarquement, eût sans doute pu changer la face des choses.

De nouveau on entendit l'O.K.W. proférer cette injonction : « Il faut que le front sud tienne. »

La grande pensée stratégique c'était : tenir au sud et attaquer à l'ouest ! Avec un entêtement obstiné, le Haut-Commandement allemand s'en tint à son idée fixe : pousser encore une fois sur Avranches, bloquer le corridor, et couper de leurs bases les forces américaines qui opéraient déjà loin de là dans le Sud. Cette fois ce fut le groupe blindé du général Eberbach qu'on en chargea.

Quelque talentueux que fût ce chef de chars réputé, il ne pouvait accomplir des miracles.

Quel était, au demeurant, l'état des troupes combattantes ? Depuis quatre semaines toutes les Divisions de la 7e Armée étaient engagées. Et « engagées » cela signifiait pour elles : se battre de jour, marcher de nuit, sans un moment d'interruption ni de répit. Pour toutes les unités il n'y avait plus, depuis le début d'août, de ravitaillement organisé. Tous les dépôts étaient tombés aux mains de l'ennemi. Que quelque colonne automobile de ravitaillement, utilisant ses derniers litres d'essence, vînt chercher à se réapprovisionner à quelque station-magasin de l'arrière, elle la trouvait en général ou détruite par l'aviation ou occupée par l'ennemi. La conséquence fut que, très rapidement, les tracteurs de l'artillerie en particulier n'eurent plus une goutte de carburant.

Il n'en allait pas mieux chez les unités blindées. Et c'est dans ces collines que les forces allemandes se virent contraintes, par un ennemi jouissant d'une grande mobilité et disposant de ressources inépuisables, à une constante défensive passive.

Dès le 12 août il était évident que le deuxième choc ordonné par l'O.K.W., de Mortain sur Avranches, serait tout aussi vain et illusoire que le précédent. Il ne put même pas démarrer. De ce jour il fallut abandonner l'espoir de paralyser l'armée Patton, et d'échapper aux tentacules dont elle enserrait déjà la 7e Armée. Ne restait plus qu'une ressource pour se soustraire à l'étreinte de la pieuvre : se retirer au plus vite à l'est, en deçà de la Dives.

Les unités hippomobiles ouvrirent la marche. Les formations motorisées reçurent mission de couvrir leur repli.

Les pères de famille, rassemblez-vous à droite

Le lendemain 13 août tombait un dimanche. Ce qui subsistait de la Panzer-lehr-Division, reconstituée pour la retraite en un unique « groupement de combat », stationnait ce jour-là dans la région d'Habloville au nord-ouest d'Argentan. Toutes les routes alentour étaient encombrées d'équipages abattus. Des détachements motorisés essayaient encore de s'y frayer un passage. Une batterie de « faiseurs de nuées » vint prendre position en lisière du village. A neuf heures très exactement, après que le brouillard matinal se fut dissipé pour faire place à un ciel radieux, les Jabos apparurent en grand nombre. Ils balayaient systématiquement les routes, ils ratissaient les boqueteaux et mettaient le feu aux fermes dans les granges desquelles artilleurs et fantassins avaient cherché refuge pour la journée.

Le général Bayerlein, avec son état-major, se trouvait blotti dans une étroite tranchée à la lisière d'un verger. La ferme dans laquelle ils avaient établi leur P.C. et dont ils avaient été chassés par une attaque aérienne, achevait de se consumer. En vrombissant un Jabo arriva au-dessus de la route. Il piquait droit sur le verger. Le gigantesque oiseau n'était pas à dix mètres au-dessus du sommet des pommiers. Il amorça une courbe. Le pilote épiait par son cockpit. Bayerlein vit son visage et croisa son regard. Il lui sembla que l'homme ricanait : « Attends un peu je vais revenir ! » Et de fait, ayant achevé son évolution, déjà il était de retour. Son canon de bord cracha, droit dans la tranchée, ses projectiles explosifs de deux centimètres. Puis il lâcha deux bombes coup sur coup. L'une éclata sur un pommier ; des branches d'arbre dégringolèrent sur le général Bayerlein et sur ses officiers d'état-major, l'autre, malheureusement, les couvrit d'éclats et de terre. Ceux qui vivaient encore se dégagèrent de l'éboulis. Aucun des survivants n'était indemne. Le général n'était que légèrement blessé.

A la même heure exactement, à quelque cent cinquante kilomètres de là sur les rives de l'Atlantique, se jouait une scène d'un autre genre mais qui n'était pas moins dramatique. Dans la cour de la citadelle de Saint-Malo, le colonel Bacherer avait rassemblé tous ses hommes. Ils n'étaient guère que sept cents. Il ne restait plus assez d'eau potable, plus assez de vivres pour tous. Bacherer le leur dit simplement :

Puis il commanda : « Les pères de famille, rassemblez-vous à droite », et ceux-là prirent, en colonne, le chemin volontaire de la captivité. Pour les autres, le dernier acte allait commencer : l'ultime défense de la citadelle.

Les Américains avaient pulvérisé les points d'appui et pénétré dans les défenses extérieures.

Le 15 au matin le téléphone retentit dans l'abri voûté où Bacherer avait installé son P.C. Etonné, le colonel décrocha :

— Ici le major-général Macon. (Ebahi Bacherer resta muet.) Je vous invite à vous rendre, poursuivit l'Américain qui avait passé l'appareil à un interprète.

— Je ne vois pas de raisons de le faire, répondit Bacherer, mais je vous demande de vouloir bien prendre en charge ceux de mes blessés qui sont incapables de combattre.

Le général Macon donna son acquiescement. Une trêve d'une heure fut conclue. Les portes de la citadelle s'ouvrirent et des ambulances automobiles américaines vinrent chercher les blessés allemands. Un sentiment d'humanité avait prévalu.

Après quoi les portes se refermèrent et la lutte finale commença.

Vers quatorze heures, les Américains firent usage d'obus au phosphore. Un coup au but ayant atteint un dépôt de munitions, il en résulta une explosion et un incendie. Le phosphore, en se répandant, mit le feu à la paille des literies dans les casemates.

Comme il n'y avait, dans cette vieille citadelle, aucune aération, l'atmosphère devint irrespirable.

Le colonel Bacherer ordonna alors de hisser le drapeau blanc. Et les trois cent cinquante défenseurs survivants de la vieille citadelle malouine prirent à leur tour le chemin de la captivité.

Revenons dans la région de Falaise. Là, les restes des quinze Divisions, un peu plus de cent mille hommes, mêlés, encerclés, confondus dans une immense « marmite » ne combattaient plus que pour leur survivance, pour tenter d'échapper à leur effroyable destin.

« Que chacun essaye de se sortir de la nasse », tel était le mot d'ordre. Mais c'était vite dit. Pour traverser l'Orne il ne restait plus à la disposition du 84e Corps et au 2e Corps de parachutistes qu'un unique pont. Serrées roue à roue, véhicule contre véhicule, d'interminables colonnes se pressaient, toute la nuit, aux abords de ce pont. Quiconque réussissait à le franchir avant que survînt l'aube était sauvé.

Mais les autres, ceux qui n'avaient pas pu passer, ceux-là devaient, dès le petit jour, se répartir dans le terrain d'alentour, s'y tapir et s'y dissimuler. Car de jour, Jabos, Typhoons, bombardiers s'évertuaient à anéantir l'unique voie de secours en dehors de laquelle n'existaient que quelques rares passerelles de fortune pour l'infanterie. Il est d'ailleurs curieux qu'ils n'y parvinrent pas.

Mais où est donc le maréchal von Kluge ?

Vint le 17 août. Ce fut le jour décisif de la campagne sur le front occidental. Depuis longtemps Hitler était animé contre Kluge d'une profonde méfiance. Il avait reçu des informations selon lesquelles le maréchal aurait sympathisé avec les hommes du 20 juillet, sinon trempé dans leur complot. Or, le 15 août, le maréchal s'était mis en route, vers le front, en vue de rencontrer le général Eberbach. On l'attendit vainement à Nécy au point de rendez-vous. Le Groupe d'Armées B télégraphia à tous les états-majors de Division : « Où est le maréchal von Kluge ? »

Le soir, Eberbach reçut directement du quartier général du

Führer le message suivant : « Précisez position actuelle maréchal von Kluge. Rendez-compte d'heure en heure. » Ce zèle ne traduisit pas le souci qu'on prenait du sort du commandant en chef mais bien la suspicion dans laquelle on le tenait. A Rastenburg on chuchotait qu'il avait dû se rendre en quelque point du front pour entamer avec l'ennemi des négociations occultes en vue de la capitulation de son Groupe d'Armées. Cependant, la rumeur était dénuée de tout fondement. Elle n'avait jailli que du cerveau débile de Hitler. En réalité Kluge avait subi une attaque de Jabo. Sa voiture et ses deux postes émetteurs avaient été démolis. Puis il était tombé dans le plein chaos des mouvements de nuit sur les routes. Impossible, pendant des heures, d'arriver à se sortir du reflux indescriptible de cette armée en déroute. Ce ne fut que passé minuit, douze heures après avoir quitté son quartier général, qu'il fit enfin son apparition au P.C. d'Eberbach, à Nécy.

Pourtant le G.Q.G. du Führer ne crut pas à l'histoire. On alla chercher par avion sur le front russe un homme dont la fidélité à Hitler était jugée inébranlable ; un homme qui jouissait en outre d'une réputation de sévérité inflexible, de volonté tenace, et d'un courage personnel presque indomptable, pour en faire le successeur de Kluge. Le 17 août il débarquait, à la surprise générale, au P.C. du Groupe d'Armées B, porteur d'une lettre de service tout entière de la main du Führer, et prit le commandement du front ouest : il s'agissait du feld-maréchal Walter Model.

Comme il sortait de sa première entrevue avec Kluge, il tomba sur le général Bayerlein qu'il connaissait bien.

— Tiens ! que faites-vous là, vous ? lui dit-il.

— Monsieur le Maréchal, lui répondit Bayerlein, je venais prendre congé du commandant en chef car les débris de ma Division doivent être retirés du front et envoyés dans une zone de rafraîchissement.

La réponse de Model refléta l'impitoyable atmosphère du front de l'Est :

— Mon cher Bayerlein, en Russie, c'est sur la ligne de feu que les Divisions se rafraîchissent, et il en ira de même ici désormais. Faites-moi donc le plaisir de demeurer avec vos contingents, là où vous êtes.

Puis il salua et s'en alla.

Le feld-maréchal von Kluge aussi s'en allait. Il écrivit encore une lettre à Adolf Hitler, puis il se mit en route. Vers quelle destination ? Dans sa lettre au Führer il y avait ces lignes : *Mon Führer, quand vous lirez ces mots je n'existerai plus. Je ne puis supporter le reproche d'avoir provoqué, par les dispositions que j'ai prises, l'effondrement du front de l'Ouest. Je n'ai pas non plus la possibilité de me défendre contre cette fausse accusation. J'en tire donc les conséquences et me rends de moi-même là où des milliers de mes camarades se sont rendus avant moi...*

Dans une courte et lucide critique militaire, Kluge exposait ensuite les raisons de l'échec de l'offensive de Mortain : Des forces blindées insuffisantes. Pas de possibilités de réagir contre la maîtrise aérienne adverse. Une armée allemande de l'Ouest inférieure en personnel et en matériel à celle des Alliés. En conclusion Kluge conjurait Hitler de mettre fin à la guerre. *Je ne sais pas si le maréchal Model, unanimement apprécié, arrivera à maîtriser la situation. Je le lui souhaite de tout mon cœur. Mais si ce ne devait pas être le cas, et si les nouveaux moyens aériens sur lesquels vous fondez tant d'espérances ne devaient pas donner les résultats que vous en escomptez, alors, mon Führer, décidez-vous à mettre fin à la guerre. Le peuple allemand a souffert à un tel degré que le moment est venu de mettre un terme à son martyre... Ayez la grandeur d'âme nécessaire pour renoncer à une lutte qui est désormais devenue sans espoir.*

Ce fut aux environs de Metz que Kluge absorba une ampoule de cyanure.

Model ne put bien entendu maîtriser la situation. Il ne put rien changer au drame qui se déroulait dans l'immense nasse tendue entre Argentan et Falaise.

Le jour même où il prit son commandement les Divisions américaines arrivées aux abords d'Argentan s'ébranlèrent en direction du nord. En même temps que les Anglo-Canadiens de Falaise se mettaient en marche vers le sud. Leur objectif était de faire leur jonction et de souder ainsi la bouillonnante « chaudière ». Le piège tendu à la 7ᵉ Armée et à la 5ᵉ Armée cuirassée allait se refermer sur ces deux proies de choix. Cent mille hommes, les restes de quinze Divisions, étaient désormais confinés sur un étroit espace de trente-huit kilomètres de large et de dix-huit kilomètres de profondeur. Sans interruption l'artillerie et les bombardiers « tapaient dans le tas ». Beaucoup d'unités en vinrent à se dissoudre spontanément. Leurs hommes, débandés, désespérés, erraient à travers la campagne, ou gisaient prostrés attendant la fin. D'autres étaient résolus à sortir du piège à tout prix. Ne leur restait, à demi entrouverte, qu'une étroite issue entre Saint-Lambert et Chambois. Nous allons voir comment certains parvinrent encore à l'utiliser.

L'enfer de falaise

La 2ᵉ Division d'infanterie canadienne avait reçu mission d'ébranler le pilier de Falaise et, de là, en pivotant, de pousser sur Trun pour fermer complètement la trappe.

Mais dans Falaise même, il y avait les S.S. La 6ᵉ Brigade canadienne dut enlever la ville maison par maison à un petit groupe de la 12ᵉ D.B. qui s'y était retranché, et qui la lui disputa jusqu'au bout. Soixante grenadiers entre autres défendirent sans faiblir, trois jours durant, l'école supérieure transformée par eux en fort

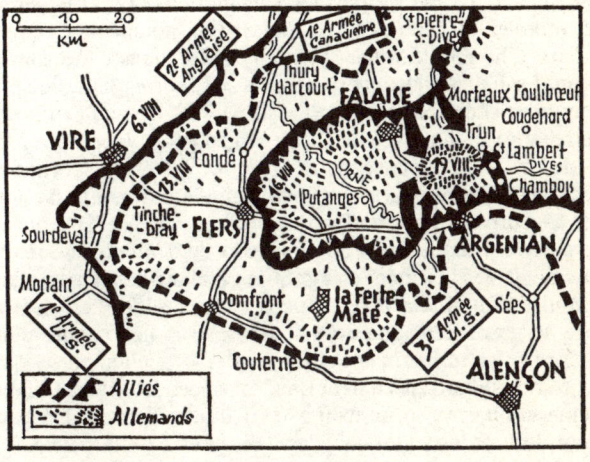

Comment naquit la « chaudière » de Falaise dans laquelle la 7ᵉ Armée fut anéantie.

Chabrol. Ils n'étaient plus que quatre blessés quand ils furent capturés. Les autres étaient tous tombés un à un. La dernière nuit, deux hommes, désignés par le sort, et âgés respectivement de dix-huit et dix-neuf ans, se glissèrent à travers les lignes canadiennes pour aller rendre compte à leur Division de la fin glorieuse qui attendait leur groupe de combat, résolu à périr plutôt que de se rendre.

Quand ils atteignirent le poste de commandement, on commençait à y faire sauter les appareils de transmission.

Il n'était plus question de chars. Les deux derniers « Tigres » avaient encore réussi à contenir la pointe de la 53ᵉ D.I. britannique puis ils avaient été mis hors de combat à tout jamais.

L'Obersturmführer Meitzel, dont nous avons connu l'étrange odyssée aux mille péripéties, finit en captivité avec ses hommes. Pas un qui ne fût blessé. Le Standartenführer Max Wünsche, pour son ultime action, se heurta, avec ses derniers engins blindés, à un fort barrage antichar. Ils y furent tous détruits jusqu'au dernier. Wünsche réussit encore cette fois-là à s'en tirer mais fut fait prisonnier cinq jours plus tard. « Panzer-Meyer » n'avait donc plus autour de lui, comme vestiges de cette glorieuse 12ᵉ D.B. autrefois si réputée et si redoutée, qu'une petite poignée de quelques centaines d'hommes. Allaient-ils, eux aussi, dans cette souricière d'Argentan-Falaise, trouver, comme les autres Divisions, leur Stalingrad à l'échelle de la Normandie ?

Le 18 août le major-général von Gersdorff, à titre de représentant de la 7ᵉ Armée, convint avec le général Eberbach qui commandait toujours le groupement blindé autonome de l'ouest, que le 2ᵉ Corps cuirassé de Bittrich, qui, par chance, se trouvait en dehors de la « chaudière » allait essayer de soutenir une tentative de percée de la 7ᵉ Armée, en attaquant le flanc des Anglais dans la région de Vimoutiers. Le 19 dans l'après-midi Bittrich n'avait encore ni essence ni munitions. Il espérait néanmoins pouvoir s'engager le 20 au matin comme prévu.

Le commandant en chef de la 7ᵉ Armée, le général Hausser, ordonna donc pour la nuit du 19 au 20 un effort de dégagement général de tous les contingents encore en état de se battre.

Le général commandant le 84ᵉ Corps, le général Elfeldt, qui avait succédé à von Choltitz, traduisit la chose dans son ordre d'opérations de façon laconique : « Tous les groupes de combats existants essayeront la nuit prochaine de forcer le passage pour se sortir de la « chaudière ». L'état-major du Corps d'Armée, avec les débris du front Nord, couvrira leur entreprise, et suivra, à l'arrière-garde, le mouvement du 2ᵉ Corps de parachutistes. »

Un état-major de Corps d'Armée s'efforçant de couvrir la tentative de percée de ses derniers éléments combattants et leur tenant lieu d'arrière-garde ! Certes, de tels exemples n'abondent pas dans les annales de l'état-major.

Le général Wisch s'engagea donc le 20 au matin sur l'axe fixé, avec deux Divisions blindées. Deux Divisions, comme ça sonne bien ! En réalité qu'était-ce ? En tout une vingtaine de chars. Deux de moins que l'effectif théorique d'une simple compagnie. Et l'infanterie des deux Divisions réunies se résumait à trois bataillons ! Néanmoins leur attaque, au début, alla assez rondement. Mais bientôt elle stagna. Ils réussirent encore à s'emparer passagèrement de la hauteur au nord de Coudehard. Et puis ce fut tout. Le corps cuirassé ne parvint somme toute qu'à établir, derrière le dos des Anglo-Saxons, une ligne de recueil pour tous ceux qui réussiraient, dans cette direction, à échapper à l'étreinte de l'ennemi.

Entre-temps se poursuivait la tentative de rupture de l'encerclement.

Sous les ordres de leur chef prudent et avisé, le général Mahlmann, les restes de la 353ᵉ Division de grenadiers essayèrent de percer entre Moissy et Chambois. Le général prit lui-même la tête de ses éclaireurs et mena avec eux d'audacieux coups de main contre les grand-gardes ennemies. Sans grands résultats pourtant.

Le général commandant le 2ᵉ Corps de parachutistes, celui qu'on avait baptisé « le père des paras », Meindl, prit pour sa part personnellement la tête des vestiges de sa 3ᵉ Division, des restes de la 12ᵉ D.B. S.S. et de l'état-major de la 7ᵉ Armée, et il les fit échapper à l'investissement d'une manière absolument épique. Les reconnaissances poussées de divers côtés avaient montré que la poche était close de toutes parts. Il fallait donc, de toute façon, se frayer un passage de vive force.

Meindl ordonna la mise sur pied de deux groupes d'éclaireurs de choc. Il se mit à la tête de l'un, et confia l'autre au chef d'état-major du Corps d'Armée, le colonel Blauensteiner.

La subordination officielle, projetée par l'armée, de la 277ᵉ D.I.

et de la 12ᵉ S.S. à cet ensemble ne se trouva pas réalisée parce que les liaisons étaient rompues avec ces deux ex-grandes unités. Mais Meindl, tard dans l'après-midi, avait réussi à joindre personnellement « Panzer-Meyer » et à le mettre au courant de son plan. Il fut convenu entre eux que l'état-major de Meyer et le groupe Krause suivraient les chasseurs parachutistes ; quant aux éléments motorisés de la 12ᵉ S.S., ils fonceraient sur Chambois avec la 1ʳᵉ D.B. S.S.

Vers vingt-deux heures trente les éclaireurs de pointe des parachutistes, abandonnant leurs positions d'attente, se glissèrent comme des ombres à travers un petit bois inoccupé. Leur consigne était « d'éviter le combat si faire se pouvait ». Se conformant à ce mot d'ordre, Meindl et ses chasseurs rampèrent silencieusement à travers les champs de blé. Ils se faufilèrent entre les postes de guet ennemis, essuyant sans riposter le tir des mitrailleuses canadiennes. Vers minuit ils atteignirent les rives de la Dives. Tous les ponts étaient solidement occupés. Ne restait d'autre ressource que de se mettre à l'eau et de franchir la rivière à la nage. Celle-ci était profonde de deux mètres cinquante. Ses rives étaient abruptes et couvertes de ronces épaisses. Et pour comble, de l'autre côté de l'eau, trois chars ennemis immobiles semblaient sur le qui-vive. Mètre par mètre Meindl et ses paras, dans leurs uniformes détrempés, rampèrent comme des couleuvres dans les sillons d'un champ de pommes de terre. De temps à autre une gerbe de mitrailleuse trouant la nuit arrosait le terrain autour d'eux, les faisant s'aplatir. En avant d'eux, vers Saint-Lambert, deux maisons incendiées qui brûlaient encore, éclairant la pénombre, leur servirent de phares. Le bruit d'un engagement parvint jusqu'à eux. Des chars lancés à vive allure les frôlèrent au passage. Partout, sur tous les chemins, derrière les haies, ils se heurtaient à des cadavres de chevaux. Une odeur de corruption flottait dans l'air nocturne.

Le commandant de la 3ᵉ Division de parachutistes, le lieutenant-général Schimpf, fut sérieusement atteint au mollet par un obus de 2 cm. Le colonel-général Hausser, qui avait perdu l'œil droit à Moscou, marchait au milieu de ses hommes, la mitraillette pendue au cou ; un éclat d'obus le blessa de nouveau grièvement au visage. Mais le vieil officier, formé à l'école des cadets prussiens, ne se laissa pas abattre. Cramponné à la tourelle d'un des derniers chars de son armée, un blindé de la 1ʳᵉ D.B. S.S., il réussira finalement, après cette aventureuse odyssée, à échapper à l'infernale « chaudière » de Falaise.

Au franchissement de la Dives, la liaison entre les deux groupes de choc de Meindl s'était trouvée perdue.

Le colonel Blauensteiner, avec le sien, avait abouti juste au pied de la hauteur de Coudehard. Au lever du jour il se résolut à donner seul l'assaut au petit monticule sur lequel se trouvait érigée la chapelle. Malheureusement le barrage établi en ce point par la 1re Division polonaise se montra trop solide. Ils ne réussirent pas à le forcer. A cette occasion le valeureux commandant du 9e Régiment de paras, le major Stephan, fut grièvement blessé. Ayant dû renoncer à leur entreprise, les chasseurs, dès qu'il fit grand jour, se blottirent derrière les haies, dans les taillis, dans les fossés, et dans les granges, pour y attendre la nuit suivante. Au cours de celle-ci, à la faveur de l'obscurité, ils devaient glisser plus au sud et s'orienter sur Orville.

Le général Meindl, lui, ainsi que quelques officiers et une vingtaine de chasseurs avaient réussi à filtrer indemnes à travers tous les barrages ennemis. Mais vers le matin ils donnèrent en plein dans l'itinéraire d'une colonne en marche. Trois chars s'arrêtèrent à quelques mètres à peine du fossé dans lequel Meindl et ses hommes s'étaient hâtivement tapis. Ils entendirent les équipages converser entre eux en langue polonaise. Pendant plus d'une heure et demie il leur fallut rester figés comme des statues de sel, retenant leur souffle et ne remuant ni pied ni patte. Enfin quelques obus tombèrent au voisinage des trois chars, qui changèrent de position. Une légère pluie matinale, qui avait à peine étanché la soif de nos reclus, cessa de tomber. Le soleil d'août se mit à briller. Il tapait dur. Dans leur fossé maintenant les hommes haletaient. Enfin Meindl entendit le tacatac caractéristique des mitrailleuses lourdes allemandes de 4,2 cm. C'était Blauensteiner à sa gauche qui attaquait la hauteur de Coudehard.

En toute hâte, il rassembla ses forces, leur agrégea tout ce qui, peu à peu, avait rallié derrière lui pendant la nuit, en provenance des 9e et 15e Régiments de paras. Et avec l'appui providentiel de trois chars de la Division S.S. « Das Reich », survenus on ne savait d'où, il lança son assaut sur la position ennemie qui verrouillait la route à l'est de Coudehard.

Vers seize heures ils avaient réussi à forer dans celle-ci une brèche de deux à trois kilomètres de largeur. A dix-sept heures les premières voitures légères s'y engagèrent. Peu après dix-neuf heures, Meindl fit réunir tous les blessés qui purent être rassemblés, puis il constitua en hâte une colonne sanitaire abondamment pourvue d'emblèmes de la Croix-Rouge et la lança à travers la brèche. Il interdit à tous autres véhicules de s'y mêler. Cette attitude correcte reçut son juste tribut : des Jabos survolèrent la colonne, mais s'abstinrent de l'attaquer. A vingt heures en revanche, quand le trafic normal eut repris, ils revinrent et ne s'en privèrent pas. Seule la chute du jour mit fin à leur fléau.

Une sortie de la « chaudière » de Falaise.

Jusque vers minuit un flot ininterrompu de fantassins et de véhicules confondus se déversa par ce trou de Coudehard. Près de quatre mille hommes de troupe de la 3ᵉ Division de parachutistes réussirent ainsi à échapper à l'enfer par la voie que leur avait frayée leur propre commandant de Corps d'Armée. Quand le dernier détachement d'arrière-garde eut signalé qu'il ne venait plus rien derrière lui, Meindl fit évacuer les positions de sûreté qu'il avait établies sur les deux lèvres de la brèche, et replia ses derniers éléments. La pluie et le vent masquèrent heureusement leurs mouvements et ils n'eurent pas à combattre pour se décrocher. Vers cinq heures du matin le trou était de nouveau bouché, car des chars ennemis étaient apparus sur les hauteurs. Quiconque voulut désormais tenter encore de s'évader par cette voie s'y heurta à un solide barrage canadien.

Cependant, à l'aube du 20 août, il y eut encore un deuxième trou percé dans ce terrible anneau d'encerclement, et là vraiment de bien curieuse façon.

Le chef d'état-major de la 7ᵉ Armée, le général baron de Gersdorff, avec son groupe de combat, qu'avaient rallié des éléments de la 1ʳᵉ S.S., avait réussi à atteindre, à l'est de la Dives, la grande route de Trun à Chambois au voisinage de Saint-Lambert. Etablies aux lisières de celui-ci, des armes antichars ennemies enfilaient la chaussée. Gersdorff engagea contre elles ses deux uniques chars, qui les neutralisèrent, et il réussit à faire franchir la route à son détachement. Mais à ce moment on vit surgir de tous les couverts imaginables, du moindre taillis, du moindre boqueteau, les éléments allemands les plus hétérogènes, allant de canons d'assaut automoteurs à de simples chenillettes et qui, d'un seul élan, n'attendant que cet instant, bondirent par la brèche tous en chœur..., pour aller se heurter un peu plus loin à une position qu'était en train d'installer la 90ᵉ D.I.U.S. Les Américains en plein travail, qui s'attendaient à tout sauf à pareille aventure, furent plutôt surpris de voir déferler cette multitude. Ils levèrent les mains avec ensemble. Mais allez donc vous encombrer de prisonniers en pareille occurrence ! On se borna à les désarmer et à les laisser sur place.

Exploitant ce succès inattendu, deux officiers énergiques, le major Bochnik du 116ᵉ Blindés et le Sturmführer Brinkmann de la 12ᵉ D.B.SS. rassemblèrent autour d'eux, en rase campagne, un détachement de toutes armes improvisé qui se chargea d'élargir cette brèche fortuite, et de faire ce qu'on a appelé « la percée du commandant de l'armée » une véritable porte de sortie... momentanée.

« Panzer-Meyer » de son côté, avait, sur le coup de minuit, rassemblé dans quelques fermes isolées tout ce qu'il traînait encore d'hommes valides à sa suite. D'accord avec le général Elfeldt et son chef d'état-major, von Criegern, il mit en route son détachement d'avant-garde. Aux abords de Chambois, celui-ci fit sa jonction avec une petite colonne de la 1ʳᵉ D.B.SS. qui se préparait précisément à déboucher. Le groupe Meyer s'agrège à celle-ci sur-le-champ. Ensemble ils s'engagent. Mais le barrage ennemi tient bon, ils sont refoulés. Derechef Meyer relance son monde à l'assaut. Cette fois le succès couronne leur effort. La Dives est franchie mi à gué mi à la nage. Mais l'ennemi tient aussi les collines qui dominent la vallée et fait converger ses feux sur la rivière. Le lit du fleuve est devenu un véritable charnier dans lequel s'amoncellent pêle-mêle, équipages, avant-trains, chevaux empêtrés dans leurs traits, affûts de canons et cadavres humains ; une vision dantesque.

On ne s'y arrête pas.

L'infanterie canadienne installée sur les berges est dépassée.

Meyer et ses deux cents hommes grimpent la pente au pas de course, se ruent comme des démons au travers de la position ennemie. Les dents serrées, sans un mot, sans un cri, ils jaillissent des couverts en bonds farouches. Devant leur assaut, les Canadiens plient et se débandent. En tête, marche Meyer, pistolet au poing, le front serré d'un bandage sanglant. A ses côtés, la mitraillette braquée, le fidèle cosaque Michel, de Dnjepropetrowsk qui, de toute la campagne, ne l'a pas quitté d'une semelle. Hubert Meyer, le chef du 3e Bureau de la Division, la carabine sous le bras, semble aussi imperturbable que s'il chassait la perdrix. L'Obersturmführer Köhn a pendu à son cou une vieille musette qu'il a bourrée de grenades à main à la faire craquer.

Ils enjambent une tranchée. Horreur ! elle est pleine de cadavres de soldats allemands.

Mais chacun n'a plus qu'une idée en tête : échapper à l'enfer.

Kurt Meyer, évoquant aujourd'hui ces souvenirs, dit : « Quand nous en fûmes sortis et que nous nous retournâmes, nous maudîmes les hommes qui, stupidement, avaient ainsi sacrifié en vain deux armées allemandes. »

En fait dans cette chaudière de Falaise, le Stalingrad de la Normandie, il était resté plus de quarante mille prisonniers et dix mille morts. Cinquante mille hommes à peine étaient parvenus à s'en échapper.

CHAPITRE VIII

LE COMMENCEMENT DE LA FIN

Sur les ponts de la Seine

— Ah ! Blauensteiner ! s'écria le général Meindl tout réjoui quand, le 21 vers midi, il vit soudain surgir devant lui, à Orville, son chef d'état-major.

— En chair et en os, mon général, répliqua le colonel en claquant des talons et saluant avec déférence, et tout de même sorti vivant de cette chaudière du diable !

Tant les officiers que les hommes avaient l'air de vrais romanichels, avec leurs uniformes lacérés par les ronces, et souillés de la boue des fossés. La plupart en outre étaient blessés. Mais pour quiconque avait vécu les péripéties de cette sortie, l'avenir quel qu'il fût ne pouvait rien leur réserver de pire.

— Et maintenant, mon général ? demanda Blauensteiner au commandant du Corps d'Armée.

— J'ai réussi à joindre ce matin le reliquat de l'E.M. de la 7ᵉ Armée. L'ordre est de gagner en deux étapes de nuit la basse Seine, et d'attendre qu'on nous y transfère sur l'autre rive. Un détachement de la Division cuirassée S.S. « Das Reich » doit couvrir notre retraite.

— Et qu'est-ce qu'il doit encore « couvrir » avec ça, nous général ? demanda Blauensteiner amer.

Meindl regarda fixement son chef d'état-major, mais ne lui répondit rien. Qu'eût-il pu répondre ?...

Tous les jours depuis le 7 juin, chaque fois qu'ensemble ils s'étaient penchés sur la grande carte d'état-major étalée sur la table pliante du P.C., la même commune pensée les avait hantés : la crainte de la grande percée des Alliés. Le Groupe d'Armées B n'avait pas disposé de forces suffisantes pour entraver le débarquement de ceux-ci. On n'en avait pas mis davantage à sa disposition pour bousculer leurs têtes de pont et rejeter l'ennemi à la mer. Les contre-attaques meurtrières de la 7ᵉ Armée n'avaient suffi qu'à stopper les assauts ennemis et à aveugler précairement les brèches. A ce métier les Divisions blindées avaient fondu les unes après les autres. Et l'ennemi avait ainsi gagné tout le temps indispensable à débarquer sur le continent les forces et le matériel nécessaires pour enfoncer la faible digue qui lui était opposée. Et maintenant les choses en étaient à ce point. Deux mois durant on avait réussi à retarder l'échéance. Désormais elle était là. Sans doute était-on encore parvenu à éviter de justesse, dans la « chaudière » de Falaise, une capitulation massive. Près d'un tiers de la 7ᵉ Armée avait réussi à échapper à l'étreinte. Mais l'arme blindée, épine dorsale de toute action offensive, était anéantie. Ses vestiges pouvaient tout juste suffire à étayer encore une résistance vaguement esquissée. Après la bataille de Falaise, le Groupe d'Armée B ne disposait tout au plus que d'une centaine de chars susceptibles d'entrer en action. Se rend-on bien compte de ce que ce chiffre avait de dérisoire ?

— Et maintenant ? venait de demander le colonel Blauensteiner à son commandant de Corps d'Armée.

— Le grand espoir qui reste, c'est la Seine, lui répondit Meindl.

La Seine ! un fleuve imposant ! Mais même un fleuve de première grandeur ne constitue plus, avec les procédés techniques modernes, un obstacle infranchissable. Des ponts préfabriqués, des pontons spéciaux, des embarcations d'assaut permettent en quelques heures de jeter des Divisions entières d'une rive à l'autre. Sous réserve bien entendu que la rive opposée ne soit pas tenue par des contingents très mobiles, dotés d'artillerie lourde, de canons d'assaut et de chars, susceptibles d'étouffer dans l'œuf toute tentative de franchissement. A défaut d'une telle défense, un fleuve n'est après tout qu'un fossé comme un autre. Les armées allemandes l'avaient bien montré en Russie. Pourquoi les Américains, qui avaient traversé la Manche, eussent-ils renâclé devant la Seine ? Ils s'en gardèrent bien.

Ce que le général Patton avait prouvé à Avranches, il continua à le démontrer devant Paris. A la fois insouciant et téméraire, il continua à lancer ses Divisions à fond de train sur les grandes routes de France. Les chemins qui menaient à Paris étaient larges ouverts, intacts, et sans défense.

Le Haut-Commandement de la Wehrmacht s'était imaginé qu'avec trois Divisions de la 15e Armée il arriverait à mettre Paris à l'abri d'une surprise et à couvrir le repli allemand au-delà de la Seine. Une fois de plus une telle mesure se révéla à la fois trop tardive et trop mince. Patton arrivait à toute allure avec trois Divisions blindées et trois Divisions d'infanterie, motorisées à 100 %.

Par chance pour la retraite allemande, le temps demeura bouché. Les Jabos ne purent prendre l'air. Grâce à quoi les restes du 2e Corps de parachutistes parvinrent à franchir la Seine à hauteur de Louviers sans subir de pertes.

De son côté le major-général Kurt Meyer, quand il se présenta lui aussi, avec les restes de sa 12e D.B. S.S. au P.C. du 1er Corps cuirassé, y fut accueilli comme un véritable revenant. Tout ce qui avait échappé à la « chaudière » de Falaise fut transféré, par Rouen, au moyen de radeaux et d'embarcations, sur l'autre rive de la Seine. Les éléments les moins éprouvés, qui avaient déjà gagné antérieurement cette zone de rafraîchissement, servirent de couverture à l'opération.

Regardons passer ce camion qui transporte les restes du 1er Bataillon du 25e Régiment de grenadiers, l'ancien noyau du groupement Waldmüller. Il a à son bord la douzaine d'hommes qui subsiste de la 1re Compagnie. Une douzaine d'hommes ! Evoquons leur odyssée.

A l'aube du 7 juin, à Caen, ils avaient bondi allégrement de leurs véhicules blindés. Ils étaient deux cent cinquante ! Andreas Schnell, le chauffeur, se souvient encore aujourd'hui comment, au cours du trajet, l'Unterscharführer Grenzow assis à côté de lui, lui répétait sans cesse :

— Attention, mon petit, quand je crie : stop ! tu serres le frein à main et le frein à pied d'un seul coup.

Grâce à quoi son véhicule avait toujours échappé aux mésaventures. Pas un Jabo ne l'avait atteint en cours de route. Mais depuis !

319

Grenzow d'abord avait été atteint. Et puis tous les autres après lui. Hormis cette douzaine de survivants assis là dans ce camion, et dont cinq hommes seulement se souviennent d'avoir débarqué à Caen le 7 juin. Cinq sur deux cent cinquante!

Quant à notre vieille 21ᵉ D.B. nous allons la retrouver en route vers la Seine, aux prises avec les Américains qui la pressent, l'épée dans les reins. Jetée de-ci, lancée de-là, pour boucher des trous créés d'heure en heure dans ce vague rideau défensif mouvant qui couvre tant bien que mal la retraite allemande et essaye d'épargner aux contingents épuisés, refluant vers la basse Seine, les affres d'un nouvel encerclement. Depuis le 6 juin elle se bat sans trêve. Deux bataillons de marche c'est tout le renfort qu'elle a reçu depuis lors. La plupart de ses chars sont demeurés devant Caen. Il lui restait Panzer IV quand elle s'est frayé un passage pour sortir de la chaudière de Falaise. Aucun n'a réussi à traverser la Dives. Ses régiments de grenadiers sont tombés à quarante, cinquante hommes. L'artillerie, les canons d'assaut, les chasseurs de chars et les unités de D.C.A. ont perdu la majeure partie de leurs équipages et de leurs matériels. On n'exprime pas en chiffres une somme de souffrances et de tourments. Mais ils traduisent pourtant l'ampleur de la catastrophe, du désastre sous son aspect technique, quand, privé de la machinerie militaire qu'il sert d'ordinaire, le soldat devient impuissant, quels que soient par ailleurs sa valeur et son courage.

Du 6 juin jusqu'à la fin d'août, les forces du Groupe d'Armées B ont perdu : 1 300 chars, 20 000 camions, 500 canons d'assaut, 1 500 canons de campagne ou obusiers, plusieurs milliers de pièces antichars ou de tubes de D.C.A.

Les pertes de la troupe se sont élevées à 400 000 hommes, tant blessés que tués ou que prisonniers. 200 000 prirent le chemin des camps de P.O.W.[1] d'Angleterre, du Canada, ou des U.S.A.

Le dieu Mars avait balayé de la face de la terre les hommes et le matériel de deux armées allemandes. Leurs miettes éparses essayaient encore de s'agglutiner aux rives de la Seine.

La 3ᵉ Compagnie du bataillon de pionniers de la 21ᵉ D.B. réussit à lancer, à Rouen, un pont sur le fleuve. Ses pontonniers

---

1. *Prisoners of war.*

travaillèrent avec une véritable frénésie car, sur la rive, s'accumulaient les éléments qui ne pouvaient emprunter les radeaux ou les embarcations. Par chance ce lancement du pont ne fut contrarié par aucune attaque aérienne. Le temps était propice.

Des officiers se tenaient à la culée. Il leur fallut régler le mouvement, pistolet au poing, pour enrayer la panique et la chaos. On retrouvait là, mélangés, des vestiges de toutes ces grandes unités éprouvées qui avaient versé ensemble leur sang sur les champs de bataille de la Normandie : la 21e, la 2e et la 116e D.B. ; les 2e, 9e, 10e et 12e D.B. S.S. ; les grenadiers cuirassés de la 17e S.S. et ces rudes jouteurs qu'avaient été les parachutistes ; et ces Divisions d'infanterie, d'aviation de campagne, de D.C.A. qui s'étaient si bravement défendues derrière les haies et dans les chemins creux ; tout était maintenant mêlé, confondu.

Il est pourtant une unité dont nous cherchons vainement à retrouver la trace : il s'agit de ce 6e Régiment de parachutistes qui, dans le secteur d'Utah, au premier jour du débarquement, avait, on s'en souvient, prononcé de son propre chef cette hardie contre-attaque initialement pleine d'espoir. Engagé depuis le 6 juin, il semble qu'il se doit bel et bien volatilisé au cours de la lutte. Son exemple est caractéristique de la façon dont les régiments entiers purent littéralement fondre dans le creuset de la bataille.

Après l'évacuation de Carentan, les parachutistes de von der Heydte ont encore combattu, mêlés à diverses Divisions, dans la presqu'île du Cotentin. Vers le milieu de juillet on voit encore leur nom paraître glorieusement dans le bulletin de la 7e Armée, lorsqu'une de leurs compagnies cyclistes, à l'effectif d'une vingtaine d'hommes, réussit, avec l'appui d'un unique char Panzer IV de la 2e D.B. S.S. « Das Reich », à capturer tout un bataillon américain aventuré en flèche avec treize officiers et six cents hommes.

Ensuite on voit le régiment, pris dans le hourvari de la percée américaine à Saint-Lô, se sortir péniblement, avec un détachement de la 2e D.B. S.S., de la « chaudière » de Coutances, et regagner les lignes de la 353e Division. Ceux qui participèrent à cette anabase ne sont pas près d'en perdre le souvenir. En file indienne, dans les caniveaux des routes, ou sur les sentiers dissimulés, le régiment s'était faufilé dans la nuit au milieu des blindés américains qui balayaient les chaussées à l'aveugle. Comme un chef sioux sur le sentier de la guerre, von der Heydte avait pris la tête des débris de son unité, et réussi à jouer, avec ses piétons, les « Amis » qui ne se mouvaient que lourdement bardés d'acier. Mais que restait-il du fier régiment quand ils regagnèrent les lignes allemandes ? Tout au plus une centaine d'hommes. Pour la plupart malades ou blessés. Presque tous durent prendre « la piste IV b », ainsi que les poilus désignaient par ironie la route qui menait à l'hôpital d'Alençon.

Il ne restait alors plus que soixante hommes valides. On les retira du front pour les envoyer à Lisieux, où ils se joignirent aux blessés et aux malades de leur unité ! Trois mille officiers et hommes de troupe étaient portés tués ou disparus. Trois mille pour un seul régiment !

Sur le pont de bateaux de Rouen, le répit ne dura guère plus de deux heures. Le temps ne tarda pas à s'éclaircir. Et avec le soleil parurent tout aussitôt ces maîtres incontestés du champ de bataille : les avions alliés.

Comme chaque fois, aucun avion allemand n'était là pour leur disputer leur supériorité, leur contester leur maîtrise. Quelques rares pièces de D.C.A. tentèrent bien de leur opposer dans le ciel leur rideau de projectiles. Mais que pouvaient-elles pour conjurer la catastrophe ? En piqué les Jabos touchèrent le pont à le frôler. Ses pontons crevés s'en furent à la dérive. La Seine charria son nouveau tribut de cadavres.

Et pendant ce temps il semblait que le dieu de la Guerre prît un malin plaisir à mettre entre les mains du général Patton tous les atouts l'un après l'autre. Qu'on en juge par ce curieux épisode.

Dans la petite ville de Mantes-Gassicourt, à trente kilomètres au nord-ouest de Paris, des pionniers allemands étaient en train de faire sauter sur la Seine le batardeau. En plein milieu de leur travail leur arriva l'ordre exprès de s'attaquer d'extrême urgence à la grand-route de Dreux à Paris, de la miner et de la rendre impraticable aux chars. En même temps les contingents d'infanterie stationnés autour de Mantes recevaient l'ordre d'aller s'établir sur cette artère et d'en interdire l'accès. Le Haut-Commandement allemand s'imaginait que Patton projetait de foncer par-là droit sur la capitale pour s'en emparer.

L'O.K.W. voulait éviter la chose à tout prix.

Car Hitler s'était mis dans la tête qu'il défendrait Paris jusqu'à la dernière maison. C'est pourquoi, de son quartier général de Rastenburg, distant de soixante kilomètres du front russe, il dirigeait jusque dans leurs moindres détails les opérations sur le théâtre occidental, dont mille cinq cents kilomètres le séparaient. Il menait sa guerre sur la carte, dans l'ignorance complète des contingences locales, mais prétendait néanmoins être le seul à autoriser les mouvements de repli. C'est de la sorte que, bien souvent, avec une situation perpétuellement mouvante, des heures précieuses se trouvèrent perdues.

Ainsi qu'il ressort des fragments conservés du journal de marche de l'O.K.W. et d'études consciencieuses menées, par des techniciens d'état-major compétents, sur la guerre contre les Américains, il faut cependant rendre à Hitler cette justice que la dangereuse évolution de la situation à l'ouest ne le prit pas complètement au dépourvu. Il sut, comme pas un, discerner les problèmes que posait la supériorité matérielle des Américains, et la nécessité d'orienter en conséquence la guerre vers une « technisation » de plus en plus poussée. Mais il crut — et ce fut là sa faute principale — que la supériorité du soldat allemand suffirait, en attendant, à compenser toutes les lacunes. Ce fut son erreur foncière : il exigea trop du combattant du front.

Comment fut épargné à Paris le sort de Varsovie

Or, le plan initial américain n'était nullement, comme se l'imaginait le Haut-Commandement allemand, d'enlever de haute lutte la capitale française, mais seulement de l'encercler. Eisenhower se défiait des combats de rues.

Ainsi arriva-t-il que la 79e Division d'infanterie du général Patton, loin de foncer sur Paris par la grand-route, comme on s'y attendait, parvint, sous le couvert de la nuit, jusqu'à cinq kilomètres de Mantes sans avoir rencontré un seul grenadier allemand. Au petit jour, une patrouille alla tâter avec circonspection les berges du fleuve. Il n'était pas un Américain qui pût croire qu'elles ne fussent pas occupées.

Pourtant, un silence complet y régnait. Les Américains virent le batardeau sauté. Seule une étroite passerelle avait subsisté. Elle était praticable, sous réserve bien entendu qu'une mitrailleuse ne fût pas embusquée à l'autre extrémité.

Le sergent White s'offrit à l'expérimenter. Avec trois volontaires, il s'y engagea. En quatre bonds, ils furent de l'autre côté. Personne n'avait réagi.

Ils firent des signaux.

Une patrouille les suivit, qui tâta prudemment la berge aux alentours. Rien !

— Ne réveillons pas le chat qui dort, déclara White, et ils s'en retournèrent prudemment quérir deux mitrailleuses lourdes et un lance-grenades qu'ils installèrent en batterie.

Ils tenaient désormais leur petite tête de pont ! Par radio, la nouvelle en fut transmise au général Patton qui arriva dare-dare se rendre compte par lui-même. Ayant vu, il bondit chez Bradley, le commandant en chef. Et une heure plus tard, la 79ᵉ Division recevait l'ordre : « Faites passer tout le 313ᵉ Régiment sur l'autre rive. » Les hommes furent incontinent tirés de leur sommeil. Lancés sur la passerelle en file indienne avec les lourdes charges qui leur battaient les mollets, ils améliorèrent le passage. Puis s'en servirent pour transborder leur gros matériel. Bref, au petit jour, tandis qu'en aval, à hauteur de Rouen, les Allemands se hâtaient de mettre la Seine entre eux et les Américains, ceux-ci tenaient déjà, sur la rive opposée, à moins de trente kilomètres de Paris, une solide tête de pont dont quiconque eût été bien en peine de les déloger !...

Cet épisode de la passerelle de Mantes illustre à quel point le sort des armes avait, à partir de maintenant, abandonné le camp des Allemands. Rien ne leur réussissait plus. La fortune leur tournait désormais délibérément le dos.

De même, au sud-est de Paris, près de Melun, Patton réussit, le 23 août, avec les forces de sa 7ᵉ D.B., à constituer une tête de pont. La Seine était partout franchie bien avant que Paris fût tombé !

« L'objectif des blindés, c'est toujours la capitale ennemie », disait la formule de Guderian. Eisenhower, pour sa part, comptait s'en écarter afin d'épargner la Ville Lumière. Il ne voulait que l'encercler en la dépassant, pour obliger ensuite les Allemands à la lui rendre intacte. Ce furent cependant des considérations strictement politiques qui l'amenèrent à modifier ses intentions militaires.

Le 19 août la défaite, désormais patente, des Allemands, avait amené trois mille gardiens de la paix parisiens à s'insurger et à occuper la préfecture de police. Ce fut l'étincelle qui mit le feu aux poudres. Les mouvements de résistance prirent les armes ouvertement. En avant [1] ! Chassons les Allemands de Paris !

Contre ce fait-là, aucun officier de liaison des états-majors alliés ne pouvait quoi que ce fût. Aucun appel à la raison n'avait de chance de succès, aucune référence aux nécessités stratégiques n'eût eu d'efficacité. « Aux armes [1] », tel était le cri qui retentissait dans les faubourgs. Et ce qui était en jeu revêtait surtout un aspect politique. Aucune des différentes organisations de résistance, depuis les communistes jusqu'aux nationalistes, n'entendait en effet se laisser damer le pion par l'autre. L'Hôtel de Ville, le Palais de justice, le ministère de la Guerre furent occupés. Dans toutes les rues, des fusils se mirent à pétarader. Par les soupiraux des caves, les mitrailleuses crépitèrent. Du haut des toits, on lançait des grenades à main sur les détachements de la Wehrmacht.

Le général von Choltitz qui, depuis le 7 août, commandait la place de Paris, se trouva placé devant un singulier problème. L'ordre du Führer était : « Faites sauter les ponts de la Seine. Et défendez-vous dans la ville jusqu'à la dernière maison. »

Le général savait ce que cela eût signifié, tant pour la ville que pour la population civile et que pour la troupe et les états-majors allemands, sans parler des services et des unités de ravitaillement.

La lutte qui faisait rage depuis le 1er août à Varsovie, à l'autre extrémité du front européen, montrait comment la situation eût pu évoluer. Les insurgés, là-bas aussi, avaient pris les armes à l'approche de leurs libérateurs. Mais comme les Russes ne vinrent pas, la ville fut réduite en cendres.

Choltitz ne voulait pas faire de Paris un nouveau Varsovie. Il négocia avec les représentants de la résistance. Il y eut quelque confusion. Le général se trouvait pris entre deux feux. Il lui fallait mener les négociations avec les hommes de confiance des résistants, de telle manière que rien n'en transpirât aux oreilles du grand quartier de Hitler ; mais il lui fallait aussi éviter un accord qui lui donnât les apparences d'avoir capitulé devant les seules forces,

---

1. En français dans le texte.

pratiquement insignifiantes, de la résistance parisienne. Finalement, on convint d'une suspension d'armes jusqu'au 23 août.

Mais les chefs des mouvements de résistance, si divers dans leurs aspects, n'avaient nullement leurs hommes en main. De nombreux groupes menaient leur action isolément. Les agressions contre les patrouilles et les points d'appui allemands suivirent leur cours, provoquant d'inévitables réactions.

Choltitz ne pouvait plus laisser aller les choses. Le chaos était imminent. Les cavaliers de l'Apocalypse entraient en scène : pillards, aventuriers, agents provocateurs. Maint soldat allemand des états-majors ou des services crut pouvoir sauver sa peau en se mettant en civil et en se réfugiant chez sa petite amie. Certains réussirent. Beaucoup payèrent l'expérience de leur vie, la résistance les ayant assimilés à des espions, et la petite « copine » avec, la plupart du temps.

Comment se rendre maître d'une telle situation ? Les troupes régulières allemandes étaient numériquement trop faibles. Quant aux détachements mis sur pied avec les hommes des services et des équipages, ils n'eurent en général aucune consistance. Les éléments solides de la Gestapo et de la Police avaient purement et simplement... fichu le camp. Et néanmoins arrivaient sans cesse du Haut-Commandement des ordres impérieux prescrivant de détruire les organisations industrielles, ou de faire sauter les objectifs stratégiques que recelait la capitale. Choltitz essaya de mettre un frein à la déliquescence par des appels énergiques lancés à la radio. Mais ses paroles acerbes ne firent qu'envenimer les choses et que surexciter les esprits en faisant croire à la résistance que les Allemands avaient fallacieusement rompu la trêve. Il n'y eut pourtant, au cours de ces journées tragiques, pas un des chefs responsables — depuis l'ambassadeur Abetz jusqu'aux commandants des divers secteurs de la capitale — qui ne fût inspiré de l'ardent désir d'épargner à celle-ci les horreurs de l'anéantissement.

Aussi de nombreux contacts furent-ils pris entre les deux fronts pour essayer de découvrir une solution acceptable.

Finalement, elle fut trouvée. Eisenhower, devant l'attitude compréhensive des Allemands, consentit à s'écarter de son plan initial. Il fit marcher sur Paris son 5e Corps d'Armée composé de la 4e D.I. U.S. et de la 2e D.B. française. Choltitz eut ainsi un interlocuteur valable avec lequel il put discuter, sur des bases militaires correctes, de la reddition de la place.

Le dernier acte

Tandis que dans le cœur de la cité, la résistance donnait la chasse aux soldats allemands isolés, ou que, progressant par les toits et les égouts, elle réduisait certains points d'appui allemands encerclés, on vit s'enfuir de la ville, par la barrière de l'est, l'interminable cortège des vivandiers de la guerre moderne : les affairistes, les collaborateurs, les trafiquants du marché noir, les miliciens, et toutes ces innombrables organisations paraciviles et paramilitaires qui font cortège à une armée d'occupation. S'y mêlaient aussi les camions des états-majors chargés d'un invraisemblable méli-mélo de matériel de bureau et de dactylos éplorées trimbalant sur leurs genoux leurs machines. Au demeurant, un assez pénible spectacle.

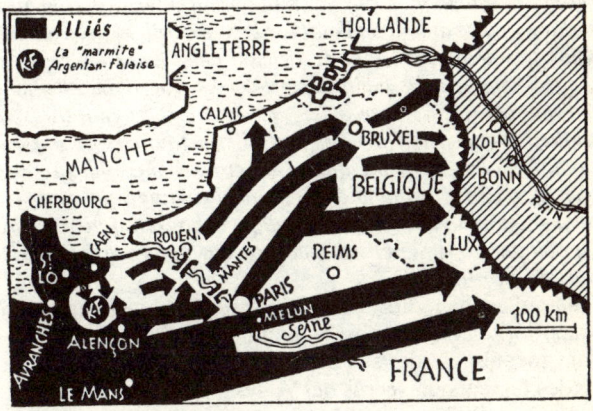

Après l'effondrement du front allemand en France, quatre armées alliées foncent vers la frontière du Reich. La ligne Siegfried dans laquelle des contingents hâtivement rassemblés ont été jetés constitue l'unique ligne de résistance allemande avant le Rhin.

327

Quant aux troupes régulières de la garnison, elles s'étaient repliées sur la rive nord de la Seine où elles tinrent jusqu'au 5 août. Ce fut à cette date que Choltitz capitula avec dix mille hommes. Pour maint soldat allemand et surtout pour maint officier, commença alors un pénible calvaire. La joie de la libération n'empêchait pas la haine de bouillonner. La chute de Paris fut le signal qui marqua la défaite de l'Allemagne dans la campagne de France. Mais le dernier acte de la deuxième guerre mondiale allait seulement commencer.

L'ultime espoir que pouvaient encore caresser les armées allemandes en campagne, c'était de se rétablir, à la frontière du Reich sur le « Westwall » (la ligne Siegfried) bien que celle-ci ait été depuis longtemps démantelée et privée de tout armement moderne.

Ce n'était plus qu'une bien piètre espérance !

Et pourtant, les régiments allemands allèrent à son devant. *Ils n'étaient pas encore au bout de leurs peines, écrit* dans la plus récente version officielle de l'histoire de la campagne un rédacteur canadien. Et il y ajoute ce jugement : *Les opérations alliées furent, aux échelons supérieurs du Commandement, mieux coordonnées que chez les Allemands qui s'y montrèrent inférieurs. On ne peut cependant en dire autant de l'attitude de ces derniers sur le champ de bataille. Les soldats allemands et leurs chefs dans les rangs de la troupe s'affirmèrent les meilleurs praticiens. Le soldat allemand du front était courageux, opiniâtre et habile. Il se montra souvent fanatique, à l'occasion brutal, mais il fut toujours et partout un formidable guerrier, même quand les circonstances lui furent aussi contraires qu'en Normandie. Si nous l'envisageons sous l'angle strictement humain de la valeur combative, nous ne pouvons pas dire que ce soit par notre supériorité tactique que nous ayons acquis notre victoire de Normandie.*

Voilà qui est bien dit. Car c'est un fait. Une meilleure stratégie, une supériorité aérienne écrasante, une technique inégalable, et le courant inépuisable de leur production et de leurs Divisions, tels furent les facteurs du succès des Alliés.

Quant à la Wehrmacht, elle avait été réduite à merci dans les épuisantes batailles de matériel du front de l'Ouest, ou les meurtrières campagnes de Russie. Sa défaite était inévitable.

FIN

BIBLIOGRAPHIE

CAJUS BEKKER, *Les Hommes grenouilles*, Presses de la Cité. *La Kriegs-marine lutte et meurt*, Amiot-Dumont.

D. EISENHOWER, *Croisade en Europe*, Robert Laffont.

WALTER GÖRLITZ, *Adolf Hitler : I Montée d'un obscur. — II La Course vers le désastre*, Amiot-Dumont.

HEINZ GUDERIAN, *Souvenirs d'un soldat*, Plon.

DAVID HOWARTH, *La Fuite héroïque*, Amiot-Dumont.

MARÉCHAL MONTGOMERY, *Mémoires*, Plon.

FRIEDRICH RUGE, *Rommel face au débarquement. — La Guerre navale (1939-1945)*, Presses de la Cité.

HANS SPEIDEL, *Invasion 1944. — Le destin de Rommel*, Berger-Levrault.

COLONEL CHARLES PERRY STACEY, *L'Armée canadienne 1939*, Imp. Cloutier (Ottawa).

CHESTER WILMOT, *La Lutte pour l'Europe*, A. Fayard.

TABLE DES CROQUIS

TABLE DES MATIÈRES

Winston CHURCHILL, *Journal politique, 1936-1939*
Winston CHURCHILL, *Mes jeunes années*
Winston CHURCHILL, *Mon voyage en Afrique*
Winston CHURCHILL, *Réflexions et Aventures*
Marthe COHN, *Derrière les lignes ennemies*
Pierre DAIX, *Aragon avant Elsa*
Franck DANINOS, *CIA. Une histoire politique, 1947-2007*
Sophie DEROISIN, *Le Prince de Ligne*
Moses I. FINLEY, *L'Héritage de la Grèce antique*
Robert FLEURY, *Marie de Régnier*
Michael R.D. FOOT & J.-L. CREMIEUX-BRILHAC, *Des Anglais dans la Résistance. Le SOE en France, 1940-1944*
Max GALLO, *La Nuit des longs couteaux*
Max GALLO, *L'Italie de Mussolini*
Murray GORDON, *L'Esclavage dans le monde arabe*
Zalmen GRADOWSKI, *Au cœur de l'enfer*
Michael GRANT et John HAZEL, *Dictionnaire de la mythologie*
Mogens Herman HANSEN, *La Démocratie athénienne*
Victor HANSON, *Le Modèle occidental de la guerre*
John HERSEY, *Hiroshima*
Richard HILLARY, *Le Dernier Ennemi. Bataille d'Angleterre, juin 1940-mai 1941*
Adam HOCHSCHILD, *Les Fantômes du roi Léopold. La terreur coloniale au Congo belge, 1884-1908*
Alistair HORNE, *Comment perdre une bataille*
Aldous HUXLEY, *Les Diables de Loudun*
Jean-Noël JEANNENEY, *Georges Mandel. L'homme qu'on attendait*
Lucien JERPHAGNON, *Julien dit l'Apostat*
Alexandre JEVAKHOFF, *Les Russes blancs*
Joseph KESSEL, *Jugements derniers. Les procès Pétain, de Nuremberg et Eichmann*
Joseph KESSEL, *L'Heure des châtiments*
Joseph KESSEL, *La Nouvelle Saison*
Joseph KESSEL, *Le Jeu du roi*
Joseph KESSEL, *Le Temps de l'espérance*
Joseph KESSEL, *Les Instants de vérité*

Le 5 juin 1944 à 21 h 45, la décision de lancer l'opération « Overlord » est prise. Les Alliés se sont patiemment préparés, le débarquement aura lieu en Normandie. Le lendemain, à l'aube, du Cotentin à l'embouchure de l'Orne, les navires sortent du brouillard et les troupes montent à l'assaut du Mur de l'Atlantique. Avec précision, Cornelius Ryan nous fait revivre au plus près des troupes les événements de cette journée décisive du 6 juin 1944 qui marque le début de l'affrontement final entre les Alliés et les nazis. Rommel ne s'y trompait pas lorsqu'il déclarait : « Pour les Alliés, comme pour nous, ce sera le jour le plus long. » Publié en 1963, le livre de Cornelius Ryan connut un succès immédiat, amplifié par le fameux film de Darryl Zanuck.

288 pages – 10 €

Ce livre a longtemps été interdit de diffusion en langue française. Pourquoi ? Parce qu'il écorne l'image complaisamment entretenue selon laquelle la Résistance aurait été une affaire purement franco-française.

Créé en 1940 par Churchill, le SOE, *Special Operations Executive*, a un rôle déterminant sur le territoire français : il livre les armes et forme les principaux agents de la France Libre. Pourtant, à mesure que le SOE prend de l'importance, des frictions apparaissent entre Churchill et de Gaulle. S'appuyant sur les archives les plus secrètes, cet ouvrage dévoile toute l'ampleur, méconnue, de l'action britannique en France.

« Un des maîtres-livres de l'histoire clandestine de la Seconde Guerre mondiale. » *La Tribune*

816 pages – 12 €

Au fil des pages de ce classique de l'histoire militaire, Alistair Horne retrace la chronique des batailles des mois de mai et de juin 1940 – de la « drôle de guerre » à la bataille de Dunkerque en passant par le franchissement décisif de la Meuse – qui menèrent l'armée française à la débâcle face aux panzers de la Wehrmacht. Historien britannique, il ne craint pas de froisser l'amour propre des Français et analyse en détail les différents facteurs de cette dramatique défaite : impréparation et démoralisation des troupes françaises face à l'organisation sans failles, la puissance et la volonté de conquête des Allemands. Au-delà de la chronique militaire, *Comment perdre une bataille* rend compte du climat de cette époque, l'une des plus tragiques de l'histoire de France.

480 pages – 10 €

Cet ouvrage a été achevé d'imprimer en avril 2011
dans les ateliers de Normandie Roto Impression s.a.s.
61250 Lonrai
N° d'éditeur : 3419
N° d'imprimeur : 11-1555
Dépôt légal : mai 2011
ISBN : 978-2-84734-797-5

Imprimé en France